Das Ende der Massenarbeitslosigkeit

Heiner Flassbeck
Friederike Spiecker

Das Ende der
Massen-
arbeits-
losigkeit

Mit richtiger Wirtschaftspolitik
die Zukunft gewinnen

Westend Verlag

Die Deutsche Bibliothek verzeichnet diese Publikation in der Deutschen Nationalbibliografie.
Detaillierte bibliografische Daten sind im Internet über
http://dnb.ddb.de abrufbar.
ISBN 978-3-938060-20-9

Copyright © 2007 Westend Verlag, Frankfurt/Main
Lektorat und Redaktion: Markus J. Karsten
Umschlaggestaltung: Jutta Schneider, Frankfurt/Main
Layout und Satz: Sabine Conrad, Karben
Druck: Clausen & Bosse, Leck
Printed in Germany

⊁ Wegweiser durch das Buch

Um den Gegensatz zur traditionellen Theorie besonders hervortreten zu lassen, kann man den Tatbestand pointiert so ausdrücken: Es wird nicht die Investition durch die Ersparnisse, sondern umgekehrt die Ersparnis durch die Investition bestimmt.

Wilhelm Lautenbach (1945)

Vorwort

Deutschland im Herbst 2007: Die Zahl der Arbeitslosen sinkt. Zum ersten Mal seit Jahren haben viele Menschen die Chance, der Massenarbeitslosigkeit zu entfliehen. Was ist geschehen? Ein neues deutsches Wirtschaftswunder? Wurde so viel reformiert, dereguliert, flexibilisiert, entbürokratisiert, wurden die Löhne genug gesenkt, bei den Staatsausgaben gespart, Sozialleistungen und Steuern verringert, dass jetzt endlich die erwünschte Wirkung am Arbeitsmarkt eintritt? Oder ist Deutschland nur mit Verspätung auf den seit längerem fahrenden Zug der Weltwirtschaft aufgesprungen und muss nun hoffen, dass es noch eine Weile so weiter geht? Ist der Aufschwung gar nur eine Scheinblüte, die für kurze Zeit verdeckt, dass Arbeitslosigkeit, wie fast alle Experten bis vor Kurzem behaupteten, das Schicksal dieser Gesellschaft ist und nur unter Inkaufnahme beträchtlicher Wohlstandseinbußen gesenkt werden kann? Die Antwort auf diese Fragen ist für Deutschlands zukünftige Entwicklung und seine Wirtschaftspolitik von überragender Bedeutung.

Dieses Buch beschreibt, wie aus unserer Sicht Wirtschaft funktioniert und welches die grundlegenden Mechanismen sind, die zu einem Anstieg oder einem Rückgang der Arbeitslosigkeit führen. Dabei versuchen wir, Glaubensbekenntnisse zu vermeiden und stattdessen Fakten und logische Zusammenhänge in den Vordergrund zu stellen. Wir stellen dabei die »herrschende Lehre«, wie sie von der Mehrheit der deutschen Ökonomen vertreten wird, fundamental in Frage. Aber, wie einer unserer akademischen Lehrer, Wolfgang Stützel, zu sagen pflegte, das schadet nicht für den Fall, dass unsere Analyse richtig ist. Die Tatsache, dass die Arbeitslosigkeit in Deutschland seit mehr als einem Vierteljahrhundert nicht beseitigt worden ist, spricht unmittelbar dafür, dass die Mehrheitsmeinung falsch ist. Die von ihr vertretenen Rezepte haben schließlich über Jahrzehnte hinweg keine fühlbare Verbesserung gebracht und können den aktuellen und jetzt auch am Arbeitsmarkt sichtbaren Aufschwung nicht erklären.

Der Weg, auf den wir unsere Leser mitnehmen, ist mit grundsätzlichen Überlegungen zu ökonomischen Zusammenhängen ebenso gepflastert wie mit Zahlen und Statistiken. Ohne das eine wie das andere geht es nicht, aber wir haben uns bemüht, die Strecke bis zu den wirtschaftspolitischen Schlussfolgerungen am Ende durch einfache und logische Argumentation so zu gestalten, dass alle mit an Bord bleiben, die ökonomisch Vorgebildeten ebenso wie der Leser mit gesundem Menschenverstand. Wir richten uns an kritische Akademiker in gleicher Weise wie an den interessierten Laien, an den aufmerksamen und zu logischem Denken bereiten Zeitungsleser wie an den großen Kreis derer, deren Skepsis gegenüber der 99sten Reformvariante nach einem Vierteljahrhundert der Erfolglosigkeit im Steigen begriffen ist.

Das Buch hat eine leicht nachvollziehbare Struktur. Im ersten Teil setzen wir uns mit den wichtigsten der herrschenden Vorurteile auseinander und erklären, warum sie nicht tragen. Im zweiten Teil zeigen wir, auf welche Weise die Politik die aus den herrschenden Dogmen bezogenen Irrlehren umgesetzt hat und warum sie mit allen bisherigen Versuchen zur Reduktion der Arbeitslosigkeit scheitern musste. Hier finden sich die entscheidenden empirischen Hinweise zum Versagen der Wirtschaftspolitik seit den 1970er Jahren. Im dritten und aus unserer Sicht wichtigsten Teil erklären wir den zentralen theoretischen Fehler der herrschenden Volkswirtschaftslehre und erläutern, wie die Reform des Denkens aussehen muss, ohne die eine durchgreifende und anhaltende Besserung unserer wirtschaftlichen Entwicklung nicht möglich ist. Am Schluss werden wir kurz darlegen, was man in den wichtigsten Politikbereichen tun muss, um auf mittlere Frist die Arbeitslosigkeit deutlich zu verringern.

Ob selbst bei geeigneter Wirtschaftspolitik am Ende Vollbeschäftigung noch möglich ist, ist zwar eine viel diskutierte, in unseren Augen aber müßige Frage. Wenn es gelänge, für fünf bis zehn Jahre die Beschäftigung in sozialversicherungspflichtigen Jobs deutlich zu erhöhen und die Arbeitslosigkeit auch nur um die Hälfte zu senken, verbesserten sich nicht nur die Zukunftsperspektiven vieler Individuen, auch die politische Auseinandersetzung fände zurück zu der Form von Normalität, die für eine funktionierende Demokratie lebenswichtig ist.

Genf/Schwäbisch Gmünd, Juli 2007
Heiner Flassbeck, Friederike Spiecker

Inhalt

9

Nur gute Konjunktur schafft Wachstum und Arbeitsplätze 293
Gute Zeiten für das Wachstum = schlechte Zeiten für das Klima?

Einleitung

Seit zwei Jahren, beginnend im Frühjahr 2005, sinkt die Arbeitslosigkeit in Deutschland. Wie lang wird diese erfreuliche Entwicklung anhalten? Wird sie auch den schwächsten Mitgliedern unserer Gesellschaft zugute kommen? Werden gering qualifizierte und ältere Arbeitslose eine Chance haben, eine neue Stelle zu finden? Oder bleibt es letzten Endes dabei, dass wir auf Dauer mit einem gewaltigen Sockel an Arbeitslosigkeit auskommen müssen, wovon viele überzeugt sind?

Die Antworten auf diese Fragen hängen davon ab, wie man das Entstehen der Arbeitslosigkeit erklärt. Für eine kleine Gruppe von Ökonomen beruht Arbeitslosigkeit vor allem darauf, dass die Betroffenen mehr Freizeit genießen oder den Staat ausnutzen wollen, weil selbst Hartz IV weit oberhalb der Hungergrenze liege. Vom gleichen Schlage ist die Vermutung, jeder Arbeitslose habe so lang höhere Löhne gefordert, bis er arbeitslos geworden sei. Wer davon überzeugt ist, dass diese Art von »freiwilliger« Arbeitslosigkeit einen Großteil der in unserem Land herrschenden hohen Arbeitslosigkeit ausmacht, muss dieses Buch nicht lesen. Wir setzen uns mit derartigen »Erklärungsversuchen« nicht weiter auseinander, weil wir sie für intellektuell anspruchslose und armselige Entgleisungen von ins Ideologische abgedrifteten Vertretern des Faches Volkswirtschaftslehre halten.

Jenseits solcher Ideologie bietet eine empirisch fundierte Volkswirtschaftslehre jedoch weit mehr als die wissenschaftliche Bemäntelung von Stammtischvorurteilen. Wer wollte allen Ernstes behaupten, dass sich im Jahr 1975 oder in den Jahren 1981 bis 1983 oder zwischen 1993 und 1994 schlagartig der Anteil der Faulpelze oder der Lohntreiber unter den Deutschen vervielfacht habe? Denn so müsste es ja gewesen sein, sollten die genannten »Gründe« irgendeine faktische Bedeutung haben, weil in genau diesen Jahren die Arbeitslosigkeit massiv stieg.

Die Vorstellung von der größtenteils freiwilligen Arbeitslosigkeit ist angesichts des zeitlichen Zustandekommens der Beschäftigungseinbrüche parallel zu den in Abbildung 1 kenntlich gemachten konjunkturellen Abschwungphasen abwegig. Abbildung 1 lässt sich umgekehrt entnehmen, dass die Arbeits-

Abb. 1

1) Farbig markierte Flächen stellen Abschwungphasen dar gemessen an der saisonbereinigten Entwicklung des realen Bruttoinlandsprodukts. 2) Jahresdurchschnittliche Zahl der registrierten Arbeitslosen. 3) Westdeutschland bis 1990 einschließlich Berlin West, ab 1991 ohne Berlin West.
Quellen: Bundesagentur für Arbeit, Statistisches Bundesamt, DIW Berlin.

losigkeit in »Nicht-Abschwungzeiten« nicht oder wie Mitte der 1990er Jahre nur vergleichsweise wenig stieg. Früher ging sie am Ende eines Aufschwungs etwas zurück, so 1979/80 und 1989/90, wenn auch bei weitem nicht auf das Ausgangsniveau, das sie jeweils zu Beginn der vorherigen Abschwungphase gehabt hatte. Schon 1999/2000 und vor allem 2006 aber reagierte der deutsche Arbeitsmarkt viel rascher positiv auf den Aufschwung als in den vorangegangenen Konjunkturzyklen. Das ist erfreulich und nach Auffassung der Regierung und vieler Wirtschaftsexperten kein Wunder, da nun endlich die für viele Menschen schmerzhaften Reformen zur Flexibilisierung des Arbeitsmarktes Wirkung zeigten.

Man sagt, die Regierung von Angela Merkel ernte nun die Früchte der Reformen, die ihre Vorgängerin, die Regierung unter Gerhard Schröder, in die Wege geleitet und die sie selbst weiter konsequent vorangetrieben habe. Oder machen sich gar die Reformbemühungen der Regierung von Helmut Kohl erst jetzt bezahlt? Denn gewollt haben doch alle diese Regierungen das Gleiche, nämlich einen Abbau der Arbeitslosigkeit, und getan haben sie dafür ebenfalls alle ungefähr das Gleiche: Sie haben dereguliert, entbürokratisiert, die

Steuern gesenkt, die Transferleistungen gekürzt und den Arbeitsmarkt flexibilisiert. Das berühmte Lambsdorff-Papier aus dem Jahr 1982 zeugt davon, dass schon damals die Ideen, wie der deutschen Wirtschaft und insbesondere dem deutschen Arbeitsmarkt auf die Beine zu helfen sei, exakt die gleichen waren wie heute.

Zugegeben: Unter Kohl musste die deutsche Wiedervereinigung wirtschaftlich bewältigt werden. Dass dies misslang – trotz massiver Investitionen der öffentlichen Hand entwickelte sich der ostdeutsche Arbeitsmarkt katastrophal, Steuern, Transfers und Staatsverschuldung stiegen –, war aber nicht verwunderlich, weil alle Maßnahmen auf dem gleichen gedanklichen Konstruktionsfehler beruhten wie schon die Reformbemühungen vor der Wende. Der Sachverständigenrat zur Begutachtung der gesamtwirtschaftlichen Entwicklung schrieb in seinem Jahresgutachten 1989/1990 in einem »Rückblick auf die achtziger Jahre«: »Ziel der Finanzpolitik in den achtziger Jahren war es, die Beanspruchung der volkswirtschaftlichen Ressourcen durch den Staat zurückzuführen, um mehr Raum für private Aktivitäten zu schaffen. Zunächst hatte dabei die Konsolidierung der öffentlichen Haushalte über die Ausgabenseite Vorrang. ... Die Senkung der Einkommensteuer wurde ... für die Jahre 1986, 1988 und 1990 in Kraft gesetzt.« (Ziffer 16*) Am westdeutschen Arbeitsmarkt brachte dies wenig Erfolg: Die Zahl der Arbeitslosen hatte sich am Ende einer längeren Aufschwungphase zwar verringert, aber 1989 mit rund 2 Millionen nur auf einen Wert, der gut doppelt so hoch lag wie am Ende des vorherigen Konjunkturzyklus. Und so ging es in den neunziger Jahren nach dem Ende des Vereinigungsbooms auch am westdeutschen Arbeitsmarkt wieder bergab und mit der Arbeitslosenquote nach oben. Die zunächst viel versprechende Erholung in den späten neunziger Jahren fand ein frühzeitiges Ende und hinterließ eine Arbeitslosenquote, die wiederum klar über dem Wert lag, den sie zum Zyklusbeginn Anfang der neunziger Jahre erreicht hatte, auch in Westdeutschland. Fast alle Anzeichen sprechen dafür, dass es auch nach dem gegenwärtigen Aufschwung so kommen wird.

Viele werden an dieser Stelle einwenden, die Reformideen seien nie so konsequent umgesetzt worden wie in den vergangenen vier Jahren, so dass die heutige Verbesserung der Arbeitsmarktlage fundierter und dauerhafter sei. Zudem sei der gegenwärtige Erfolg am Arbeitsmarkt nicht allein den Reformen durch den Staat zuzuschreiben, sondern er sei auch ein Verdienst der Tarifparteien, die mit ihrer jahrelang zurückhaltenden Lohnpolitik dafür gesorgt hätten, dass deutsche Unternehmen wieder international wettbewerbsfähiger werden konnten. Gerade das Zusammenspiel der geringen Lohnsteigerungen und der Flexibilisierung des Arbeitsmarktes hätten den gegenwärtigen Aufschwung erst ermöglicht, ja sogar ausgelöst. So schreibt die Deutsche Bundesbank in ihrem Monatsbericht vom Januar 2007 auf Seite 33: »(Es) ist allerdings zu beachten, dass von einem hinreichend flexiblen Arbeitsmarkt selbst positive Impulse auf die wirtschaftliche Dynamik ausgehen...«

Wir sind grundsätzlich anderer Ansicht und zeigen in diesem Buch, dass die derzeitige Arbeitsmarktdynamik nur Folge des gegenwärtigen Aufschwungs ist und nicht dessen Voraussetzung war. Und das ist der zentrale Unterschied zu der weit verbreiteten Auffassung vieler Politiker und Wissenschaftler. Die Reformen und die zurückhaltende Lohnpolitik haben zum Aufschwung nichts beigetragen geschweige denn, dass sie ihn ausgelöst hätten. Der Aufschwung hätte ohne Reformen und extreme Lohnmoderation bei einer expansiveren Geldpolitik schon viel früher einsetzen können und müssen. Schlimmer noch: Reformen, Lohnmoderation und Zinswende sind der Stoff, aus dem das baldige Ende auch dieses Aufschwungs und das nächste Draufsatteln auf den Sockel an Arbeitslosigkeit gemacht sein werden.

Den Verfechtern anhaltender Reformbemühungen schwant wohl, dass die gegenwärtige Wende am Arbeitsmarkt auf wackeligem Fundament steht. Denn auch wenn sie sich gern zu ihrem Vater erklären, verstehen sie nicht wirklich, wie sie zustande gekommen ist. Sonst hätten die Prognosen diesen Aufschwung, der ja angeblich auf Reformen und Lohnpolitik beruht, frühzeitiger anzeigen müssen. Daher fürchten die Reformbefürworter zu Recht, bei der nächsten konjunkturellen Kehrtwende so hilflos dazustehen wie am Ende jedes früheren Aufschwungs. Und deshalb bauen sie schon jetzt vor und mahnen an, in den Reformbemühungen und der Lohnmoderation keinesfalls nachzulassen, um den Weg ins nächste unvermeidliche Konjunkturtal wenigstens gut gerüstet anzutreten. Wenn dann die Arbeitslosenzahl wieder im Steigen begriffen ist, können sie immer darauf verweisen, dass sie es ja prophezeit hätten, dass nicht genug reformiert worden sei und die Lohnpolitik den Kurs der Zurückhaltung verlassen habe.

Die Deutsche Bundesbank vertritt in ihrem Monatsbericht vom Januar 2007 sogar die Auffassung, dass »die (im Vergleich zu anderen Industrieländern, Anm. d. Verf.) höhere Arbeitslosigkeit in Deutschland darauf hin(deute), dass die Löhne trotz jahrelanger Mäßigung bei den Steigerungsraten generell immer noch zu hoch liegen.« (S. 53) Ein unveränderter Krankheitszustand trotz Medizin zeigt für die meisten Experten an, dass zu wenig Medizin verabreicht wurde. Die Frage, ob es die falsche, weil wirkungslose oder gar die Krankheit verlängernde Medizin ist, kommt ihnen auch nach 25 Jahren nicht in den Sinn.

Massenarbeitslosigkeit ist aber weder Schicksal noch Folge eines Über-die-Verhältnisse-Lebens, sondern sie ist auf wirtschaftspolitisches Versagen in seiner reinsten Form zurückzuführen. Wirtschaftspolitisches Versagen, dessen Ursprung in einem geradezu aberwitzigen Irrweg der deutschen Wirtschaftswissenschaften zu suchen ist. Der Irrweg begann mit der »Wundersprechung« der wirtschaftlichen Erholung in Deutschland nach dem Zweiten Weltkrieg und der frühen Ablehnung der keynesianischen Revolution an den volkswirtschaftlichen Wissenschaftseinrichtungen, setzte sich in der Konzentration auf die so genannte Ordnungspolitik und dem monetaristischen Glauben an die Neutralität des Geldes fort und endete schließlich in der totalen Vernachlässigung des gesamtwirtschaftlichen Denkens. Ergebnis dieses Prozesses ist, dass hierzulande die Mehrheit der deutschen Wirtschaftswissenschaftler überzeugt ist, die Wirtschaftspolitik könne auf Dauer keinerlei heilsamen Einfluss auf die kurzfristige gesamtwirtschaftliche Entwicklung ausüben (nachzulesen im »Hamburger Appell« von 2005, den immerhin 254 (Wirtschafts-) Wissenschaftler unterzeichneten). Das ist aber in der Vorstellungswelt dieser Ökonomen auch unproblematisch, weil die Konjunktur nur Schwankungen um eine langfristige Entwicklung, den so genannten Trend, herum bedeute, der seinerseits von ganz anderen, viel grundlegenderen Faktoren gesteuert werde. In dieser Lesart gewinnen konjunkturelle Schwankungen ungefähr den Stellenwert saisonaler Abweichungen, die hinzunehmen sind, wie man ja auch das Wetter oder gar die Jahreszeiten nicht steuern kann.

Dass der »Trend« eine rein rechnerische, also fiktive Größe ist, die Konjunktur hingegen die tagtäglich zu spürende Realität der Arbeitnehmer und Unternehmer, gerät dabei in Vergessenheit. Freilich, die Zeiten, in denen es Auf- und Abschwungphasen gab ohne eine permanent hohe bzw. steigende Arbeitslosigkeit, liegen weit zurück. So weit, dass die Frage, welchen grundlegenden Einfluss die Konjunktur auf die Beschäftigung hat, praktisch nicht mehr diskutiert wird. Der Sachverständigenrat zur Begutachtung der gesamtwirtschaftlichen Entwicklung drückt das in seinem Jahresgutachten 2004/2005, also mitten in einer Phase starken Anstiegs der Arbeitslosigkeit, so aus: »Die Mehrheit des Sachverständigenrates hält es für sehr gut begründet und durch empirische Studien belegt, dass die derzeitige gesamtwirtschaftliche Lage und die absehbare Entwicklung in erster Linie auf unzureichenden angebotsseitigen Rahmenbedingungen und Funktionsstörungen des Regelwerks auf dem Arbeitsmarkt beruht und nur zu einem sehr geringen Teil konjunkturellen Schwankungen geschuldet ist.« (Kasten 37, S. 503) Diese Sichtweise passt zwar im Rückblick nicht zu der starken Reaktion des Arbeitsmarktes auf den Konjunkturaufschwung 2006, aber der Sachverständigenrat hakt diese Diskrepanz zwischen seinen Überzeugungen und der Empirie zwei Jahre später in seinem Jahresgutachten 2006/2007 mit der lapidaren Feststellung ab: »Das Grundübel des deutschen Arbeitsmarkts, die hohe und verfestigte Sockelarbeitslosigkeit, kann und wird aber selbst durch eine länger anhaltende gesamtwirtschaftliche Belebung nicht geheilt.« (Ziffer 44)

Fehlt die Frage nach dem Einfluss der Konjunktur auf die Beschäftigung, ist man auch weit davon entfernt, über den Einfluss der Wirtschaftspolitik auf die Konjunktur nachzudenken, um Lösungen für die Probleme am Arbeitsmarkt zu finden. Dann muss sich die Wirtschaftspolitik vornehmlich um die Faktoren kümmern, die die »langfristige« Entwicklung steuern, wie dies auch der Sachverständigenrat in seinem Jahresgutachten 2004/2005 fordert: »Daher misst die Mehrheit des Sachverständigenrates einer Wachstumspolitik höchste Priorität bei« (Kasten 37, S. 503), wobei unter »Wachstumspolitik« das genaue Gegenteil von Konjunkturpolitik zu verstehen ist.

Aus diesem Grund seien, so die herrschende Lehre in Deutschland, die beiden einzigen Betätigungsfelder der Wirtschaftspolitik das der allgemeinen wirtschaftlichen Rahmenbedingungen, eben der Ordnungspolitik, die die Sozialversicherungssysteme mit einschließt, und das der Finanzpolitik, die langfristig für einen ausgeglichenen Staatshaushalt sorgen müsse, weil eine Nettoneuverschuldung von Null wachstumsfördernd sei. Im Übrigen seien die Tarifparteien aufgefordert, durch moderate Lohnabschlüsse die Situation am Arbeitsmarkt langfristig zu stabilisieren. Die Geldpolitik braucht im Rahmen dieser Auffassung von Wirtschaftspolitik gar nicht mehr erwähnt zu werden, da sie erstens auf europäischer Ebene betrieben wird und zweitens seit Jahren alles richtig macht, abzulesen an den niedrigen Inflationsraten hierzulande.

Diese Position vertreten auch alle von eben dieser Mehrheit der Wirtschaftswissenschaftler beratenen Politiker. Angenehm aus ihrer Sicht ist dabei, dass sich aus der herrschenden Lehre eine Art Dauerzwang zu Reformen ableiten lässt, der das perfekte Programm zur Sicherung der Bedeutung von Wirtschaftspolitikern und der Arbeitsplätze von Lobbyisten und Bürokraten darstellt. Denn hieße die wissenschaftliche Empfehlung für die Finanz- und Ordnungspolitik, einfach einmal zehn Jahre lang nichts zu verändern, um den Unternehmern die Möglichkeit zu geben bzw. sie zu zwingen, sich auf ihre ureigenste Aufgabe, das Vorantreiben des technischen Fortschritts, zu konzentrieren anstatt sich dauernd wechselnden Rahmenbedingungen optimal anzupassen, was hätten dann Wirtschaftspolitiker, Lobbyisten und Bürokraten zu tun?

Dass die herrschende Lehre keine kritische Auseinandersetzung mit der praktizierten Geldpolitik fordert, kommt der Akzeptanz der Mainstream-Ideen durch die Politiker ebenfalls zugute. Denn in der breiten Öffentlichkeit wird die Wirkung der Geldpolitik auf unsere wirtschaftlichen Geschicke wesentlich weniger verstanden als die Finanzpolitik, obwohl die Durchschlagskraft der Geldpolitik weit höher ist. Fragt man einen Unternehmer nach der Bedeutung der Geldpolitik für seine Investitionsentscheidungen, wird er antworten, die Zinskosten seien das kleinste Problem im Vergleich zu Absatzsituation, Lohnkosten und Steuern. Der »einfache Mann« versteht unter Geldpolitik bestenfalls das Bemühen irgendeiner fernen Zentralbank, die Inflation zu bekämpfen. Da ist es für unsere Politiker bequem, sich nicht mit diesem Zweig der Wirtschaftspolitik befassen zu müssen, auf den man ohnehin aus institutionellen Gründen kaum Einfluss hat.

Der Politik kommt ferner entgegen, dass der herrschenden Volkswirtschaftslehre in Deutschland bei fast allen Themen eine *einzelwirtschaftliche* Sichtweise zugrunde liegt. Das aber ist genau die Sichtweise, die Unternehmensvertreter, Arbeitnehmervertreter und viele Bürger an die Politiker herantragen und die beide Seiten verstehen. Daher haben die von der Mehrheit der Wirtschaftswissenschaftler präsentierten üblichen Erklärungsmuster für die Arbeitslosigkeit und die daraus abgeleiteten Rezepte trotz Erfolglosigkeit eine so beachtliche Lebensdauer:

- Der technische Fortschritt führe die Menschen systematisch durch Weg-rationalisierung von Arbeit in die Beschäftigungslosigkeit. Daher müsse das Produktivitätswachstum gebremst werden.
- Der einzelne Arbeitnehmer fordere zwar nicht zu hohe Löhne, seine Gewerkschaftsbosse aber schon, und daher sei Arbeit im Laufe der Zeit zu teuer geworden gegenüber dem Produktionsfaktor Kapital. Also müssten die Löhne gesenkt werden bzw. langsamer steigen.
- Strukturelle Gegebenheiten auf unserem Arbeitsmarkt, z. B. inflexible Löhne aufgrund von Flächentarifverträgen, mangelnde Mobilität oder auch Kündigungsschutz, seien Gründe für den Beschäftigungsmangel. Eine weitere Flexibilisierung sei daher unumgänglich.
- Die Globalisierung und mit ihr einhergehende internationale Verdrängungsprozesse seien für die hiesigen Beschäftigungsverluste in den letzten 15 Jahren verantwortlich. Ihnen müsse ebenfalls mit moderaten Lohnabschlüssen, einer Flexibilisierung des Arbeitsmarktes und vor allem einem radikalen Umbau unserer Sozialversicherungssysteme begegnet werden.

Wir widerlegen auch diese Thesen und zwar immer mit zwei Arten von Begründungen. Erstens aus logischen Gründen: Aus einem widersprüchlichen Modell lässt sich jede beliebige Aussage ableiten, aber keine einzige tragfähige wirtschaftspolitische Empfehlung. Denn tragfähig ist nur, was frei von Widersprüchen ist. So kann man häufig zeigen, dass der Schluss vom Einzelfall auf die Gesamtheit aller Unternehmen und Arbeitnehmer zu einem Fehlschluss führt. Diese Art von Fehlschluss liegt aber einem Großteil der Theorien heutiger Volkswirtschaftslehre zugrunde. Die zweite Art von Begründungen unserer Ablehnung der genannten Thesen besteht darin darzulegen, dass die gängigen Vorurteile faktisch, also empirisch nicht haltbar sind. Stattdessen weisen wir nach, dass die hiesige Massenarbeitslosigkeit auf den aus den Fehldiagnosen abgeleiteten falschen Therapien beruht und daher gute Aussichten bestehen, sie zu überwinden, wenn die Geld- und Finanzpolitik ihre permanente Geisterfahrt beenden.

Obwohl wir uns intensiv mit der wirtschaftswissenschaftlichen Beratung der Wirtschaftspolitik auseinandersetzen, ist dieses Buch keine wissenschaftliche Abhandlung im üblichen Sinne. Wir versuchen nicht, wirtschaftswissenschaftliche Dogmen generell zu diskutieren oder gar der Entwicklung der

Volkswirtschaftslehre in einzelnen Sparten Gerechtigkeit widerfahren zu lassen. Zwar werden wir ab und zu die Namen bekannter Wissenschaftler erwähnen, um damit eine bestimmte Denkrichtung zu charakterisieren. Es geht aber nicht in erster Linie darum, ob eine Idee als neoklassisch, monetaristisch, keynesianisch oder schumpeterianisch einzuordnen ist, sondern darum, einen Gedankengang so klar und einfach wie möglich darzustellen, damit der Leser ihn nachvollziehen und sich sein eigenes Urteil bilden kann. Letzten Endes kommt es für die Zielgruppe von Lesern, die wir erreichen wollen, nur da-rauf an, ob die hier vorgelegte Logik schlüssig, die Empirie einleuchtend und unsere politischen Schlussfolgerungen zwingend sind. (Für den fachlich vorgebildeten oder besonders interessierten Leser haben wir an einigen wenigen Stellen Boxen eingeschoben, die sich mit einem speziellen Aspekt intensiver auseinandersetzen. Diese Boxen sind aber für das Gesamtverständnis des Textes nicht notwendig und können daher ohne Erkenntnisverlust ausgelassen werden.)

Die radikale Abkehr vom herkömmlichen Denken wird auch für den gutwilligen Leser noch viele Fragen unbeantwortet lassen. Das ist unvermeidlich bei einer so komplexen Materie wie der Ökonomie einer zeitlich und räumlich offenen Gesellschaft. Leider hat die große Mehrheit des Faches, das sich Wirtschaftswissenschaft nennt, die letzten drei Jahrzehnte vorwiegend damit zugebracht, ein statisches Glasperlenspiel namens allgemeine Gleichgewichtstheorie zu vervollkommnen, dessen Grundzüge mehr als 100 Jahre alt sind und das zum Verständnis der komplexen Materie geschweige denn zur Lösung der aktuellen Probleme unserer Volkswirtschaft praktisch nichts beiträgt. Gleichzeitig sind entscheidende, fast ebenso alte Beiträge zum Verständnis der Dynamik der Wirtschaft weitgehend unbeachtet liegen geblieben. So ist viel Zeit vertrödelt und viel Wichtiges versäumt worden. Dennoch, überall auf der Welt gibt es nun Ansätze für ein Umdenken. Wenn wir zu diesem Umdenken einen bescheidenen Beitrag leisten können, hat sich die Mühe gelohnt, auch für unsere Familien, denen wir für all ihre Unterstützung danken.

Teil I:
Die gängigen Erklärungen für Arbeitslosigkeit

Kaum ein Thema bewegt die Menschen mehr als die Massenarbeitslosigkeit. Jeder sucht seine eigenen Erklärungen, und nichts wird an den Stammtischen, in den Betrieben oder in politischen Versammlungen heißer und häufiger diskutiert. Vorherrschend ist der Glaube, es seien vor allem vier Jobkiller, die es der modernen Gesellschaft nahezu unmöglich machen, am Arbeitsmarkt erfolgreich zu sein: Die Technik ersetze mehr und mehr die menschliche Arbeitskraft, die deutschen Löhne seien zu hoch, die Strukturen zu verkrustet für eine durchgreifende Besserung am Arbeitsmarkt, und Deutschland sei letzten Endes ein Opfer der Globalisierung.

1 Jobkiller Maschinen?

Ist es nicht eindeutig? Arbeitslosigkeit ist ein unabwendbares Schicksal: Was gestern noch mehrere Arbeiter am Fließband bewerkstelligten, erledigt heute ein Roboter. Wo gestern Arbeiterinnen die fertig produzierte Ware wenigstens noch verpacken und beschriften mussten, packt und adressiert heute eine von Computern gesteuerte Verpackungsmaschine. Immer mehr Menschen verlieren ihren Arbeitsplatz und finden – möglicherweise trotz mehrfacher Umschulung – keine neue Verdienstmöglichkeit und werden zu (Langzeit-) Arbeitslosen. Machen wir uns nicht durch den zunehmenden Einsatz von Maschinen systematisch arbeitslos? Wer einmal einen Blick in die fast menschenleere Werkshalle eines Automobilherstellers geworfen hat, ist nachhaltig beeindruckt und ertappt sich dabei, wie er Sympathie aufbringt für diejenigen, die vor einem Jahrhundert die Maschinen stürmten, um ihrer Arbeitsplatz vernichtenden Wirkung zu entgehen.

1.1 Robinson und die Rationalisierung

Doch manchmal täuschen die Eindrücke. Dass wir alle auf einer großen Kugel sitzen und uns, gehalten von der geheimnisvollen Kraft der Gravitation, um die Sonne drehen, hat bis vor 400 Jahren fast niemand glauben können, weil der Eindruck der auf- und untergehenden Sonne so unglaublich prägend für unser normales Vorstellungsvermögen ist. Der Mechanismus, wie aus Kapital, aus Maschinen, die Menschen verdrängen, Wohlstand entsteht, scheint fast so geheimnisvoll wie die Gravitationskraft und ist so zentral für unsere komplexe Wirtschaft wie die Gravitationskraft für die komplexen natürlichen Vorgänge auf der Erde.

Weil die Sache komplex ist, müssen wir sie einfach machen, um sie zu verstehen. Stellen wir uns einmal Robinson Crusoe auf seiner einsamen Insel vor. Er ernährt sich mühsam vom Fischfang. Um aber die Fische nicht für alle Zeit mit der Hand fangen zu müssen, baut er sich eine Angel. Das bedeutet nichts anderes, als dass er investiert. Warum tut er das? Damit er sich ein paar Stunden mehr am Tag auf die faule Haut legen kann, falls die Sache mit der Angel funktioniert. Oder damit er Zeit hat, sich eine Hütte zu bauen ohne verhungern zu müssen. Oder beides. Sein Ziel ist eine Verbesserung seiner Lebenslage, ein Wohlstandsgewinn. Ob er die beim Fischfang durch die Investition eingesparte Zeit für mehr Freizeit nutzt oder zur Herstellung anderer Güter einsetzt, bleibt ihm überlassen. Auf jeden Fall wird sich Robinson nicht als arbeitslos betrachten, denn er gewinnt durch das schnellere Fangen der Fische (die Steigerung seiner Arbeitsproduktivität) entweder neue Güter (z. B. die Hütte) und/oder Freizeit hinzu.

Die Angel und die Arbeitsteilung

Angenommen Robinson trifft auf seiner Insel Ureinwohner, die mit dem Bau ihrer Hütten beschäftigt sind und vom Fischfang leben, diesen aber nur mit der Hand betreiben, weil ihnen Angeln bislang unbekannt sind. Werden sie durch Robinsons Investition arbeitslos? Sinkt ihr Wohlstand? Robinson kann den Inselbewohnern dank seiner Angel, mit der er Fische schneller fangen kann, ein Angebot machen: Zwei Fische gegen eine Stunde Hilfe eines Inselbewohners beim Bau seiner Hütte bietet er an, weil er z. B. einen großen Ast für sein Hüttendach allein nicht stemmen kann. Ihm brächte der Tausch »Fische gegen Bauhilfe«, den man als eine Art Arbeitsteilung betrachten kann, einen Vorteil.

Wie sieht es für die Inselbewohner aus, werden sie das Angebot annehmen? Wenn einer von ihnen in einer Stunde mindestens zwei Fische mit der Hand fangen kann, hilft er Robinson nur, wenn es ihm mehr Spaß macht zu bauen oder er ein Menschenfreund ist. Sind es weniger als zwei Fische, ist das Angebot für ihn »ökonomisch« interessant und er wird darauf eingehen. Kein Inselbewohner ist dadurch schlechter gestellt als zuvor, und Robinsons Wohlstand ist sogar gestiegen.

Nachahmung als Innovationsmotor

Was geschieht, wenn die Inselbewohner Robinsons Angel sehen und sich ihrerseits schnell Angeln bauen, seine Investition also nachahmen? Dann steigt ihre Produktivität, und Robinson findet niemanden, der auf sein Handelsangebot »Zwei Fische gegen eine Stunde Bauhilfe« eingeht. Robinsons Wohlstand bleibt dann unverändert, derjenige der Inselbewohner steigt. Wieder hat die technische Neuerung niemandem geschadet.

Was kann Robinson nun noch tun, um sein Wohlstandsniveau weiter zu steigern? Er muss sein Angebot verbessern und so viele Fische für eine Stunde Bauhilfe anbieten, dass sich der Tausch für einen Inselbewohner wieder lohnt. Robinson kann aber mehr Fische nur dann anbieten, wenn er seinerseits seine Produktivität wiederum steigert. Er benötigt also technischen Fortschritt. Wer am Markt nicht durch die nachahmenden Konkurrenten verdrängt werden will, muss ständig neu investieren. Robinson kann z. B. ein Netz knüpfen, mit dem er Fische noch schneller fangen kann als mit einer Angel.

Und dann die Sättigung?

Genau hier werden die Rationalisierungsskeptiker einwenden, dass nun die Arbeitslosigkeit der Inselbewohner vorprogrammiert sei. Spätestens dann nämlich, wenn die Ureinwohner selbst von Angeln auf Netze »umrüsten«. Denn wer könnte die dann mögliche Fangmenge überhaupt essen? Zeigt sich nicht an diesem Beispiel sehr schön, dass uns Rationalisierung letzten Endes an Sättigungsgrenzen führt, die notwendigerweise Arbeitslosigkeit nach sich ziehen?

Doch wer sagt eigentlich, dass sich die Inselbewohner lediglich für den

Fischfang interessieren? Vielleicht haben sie sich bislang auf diese Tätigkeit konzentriert, weil ihre Produktivität für die Produktion und den Erwerb anderer Güter nicht ausreichte. Möglicherweise haben sie jetzt durch den verbesserten Fischfang genügend Zeit, ihre Hütten stabiler zu bauen oder sich dem Anbau anderer Nahrungsmittel zu widmen. Sättigungsgrenzen mögen für einzelne Güter wie hier den Fisch erreicht sein. Das heißt aber noch lange nicht, dass eine allgemeine Sättigungsgrenze droht, die das Produzieren sinnlos werden lässt. Doch selbst wenn sich die Inselbewohner nicht für andere Konsumgüter interessieren als den Fisch, ist ein höherer Wohlstand dank der Netze möglich; konsumiert wird er in Form von Freizeit.

1.2 Industrieller Fortschritt

Ist dieses Beispiel nicht zu primitiv, um die Komplexität unseres Wirtschaftssystems angemessen wieder zu geben? Keinesfalls. Schaut man sich den Prozess, in dem durch Rationalisierung Wohlstandsgewinne, also Einkommen entstehen, an einem realistischeren Beispiel etwas genauer an, bestätigt sich die Einschätzung, dass Arbeitslosigkeit keineswegs die zwingende Folge von technischem Fortschritt ist. Man stelle sich ein Unternehmen vor, das 100 Einheiten eines Produktes mit 100 Beschäftigten produziert und ihnen dafür Lohn zahlt. Ansonsten gebe es keine Produktionskosten. Nun macht das Unternehmen – über Nacht sozusagen – eine Erfindung, die es ihm erlaubt, die 100 Produkte mit 50 Arbeitern zu erzeugen. Die Arbeitsproduktivität steigt dann um 100 Prozent, die Arbeitskosten pro Stück (die so genannten Lohnstückkosten, ein Begriff, auf den wir noch oft zurückkommen werden) halbieren sich. Wenn das Unternehmen auch weiterhin nur 100 Stück seines Produktes herstellte, würde es die nicht mehr benötigten Arbeitskräfte, also die Hälfte, entlassen. Die Rationalisierung hätte den von vielen erwarteten Ausgang genommen. Doch ist das das Ende der Geschichte?

Produktivitätsgewinne nur für den Investor ...

Ob und wie viele Arbeiter das Unternehmen wirklich entlässt, ist keineswegs klar. Die wirtschaftliche Welt des Unternehmens hat sich ja fundamental geändert. Wenn es zunächst die Preise seines Produktes unverändert lässt, macht es einen weit höheren Gewinn wegen der gesunkenen Kosten pro Stück. Die Produktivität ist gestiegen, die Löhne sind unverändert geblieben. Fördert das die Beschäftigung? Ja, werden die Arbeitgeber sagen, der Unternehmer investiert dann mit Hilfe des gestiegenen Gewinns in neue Arbeitsplätze, so dass die zunächst nicht mehr benötigten Arbeitskräfte schnell wieder Arbeit finden. Möglicherweise konsumiert der Unternehmer als Gewinneinkommensbezieher auch mehr und steigert auf diese Weise die Gesamtnachfrage, was wiederum der Beschäftigung anderswo zugute kommt.

... oder nur für die Beschäftigten ...

Statt dass der Produktivitätsschub komplett in den Gewinnen landet, wäre auch der andere Extremfall denkbar, dass er nämlich komplett bei den Löhnen ankommt: Zwar müssten dann die 50 bei stagnierendem Absatz nicht mehr benötigten Arbeitskräfte entlassen werden, die Löhne der bleibenden aber verdoppelten sich. Die Lohnsumme veränderte sich nicht. Unser Unternehmen ließe den Produktpreis mangels Kostenersparnis gleich und machte daher den gleichen Gewinn wie zuvor. Der Lohn der in dem rationalisierenden Betrieb (noch) beschäftigten Arbeiter aber wäre äußerst kräftig gestiegen. Er würde dafür sorgen, dass auch in diesem Fall die Gesamtnachfrage in der Volkswirtschaft in ausreichendem Maße zunähme, um die freigesetzten Arbeitskräfte wieder in Lohn und Brot zu bringen. Allerdings wäre der Rationalisierungsprozess ähnlich wie im erstgenannten Extremfall von schwer nachvollziehbaren Verteilungseffekten begleitet: Während das innovative Unternehmen um den finanziellen Erfolg seiner Investition gebracht wäre, schöpften ihn die bei diesem Unternehmen noch beschäftigten Arbeitskräfte ab und erzielten einen wesentlich höheren Lohn als vergleichbare Arbeitskräfte in anderen Betrieben, in denen auch ihre ehemaligen Kollegen untergekommen wären. Die Beschäftigung sinkt jedoch in beiden Extremfällen nicht.

... sind schlechter als Produktivitätsgewinne für die Verbraucher

Eine dritte Variante muss aber mitbedacht werden, will man den Rationalisierungsprozess aus unserem Beispiel umfassend verstehen. Vielleicht zwingt nämlich der Wettbewerb das innovative Unternehmen, die gesunkenen Kosten in sinkenden Preisen weiterzugeben. Ist der Produktivitätsschub dann für die Beschäftigung verloren? Nein, denn der Absatz des Unternehmens dürfte in aller Regel aufgrund der Preissenkung zunehmen – man spricht dann von einer preiselastischen Nachfrage. Kann das Unternehmen z. B. bei einer Halbierung des Preises 200 statt vorher 100 Stück verkaufen, bleiben alle 100 Arbeitskräfte in dem Unternehmen beschäftigt. Der nominale Gewinn pro Stück ist dann nur noch halb so groß, der nominale Gewinn insgesamt ist jedoch genau so hoch geblieben wie zuvor.

Haben sich in dieser Variante die Löhne verändert? Nominal, d. h. ohne Berücksichtigung der Preisentwicklung, nicht: Es wird die gleiche Lohnsumme an dieselben Beschäftigten gezahlt. Aber wie sieht es aus, wenn man die Preisentwicklung mit in Rechnung stellt, also nach den Reallöhnen, nach der Kaufkraft der Löhne fragt? Diese sind gestiegen, denn das Preisniveau ist ja – je nach der Bedeutung, die die Produkte des betrachteten Unternehmens für die Gesamtwirtschaft haben, stärker oder schwächer – gesunken. Das gilt aber nicht nur für die Löhne, die das betrachtete Unternehmen zahlt, sondern auch für die Löhne, die andere Unternehmen ihren Beschäftigten zahlen. Denn alle Lohnempfänger sind ja auch Konsumenten und profitieren so von der Preissenkung.

Was aber, wenn der Absatz unseres Unternehmens trotz der Preissenkung (welches Ausmaß sie auch immer haben mag) stagniert oder nicht so stark zunimmt, dass niemand entlassen werden muss? Dann wird das Unternehmen in der Tat wegen der Rationalisierung bis zu 50 Arbeitskräfte entlassen. Allerdings sorgen die innerhalb und außerhalb des Unternehmens gestiegenen Reallöhne dafür, dass sich die für andere Güter verfügbare Kaufkraft aller Arbeiter erhöht. Halten die übrigen Arbeitnehmer ihre nominale Nachfrage insgesamt aufrecht (d. h. fangen sie nicht auf einmal an, ihre Sparquote zu erhöhen), steigt die reale Nachfrage in allen anderen Betrieben der Volkswirtschaft. Diese müssen – bei dort unveränderter Produktivität – die freigesetzten Arbeitnehmer einstellen, um die gestiegene reale Nachfrage bedienen zu können. Das sinkende Preisniveau ist in diesem Fall das Vehikel, mit dessen Hilfe die positiven Einkommenseffekte der Rationalisierung in der Volkswirtschaft verteilt werden. Interessant ist, dass das Verteilungsergebnis in diesem Fall gemeinhin als wesentlich »gerechter« empfunden werden dürfte als in den beiden zuerst geschilderten Extremfällen.

Eine innovationsfreundliche Verteilungsregel …

Die beiden Extremfälle und die Variante, dass das Preisniveau reagiert, stecken die Skala möglicher Ergebnisse des Produktivitätsschubs aber nicht vollständig ab. Es gibt noch eine vierte Art und Weise, die Rationalisierungseffekte in die Gesamtwirtschaft zu transportieren. Durch den Produktivitätsschub in unserem Unternehmen steigt auch die durchschnittliche Produktivität in der Gesamtwirtschaft, natürlich nur entsprechend der Bedeutung, die das Unternehmen für die Gesamtwirtschaft hat. Beträgt seine Produktion z. B. 1 Prozent der gesamten Produktion der Volkswirtschaft, steigt mit der oben angenommenen Innovation die durchschnittliche Produktivität um 0,5 Prozent. Arbeitnehmer und Arbeitgeber auf der Ebene der Gesamtwirtschaft könnten sich darauf einigen, die Löhne für alle Beschäftigten genau um diese durchschnittliche Zunahme anzuheben (also um 0,5 Prozent). Dann blieben die durchschnittlichen Lohnstückkosten gerade unverändert.

Was bedeutet das für das innovative Unternehmen? Lässt es seinen Absatzpreis (und damit seinen Marktanteil) konstant, steigen sein Stückgewinn und sein Gewinn insgesamt fast so stark wie im zuerst geschilderten Extremfall, denn es beteiligt seine Beschäftigten ja nur vergleichsweise gering am Investitionserfolg: Die unternehmensinterne Produktivität wächst schließlich um 50 Prozent, die Löhne aber nur um 0,5 Prozent. Senkt es seinen Absatzpreis, nehmen die Stückgewinne nicht ganz so dramatisch zu, dafür dehnt es aber seinen Marktanteil auf Kosten seiner Konkurrenten aus. Sein Gewinn wächst dann in aller Regel noch mehr.

Wie sieht es mit der Zahl der Beschäftigten in dem Unternehmen aus? Das Unternehmen dürfte seine Absatzmenge auch ohne Preissenkung erhöhen, weil die Nominallöhne und mit ihnen die Reallöhne in der Gesamtwirtschaft gestiegen sind. Aber die Absatzsteigerung wird wohl nicht ausreichen, um alle 100 Arbeitskräfte weiterhin in der Produktion einzusetzen. Mag sein, dass das Unternehmen die Gewinnzunahme in weitere Investitionen und damit Arbeitsplätze steckt. Aber selbst wenn dieser Effekt nicht ausreicht, um die Beschäftigung im vorherigen Umfang aufrecht zu erhalten, bietet die Einkommenszunahme in der Gesamtwirtschaft den letztendlich Entlassenen gute Chancen, eine neue Beschäftigung zu finden. Denn von der Nachfrageausweitung profitieren auch die anderen Unternehmen. Die Verteilungseffekte wären ähnlich wie im Falle einer vollen Weitergabe der Rationalisierungsgewinne in den Preisen. Sollte das Unternehmen seinen Marktanteil mittels Preissenkung ausdehnen, liegt die Zahl der im Unternehmen weiterhin Beschäftigten höher als ohne Preissenkung.

... ist wachstumsfördernd und beschäftigungsneutral

Aber wie steht es mit der Zahl der Beschäftigten in den übrigen Unternehmen? Die nicht in gleichem Maße mit einer höheren Produktivität ausgestatteten anderen Unternehmen in der gesamten Volkswirtschaft müssen die mit der Arbeitnehmerseite vereinbarten höheren Löhne zahlen (+ 0,5 Prozent). Entsprechend machen sie – zumindest relativ zum rationalisierenden Unternehmen – geringere Gewinne. Darüber hinaus verlieren die Anbieter, die mit dem innovativen Unternehmen auf demselben Markt konkurrieren, sogar Marktanteile, wenn der Pionier seinen Wettbewerbsvorteil zu Preissenkungen nutzt. Sie büßen also Umsatz und damit Gewinne ein, was Arbeitsplätze kosten kann. Ist das schlecht? Im Wettbewerb soll ja derjenige belohnt werden, der besonders erfolgreich in Sachen Innovation und Investition ist. Das Zurückfallen der Nicht-Pioniere ist das Instrument, um diese zu größeren Anstrengungen zur Verbesserung ihrer Produktivität zu zwingen. Nur weil es diesen Effekt in Marktwirtschaften im Gegensatz zu Planwirtschaften immer gegeben hat, sind diese so erfolgreich gewesen bei der Steigerung des Lebensstandards und bei der Bewältigung des damit verbundenen Strukturwandels. Weniger Beschäftigung gibt es in der Summe aller Effekte nicht, weil die Rationalisierung in allen diskutierten Fällen zu höherem Realeinkommen und damit zu steigender Gesamtnachfrage führt. Diesen Zusammenhang bezeichnet man als Realeinkommenseffekt der Rationalisierung bzw. der Produktivitätssteigerung.

1.3 Rationalisierung und gesamtwirtschaftliche Entwicklung

Niemand kann aber leugnen, dass der Strukturwandel, den Innovationen und Investitionen unweigerlich zur Folge haben, mit Problemen verbunden ist. Entfällt aufgrund von Rationalisierung eine bestimmte Art von Arbeit, passt die Qualifikation der Arbeitskräfte, die diese Arbeit bislang verrichtet haben, womöglich nicht mehr zu den Anforderungen, die die anderswo neu entstandenen Arbeitsplätze mit sich bringen. Auch gibt es keine Garantie für einen räumlichen Zusammenhang: Fallen in einem Betrieb im Raum Hamburg aufgrund von Rationalisierungsinvestitionen Arbeitsplätze weg, können durch die im Maschinenbau gestiegene Nachfrage zwar zusätzliche Arbeitnehmer in der Investitionsgüterindustrie eingestellt werden, aber möglicherweise eher im Raum Stuttgart als in Hamburg.

Durch Umschulung, durch Mobilität oder jede andere Art von Flexibilität müssen die Arbeitnehmer sich diesen Veränderungen immer wieder anpassen. Das ist eine nicht leicht zu bewältigende Aufgabe. Erstens hat ein Arbeitnehmer auch ein Privatleben, in dem andere Personen von ihm abhängen oder zumindest mit ihm eng verbunden sind, so vor allem seine Familienangehörigen. Sie müssen die geforderte Flexibilität und ihre oft gravierenden Folgen (Wohnungssuche, Schulwechsel, Wechsel des sozialen Umfeldes, Stellenwechsel des ebenfalls berufstätigen Partners etc.) mittragen. Und zweitens nehmen die physischen und psychischen Fähigkeiten zur Anpassung an sich verändernde berufliche Anforderungen mit zunehmendem Alter nicht automatisch ebenfalls zu. Im Gegenteil: Manche wünschenswerte Umschulung ist eben nicht jedem älteren Arbeitnehmer mehr zuzumuten, weil er sie mental auch bei gutem Willen nicht zu bewältigen in der Lage ist.

Was ist in solchen Fällen zu tun? Ist wegen dieser Anpassungsprobleme technischer Fortschritt abzulehnen? Hier lautet die Antwort ganz klar: nein, Rationalisierung ist trotzdem sinnvoll und notwendig. Denn gerade aus dem Wachstum, dem zusätzlichen Wohlstand heraus, den sie ermöglicht, lässt sich die Bewältigung solcher Anpassungsprobleme in der Regel finanzieren und damit leichter bewältigen. Zu behaupten, es sei doch sinnvoller, auf Produktivitätssteigerungen zu verzichten, wenn sie solche Anpassungsprobleme erzeugten, ist zu kurz gedacht. Erstens hieße das im Umkehrschluss, auf Wohlstandssteigerungen generell zu verzichten (ob diese nun in der Beseitigung harter Feldarbeit durch den Einsatz landwirtschaftlicher Maschinen oder in der Benutzung von Handys bestehen, macht keinen grundsätzlichen Unterschied). Die Wohlstandssteigerungen für alle zusammengenommen fallen nämlich regelmäßig höher aus als die Wohlstandsverluste derjenigen, die die Anpassungslasten bei ihren Arbeitsplätzen zu tragen haben. Aus dieser Differenz lassen sich die Betroffenen nicht nur entschädigen, sie lassen sich an anderer Stelle im Wirtschaftsprozess wieder integrieren, wenn denn die übrigen wirtschaftlichen Rahmenbedingungen stimmen (worum es im größeren Teil dieses Buches geht). Und zweitens wäre es in einer freiheitlich organisierten Marktwirtschaft auch gar nicht möglich, den Prozess von Innovationen und Investitionen zu verbieten. Wenn jemand eine produktivitätssteigernde Idee hat und umsetzen will, wer wollte ihn daran hindern? Für all diejenigen, denen der Strukturwandel trotz gesamtgesellschaftlicher Wohlstandsgewinne persönlich mehr abverlangt, als sie dabei gewinnen können, bietet die Marktwirtschaft durch die sozialen Sicherungsnetze Hilfe. Werden diese Sicherungssysteme allerdings massiv in Frage gestellt, muss man sich nicht wundern, dass viele Beschäftigte Angst vor Produktivitätssteigerungen haben und dem Strukturwandel ablehnend gegenüber stehen.

Konjunkturloses Produktivitätswachstum?

Dennoch wird der Rationalisierung und dem aus ihr erwachsenden Strukturwandel in Hinsicht auf die Folgen für den gesamten Arbeitsmarkt misstraut. Diskutiert man – wie oben geschehen – das Ausgangsbeispiel eines Produktivitätssprungs in einem einzelnen Unternehmen konsequent zu Ende, gelangt man zwangsläufig auf die Ebene der Gesamtwirtschaft. Dort scheint das Ergebnis der letzten 15 Jahre Rationalisierung den Skeptikern Recht zu geben, wie Abbildung 2 zeigt.

Abb. 2

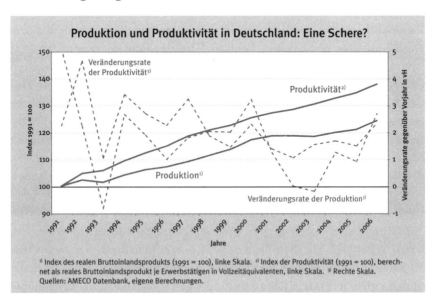

Produktion und Produktivität in Deutschland: Eine Schere?

¹⁾ Index des realen Bruttoinlandsprodukts (1991 = 100), linke Skala. ²⁾ Index der Produktivität (1991 = 100), berechnet als reales Bruttoinlandsprodukt je Erwerbstätigen in Vollzeitäquivalenten, linke Skala. ³⁾ Rechte Skala.
Quellen: AMECO Datenbank, eigene Berechnungen.

Ist hier nicht allem Lob der Rationalisierung zum Trotz schlicht festzustellen, dass auf der gesamtwirtschaftlichen Ebene das Produktivitätswachstum in den letzten 15 Jahren klar über dem Produktionswachstum lag, durchschnittlich um mehr als einen halben Prozentpunkt jährlich? Dass rein rechnerisch aus diesem Auseinanderklaffen von Produktivitäts- und Produktionszunahme Arbeitslosigkeit folgt, ist jedem klar, der den Dreisatz beherrscht: Steigt jährlich die Produktivität (was ein Arbeiter in einem Jahr produziert) um beispielsweise 2 Prozent, die Produktion (was alle Arbeiter zusammen in einem Jahr produzieren) hingegen nur um 1 Prozent, muss die Beschäftigung (die Zahl der Arbeiter bzw. der geleisteten Arbeitsstunden) um 1 Prozent fallen.

Das, über eine ganze Reihe von Jahren hinweg, summiert sich zwangsläufig zu mehreren Millionen Arbeitslosen. Die entscheidende Frage, ob diese definitorische Betrachtung von Durchschnittszahlen irgendeinen kausalen Zusammenhang belegt, bliebe damit aber unbeantwortet. Geht man mit dieser Betrachtung über eine rechnerische Identität, eine Tautologie hinaus? Sagt man mehr, als dass immer dann, wenn Arbeitslosigkeit entstanden ist, die Definitionen in der volkswirtschaftlichen Gesamtrechnung korrekt anzeigen, dass Arbeitslosigkeit entstanden ist?

Wer aus diesen Durchschnittswerten einen kausalen Zusammenhang abliest, ist offenbar der Ansicht, dass die kurzfristig vorhandenen Schwankungen gesamtwirtschaftlicher Größen wie Produktion, Produktivität (in Abbildung 2 beides gestrichelt eingezeichnet) und Beschäftigung, die in langjährigen Durchschnittszahlen notwendigerweise verschwinden, keine Rolle spielen für die langfristige Entwicklung dieser Größen. Derjenige glaubt – wie mit ihm übrigens viele Ökonomen auch –, dass kurzfristige Nachfrageschwankungen, die man unter den Begriff Konjunktur fasst, und langfristiges Wachstum nichts miteinander zu tun haben. Verbreitet wurde diese Ansicht unter dem Begriff »Scherentheorie«, die das Auseinanderlaufen von Produktivität und Produktion in das so einprägsame Bild einer Schere fasst.

Die Anhänger der Scherentheorie müssen, soll ihre Argumentation schlüssig sein, behaupten, dass unsere Volkswirtschaft wegen der Rationalisierungserfolge, die das marktwirtschaftliche System zeitigt, über kurz oder lang an Sättigungsgrenzen stößt. Denn wenn die Schere zwischen Produktivität und Produktion nicht konjunkturbedingt, also durch Schwankungen der Nachfrage hervorgerufen ist, woher rührt sie dann? Welches ökonomische Gesetz schreibt uns den Verlauf von Produktivität und Produktion vor? Die logisch zwingende Grundlage der Theorie, die eine Kausalität hinter dem Dreisatz »Produktivitätswachstum größer als Produktionswachstum, daraus folgt Arbeitslosigkeit« vermutet, ist die: Wir werden einfach schneller produktiv, als wir Güter konsumieren können. Deshalb können wir die Menge dessen, was durch die Produktivitätssteigerung mit allen vorhandenen Arbeitskräften zusammen zu produzieren möglich wäre, nicht ausschöpfen. Folglich müssen wir Arbeitslosigkeit in Kauf nehmen. Oder die Rationalisierung einschränken. Oder – der Königsweg, den die Gewerkschaften seit den 1980er Jahren zu beschreiten versuchen – die (noch) vorhandene Menge an Arbeit möglichst fair und gleichmäßig auf alle Arbeitswilligen verteilen, d. h. die Arbeitszeit aller verkürzen.

Arbeitszeitverkürzung als Lösung?

Den meisten Befürwortern der Arbeitszeitverkürzung als Mittel zur Bekämpfung der Arbeitslosigkeit ist zwar nicht klar, dass sie eigentlich Anhänger dieses Wachstumspessimismus sind, das hindert uns aber nicht daran, auf diese logische Konsequenz hinzuweisen. Wer seine Arbeitszeit freiwillig verkürzen will, weil er Produktivitätssteigerungen lieber in Form von Freizeit als in Form von Einkommen konsumieren möchte, der kann das selbstverständlich tun. Wer das nicht will, wird bei Ausübung von Druck – von Seiten des Staates oder der Gewerkschaftsführung – den Teil seiner »unfreiwillig« verordneten Freizeit, den er eigentlich lieber mit einkommensträchtiger Arbeit verbringen würde, auf anderem Wege wieder am Arbeitsmarkt anbieten. Er wird sich z. B. einen Nebenjob suchen. Wird er nicht fündig, taucht zwar seine zwangsweise Teil-Arbeitslosigkeit in keiner Statistik mehr auf. De facto hat sich aber an der Summe der Beschäftigungslosigkeit nichts geändert, sie ist nur anders verteilt. Wird er fündig, nimmt er dem bisherigen Teilzeitstelleninhaber oder einer neu auf den Arbeitsmarkt drängenden, originär nach einer Teilzeitstelle suchenden Arbeitskraft den Job weg, so dass rein rechnerisch keine neue Beschäftigung entstanden ist, auch wenn der verkürzt arbeitende Betrieb niemanden entlassen hat.

Das alles bedeutet natürlich noch keine Ablehnung von Arbeitszeitverkürzung als Mittel gegen Arbeitslosigkeit generell, denn auch in dieser Überlegung bleibt Raum für Solidarität, also die Bereitschaft der Arbeitenden, auf einen Teil ihrer Arbeit zu Gunsten derer zu verzichten, die gar keine Arbeit haben. Es muss dann nur ein Mechanismus gefunden werden, der verhindert, dass der Verzicht der Arbeitenden zu einem Nachfrageausfall führt und damit zu einer Gefährdung der bestehenden Arbeitsplätze. Dieser Mechanismus, muss man allerdings heute feststellen, ist bei Arbeitszeitverzicht ebenso wenig gefunden worden wie bei Lohnverzicht. Das macht die Sache problematisch, wie wir später zeigen werden.

Unbegrenzte Bedürfnisse – begrenzte Nachfrage

Stimmt es aber, dass wir schneller produktiv werden, als wir konsumieren können und wollen? Diese Frage ist nicht ganz neu. Sie wurde schon vor mehr als 300 Jahren von einem Ökonomen gestellt und klar beantwortet, dessen Name mit der Antwort berühmt wurde: Es handelt sich um Say's Law, das Gesetz von Jean-Baptiste Say. Es lautet: Jedes Angebot schafft sich seine Nachfrage. Und es bedeutet, dass jeder, der etwas anbietet, dies mit dem Wunsch tut, für das Angebot etwas zu erhalten, womit er selbst seine Nachfrage befriedigen kann. Richtiger müsste man sagen: Jedes Angebot will sich seine Nachfrage schaffen. Ist ein Mensch (im Sinne des Konsumierens) dauerhaft wunschlos glücklich, hat er keinen Anlass, seine Arbeitskraft für irgendeine Produktion einzusetzen, sei es für eine abhängige Beschäftigung, sei es für eine selbstständige Tätigkeit. Das ist dann aber eine freiwillige Beschäftigungslosigkeit, die nichts, aber auch rein gar nichts mit der Arbeitslosigkeit zu tun hat, unter der Millionen von Menschen in unserem Land leiden.

Das Gesetz bedeutet aber *nicht*, dass der Wunsch, für sein Angebot auch tatsächlich etwas zu erhalten, womit man Nachfrage entwickeln kann, *automatisch und jederzeit in Erfüllung geht*. Mangelt es an marktwirksamer Nachfrage, heißt das nicht, dass kein Konsumwunsch bestand und deshalb weniger angeboten wurde (wie es die üblich gewordene Fehlinterpretation des Gesetzes nahe legt). Ganz im Gegenteil: Gerade dann ist offenbar jemand unfreiwillig auf seinem Angebot sitzen geblieben und kann daher mangels Einkommen nicht die von ihm eigentlich gewünschte Nachfrage entfalten. Dabei spielt es keine Rolle, ob es sich bei dem Angebot um Güter handelt, die als Ladenhüter verstauben, oder um nicht genutzte Arbeitszeit in Form von Arbeitslosigkeit. In beiden Fällen ist der Wunsch, sein Angebot auch abzusetzen, nicht in Erfüllung gegangen *und daher* die Nachfrage der erfolglos Anbietenden geringer als gewünscht.

Das ist oft missverstanden worden, z. B. von vielen Experten, die sich Angebotstheoretiker nennen bzw. sich als Vertreter des so genannten Angebotsansatzes verstehen. Sie verweisen auf Say's Law, um zu begründen, warum sie sich lediglich um die Verbesserung der so genannten Angebotsbedingungen kümmern, die Nachfragebedingungen aber völlig außer Acht lassen. Denn das Angebot schüfe sich ja bekanntlich seine Nachfrage selbst.

Was hat Say's Law aber mit der Scherentheorie zu tun? In Wachstumsraten übersetzt lautet das Gesetz: Wir werden nur produktiver, wenn wir auch entsprechend mehr konsumieren wollen. Ob wir das tatsächlich auch können, oder ob wir am Konsum, an der zu entwickelnden Nachfrage aus anderen Gründen gehindert werden, ist eine ganz andere, nebenbei bemerkt: die entscheidende Frage. Say's Law ist eine klare Absage an einen wie auch immer gearteten Wachstumspessimismus: Wir sind durch die Marktwirtschaft nicht zu Produktivitätssteigerungen verdammt, die wir nicht selbst wollen und die uns deshalb unausweichlich in die Arbeitslosigkeit führen. Produktiver wird nur derjenige, der dafür auch etwas anderes – seien es mehr Güter, sei es mehr Freizeit – haben will. Umgekehrt bedeutet das aber auch, dass alle Versuche zum Scheitern verurteilt sind, Arbeitslosigkeit durch Einschränkungen des Produktivitätswachstums lösen zu wollen.

Die Scherentheorie ist keine Theorie, sondern nur ein rechentechnischer Zusammenhang. Wenn man die Entwicklung der Arbeitslosigkeit und die Schwankungen von Produktivität und Produktion in Abbildung 3 betrachtet, stellt man fest, dass es Phasen gegeben hat, in denen die Produktion (blaue Kurve) stärker gestiegen ist als die Produktivität (rote Kurve) und die Beschäftigung zunahm respektive die Arbeitslosigkeit (Balken) sank. Umgekehrt gab es Phasen, in denen sich die Produktion offenbar schwächer entwickelte als die Produktivität und Beschäftigung abgebaut wurde. Außerdem lässt sich die Erkenntnis gewinnen, dass sich Produktion und Produktivität tendenziell in die gleiche Richtung entwickeln. D. h., nimmt das Produktionswachstum Fahrt auf (blaue Kurve schießt nach oben), geht auch das Produktivitätswachstum hoch; verringert sich das Produktionswachstum, verlangsamt sich auch die Produktivitätszunahme. Insgesamt sind die Ausschläge des Produktionswachstums kräftiger bzw. schwankt die Produktivität etwas weniger.

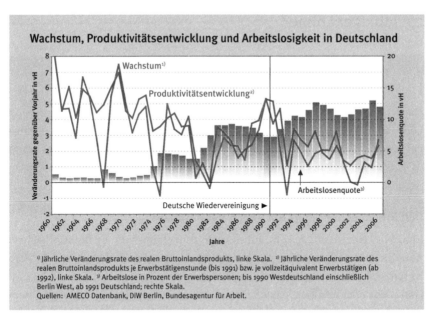

Wachstum, Produktivitätsentwicklung und Arbeitslosigkeit in Deutschland   Abb. 3

1) Jährliche Veränderungsrate des realen Bruttoinlandsprodukts, linke Skala. 2) Jährliche Veränderungsrate des realen Bruttoinlandsprodukts je Erwerbstätigenstunde (bis 1991) bzw. je vollzeitäquivalent Erwerbstätigen (ab 1992), linke Skala. 3) Arbeitslose in Prozent der Erwerbspersonen; bis 1990 Westdeutschland einschließlich Berlin West, ab 1991 Deutschland; rechte Skala.
Quellen: AMECO Datenbank, DIW Berlin, Bundesagentur für Arbeit.

Aus der Konjunkturabhängigkeit des Produktivitätswachstums muss man übrigens auch schlussfolgern, dass alle Ideen zu so genannten »Beschäftigungsschwellen«, über die das Wachstum von Volkswirtschaften zu heben sei, damit Beschäftigung entstünde, reine Dreisatzüberlegungen sind und keinen kausalen Kern beinhalten, aus dem sich irgendwelche sinnvollen wirtschaftspolitischen Schlüsse ziehen ließen.

Wir kommen in Kapitel 2 von Teil III auf diese empirischen Phänomene zurück. Hier wollen wir nur einige wichtige Fragen festhalten, die die Abbildung 3 nahelegt: Was ist in den jeweiligen Phasen – Produktionswachstum größer als Produktivitätswachstum und umgekehrt – passiert, warum gibt es wirtschaftlich gute und schlechte Zeiten? Was hat den Aufschwung, die Zeit des Beschäftigungsaufbaus, was den Abschwung, die Zeit zunehmender Arbeitslosigkeit, jeweils verursacht? Warum dauerten die Aufschwungphasen regelmäßig nie so lang, dass die in der voraufgegangenen Abschwungphase verlorene Zahl an Arbeitsplätzen wieder aufgebaut werden konnte? Wie kann es sein, dass das System Marktwirtschaft mal zu funktionieren scheint und mal nicht? Das sind die relevanten Fragen, zu deren Beantwortung die Scherentheorie und die Theorie der Beschäftigungsschwellen nichts beizutragen hat.

2 Jobkiller Löhne?

2.1 Löhne in der Gesamtwirtschaft

Die Hauptursache für Arbeitslosigkeit wird regelmäßig in unangemessenen Lohnsteigerungen gesehen. Dahinter steckt die Vorstellung, dass der Preis auf einem Markt für den Ausgleich von Angebot und Nachfrage sorgt, wenn er sich unter Wettbewerbsbedingungen frei bilden kann. Was ist von diesem Argument zu halten?

Den Preismechanismus auf dem Kartoffelmarkt …

Eine Marktwirtschaft beruht auf dem Preismechanismus. Er funktioniert so: Auf einem Markt, sagen wir für Kartoffeln, bieten die Produzenten ihre Ware zu einem bestimmten Preis an. Die Konsumenten kaufen die Kartoffeln, und zwar mehr oder weniger, je nach ihren Bedürfnissen und je nachdem, ob ihnen der Preis (im Vergleich zur Qualität der Ware und zu anderen Güterpreisen) günstig oder eher hoch erscheint. Ist der Preis eher hoch, bleiben die Anbieter zumindest auf einem Teil ihrer Kartoffeln sitzen. Ist er eher niedrig, sind alle Kartoffeln verkauft, bevor alle interessierten Verbraucher die von ihnen gewünschte Menge kaufen konnten, sie gehen dann leer aus. Was passiert am folgenden Markttag? Hatten die Kartoffelproduzenten beim vorherigen Verkauf zu viele Kartoffeln übrig behalten (Überschussangebot), werden sie den Preis senken, damit sie mehr verkaufen. Waren sie am Vortag schon vor Marktschluss ausverkauft (Überschussnachfrage), werden sie nun teurer anbieten. Auf diese Weise werden Angebot und Nachfrage in Einklang gebracht.

Warum versagt dieser einfache Mechanismus auf dem Arbeitsmarkt? Offensichtlich herrscht dort ja seit Jahren ein Überangebot an Arbeitskräften, ablesbar an der hohen Arbeitslosigkeit. Ist nicht der Mangel an Arbeitsplätzen (die zu geringe Nachfrage nach Arbeitskräften) der beste Beweis dafür, dass der auf diesem Markt gezahlte Preis, nämlich der Lohn, zu hoch ist? Muss man sich nicht als Ökonom die Empfehlung zu eigen machen, die Löhne zu senken, um Angebot und Nachfrage in Übereinstimmung zu bringen, selbst wenn man bedauert, dass die Masse der Menschen dann weniger Geld in der Tasche hat?

... gibt es nicht auf einem gesamtwirtschaftlichen Markt, ...

Das klingt einfach und vernünftig, ist aber dennoch falsch. Der Irrtum liegt jedoch nicht, wie viele vermuten, in der Unwirksamkeit des Preismechanismus als solchem, sondern in der Übertragung eines einzelwirtschaftlich richtigen Zusammenhangs (auf dem Kartoffelmarkt nämlich) auf gesamtwirtschaftliche Aggregate wie dem Angebot und der Nachfrage auf dem Arbeitsmarkt. Der einfache Zusammenhang »Löhne runter – Beschäftigung rauf« ist falsch, weil bei gesamtwirtschaftlichen Aggregaten Angebot und Nachfrage nicht unabhängig voneinander sind. Das aber ist die Voraussetzung für die beschriebene Funktionsweise des Preismechanismus. Das klingt kompliziert und ist auch ein bisschen komplizierter, als die verbreiteten Primitivversionen von Marktwirtschaft glauben machen, die den Kartoffelmarkt mit dem Arbeitsmarkt gleichsetzen.

Verdient der Kartoffelbauer nämlich aufgrund einer Senkung des Kartoffelpreises insgesamt weniger und kauft er deshalb etwas weniger Fleisch beim Metzger ein, macht sich das in der Summe der Nachfrage beim Metzger meist nicht so stark bemerkbar, dass nun der Metzger seinerseits seinen Kartoffelkonsum deutlich reduziert. Die Nachfrage nach Kartoffeln – das war die Voraussetzung im obigen Beispiel – weist einen stabilen Zusammenhang mit dem Kartoffelpreis auf. Kauft aber der Metzger tatsächlich weniger Kartoffeln ein, weil der Kartoffelbauer weniger Fleisch einkauft, weil er vorher seine Kartoffeln nur zu einem geringeren Preis losgeworden ist, wird es offenbar kompliziert.

Schon dieses simple Beispiel lässt die Sackgasse ahnen, in die man gerät, wenn man einzelwirtschaftlich richtige Zusammenhänge blind auf die gesamtwirtschaftliche Ebene überträgt. Spielt man nämlich den Preismechanismus in Gedanken auf *dem* Gütermarkt einer Volkswirtschaft durch, sähe die Sache ganz anders aus als auf dem Kartoffelmarkt. *Den* Gütermarkt gibt es in einer Volkswirtschaft genau genommen gar nicht. Er ist ein gedankliches Konstrukt der Ökonomen, unter dem sie sich einen Markt vorstellen, auf dem die Menge aller produzierten Güter angeboten wird. Würde hier der (wie auch immer berechnete durchschnittliche) Preis (es handelt sich eigentlich um das Preisniveau der Volkswirtschaft) sinken, wären davon im Durchschnitt alle Anbieter von Gütern betroffen. Wie würden sie auf eine Preissenkung reagieren? Einerseits machten sie weniger Gewinn. Bei gleich bleibenden Kosten, vor allem

Löhnen, dürften sie darauf mit Produktionseinschränkungen und Entlassungen reagieren. Andererseits könnten aber auch alle Güteranbieter billiger einkaufen, da sie ja nicht nur Produzenten, sondern gleichzeitig auch Nachfrager (Investoren, Bezieher von Vorleistungen, Konsumenten) sind. Ohne auf die möglichen Effekte, die sich daraus ergeben, schon hier weiter einzugehen, versteht man, dass der einfache Preismechanismus nicht ausreicht, um gesamtwirtschaftliche Vorgänge zu erklären.

Sollte das anders sein, wenn man ähnliche Gedankenspiele mit dem Arbeitsmarkt einer Volkswirtschaft betreibt? *Den* Arbeitsmarkt gibt es nämlich genauso wenig wie *den* Gütermarkt. Auch er ist ein gedankliches Konstrukt, zusammengesetzt aus vielen einzelnen Märkten, auf denen so unterschiedliche Fähigkeiten wie Kochen, Jonglieren, Unterrichten oder Operieren gehandelt werden.

... weil dort Angebot und Nachfrage zusammenhängen

Wie die Abhängigkeit gesamtwirtschaftlicher Größen untereinander es unmöglich macht, einzelwirtschaftliche Erkenntnisse auf gesamtwirtschaftliche Verhältnisse zu übertragen, lässt sich erneut am besten an einem Beispiel erläutern.

Wenn die Menschen in einem kleinen Land zu 70 Prozent vom Kaffeeanbau bzw. -export leben, sind sie wirtschaftlich stark abhängig einerseits von der Witterung und andererseits vom Weltmarktpreis für Kaffee. Nehmen wir an, der Weltmarktanteil des Landes bei Kaffee sei so gering, dass es keinen spürbaren Einfluss auf den Weltmarktpreis für Kaffee habe. Fällt die Ernte in einem Jahr z. B. wegen Frost oder Dürre nur in diesem kleinen Land sehr gering aus, ändert sich der Weltmarktpreis deshalb nicht. Passiert das Gleiche in einem Land mit großem Weltmarktanteil, steigt der Kaffeepreis hingegen merklich. Was geschieht in dem kleinen Land, wenn in einem großen Anbieterland die Ernte miserabel, in dem kleinen aber gut ausgefallen ist? Der Kaffeepreis steigt und mit ihm die Einkommen im kleinen Land, weil es ja nun mehr für seine Exporte erlöst. Von der daraus entstehenden zusätzlichen Nachfrage profitieren dann auch die übrigen Anbieter in dem kleinen Land, also etwa der Friseur und der Tankstellenwart. Niemand käme auf die Idee, in diesem Fall den gesamtwirtschaftlichen Zusammenhang von Einkommen und Nachfrage zu leugnen.

Wie sieht es aus, wenn in einem anderen Jahr die Ernte in dem kleinen Land schlecht ausfällt, der Kaffeepreis aber nicht steigt, weil in den anderen Ländern gute Ernteerträge erzielt werden? In einem solchen Jahr ist es um das wirtschaftliche Wohlergehen des kleinen Landes sicher sehr schlecht bestellt, weil 70 Prozent der Einkommen drastisch fallen. Möglicherweise werden Plantagenarbeiter entlassen. Die übrigen Bereiche der Wirtschaft dieses Landes – vom Tankstellenwart bis zum Friseur – werden das zu spüren bekommen, weil die Nachfrage einbricht. Wiederum würde niemand diese gesamtwirtschaftlichen Rückwirkungen des Einbruchs eines Großteils der Arbeitseinkommen der Bevölkerung ernsthaft bestreiten.

Nach dem Ausfall der Kaffeeernte herrscht in dem kleinen Land hohe Arbeitslosigkeit. Leute, die den einfachen Preismechanismus ganz simpel auf den Arbeitsmarkt anwenden, würden jetzt vorschlagen, den Lohn der Kaffeeplantagenarbeiter so lange zu senken, bis alle Arbeitslosen im Kaffeeanbau wieder beschäftigt seien. Könnte das die Gesamtwirtschaft des kleinen Landes verkraften? Würden nicht zuvor wegen des sinkenden Einkommens der noch Beschäftigten und der mit ihm sinkenden Nachfrage auch noch der Friseur und der Tankstellenwart arbeitslos? Sicher, die Nachfrage, die wieder eingestellte Arbeitslose dank ihres, wenn auch geringen Lohneinkommens entfalten, gleicht einen Teil des Nachfragerückgangs aus. Aber die negative Rückwirkung, die die Einkommenssenkung bei den bislang Beschäftigten auf deren Nachfrage hätte, kann nicht einfach ignoriert werden.

Noch wichtiger aber ist ein anderer Aspekt: Die Lohnsenkung kann man wiederum nur empfehlen, wenn man unterstellt, dass die Nachfrage nach Kaffee auf dem Weltmarkt unabhängig von der gesamtwirtschaftlichen Entwicklung unseres kleinen Landes ist. Das ist in unserem Fall zu erwarten, weil wir angenommen haben, dass das Land keinen Einfluss auf den Kaffeepreis hat. Wäre das aber nicht so, sondern würde der lohnbedingte Einkommensrückgang zu einem spürbaren Nachfrageausfall am Weltmarkt für Kaffee führen, wäre noch weniger gesichert, dass alle Arbeitslosen auch tatsächlich einen Job in den Plantagen erhielten, und zwar trotz der Lohnsenkung. Ganz sicher aber fiele die Nachfrage der bislang Beschäftigten. Das Gesamtergebnis wäre dann möglicherweise verheerend.

Die Größe eines Marktes in Bezug auf die Gesamtwirtschaft eines Landes darf man also nicht vernachlässigen, wenn man von Angebot und Nachfrage und dem auf diesem Markt herrschenden Preis spricht. Warum fällt es so viel leichter, sich das bei einem vom Kaffeeanbau abhängigen kleinen Land vorzustellen als bei einer weniger einseitig ausgerichteten Volkswirtschaft wie der unseren? Ein Grund dürfte sein, dass in dem Kaffee-Beispiel von einem *Güter*preis die Rede ist, auf den die Akteure des Landes keinen Einfluss haben. Ob es ihnen wegen schlechter Witterung anderswo und dadurch steigendem Weltmarktpreis unverhofft gut geht oder wegen schlechter Witterung im eigenen Land und dadurch ausfallender Exporteinnahmen besonders schlecht – sie können nichts für ihre Lage.

Redet man aber über den Arbeitsmarkt, hat man es mit einem Preis, nämlich dem Lohn, zu tun, den Anbieter und Nachfrager selbst miteinander aushandeln. Herrscht ein Überangebot an Arbeitskräften, meint man, das Problem durch den Preismechanismus aus dem Weg räumen zu können, weil man diesen Preis ja beeinflussen kann. Dass eine Preisänderung auf einem gesamtwirtschaftlich so bedeutenden Markt wie dem Arbeitsmarkt nicht ohne Rückwirkung auf den Rest der Wirtschaft bleiben kann, wird da leider schnell vergessen. Einfluss nehmen zu können heißt eben noch lange nicht, unvermeidliche Rückkoppelungen ignorieren zu dürfen.

Löhne sind nicht allein der Preis für ein Gut. In der Summe sind sie das gesamte Einkommen der abhängig Beschäftigten in einer Volkswirtschaft (und das sind immerhin gut 85 Prozent aller Erwerbstätigen). Die Summe aller Löhne (Bruttoeinkommen aus unselbstständiger Arbeit) machte beispielsweise im Jahr 2006 die Hälfte des Bruttoinlandsprodukts aus. Wegen dieser Dimension kann nicht stillschweigend unterstellt werden, dass alle übrigen Entscheidungen der Wirtschaftssubjekte (z. B. der Konsum und die Investitionen) davon unberührt bleiben, wenn die Löhne um 2 Prozent oder gar um 10 Prozent sinken.

Lohnsenkung und kein Ende

Doch wie sieht es aus, wenn ein einzelnes Unternehmen seine Löhne senkt? Dann braucht es sich doch nicht um gesamtwirtschaftliche Rückkoppelungen zu scheren, oder? Das ist so richtig wie die Aussage, dass der Zuschauer auf einem Sitz in den hinteren Reihen eines Theaters besser sehen kann, wenn er aufsteht und über die vor ihm Sitzenden hinwegblickt. Die Frage ist nur, ob die übrigen Zuschauer hinter dem Betreffenden sitzen bleiben. Und ob es für alle zusammen nicht bequemer wäre, doch wieder Platz zu nehmen, weil sie gegenüber der Ausgangssituation höchstens lahme Beine gewinnen.

Was passiert konkret, wenn ein Unternehmer versucht, mit seinen Beschäftigten niedrigere Löhne auszuhandeln? Herrscht in der Volkswirtschaft Vollbeschäftigung, werden die gut qualifizierten Mitarbeiter mit ihrer Kündigung drohen, da sie anderswo leicht wieder eine Beschäftigung, und zwar zu besseren Bedingungen, sprich: höheren Löhnen, fänden. Machen sie die Drohung wahr, bezahlt das Unternehmen seinen Kostenvorteil bei den Löhnen mit einem Produktivitätsnachteil, was sich in der Summe lohnen kann, aber nicht muss. Es ist daher unwahrscheinlich, dass in Zeiten von Vollbeschäftigung solche Vereinbarungen getroffen werden. In Zeiten hoher Arbeitslosigkeit hingegen liegt es viel näher, dass sich die Beschäftigten eines Betriebes auf derlei Vereinbarungen einlassen, um ihre Arbeitsplätze zu sichern.

Der Unternehmer macht mittels einer solchen Lohnsenkung entweder höhere Stückgewinne oder er jagt, falls er den Kostenvorteil in den Preisen weitergibt, der Konkurrenz Marktanteile ab. Im ersten Fall kann der Unternehmer die Konkurrenz durch Investitionen, für die er nun zusätzliche Mittel hat, ebenfalls unter Druck setzen. In beiden Fällen müssen die Konkurrenten reagieren, wollen sie nicht vom Markt verdrängt werden. D. h., sie werden ebenfalls die Preise senken. Wie kann ein anderer Unternehmer sich das leisten? Nach dem Motto »Was dem einen recht ist, ist dem anderen billig« wird er mit seinen Beschäftigten ebenfalls Lohnsenkungen vereinbaren. Das ist in Zeiten hoher Arbeitslosigkeit einfach, weil die Drohung mit Entlassungen oder Abwanderung in Billiglohnländer ausreicht.

Im Ergebnis senken nach und nach alle Unternehmen die Löhne. Damit hat aber keiner etwas gewonnen. Denn alle Unternehmen stellen am Ende fest, dass sie nicht dauerhaft höhere Marktanteile erobern konnten. Wachstumsfördernde Innovationen und Investitionen sind auf diesem Wege nicht entstanden. Man hat sich nur um die Verteilung des Kuchens erfolglos gestritten, ihn aber nicht vergrößert. Dann hat die Senkung der Löhne aber auch nicht zum erwarteten Ziel einer Arbeitsplatzsicherung im einzelnen Unternehmen beigetragen. Im Gegenteil: Das im Zuge des Lohnsenkungswettlaufs allgemein sinkende Preisniveau verleitet die Konsumenten zu einer abwartenden Haltung: Käufe werden in der Hoffnung auf weitere Preissenkungen hinausgezögert. Eine deflationäre Abwärtsspirale beginnt. Wieder führt die einzelwirtschaftliche Logik gesamtwirtschaftlich nicht zum Erfolg.

2.2 Liegt es am Nominallohn?

Wen diese Logik nicht überzeugt, den mag ein Blick in die Wirklichkeit der Lohnsenkungen bzw. Lohnmindersteigerungen, die man in den vergangenen Jahren beobachten konnte, verunsichern. Beschäftigt man sich mit der Empirie, also den Fakten, wie sie in den verfügbaren Daten der volkswirtschaftlichen Gesamtrechnung über längere Zeiträume und für viele Länder in vergleichbarer Weise vorliegen, kann Verunsicherung bei vorurteilsloser Beurteilung jedenfalls nicht ausbleiben.

Welches Bild erwartet derjenige in den Daten wieder zu finden, der an »zu hohe« Löhne als Ursache für Arbeitslosigkeit und an deren Beseitigung durch Lohnsenkung oder Lohnzurückhaltung glaubt, also der so genannte Neoklassiker? Wohl eines, bei dem eine vergleichsweise moderate Lohnentwicklung mit einer guten Beschäftigungsentwicklung bzw. Vollbeschäftigung einhergeht. Aber was genau sind »zu hohe« oder »moderate« Löhne? Welchen Maßstab soll man heranziehen? Welche Zeiträume?

Nur die lange Frist gibt Auskunft, ...

Die Verfechter der neoklassischen Theorie sehen keinen kurzfristigen zeitlichen Zusammenhang von (wie auch immer definierten) hohen Lohnvereinbarungen und Entlassungen bzw. umgekehrt von moderaten Lohnentwicklungen und Beschäftigungswachstum. Z. B. erschweren Kündigungsschutzbestimmungen die kurzfristige Entlassung von Mitarbeitern und sind, so die einhellige Meinung auf Arbeitgeberseite, daher auch ein Hinderungsgrund für Neueinstellungen in »guten« Zeiten. Es ist von dem wieder zu gewinnenden Vertrauen der Arbeitgeber die Rede, die sich erst über einen längeren Zeitraum vergewissern müssten, dass die Lohnpolitik »zur Vernunft gekommen sei und dort auch bleiben werde«, ehe sie denn mit Neueinstellungen zu reagieren bereit wären. Mit anderen Worten: Eine moderate Lohnpolitik müsse sich schon über ein paar Jahre erstrecken, ehe man die Früchte dieser asketischen Politik ernten könne. »Ein beschäftigungsfreundlicher Kurs der Tariflohnpolitik besteht darin, für eine Reihe von Jahren – die Anzahl von fünf Jahren könnte als ungefähre Orientierungshilfe dienen – glaubwürdig zu vereinbaren, die Tariflohnsteigerungen unterhalb des Verteilungsspielraums anzusetzen … Damit würde … die Grundlage für einen Beschäftigungsaufbau gelegt.« So die Ansicht des Sachverständigenrats in seinem Jahresgutachten 2003/2004, Ziffer 652. Und messen lassen müsse sich die deutsche Lohnpolitik langfristig auf jeden Fall an der internationalen Entwicklung.

Um diesen Überlegungen Rechnung zu tragen, fassen wir die Lohnpolitik der letzten zehn Jahre in einige wenige Kerngrößen für die fünf großen westlichen Industrieländer (USA, Großbritannien, Frankreich, Deutschland und Japan) zusammen und stellen sie der Beschäftigungsentwicklung in diesen Ländern gegenüber. Wir greifen dabei bewusst auf Durchschnittswerte der vergangenen zehn Jahre zurück, um dem Gedanken der langfristigen Wirksamkeit von Lohnabschlüssen gerecht zu werden. Dabei sind die Länder der Reihe nach geordnet gemäß der durchschnittlichen jährlichen Wachstumsrate ihrer Beschäftigung von 1996 bis 2006. Zuerst, also links in der Abbildung, steht das Land mit der höchsten durchschnittlichen Jahreszuwachsrate (hier: USA +1,5 Prozent), dann das mit der zweithöchsten (Großbritannien +1,2 Prozent) usw. bis zu dem mit der niedrigsten Rate (Japan −0,1 Prozent). Das ergibt, wenn man diese Datenpunkte miteinander verbindet, eine von links oben (hohe Rate) nach rechts unten (niedrige Rate) fallende Linie in einem Diagramm, auf dessen vertikaler (nach oben gerichteter y-) Achse die durchschnittliche Wachstumsrate dargestellt wird und auf dessen horizontaler (zur Seite gerichteter x-) Achse die Länder wie eben erklärt angeordnet sind.

Da für Großbritannien und Japan im Gegensatz zu den drei anderen Ländern keine Vollzeitäquivalente der Beschäftigtenzahlen vorliegen, was einer Betrachtung in Arbeitsstunden gleichkäme, müssen die Berechnungen für alle fünf Länder aus Gründen der Vergleichbarkeit in Kopf-Werten erfolgen. Die Werte für Frankreich und die USA verändern sich übrigens bei der Pro-Kopf-Betrachtung nur geringfügig gegenüber der Variante mit Vollzeitäquivalenten. Für Deutschland hingegen ergeben sich größere Abweichungen: die Beschäftigungsentwicklung fällt gemessen in Stunden noch schlechter aus (−0,6 statt +0,3), der Nominallohn steigt entsprechend stärker (+1,9 statt +1,0).

Ein Neoklassiker erwartet entsprechend seiner Theorie, dass in einem solchen Diagramm (also unter Beibehaltung der beschäftigungsorientierten

Anordnung der Länder) die entsprechende Linie für die durchschnittlichen Nominallohnwachstumsraten der einzelnen Länder genau umgekehrt verläuft: von links unten nach rechts oben. Warum? Weil er argumentiert, dass Länder mit hohem Nominallohnwachstum eine vergleichsweise schlechtere Beschäftigungsentwicklung aufweisen müssen. Diese Länder stehen aber nach unserer getroffenen Vereinbarung über die x-Achsen-Anordnung weiter rechts.

... wenn auch unerwartete!

Was für ein Bild bietet nun die sich in den Daten widerspiegelnde Wirklichkeit?

Abb. 4

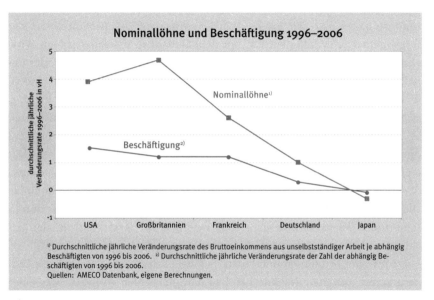

Nominallöhne und Beschäftigung 1996–2006

Abbildung 4 zeigt das genaue Gegenteil dessen, was der Neoklassiker erwartet. Die Länder mit einer erfreulichen Beschäftigungsentwicklung (USA +1,5 Prozent und Großbritannien +1,2 Prozent) weisen erstaunlich kräftige Lohnzuwächse auf (zwischen knapp 4 und über 4,5 Prozent). Frankreich nimmt eine Mittelstellung ein und verbindet ein Nominallohnwachstum von durchschnittlich immerhin 2,5 Prozent mit einem Beschäftigungszuwachs, der so hoch wie in Großbritannien ausfällt. Dagegen schneiden gerade die Länder mit einer bescheidenen bzw. miserablen Lohnentwicklung (Deutschland bzw.

Japan) bei der Beschäftigung schlecht ab (+0,3 Prozent bzw. –0,1 Prozent). Jeden von Lohnsenkung als Allheilmittel gegen Arbeitslosigkeit Überzeugten müsste Abbildung 4 wenigstens stutzig machen.

2.3   Liegt es am Reallohn?

Ein Gegenargument gegen die in Abbildung 4 dargestellte Empirie lautet, dass es bei der Ursachensuche und -bekämpfung für ein so reales Phänomen wie die Arbeitslosigkeit eigentlich nur um reale Größen gehen könne, sprich: um den *Real*lohn, nicht um den *Nominal*lohn. Auch hier lautet die neoklassische These: Wenn die Reallöhne über Jahre hinweg (zu) stark steigen, nimmt die Beschäftigung ab. Und umgekehrt: Bei langfristig moderater Reallohnentwicklung ist eine bessere Arbeitsmarktentwicklung zu erwarten.

Unter dem Reallohn verstehen Ökonomen das Arbeitseinkommen eines Beschäftigten in einem bestimmten Zeitraum (z. B. pro Stunde oder Jahr), ausgedrückt in Güter- statt in Geldeinheiten. Verdient ein Arbeiter z. B. in einem Jahr 5 Prozent mehr Lohn als im Jahr zuvor, hat er bei einer jährlichen Wachstumsrate der Preise von 3 Prozent nur 2 Prozent wirklich – real – mehr in der Tasche bzw. er hat nur zwei Prozent mehr Kaufkraft. So viel zum gedanklichen Konstrukt der Ökonomen. Wie viel sich jemand für sein nominales Arbeitseinkommen tatsächlich leisten kann, hängt davon ab, was derjenige kaufen möchte. Eine Ölpreiserhöhung beispielsweise bekommt man viel weniger zu spüren, wenn man Benutzer öffentlicher Verkehrsmittel ist, als wenn man in erster Linie Auto fährt. Natürlich wird auch das Busoder Bahnfahren auf Dauer teurer, wenn der Ölpreis steigt, nicht nur das Autofahren. Aber im individuellen Budget macht sich der Ölpreisanstieg im ersten Fall deutlich weniger und außerdem erst verzögert bemerkbar, während man beim Tanken sehr schnell tiefer in die Tasche greifen muss. Das heißt für den Reallohn des Einzelnen: Was man real verdient, ist nicht nur eine Frage dessen, was man nominal erhält, sondern auch eine Frage der Zusammensetzung des Warenkorbs, den man konsumiert. Das bedeutet aber, dass der Reallohn eigentlich eine sehr individuelle Angelegenheit ist. Man mag als Schweißer in einem Stahl verarbeitenden Betrieb oder als Verkäufer in einem Supermarkt exakt den gleichen nominalen Lohn verdienen wie die

Kollegen. Der jeweilige Reallohn kann trotzdem sehr unterschiedlich ausfallen.

Entlohnung gemäß Grenzprodukt?

Neoklassisch orientierte Ökonomen plädieren dafür, dass jeder Produktionsfaktor gemäß seinem »Grenzprodukt«, also gemäß dem, was seine letzte im Produktionsprozess eingesetzte Einheit erwirtschaftet, entlohnt werden sollte, um eine optimale Verteilung der Ressourcen in der Volkswirtschaft zu erreichen. Diese Empfehlung basiert auf der Idee, dass das »Grenzprodukt« eines Produktionsfaktors aus technischen Gründen mit seiner eingesetzten Menge fällt. Dann lohnt es sich für einen Unternehmer, genau so viel von einem Produktionsfaktor einzusetzen, bis eine weitere eingesetzte Einheit weniger erwirtschaftet als sie kostet. Der Unternehmer fragt also genau so viel Arbeit nach (bietet genau so viele Arbeitsplätze an), dass die letzte eingesetzte Arbeitsstunde gerade noch so viel real erwirtschaftet, wie er für sie Reallohn zu zahlen hat.

Zu dieser Vorstellung passt die Erkenntnis schlecht, dass die Höhe der realen Entlohnung des Faktors Arbeit auch vom Konsumverhalten des Arbeiters abhängt. Der Neoklassiker mag sich aber auf den Standpunkt zurückziehen, dass sich das Unternehmen nicht für den individuellen Reallohn seiner Beschäftigten interessiere, sondern nur für den, der sich aus der Preisentwicklung der Güter bestimmt, die diese Beschäftigten produzieren (wir wollen ihn den Reallohn aus Unternehmersicht nennen). Außerdem sei alles eine modellhafte Betrachtung, die nicht jedem Einzelfall gerecht werden könne und müsse: Nur im Prinzip müsse gewährleistet sein, dass die Entlohnung einer letzten eingesetzten Arbeitseinheit der Produktivität dieser Arbeitseinheit entspreche. Und genau dann, wenn dieses Gleichgewicht nicht mehr gegeben sei, sondern real für eine Arbeitsstunde mehr bezahlt werden müsse als mit ihr unternehmerisch real verdient werden könne, entstehe Arbeitslosigkeit.

Doch wie ist es um die Ermittlung des »Grenzprodukts« der Arbeit tatsächlich bestellt? Sowohl in den »Reallohn aus Unternehmersicht«, die Kostenseite der Arbeit also, als auch in die unternehmerischen Verdienstmöglichkeiten, die Absatzseite also, fließt der Absatzpreis ein, den der Unternehmer mit seinem Produkt erzielen kann. Folglich ist das »Grenzprodukt« der Arbeit keineswegs eine rein technische Größe, sondern auch abhängig von der Situation auf dem Gütermarkt. Um es einfach auszudrücken: Wenn ein Arbeiter in der letzten Stunde seines acht Stunden währenden Arbeitstages noch 100 Stück produzieren kann, empfiehlt der Neoklassiker, ihn für alle acht gearbeiteten Stunden mit jeweils 100 Stück (abzüglich Materialkosten), also insgesamt 800 Stück (abzüglich der entsprechenden Materialkosten) oder deren Gegenwert in Geldeinheiten zu entlohnen. Sinken die Absatzmöglichkeiten des Unternehmens (aus welchen Gründen auch immer), muss nur der Produktpreis genügend gesenkt werden, um die gleiche Menge absetzen zu können. Der Arbeiter kann nach wie vor mit 800 Stück (minus Materialkosten) entlohnt werden, wie es seiner rein technischen »Grenzproduktivität« entspricht; in Geldeinheiten aber muss das weniger sein, weil ja der Absatzpreis der Ware gesunken ist.

Dass das für die Kaufkraft des Arbeiters eine Katastrophe ist, weil sein konsumierter Warenkorb nicht nur das Produkt enthält, das er produziert und das billiger geworden ist, sondern auch noch viele andere Güter, interessiert den Neoklassiker nicht. Denn für den gibt es bei seiner Theorie der Entlohnung gemäß »Grenzprodukt« nur das eine Durchschnittsprodukt, den einen Durchschnittspreis, das eine Durchschnittsunternehmen und den einen durchschnittlichen Arbeitnehmer, in dessen durchschnittlichem Warenkorb folglich auch nur das eine billiger gewordene Durchschnittsprodukt liegen kann. Aber auch ein so reales Problem wie den oben unterstellten Absatzrückgang kann es in einer solchen Durchschnittsmodellwelt nicht geben, so dass der skizzierte Fall gar nicht auftritt. Wie man dann aber eine solche Modellwelt zur Grundlage wirtschaftspolitischer Empfehlungen machen kann, bleibt ein Geheimnis der neoklassisch inspirierten Ökonomen.

Die Wirklichkeit einer Marktwirtschaft kommt glücklicherweise ohne das Konzept der »Grenzproduktentlohnung« aus, weil einzig und allein die Knappheit der einzelnen Produktionsfaktoren auf ihren einzelwirtschaftlichen Märkten ihren jeweiligen Preis festlegt. Eine wie auch immer zu ermittelnde »Grenzproduktivität« ist zur Bestimmung der Faktorentlohnung nicht notwendig. Und das ist auch gut so. Denn wer wollte den »Grenzbeitrag« eines Reifens zur Fahrleistung eines Autos bestimmen? Oder ihn gar mit dem »Grenzbeitrag« des Motors im selben Auto vergleichen? Hat das Auto keinen Motor, fährt es nicht. Hat es keinen vierten Reifen, fährt es auch nicht. Was ist also wichtiger und verdient daher die höhere »Faktorentlohnung«, der Reifen oder der Motor?

Die gleiche unsinnige Frage lässt sich von Vorleistungen (Reifen, Motor) auf den Faktor Arbeit übertragen. Es kommt nicht darauf an, welche (wie auch immer definierte oder gar zu messende) »Grenzproduktivität« der Texte verfassende Chef in einem Büro im Vergleich zu seiner Sekretärin hat, sondern darauf, wie viele Chefs es gibt, die die gleiche Leistung zu erbringen in der Lage wären, und wie viele Sekretärinnen, und wie gefragt die Texte des Chefs sind. Allein an diesen Knappheiten richtet sich die Entlohnung von Chef und Sekretärin aus.

Reallohn und Produktivität: die traditionelle Sicht

In der neoklassischen Theorie kommt dem Reallohn eine zentrale Bedeutung zu, weil er in ihrer Vorstellungswelt das Verhältnis bestimmt, in dem Arbeit und Kapital im Produktionsprozess eingesetzt werden. Je teurer Arbeit im Verhältnis zum Kapital ist, desto mehr Kapital wird eingesetzt – so die Idee. Diese Überlegung wird auch als Substitutionsthese bezeichnet. Das Ersetzen eines Teils von Arbeitskräften durch Kapital macht einen Teil der Arbeitnehmer arbeitslos, weil Arbeit ja nur zusammen mit Kapital wirtschaftlich eingesetzt werden kann. Oder anders gesagt: Je mehr die Arbeitnehmer real als Entlohnung für ihre Arbeit verlangen und erhalten, desto größer ist für den Arbeitgeber der Anreiz, sie zu entlassen und mit noch mehr Maschinen statt Menschen, also kapitalintensiver zu produzieren. Denn mit den Maschinen muss der Arbeitgeber nicht Jahr für Jahr erneut verhandeln, deren Anschaffungskosten stehen fest und nehmen keinen Einfluss mehr auf ihre anschließende Produktivität. Das heißt aber nichts anderes, als dass der in neoklassischen Kategorien denkende Ökonom davon überzeugt ist, dass die Entwicklung des Reallohns die Entwicklung der Produktivität bestimmt.

Daher kommt er in der Regel zu dem Ergebnis, dass Arbeitslosigkeit – jenseits kurzfristiger Schwankungen in der Auslastung des Kapitals – durch zu hohe Lohnabschlüsse verursacht ist. Das neoklassische Rezept zur Bekämpfung der Arbeitslosigkeit lautet somit, die Reallohnsteigerung möglichst gering zu halten. Denn wenn die Produktivität langsamer zunimmt, werden weniger Arbeitsplätze wegrationalisiert. Die Beschäftigung kann sogar zunehmen, wenn durch die Schaffung geeigneter »Angebotsbedingungen« die Produktion kräftig steigt. Schließlich kann diese bei relativ langsam wachsender Produktivität dann nur von deutlich mehr Arbeitskräften zustande gebracht werden. Und ist nicht eine magere Lohnentwicklung selbst eine hervorragende Angebotsbedingung, um die Produktion kräftig auszuweiten? Schließlich gibt sie den Unternehmen Anlass, auf hohe Gewinne zu hoffen. Und die erhöhen allemal deren Bereitschaft, neue Arbeitsplätze zu schaffen. Das empfohlene Mittel, die Zurückhaltung bei den Reallöhnen, wirkt quasi doppelt: Es reduziert das Produktivitätswachstum und erhöht zugleich das Produktionswachstum.

Drosseln der Produktivität erdrosselt Wachstum und Beschäftigung

Woran erinnert diese Sichtweise? Richtig, an die Scherentheorie, der wir in Kapitel 1.3 (Konjunkturloses Produktivitätswachstum?) begegnet sind. Dort war auch von einem unterschiedlichen Tempo der Produktivitäts- und der Produktionszunahme die Rede. Hier wird das Auseinanderlaufen beider Größen, das wir oben als Ursache für Arbeitslosigkeit in Frage gestellt haben, einfach umgedreht, um unsere Arbeitsmarktprobleme zu lösen: Wächst die Produktion schneller als die Produktivität, brauchen wir mehr Arbeitskräfte. Lasst uns also aus der Not eine Tugend machen, könnte man auch sagen, und an beiden Größen anpacken: die Produktivitätssteigerung mittels geringer Reallohnzunahme drosseln und die Produktion durch eine unternehmerfreundliche Politik ausdehnen.

So die neoklassische Theorie. Interessant ist, dass hier die Ansichten von Arbeitgeberverbänden und Arbeitnehmervertretern weitgehend deckungsgleich sind. Beide sehen in der Produktivitätsentwicklung das zentrale Problem für die Beschäftigung. Wer, wie viele Mitglieder und Funktionäre der Gewerkschaften, Rationalisierung fürchtet, wird sich einem Mittel, diese zu dämpfen, schlecht verweigern können. Deshalb waren die Gewerkschaften in den 1980er Jahren in ihrem Kampf um Arbeitszeitverkürzung bereit, die durch die Arbeitszeitverkürzung verursachte Monatslohnsenkung bzw. -mindersteigerung unkritisch in eine Stundenlohnsteigerung umzurechnen. Unkritisch in dem Sinne, dass die erreichte Stundenlohnsteigerung hinter der Steigerung der Stundenproduktivität zurückblieb, wie Abbildung 5 zu entnehmen ist. Die Gewerkschaftsführung nannte das »Arbeitszeitverkürzung mit vollem Lohnausgleich«. Paradoxerweise wurde den Gewerkschaften in den 1990er Jahren diese Strategie mit dem Argument um die Ohren gehauen, sie hätten mit den »Arbeitszeitverkürzungen mit vollem Lohnausgleich« den Grundstein für die fortdauernde Arbeitslosigkeit gelegt.

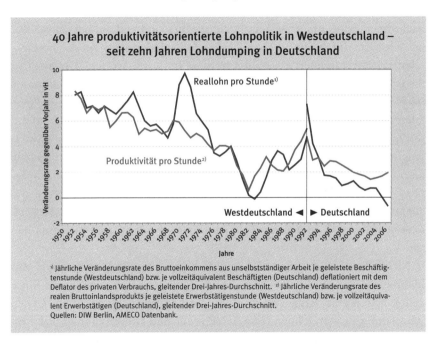

40 Jahre produktivitätsorientierte Lohnpolitik in Westdeutschland – seit zehn Jahren Lohndumping in Deutschland Abb. 5

[1] Jährliche Veränderungsrate des Bruttoeinkommens aus unselbstständiger Arbeit je geleistete Beschäftigtenstunde (Westdeutschland) bzw. je vollzeitäquivalent Beschäftigten (Deutschland) deflationiert mit dem Deflator des privaten Verbrauchs, gleitender Drei-Jahres-Durchschnitt. [2] Jährliche Veränderungsrate des realen Bruttoinlandsprodukts je geleistete Erwerbstätigenstunde (Westdeutschland) bzw. je vollzeitäquivalent Erwerbstätigen (Deutschland), gleitender Drei-Jahres-Durchschnitt.
Quellen: DIW Berlin, AMECO Datenbank.

Heute wird die Lohnsenkung ganz unverbrämt angesteuert, z. B. mittels Arbeitszeitverlängerung ohne Lohnausgleich. Die Gewerkschaften, die damals A gesagt haben, tun sich heute schwer, das B abzulehnen. Denn wer sich damals auf das falsche Rezept »Lohnzurückhaltung führt zu Produktivitätsdrosselung und diese zu Beschäftigungssicherung« eingelassen hat, müsste diesen Fehler einsehen und zugeben, wollte er heute glaubwürdig eine fundamental andere

Strategie vertreten. Statt dessen haben sich die Gewerkschaften unter dem Druck der Arbeitsmarktverhältnisse und der einseitigen wirtschaftswissenschaftlichen Meinungsbildung und Beratung der neoklassischen Sichtweise gebeugt und in den vergangenen zehn Jahren eine Politik der Lohnzurückhaltung mitgetragen, deren Ergebnis man nur als Lohndumping bezeichnen kann.

Reallohn fällt mit der Produktivität

Was ist empirisch dran an der Vorstellung, dass das Reallohnwachstum die Produktivitätsentwicklung steuert? Wir wollen das überprüfen in einem Diagramm, auf dessen horizontaler Achse wie schon in Abbildung 4 die Länder nach ihrem Erfolg am Arbeitsmarkt angeordnet sind und auf dessen vertikaler Achse die durchschnittlichen jährlichen Veränderungsraten der betrachteten Erklärungsgrößen abgebildet werden. In dieser Art von Diagramm ist die Erwartung des Neoklassikers, dass die Kurve des Reallohns von links unten nach rechts oben ansteigt, denn Länder mit langfristig eher magerer Reallohnentwicklung sollten eine relativ gute Beschäftigungsentwicklung aufweisen (also weiter links angeordnet sein), solche mit starker Reallohnentwicklung sollten sich in einer eher schlechten Arbeitsmarktsituation befinden (also weiter rechts stehen). Zugleich sollte die Kurve des Produktivitätswachstums derjenigen des Reallohns folgen, wenigstens tendenziell. Sie müsste also ebenfalls von links unten nach rechts oben steigen. Denn ein »zu hohes« Reallohnwachstum ruft ja angeblich ein »zu starkes« Produktivitätswachstum hervor.

Nichts davon ist zu sehen, die Empirie belegt eher das Gegenteil (vgl. Abbildung 6). Die Länder, die beim Beschäftigungsranking vorn liegen (linke Seite), hatten eine vergleichsweise gute Reallohnentwicklung in den letzten zehn Jahren zu verzeichnen (USA 1,7 Prozent und Großbritannien 2,1 Prozent). Die Länder, die am Arbeitsmarkt schlechter abschneiden, weisen eine schwächere Reallohnentwicklung auf (Japan 0,7 Prozent, Deutschland sogar nur 0,4 Prozent). Der deutsche reale *Stunden*lohn fällt zwar deutlich höher aus (1,3 statt 0,4 Prozent), bleibt aber nach wie vor unter dem entsprechenden amerikanischen Wert (1,9 Prozent).

Und die Produktivität tut auch nicht, was die Neoklassiker von ihr erwarten: Sie ist nicht in den Ländern am höchsten, die am Arbeitsmarkt am schlechtes-

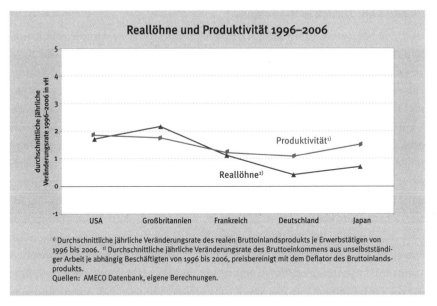

Reallöhne und Produktivität 1996–2006   Abb. 6

¹⁾ Durchschnittliche jährliche Veränderungsrate des realen Bruttoinlandsprodukts je Erwerbstätigen von 1996 bis 2006. ²⁾ Durchschnittliche jährliche Veränderungsrate des Bruttoeinkommens aus unselbstständiger Arbeit je abhängig Beschäftigten von 1996 bis 2006, preisbereinigt mit dem Deflator des Bruttoinlandsprodukts.
Quellen: AMECO Datenbank, eigene Berechnungen.

ten abschneiden. Das Land mit der schlechtesten Beschäftigungsentwicklung, Japan, hat eine niedrigere Produktivitätsrate (1,5 Prozent) als das Land mit der besten Beschäftigungsentwicklung, USA (1,8 Prozent) bzw. das mit der zweitbesten, Großbritannien (1,7 Prozent). Nur in Frankreich lagen Reallöhne und Produktivität ungefähr gleich auf bei etwas mehr als 1 Prozent. Dort nahm die Beschäftigung übrigens um ebenfalls etwas mehr als 1 Prozent zu. In Stunden gemessen nimmt die Produktivität in Deutschland zwar stärker zu (1,8 statt 1,1 Prozent), aber immer noch weniger als in den USA (2,0 Prozent). Mit anderen Worten: Auch bei einer Berechnung mit Arbeitsstunden dort, wo sie möglich ist, verkehrt sich das Bild nicht in das vom Neoklassiker erwartete Gegenteil. Wenn man denn aus der Empirie einen ungefähren Gleichlauf von Reallohn und Produktivität ablesen will, dann sicher in einem der neoklassischen Vorstellung konträren Sinne: Hohes Reallohnwachstum geht einher mit hohem Produktivitätszuwachs *und guter* Beschäftigungsentwicklung! Dieses Bild widerspricht der neoklassischen Substitutionsthese vollständig.

Es gibt kein Zurück in die Steinzeit

Und das hat gute Gründe. Denn die beiden Produktionsfaktoren Arbeit und Kapital stehen mitnichten in dem Konkurrenzverhältnis, von dem die Neoklassik ausgeht. Das lässt sich mit zwei theoretischen Überlegungen erklären. Die eine Überlegung ist eine rein technische: Viele Produkte lassen sich gar nicht mit mehr oder weniger Kapital – je nach aktuellem Verhältnis der Faktorpreise – produzieren, sondern nur auf eine bestimmte technologische Art und Weise. Man denke etwa an den Fahrzeugbau oder die Chipherstellung im Bereich der Elektronikindustrie. Beim Transport von Wasser mag man sich zwischen dem Schleppen von Eimern und dem Benutzen einer Wasserleitung entscheiden können. Bei der Herstellung eines Handys oder eines Stromkraftwerks hingegen kann man sich nicht aussuchen, ob man mehr Handarbeit und Schubkarren und dafür weniger Präzisionswerkzeuge und Hebekräne einsetzen möchte. Das bedeutet aber, dass es unabhängig von irgendwelchen Lohnsenkungsstrategien, die Arbeit gegenüber Kapital billiger machen sollen, für die Unternehmer oft gar keine Möglichkeit hin zu mehr Arbeit und weg vom Kapital gibt, selbst wenn sie das wollten.

Aber auch für den Fall, dass ein solcher Technologiewechsel bei der überwiegenden Zahl der heute nachgefragten Produkte möglich wäre, würden die Unternehmer ihn tatsächlich vollziehen? Würden sie auf ein sinkendes Lohn-Zins-Verhältnis mit einem vermehrten Arbeitseinsatz, einem Absenken der Produktivität reagieren? Oder in Wachstumzahlen ausgedrückt: Würden die Unternehmer die Zunahme der Arbeitsproduktivität wirklich drosseln, wenn die Löhne etwa im Vergleich zu den Zinsen langsamer zulegten? Wohl kaum, denn ein Technologiewechsel lohnt sich für einen Unternehmer nicht. Wenn eine kapitalintensive Technologie bereits installiert ist, ist bei einer Lohnentwicklung, die schwächer ausfällt als bei Planung des Investitionsprojektes unterstellt, ein Technologiewechsel sinnlos. Dann kann der Unternehmer die bereits vorhandene hohe Produktivität mit günstigeren Löhnen kombinieren, was in jedem Fall vorteilhafter ist, als die Technologie zu ändern, um die Produktivität zu senken und sie quasi im Nachhinein an das neue Preisverhältnis zwischen Löhnen und Zinsen anzupassen. Eine Investition, die sich schon bei höheren Löhnen gerechnet hat, rechnet sich jetzt umso mehr. Ein Zurück in die Steinzeit gibt es in einer freiheitlich organisierten Marktwirtschaft nicht. Das zeigt sich in unmissverständlicher Weise in der Art der Technologie, die in Entwicklungsländern mit extrem niedrigen Löhnen zum Einsatz kommt. Auch dort wird keine neue arbeitsintensive Technologie erfunden, um dem Lohn-Zins-Verhältnis Genüge zu tun. Dazu später mehr.

Können wir die Produktivität bremsen?

Doch könnte es bei *neuen, noch nicht realisierten* Investitionsprojekten anders sein? Sie werden möglicherweise zurückgestellt, sobald die Lohnentwicklung moderater ausfällt, als ursprünglich erwartet. Denn die Lohnkosteneinsparung, die die neue Maschine ermöglicht, fällt geringer aus, wenn die Löhne langsamer steigen. Und das erhöht die Amortisationsdauer der Anschaffungskosten, also die Zeitspanne, die eine Maschine im Produktionsbetrieb gelaufen sein muss, bis ihre Anschaffungskosten durch den Gewinn gedeckt sind, der mit den von ihr hergestellten Produkten erwirtschaftet wird. Eine moderatere Lohnentwicklung kann daher das Aus für ein Investitionsvorhaben bedeuten oder zumindest eine Verschiebung. Es hängt demnach von den Anschaffungskosten, die mit der Investition verbunden sind, im Vergleich zur Lohnentwicklung ab, ob das Projekt durchgeführt wird oder nicht. Das ist der betriebs- und einzelwirtschaftliche Zusammenhang, der jedem (nicht nur dem neoklassisch orientierten Ökonomen) vor Augen steht, der vor »zu hohen« Löhnen warnt.

Dass mit dem Entfallen des Investitionsprojektes für die Beschäftigung allerdings nichts gewonnen ist, haben wir schon in Kapitel 1 erklärt. Denn bei verringerten Investitionen mag zwar von Entlassungen in dem einen Betrieb abgesehen worden sein. In dem anderen Betrieb aber, der die Investitionsgüter produziert, fällt die Nachfrage kleiner aus als sonst möglich, dadurch auch das Einkommen dort und somit das Wachstum insgesamt. Say's Law lässt grüßen: Jedes nicht geschaffene Angebot (man könnte es auch entfallene Produktivitätszunahme nennen) schafft sich seinen Nachfrageausfall in gleicher Höhe. Vom Kopf auf die Füße gestellt ist der Zusammenhang leicht zu verstehen: Weil Produktivitätswachstum Einkommen schafft, ist es immer beschäftigungsneutral, nicht beschäftigungsvernichtend. Deswegen schafft aber umgekehrt eine Produktivitätsbremse niemals Arbeitsplätze. So wie Kapital gesamtwirtschaftlich keine Arbeit verdrängt, schafft seine Einsparung keine zusätzlichen Stellen.

Der hier darüber hinaus interessierende Punkt ist aber die andere, nämlich die gesamtwirtschaftliche Seite der Überlegung. Es wird nicht nur von Betriebswirten gern übersehen, dass der Faktor Kapital nicht vom Himmel fällt, sondern seinerseits einmal erarbeitet wurde. Das kann gerade bei langfristigen Betrachtungen, wie sie die Neoklassiker pflegen, nicht ignoriert werden. Kapital ist immer vorgetane Arbeit, man könnte auch sagen: geronnene Arbeit aus einer früheren Produktionsperiode. Daher spiegeln die Anschaffungskosten einer Maschine immer ein Stück Lohngeschichte wider. Sind aber die Anschaffungskosten einer Maschine nicht unabhängig von der historischen Lohnentwicklung, ist das einfache Rezept »niedrige Löhne schützen vor Kapital« auch aus diesem Grund schlicht falsch. Denn dann wird das Kapital, die Maschine, auf Dauer ja ebenfalls preiswerter. Irgendwann wird sich die Investition also auch bei magerer Lohnentwicklung rechnen. Zum Glück, lässt sich dem hinzufügen. Denn ohne diesen Preismechanismus wären bei der Lohnentwicklung in den letzten zehn Jahren hierzulande die Investitionen vermutlich noch schlechter gelaufen.

Gute und schlechte Produktivität?

An dieser Stelle wird der deutsche Neoklassiker auf das Argument der falsch gemessenen Produktivität zurückgreifen, um seine Überzeugung zu verteidigen. Die oben gezeigte Abbildung 6 greife zu kurz und zeige den relevanten Zusammenhang eben gerade nicht, weil sie ja die rechnerische Produktivität ausweise, in der die Null-Arbeitszeit der Entlassenen nicht mehr auftauche. Würde man diese mit einrechnen, ergäbe sich sehr wohl ein enger Zusammenhang zwischen Reallohnentwicklung und Produktivität. Auch wenn bereits mehrfach gute Gründe dafür angeführt wurden, weshalb ein Verzicht auf mögliche Produktivitätssteigerungen weder vorteilhaft in Bezug auf das gesamtwirtschaftliche Wachstum noch hilfreich bei der Bekämpfung der Arbeitslosigkeit ist, soll dem Einwand noch einmal genauer nachgegangen werden.

Was für eine Aussage ergäbe sich denn aus dem Bild, wenn die um die »Entlassungsproduktivität« bereinigte – nach neoklassischer Lesart: die wahre – Produktivität niedriger ausfiele und damit in Deutschland und Japan parallel zu den Reallöhnen verliefe oder sogar unter die Reallohn»linie« abfiele? Man würde schlicht feststellen, dass in den Ländern, in denen die Beschäftigungsentwicklung zehn Jahre lang schlecht ausgefallen ist, auch die Reallöhne *und* die so bereinigte Produktivität mies gelaufen sind. Von der Einlösung des Versprechens, dass bei magerer Reallohnentwicklung und dadurch hervorgerufener langsamerer »wahrer« Produktivitätsentwicklung langfristig eine Verbesserung der Beschäftigungssituation eintreten werde, ist man ja auch bei Einschlagen dieses Rechenumwegs genauso weit entfernt wie vorher. Mit anderen Worten, da der fundamentale neoklassische Zusammenhang »Reallohn steuert Produktivität und je niedriger beide, desto höher die Beschäftigung« in einem internationalen Vergleich nicht existiert, kann man ihn auch nicht dadurch retten, dass man die Rechenvorschriften in den Fällen ändert, in denen die Beschäftigung schlecht läuft.

Es ist aber auch theoretisch unsinnig, Rationalisierungsmaßnahmen in Hinblick auf ihre Arbeitsmarktwirkungen in gute und schlechte aufteilen zu wollen. Entlässt ein Unternehmen aufgrund einer Investition einen Teil seiner Beschäftigten und finden diese Dank einer im Aufschwung befindlichen Gesamtwirtschaft anderswo neue Stellen, wird die Rationalisierungsmaßnahme von Anhängern der »Entlassungsproduktivitätstheorie« zur Kategorie »gute Produktivität« gezählt. Man muss die im Durchschnitt gestiegene Produktivität ja nicht um die Arbeitszeit der Entlassenen korrigieren, weil die Leute anderswo weiterarbeiten. Wird dieselbe Maßnahme in einem gesamtwirtschaftlich schwachen Umfeld durchgeführt und finden die Entlassenen deshalb keine neuen Stellen, stuft man die Investition unter »schlechte Produktivität« ein. Nun scheint sie der Lohnpeitsche geschuldet zu sein. Nun meint man, die durchschnittliche Produktivität um die »Entlassungsproduktivität« korrigieren zu müssen.

Die Kategorisierung ein und derselben Maßnahme einmal als »gut« und das andere Mal als »schlecht« sagt also allenfalls etwas über die jeweilige gesamtwirtschaftliche Situation aus, jedoch nichts darüber, aus welchen Gründen diese Maßnahme ergriffen wurde. Dann ist die Kategorisierung aber sinnlos in Hinblick auf Erklärungsversuche zum Thema Arbeitslosigkeit.

Übrigens, wie wäre es mit der Berechnung einer Einstellungsproduktivität, wenn man denn schon auf die Entlassungsproduktivität setzt? Wenn die Beschäftigung zunimmt, senken die Neueingestellten doch die durchschnittliche gemessene Produktivität? Denn gemäß der neoklassischen Grenzproduktivitätstheorie waren es ja auch die Leute mit der unterdurchschnittlichen Produktivität, die entlassen wurden. Sie sind es also auch, die bei einer Beschäftigungsausweitung wieder eingestellt werden. Dann aber ist die

»wahre« Produktivität in Zeiten der Beschäftigungszunahme höher als die statistisch ausgewiesene. Dann können also die Löhne stärker steigen, als die tatsächlich gemessene Produktivität es nahe legt?! Zu solcherlei Unsinn gelangt man, wenn man die neoklassische Produktionsfunktion mit ihren »Grenzproduktivitätsaussagen« (bei »zu hohen« Lohnsteigerungen fliegen die »Unproduktivsten« raus) für relevant hält bei der Erklärung gesamtwirtschaftlicher Vorgänge.

Der Zirkelschluss neoklassischer Lohnpolitik

Damit kommen wir zu dem grundlegenden Konstruktionsfehler in der Argumentationskette »zu hohe Löhne erzeugen Arbeitslosigkeit, niedrigere Löhne schaffen Beschäftigung«. Die entscheidende Frage bei diesem Diagnose- und Therapiemuster ist, woran gemessen die Löhne »zu hoch« sind oder »um wie viel niedriger« sie denn sein müssten, um mehr Beschäftigung zu ermöglichen. Dass das der springende Punkt sein soll, erstaunt viele Experten. Denn es sei doch klar, dass der Lohn in genau dem Maße zu hoch sei, wie Menschen arbeitslos seien. Er sei ja schließlich der Grund dafür! Dahinter steckt die Vorstellung des Preismechanismus auf dem Kartoffelmarkt, auf dem es genau einen Preis gibt, zu dem nachgefragte und angebotene Menge übereinstimmen. Wenn die Arbeitslosigkeit selbst der Maßstab für die richtige oder eben falsche Höhe des Lohnes sein soll, der Größe also, die verantwortlich gemacht wird für die Arbeitslosigkeit, dann klingt das logisch. Diese Aussage ist in der Tat widerspruchsfrei.

Ihr Erklärungsgehalt ist aber schlicht Null. Dass der Preismechanismus auf dem Kartoffelmarkt Gültigkeit besitzt, kann man nicht nur empirisch beobachten, man kann es auch gut begründen mit den ökonomischen Anreizen, die von dem Steuerungsinstrument »Preis« ausgehen. Die beim Preismechanismus stillschweigend gemachte Annahme, dass Angebot und Nachfrage voneinander unabhängig sind, ist nämlich auf dem Kartoffelmarkt weitgehend gegeben. Nicht so auf dem gesamtwirtschaftlichen Arbeitsmarkt, dessen Preis (der Lohn) über die Arbeitseinkommen die Güternachfrage der Konsumenten beeinflusst, von der wiederum die Menge der von den Unternehmen benötigten, nachgefragten Arbeitskräfte *positiv* abhängt. Mit anderen Worten: Mit steigendem (gesamtwirtschaftlichem) Lohn nimmt einerseits die Kostenbelastung der Unternehmen zu, was ihre (gesamtwirtschaftliche) Nachfrage nach

Arbeitskräften *dämpft*, andererseits nimmt die gesamtwirtschaftliche Güternachfrage mit steigendem Lohn zu, was die Nachfrage der Untenehmen
nach Arbeitskräften *belebt*. Der Effekt ist insgesamt so unbestimmt, dass das
übliche Marktschema, das den Preismechanismus wiedergibt, nämlich »steigende Angebotskurve – fallende Nachfragekurve, beim Schnittpunkt herrscht
Markträumung«, nicht greift.

Sind die Voraussetzungen für die Gültigkeit des Preismechanismus aber
nicht erfüllt, kann er selbst nicht als Begründung für die Behauptung herangezogen werden, ein zu hoher Reallohn verursache Arbeitslosigkeit. Der Nachweis für die Gültigkeit dieser Behauptung müsste mit einem *anderen* Instru-
mentarium erbracht werden. Denn zum Beweis einer Behauptung kann man
die Behauptung selbst nicht als Beweismittel heranziehen. Dann dreht man
sich im Kreis oder, wissenschaftlich ausgedrückt, sitzt einem Zirkelschluss
auf.

Dazu sei folgende Überlegung aus dem Fach Logik angestellt. Man beobachtet, dass das Frühjahr da ist und gleichzeitig Störche gekommen sind.
Besteht hier ein Kausalzusammenhang und, wenn ja, welcher?

Die Behauptung 1 heißt: Das Frühjahr bringt Störche mit sich. Der Zirkelschluss-Beweis dieser Behauptung lautet: Wenn die Behauptung richtig ist,
dass das Frühjahr Störche mit sich bringt, dann müssen, falls das Frühjahr
angefangen hat, auch Störche da sein. Da man tatsächlich wärmere Temperaturen misst und Störche beobachtet, ist also die Behauptung bewiesen.

Die gegenteilige Behauptung 2 heißt: Störche verursachen das Frühjahr.
Der Zirkelschluss-Beweis dieser Behauptung lautet nun: Wenn die Behaup-
tung richtig ist, dass Störche das Frühjahr verursachen, dann muss man, falls
Störche da sind, auch wärmere Temperaturen messen können. Da man tat-
sächlich Störche beobachtet und wärmere Temperaturen misst, ist also die
Behauptung bewiesen.

Warum kann man mit demselben empirischen Befund einmal das eine
und das andere Mal das Gegenteil »beweisen«? Weil man in den »Beweis« die
Behauptung einbaut. In der Mathematik passiert einem so etwas nicht, weil
dort am Ende eines Beweises 0=0 steht, wenn man die Behauptung, die bewiesen werden soll, in den Beweis selbst mit einbaut. Null ist Null – wer würde
das bestreiten? Aber wer würde daraus eine Kausalität ableiten?

Will man Behauptung 1 tatsächlich beweisen, muss man eine stichhaltige

Begründung dafür liefern, warum das denn so sein könnte, dass das Frühjahr Störche mit sich bringt. Also etwa: Im Frühjahr wird es wärmer, Frösche als Ernährungsbasis für Störche sind daraufhin vorhanden, *und das* zieht die Störche nach sich. Deshalb beobachtet man, dass mit dem Frühjahr auch die Störche kommen.

Dieser Beweis funktioniert bei Behauptung 2 nicht mehr. Denn ich kann nicht sagen, die Störche bringen die Frösche mit sich und die machen es wärmer, so dass das Frühjahr anbricht.

Was heißt das für den Zirkelschluss »ein zu hoher Reallohn führt zu Arbeitslosigkeit und, dass der Reallohn zu hoch ist, sieht man an der Arbeitslosigkeit«? Dem »Beweis« fehlt sozusagen die eigenständige »Mehr-Wärme-mehr-Frösche-Logik«. Diese kann nicht in der Gültigkeit des Preismechanismus bestehen, weil der nur unter der Annahme gilt, dass Angebot und Nachfrage unabhängig sind, was hier nicht zutrifft. Wo ist dann aber die zusätzliche »Mehr-Wärme-mehr-Frösche-Logik«, die der Behauptung Stichhaltigkeit verleiht, ein gesamtwirtschaftlich zu hoher Lohn verursache Arbeitslosigkeit und eine Senkung des gesamtwirtschaftlichen Lohnniveaus schaffe Beschäftigung?

Dass der Beweis ohne einen von der Arbeitslosigkeit unabhängigen Maßstab für die »Angemessenheit« der Lohnhöhe nicht auskommt, lässt sich auch daraus ersehen, dass man seine Kausalrichtung einfach umdrehen kann, solange er sich auf der Ebene des Zirkelschlusses bewegt. Dann lautete die Behauptung nämlich folgendermaßen: Arbeitslosigkeit verursacht einen zu hohen Reallohn. Der Zirkelbeweis: Wenn die Behauptung, dass Arbeitslosigkeit einen zu hohen Reallohn verursacht, richtig ist, dann muss, wenn der Reallohn zu hoch ist, Arbeitslosigkeit zu beobachten sein. Dass man die absurde Behauptung, die Arbeitslosigkeit sei der Grund für zu hohe Löhne, auf diesem Wege nicht »beweisen« kann, würde nicht nur jeder Mathematiker, sondern auch jeder Neoklassiker bestätigen. Warum leuchtet es dem Neoklassiker dann nicht ein, dass die umgekehrte »Beweis«führung ebenso unsinnig ist? Vermutlich, weil er das Marktschema mit dem simplen Preismechanismus so verinnerlicht hat, dass er nicht von ihm lassen kann, auch wenn die Voraussetzungen seiner Gültigkeit nicht gegeben sind.

Neoklassiker, die sich die gedankliche Blöße eines so offensichtlichen Zirkelschlusses nicht geben wollen, lassen die Produktivität als Maßstab zu, an dem sich der Reallohn messen lassen müsse, um seine Wirkung auf den

Arbeitsmarkt zu erklären. Das ist eine erstaunliche gedankliche Wendung, wenn man bedenkt, dass gleichzeitig behauptet wird, die Produktivität hänge vom Reallohn ab. Aber es soll nichts unversucht bleiben, Licht in dieses Dunkel und Durcheinander von Argumenten zu bringen.

Die um die Produktivität erweiterte Argumentationskette behauptet: Ein »zu hoher« Lohn heizt die Produktivität »zu sehr« an, so dass Arbeitslosigkeit entsteht. Dass die Produktivität »zu schnell« steigt, liest man aber an der Arbeitslosigkeit ab, Stichwort »Entlassungsproduktivität«. Wenn es richtig ist, dass ein zu hoher Lohn über zu hohe Produktivität zu Arbeitslosigkeit führt, dann muss bei Vorhandensein von Arbeitslosigkeit die Produktivität zu hoch sein und auch der Lohn. Das ist in sich widerspruchsfrei – jedoch erneut gehaltlos. Denn ob das richtig ist, woran (außer an der Arbeitslosigkeit) gemessen die Produktivität »zu hoch« sein soll, ist damit noch nicht geklärt. Wieder darf man nicht auf den Preismechanismus verweisen, weil seine Voraussetzung (Unabhängigkeit von Angebot und Nachfrage) auch unter Einbeziehung der Produktivität nicht erfüllt ist. Hier handelt es sich also nur um einen erweiterten Zirkelschluss. Wieder ist die Behauptung in den »Beweis« eingeflossen und entwertet ihn dadurch vollständig.

Daran ändert auch der Trick nichts, die tatsächlich gemessene Produktivität um die »Entlassungsproduktivität« zu bereinigen. Er soll ja nur erklären helfen, warum es schädlich sei, die tatsächlich gemessene Produktivität in die Lohnverhandlungen einfließen zu lassen. Der Teufelskreis »zu hohe rechnerische Produktivität als Grundlage von Lohnverhandlungen erzeugt zu hohe Löhne, diese wiederum regen zu übermäßigen Rationalisierungen an, was erneut Arbeitslosigkeit erzeugt und eine zu hohe rechnerische Produktivität« krankt ja an dem gleichen Maßstabsproblem. Auch eine um die »Entlassungsproduktivität« bereinigte »wahre« Produktivität ist ja eine Größe, die mit Hilfe der Arbeitslosigkeit berechnet wird. Wieder wird die zu begründende Größe, die Arbeitslosigkeit, herangezogen zur Beurteilung ihrer Ursachen. Damit soll letzten Endes erneut der Preismechanismus – wenn auch geschickter verbrämt – als Begründung für Arbeitslosigkeit dienen, obwohl seine Anwendbarkeit innerhalb einer gesamtwirtschaftlichen Betrachtung genau so wenig gegeben ist wie vorher.

Solche Taschenspielertricks funktionieren in keiner Wissenschaft, die diesen Namen verdient, und erst recht nicht in der Realität. Auf diesen typischen

Zirkelschluss der Neoklassiker hat übrigens schon vor 70 Jahren der heute nahezu unbekannte deutsche Ökonom Wilhelm Lautenbach, der einst der deutsche Keynes genannt wurde, hingewiesen.

2.4 Reallohn verweigert Nominallohn die Gefolgschaft, ...

Wer Preise in einer Marktwirtschaft zwar als Steuerungsinstrument auf einzelnen Märkten begrüßt, sie im Übrigen aber für vernachlässigbar bei der Betrachtung gesamtwirtschaftlicher Zusammenhänge hält, kann über die Tatsache, dass Lohnverhandlungen immer über Nominallöhne, niemals über Reallöhne geführt werden, hinweggehen. Im Zweifel geht für diesen Experten die erwartete gesamtwirtschaftliche Preissteigerungsrate in die Lohnverhandlungen mit ein. Und diese Erwartung kann langfristig nicht systematisch falsch sein, weil die Menschen nicht einer Geldillusion unterliegen und die Geldpolitik, die nach neoklassischer Auffassung letzten Endes für die Preisentwicklung verantwortlich ist, in Deutschland seit Jahrzehnten zuverlässig funktioniert.

Wer hingegen Preise und das sich aus ihnen rechnerisch ergebende Preisniveau für einen zentralen Baustein des gesamtwirtschaftlichen Gebäudes hält, der nicht in erster Linie von der Geldpolitik gesteuert wird, dem ist es nicht gleichgültig, dass über Nominal- und nicht über Reallöhne verhandelt wird. Denn wenn die Veränderung des Preisniveaus nicht richtig erwartet wird, kann sie auch nicht einfach »richtig« in die Nominallohnabschlüsse eingebaut werden, egal ob sie komplett berücksichtigt oder bewusst unterschritten werden soll. Mehr noch: Wenn sie bewusst unterschritten werden soll und daher die Nominallohnabschlüsse im Einvernehmen beider Tarifparteien sehr niedrig, also beispielsweise nur so hoch wie die erwartete Produktivitätssteigerung ausfallen, liegt es nicht mehr in der Hand der Arbeitnehmer oder ihrer Gewerkschaftsvertreter, ob die angestrebte Reallohnsenkung auch tatsächlich zustande kommt. Das bestimmen dann einzig und allein die Verhältnisse auf den Absatzmärkten. Konkurrieren sich dort die Unternehmen gegenseitig die Kostenersparnis durch Preiskämpfe weg, kann man es nicht den Gewerkschaften anlasten, wenn im Nachhinein nicht der angestrebte (niedrige) Reallohn zustande gekommen ist, den man angeblich zur Verbesserung der Arbeitsmarktlage gebraucht hätte. Dann haben offenbar andere Zusammenhänge das erwünschte Ergebnis verhindert, trotz guten Willens auf Seiten beider Arbeitsmarktparteien.

... weil es auch noch die Preise gibt

Dass das nicht nur passieren kann, sondern längst schon passiert ist, lässt sich am Beispiel Japans studieren (vgl. Abbildung 7). Dort sind in den vergangenen zehn Jahren Nominallöhne gezahlt worden, die im Durchschnitt jedes Jahr um 0,3 Prozent *unter* denen des Vorjahres lagen. Dennoch *stiegen* die Reallöhne jährlich um 0,7 Prozent. Das ist zwar in Hinblick auf die Produktivitätsentwicklung (+ 1,5 Prozent pro Jahr) immer noch atemberaubend wenig, nämlich nicht einmal die Hälfte, aber es zeigt auch klar, dass sich Reallohnsenkungen nicht einfach durch Nominallohnsenkungen erzwingen lassen.

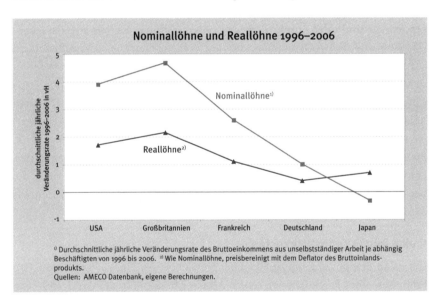

Nominallöhne und Reallöhne 1996–2006   Abb. 7

[1] Durchschnittliche jährliche Veränderungsrate des Bruttoeinkommens aus unselbstständiger Arbeit je abhängig Beschäftigten von 1996 bis 2006. [2] Wie Nominallöhne, preisbereinigt mit dem Deflator des Bruttoinlandsprodukts.
Quellen: AMECO Datenbank, eigene Berechnungen.

Auch in Deutschland hat die empfohlene Strategie in den letzten zehn Jahren nicht funktioniert, obwohl sich die Tarifparteien alle Mühe gegeben haben, sie anzuwenden: Die Nominallohnabschlüsse fielen mit jahresdurchschnittlich 1 Prozent gegenüber einer um 1,1 Prozent wachsenden Produktivität mehr als bescheiden aus. Trotzdem entwickelte sich der Reallohn nicht in die gewünschte Richtung, er stieg nämlich um 0,4 Prozent statt zu fallen. Die möglicherweise in die Lohnverhandlungen einbezogene Preisentwicklung muss überschätzt worden sein. Der Vergleich auf Stundenbasis zwischen Produktivität (1,8 Prozent) und Nominallohn (1,9 Prozent) fällt ebenfalls mager aus. Auch nach dieser Berechnungsmethode steigt der Reallohn (1,3 Prozent).

Warum spielt das Preisniveau nicht die ihm zugedachte Rolle? Kann nicht die Zentralbank, wie es vielfach angenommen wird, die Geldmenge und damit das Preisniveau auf das gewünschte Niveau bringen, so dass die Reallöhne fallen oder zumindest langsamer steigen können? Offenbar kann die Europäische Zentralbank das nicht. Das liegt daran, dass das Preisniveau selbst auf die Lohnentwicklung reagiert. Der Wettbewerb auf den Gütermärkten sorgt dafür, dass Kostenersparnisse über kurz oder lang an die Verbraucher weitergegeben werden. Für diesen marktwirtschaftlichen Mechanismus spielt es dabei keine Rolle, ob die Kostenersparnisse durch Produktivitätssteigerungen zustande gekommen sind oder durch niedrige Lohnabschlüsse. Es fällt auf, dass neoklassisch orientierte Ökonomen, die den Preismechanismus ohne Bedenken auf einen gesamtwirtschaftlichen Markt (nämlich den Arbeitsmarkt) anwenden zu können glauben, zur Fundierung ihrer Theorie eben diesen Mechanismus völlig außer Acht lassen, wenn es um die Erklärung der güterwirtschaftlichen Abläufe geht. Wer nur in realen Größen denkt, übersieht wesentliche Zusammenhänge in einer monetär organisierten Welt. Das Maß, nach dem sich die Preise nämlich langfristig entwickeln, ist die Veränderung der so genannten Lohnstückkosten, also der Summe Lohn (inklusive der Lohnnebenkosten), die bei der Herstellung eines »Stücks« gezahlt werden muss. Das gilt jedenfalls dann, wenn der Wettbewerb auf den Gütermärkten hoch ist.

Preise folgen Lohnstückkosten

Um es an einem Zahlenbeispiel zu verdeutlichen: An einem Tag werden 100 Einheiten eines Produktes von einem Arbeiter hergestellt, der dafür 100 Euro Lohn pro Tag erhält. Dann betragen die Lohnstückkosten genau 100 Euro/ 100 Stück = 1 Euro/Stück. Nun ermöglicht eine Rationalisierungsinvestition, dass der Arbeiter 200 Einheiten des Produktes pro Tag herstellen kann. Dann sinken die Lohnstückkosten auf 100 Euro/200 Stück = 0,50 Euro/Stück. Wird anstelle der Investition der Lohn des Arbeiters von 100 Euro auf 50 Euro gesenkt, fallen die Lohnstückkosten ebenfalls auf 0,50 Euro/Stück. Ist der

Wettbewerb auf dem entsprechenden Gütermarkt hoch, wird diese Senkung der Lohnstückkosten über kurz oder lang an die Verbraucher weitergegeben.

Nun mag man einwenden, dass auch noch andere Faktoren zu den Kosten eines einzelnen Produktes beitragen: das Material zum Beispiel oder die Zinsen für die eingesetzten Maschinen, eben alle Vorleistungen, die im Produktionsprozess verwendet werden. Diese müssen zwangsläufig mit dem Preis, zu dem das Produkt verkauft wird, abgedeckt werden. Einzelwirtschaftlich ist das in der Tat so. Gesamtwirtschaftlich aber spielen die Vorleistungskosten keine eigenständige Rolle für die Veränderung des Preisniveaus, weil die Vorleistungen des einen Unternehmens die Verkäufe eines anderen sind. Die Vorleistungspreise steigen oder fallen also letzten Endes gemäß der Lohnstückkostenentwicklung in der entsprechenden Vorleistungsgüterindustrie. Gesamtwirtschaftlich betrachtet lassen sich alle Vorleistungskosten wiederum auf geleistete Arbeit zurückführen. Das wurde auch schon oben erwähnt, als wir das Kapital als eine Form von »vorgetaner« Arbeit bezeichneten. Deshalb ist die Lohnentwicklung in Verbindung mit der Produktivitätsentwicklung, also die Veränderung der Lohnstückkosten, die entscheidende Stellgröße für die Entwicklung des gesamtwirtschaftlichen Preisniveaus, wie Abbildung 8 klar

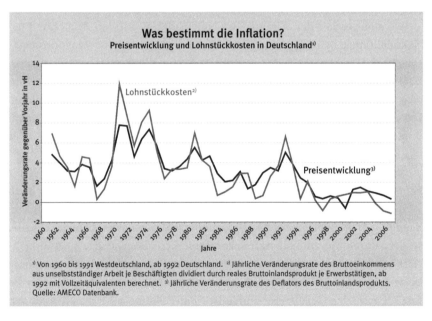

Was bestimmt die Inflation?
Preisentwicklung und Lohnstückkosten in Deutschland[1]

Abb. 8

[1] Von 1960 bis 1991 Westdeutschland, ab 1992 Deutschland. [2] Jährliche Veränderungsrate des Bruttoeinkommens aus unselbstständiger Arbeit je Beschäftigten dividiert durch reales Bruttoinlandsprodukt je Erwerbstätigen, ab 1992 mit Vollzeitäquivalenten berechnet. [3] Jährliche Veränderungsrate des Deflators des Bruttoinlandsprodukts. Quelle: AMECO Datenbank.

veranschaulicht. Selbstverständlich spielen die Importpreise, insbesondere die für Rohstoffe wie Öl und Gas eine eigenständige Rolle für das gesamtwirtschaftliche Preisniveau. Sie lassen sich jedoch nicht von den Tarifparteien beeinflussen. Dass die Veränderung der Importpreise nicht zur Grundlage von Lohnverhandlungen gemacht werden kann, mussten die Gewerkschaften im Zuge der Ölkrisen in den 1970er Jahren schmerzlich erfahren. Dazu mehr in Teil II.

Weil die Preise im Großen und Ganzen den Lohnstückkosten folgen, kann nicht allein der Nominallohn die Richtung des Reallohns bestimmen, sondern hängt der Reallohn – vermittelt über das Preisniveau – auch von der Produktivität ab. Der Zusammenhang ist also genau umgekehrt gegenüber dem, den die neoklassische Erklärung behauptet: *Die Produktivität beeinflusst den Reallohn und nicht der Reallohn die Produktivität.* Ein starkes Produktivitätswachstum ermöglicht – je nach Wettbewerbsdruck – ein sinkendes bzw. langsamer steigendes Preisniveau und damit eine Zunahme der Reallöhne und mit ihnen der Realeinkommen. Diesen Mechanismus haben wir bereits in Kapitel 1.2 ausführlich erläutert. Ein geringes Produktivitätswachstum verschafft nur wenig Spielraum bei den Preisen und entsprechend kleiner fällt der Reallohn- und mit ihm der Realeinkommenszuwachs aus.

Wie steht es mit der Wirkung des Nominallohns auf den Reallohn? Eine Nominallohnsteigerung geht nicht in jedem Fall 1:1 in eine Reallohnsteigerung über. Soweit nämlich der vereinbarte Nominallohnzuwachs über die Produktivitätszunahme hinausgeht, wird er auf die Preise überwälzt. Die bestimmen aber die Entwicklung des Preisniveaus und dadurch auch den Reallohn. Das Umgekehrte gilt genau so: Bleiben die Nominallohnzuwächse hinter dem Produktivitätswachstum zurück, sorgt der Wettbewerb nach einiger Zeit für fallende Preise und damit für einen Reallohnanstieg.

Wovon hängt nun aber das Produktivitätswachstum ab? Der Neoklassiker behauptet, vom Nominallohn. Wenn dieser hoch sei, führe die Lohnpeitsche zu verstärkten Rationalisierungsanstrengungen. Diese dienten dann via Lohnverhandlungen unglücklicherweise als Grundlage der nächsten Lohnabschlüsse, so dass durch diesen Teufelskreis kontinuierlich Arbeitsplätze wegrationalisiert würden. Dass die hinter dieser Überlegung stehende Substitutionsthese keine theoretisch haltbare Basis hat, wurde bereits erläutert. Dass ihr auch die Empirie *nicht* den Gefallen tut und hohe Nominallöhne mit hohen Reallöhnen *und schlechter Beschäftigungsentwicklung* einhergehen lässt, statt dessen aber mit guter, ist kein Wunder. Denn die Wirklichkeit der Ökonomie ignoriert nicht die Logik.

Was treibt nun aus unserer Sicht die Produktivität an? Selbstverständlich die Investitionen, und diese hängen von der Investitionsbereitschaft einschließlich der Gewinne ab. Dazu mehr im Abschnitt »Marktwirtschaft und Gewinne« weiter unten.

Der Schlüssel heißt Preissteigerung

Im Lichte dieser Erkenntnis lassen sich die Abbildungen 4,6 und 7 viel leichter verstehen. In den beiden Ländern mit Nominallohnzuwächsen zwischen 4 Prozent und 5 Prozent jährlich im Schnitt der vergangenen zehn Jahre hat die Preisentwicklung den jeweiligen Reallohnzuwachs auf etwa 2 Prozent abgeschmolzen. Diese Zunahme entspricht ungefähr dem Produktivitätswachstum. Außerdem ist diese Lohn- und Produktivitätsentwicklung vereinbar gewesen mit einem Beschäftigungswachstum von 1,2 Prozent bis 1,5 Prozent.

Warum war eine ähnlich gute Entwicklung bei der Beschäftigung in den beiden Ländern mit dem schwachen Nominallohnzuwachs, Deutschland und Japan, nicht möglich? An der Produktivität kann es nicht gelegen haben, denn die stieg ja etwas weniger als in den USA und in Großbritannien. Es war offenbar die Preisentwicklung, die ganz anders ablief. Zwischen Nominallohnzuwachs und Produktivitätszuwachs blieb sozusagen nicht genug Luft für eine Inflationsrate von wenigstens 1,5 Prozent wie in Frankreich, geschweige denn von 2 Prozent und mehr wie in den angelsächsischen Ländern. Frankreich, das mit seinen Nominallohnabschlüssen von 2,6 Prozent bei einer vergleichsweise niedrigen Produktivitätszunahme von 1,2 Prozent eine Inflation von immerhin 1,5 Prozent zustande brachte, kann wenigstens eine mittlere Position in Sachen Erfolg am Arbeitsmarkt einnehmen.

Wann ist eine Preissteigerung schädlich?

Das klingt verrückt, wenn man Inflation als *das* Übel schlechthin ansieht, das einer Volkswirtschaft widerfahren kann und das es auf jeden Fall zu bekämpfen oder besser noch: von vornherein zu vermeiden gilt. Wer hat nicht schon einmal ältere Leute klagen gehört, früher sei alles preiswerter gewesen, ein Brötchen habe nicht einmal ein Zehntel dessen gekostet, was man heute dafür zu bezahlen habe? Das ist richtig. Aber geht es deshalb demjenigen, der diese Klage führt, schlechter als damals? Ist sein Einkommen hinter diesen Preissteigerungen zurückgeblieben? Hat er also an Kaufkraft verloren? Oder ist er etwa wohlhabender geworden im Vergleich zu den »guten alten Zeiten«? Mit anderen Worten: Ist es etwa eine der Grundeigenschaften einer monetären Marktwirtschaft, dass sie im Zuge ihres realen Wachstums auch ein steigendes Preisniveau systematisch benötigt? Und wenn ja, in welchem Ausmaß muss oder sollte oder kann das Preisniveau steigen?

Dass ein steigendes Preisniveau in der Natur einer wachsenden monetären Marktwirtschaft liegt, hat in erster Linie mit dem Mechanismus zu tun, wie aus Krediten Investitionen werden. Der Leser muss sich bis zum Teil III dieses Buches gedulden, um diesen Zusammenhang detailliert erläutert zu bekommen. Auf die Frage, welches Ausmaß eine notwendige Preissteigerung haben darf, gibt es keine numerisch fixierte Antwort. Wie so oft im Leben kommt es auch an dieser Stelle auf den Vergleichsmaßstab an. Bei einem realen Produktivitätswachstum von circa 2 Prozent ist eine Preissteigerungsrate von 2 bis 3 Prozent nicht nur verkraftbar, sondern für die wachstums- und beschäftigungsförderliche Entwicklung einer Marktwirtschaft notwendig. Bei einer deutlich höheren Produktivitätszunahme ist auch eine stärkere Preissteigerung tolerierbar.

Warum ist das so? Es liegt daran, dass die Preise in einer Marktwirtschaft mehr sind als nur ein praktischer Schleier in Form von Recheneinheiten (was viele Ökonomen glauben) und daher nicht vernachlässigbar. Die Preise und ihre Veränderung darf man in ihrer Wirkung auf die Märkte nicht nur dann nicht unterschätzen, wenn eine trabende oder galoppierende Inflation vorliegt, die die praktische Funktion des Geldes als Tausch- und Wertaufbewahrungsmittel zerstört. Dass Inflation in einer solchen Dimension schädlich ist für eine Volkswirtschaft, steht außer Zweifel. Wenn die Inflation aber nicht ein solches Ausmaß hat, zerstört sie einerseits die praktische Funktion des Geldes nicht, hat aber andererseits eine positive Wirkung auf die wirtschaftlichen Aktivitäten der Unternehmer und Verbraucher.

Bei einer zweiprozentigen Inflation lohnt sich das Horten von Geld nicht, da es dauernd leicht entwertet wird. Auch das Hinauszögern von Konsumentscheidungen in der Hoffnung auf sinkende Preise verspricht im Allgemeinen keinen Nutzen. Dass das Warten trotzdem auf einzelnen Märkten aus Sicht der Verbraucher sinnvoll sein kann – man denke an den Preisverfall auf dem Elektronikmarkt –, widerspricht dieser Aussage nicht. Erst wenn die Preise auf *vielen* Märkten gleichzeitig bröckeln, wird ein zögerliches Kaufverhalten der Konsumenten zum Problem für alle Anbieter.

Aus Sicht eines Investors ist eine leichte Inflation immer günstiger als eine Deflation. Zwar beinhalten die Nominalzinsen in der Regel die erwartete Inflationsrate, so dass der Investor aus den Gewinnen seiner Investition auch die Geldentwertung mitbezahlen muss. Was seine Schulden auf Dauer weniger wert werden, muss er in Form von höheren Zinsen bezahlen. Anderenfalls würde ihm kein Gläubiger Geldmittel als Kredit zur Verfügung stellen. Dieser Zusammenhang gilt aber nur bei einer *positiven* Inflationsrate. Wird sie negativ, d. h. sinkt das Preisniveau, sieht sich der Investor einer Asymmetrie gegenüber: Nominalzinsen können höchstens bis auf Null sinken, sie können nicht negativ werden, weil niemand für das Besitzen von Geld bestraft werden kann, auch wenn es eine Größenordnung annimmt, bei der man von Horten sprechen kann. Das bedeutet, dass bei Deflation die Realzinsen, also die Differenz zwischen Nominalzinsen und Preissteigerungsrate, nicht beliebig gedrückt werden können, sondern auf jeden Fall positiv bleiben. Und genau darin besteht die Asymmetrie, die Ungleichheit der Situation bei Inflation gegenüber der bei Deflation: Wer sich bei steigenden Preisen gegen den Wertverfall seines Geldes schützen will, muss sein Geld ausleihen, damit Investoren etwas Produktives mit diesem Geld anstellen, so dass es einen positiven Realzins oder wenigstens einen von Null erbringt. Bei fallenden Preisen hingegen genügt es, die Hände in den Schoß zu legen, weil das Geld quasi von allein, nur durch Warten mehr wert wird.

Für die Entwicklung einer monetären Volkswirtschaft macht das einen erheblichen Unterschied: Im Fall von Deflation bestehen keine bzw. deutlich geringere Investitionsanreize, weil Nichtstun Erträge bringt. Risiko in Form von realer Investitionstätigkeit zu übernehmen, noch dazu in einem Umfeld, das von Nachfrageschwäche gekennzeichnet ist, wie sie im deflationären Szenario immer vorliegt, lohnt sich nicht. Damit wird aber bei Deflation eine wohlstandsmehrende wirtschaftliche Entwicklung unmöglich und ein Entkommen aus der Deflationsfalle äußerst schwierig, wie nicht zuletzt der Fall Japan lehrt. Praktischer Ausdruck dieser Erkenntnis ist die Festlegung eines Inflationsziels von 2 Prozent durch die Europäische Zentralbank und andere

Notenbanken wie die amerikanische oder die britische, die sogar 2,5 Prozent für eine erstrebenswerte Preissteigerungsrate hält.

Hinzu kommt, dass in der Europäischen Währungsunion (EWU) das nominale Zinsniveau durch die Zentralbank festgelegt wird in Abhängigkeit vom Durchschnitt der Preissteigerungsraten in den Mitgliedsländern. Weist ein Land eine höhere Inflationsrate als der Durchschnitt auf, ist sein Realzins, also der zu zahlende Nominalzins abzüglich der Preissteigerungsrate, geringer als in Ländern mit niedriger Inflation. Das schafft für die Investoren in Sachanlagen günstigere Bedingungen auf kurze Sicht. Dieser Effekt mag in der besseren Entwicklung in Frankreich in den vergangenen zehn Jahren im Vergleich zu Deutschland auch zum Ausdruck kommen. Langfristig bringt allerdings die Verbesserung der Wettbewerbsfähigkeit in dem Land mit der geringeren Inflationsrate (und dem höheren Realzins) per Saldo einen Vorteil. Das erklärt die derzeitige günstige Situation Deutschlands. Wir kommen auf diesen Zusammenhang ausführlich in Teil II Kapitel 4.1 (»Realzins oder realer Wechselkurs: Wer ist stärker?«) zurück.

Marktwirtschaft und Gewinne

Um den zentralen Motor der wirtschaftlichen Entwicklung, die Investitionsbereitschaft bzw. die Investitionen, zu verstehen, muss ein weiterer Baustein der monetären Marktwirtschaft betrachtet werden: die Gewinne. In der neoklassischen Welt gibt es keine echten Gewinne, weil alle Unternehmen aufgrund des vollkommenen Wettbewerbs immer oder, wenn nicht sofort, dann doch mittel- bis langfristig mit der gleichen effizienten Technologie produzieren. Deshalb sehen sich alle Anbieter denselben Kostenstrukturen gegenüber und machen nach Abzug der Lohnsumme und der Vorleistungskosten (im engeren Sinne) von ihren Umsatzerlösen nur gerade so viel »Gewinn«, wie das bei der Produktion eingesetzte Kapital an Zinskosten verursacht. Gewinne im eigentlichen Sinn des Wortes, also über alle, auch die Kapitalkosten hinausgehende Einnahmen, fallen nicht an.

Der Prozess, wie aus Innovationen Investitionen entstehen und aus ihnen Wirtschaftswachstum, ist nicht Erklärungsgegenstand des neoklassischen Modells. Die Neoklassik nimmt einfach an, dass die Wirtschaft eine bestimmte Menge an Gütern produziert (sich mathematisch-technisch gesprochen auf einer bestimmten Isoquante einer gesamtwirtschaftlichen Produktionsfunktion befindet) oder gleichmäßig wächst (sich, wieder mathematisch-technisch ausgedrückt, von einer Isoquante der Produktionsfunktion zur nächsten bewegt). Das ist eine *statische* Betrachtungsweise. Diskutiert wird lediglich, welcher Voraussetzungen es bedarf, damit es zu einer optimalen Faktorkombination zur Erzeugung des gedanklich vorausgesetzten Outputs kommt. Optimal ist die Kombination, bei der der Faktor Arbeit vollbeschäftigt ist, also keine Arbeitslosigkeit herrscht.

Auch bei Annahme eines gleichmäßigen Wachstums handelt es sich weiterhin um eine statische Betrachtungsweise. Denn die Dynamik der wirtschaftlichen Entwicklung wird nicht erklärt, sie wird nur vorausgesetzt. In den »Wachstums«modellen neoklassischer Provenienz treten an die Stelle der »gleichgewichtigen« Konstanten des statischen Modells »gleichgewichtige« Wachstumsraten, also z. B. statt einer bestimmten Produktionsmenge ein festes Produktionswachstum, statt eines festen Lohn-Zins-Verhältnisses (bei dem gerade Vollbeschäftigung herrscht) ein gleichmäßig wachsendes sowie ein gleich bleibendes Produktivitätswachstum. Der ursprüngliche Modellfehler, nämlich die Gewinne auszublenden, wird dadurch keineswegs geheilt. »Bewiesen« wird dann lediglich, dass das alles zueinander passt, wenn alle Wachstumsraten identisch sind und der Sparquote der privaten Haushalte entsprechen – je nach Modelltyp noch korrigiert um einen Faktor für die demografische Entwicklung. Arbeitslosigkeit herrscht nie, weil die Entscheidung der Privaten zwischen Freizeit und Konsum in Verbindung mit ihrem Sparverhalten über die gesamte individuelle Lebenszeit hinweg für genau den Kapitalstock sorgt, bei dem alle ihre gewünschte Menge an einkommensträchtiger Arbeit auch absetzen können.

Solche Modelle bergen keinen Erkenntnisgewinn in Hinblick auf reale Prozesse innerhalb des Wirtschaftsgeschehens in sich, weil es mangels Gewinnen in diesen Modellen nie einen Anlass für den einzelnen Unternehmer gibt, die Menge des eingesetzten Kapitals pro Beschäftigten (die Kapitalintensität) zu erhöhen. Wenn er es tut, tun es ja modellbedingt sofort alle anderen Unternehmer auch, so dass der Pionier keine vorübergehenden Monopolgewinne erzielen kann und es sich also für ihn nicht lohnt, das Risiko einer technischen Neuerung einzugehen. *Wie* sich der technische Fortschritt bis zum Erreichen eines solchen wettbewerbsbedingten statischen Gleichgewichts oder innerhalb eines gleichgewichtigen Wachstums durchsetzt, bleibt völlig ungeklärt.

Anreize für Unternehmer, Innovationen umzusetzen und dabei Risiken einzugehen, gibt es in dieser Modellwelt nicht.

Da aber der technische Fortschritt in allen Marktwirtschaften permanent am Werk ist und mit ihm die Produktivität auch und gerade in vollbeschäftigten Volkswirtschaften ständig zunimmt, herrscht genau genommen niemals ein »Gleichgewicht« neoklassischer Art, sondern steckt die Volkswirtschaft dauernd in Anpassungsprozessen, in deren Verlauf Gewinne und Verluste anfallen. Der Pionierunternehmer, der eine neue produktivitätssteigernde Technologie erfolgreich anwendet oder neue Produkte kreiert und am Markt erfolgreich platziert, erzielt temporäre Monopolgewinne, also Gewinne, die weit über den Kapitalkosten liegen und ihn für seine Risikobereitschaft belohnen, so lange bis die nachahmende Konkurrenz diesen Vorsprung wegkonkurriert hat. (Der erfolglose Unternehmer macht entsprechend Verluste.) Diese Gewinne stellen das *residuale* Einkommen der Unternehmer dar, das Einkommen, das nach Abzug aller vertraglich vereinbarten Produktionskosten wie Vorleistungskosten, Löhnen und Zinsen, übrig bleibt. Es reagiert *flexibel* auf die Entwicklung des konkreten Marktes, an dem der Unternehmer tätig ist, und damit auch auf die gesamtwirtschaftliche Entwicklung, sofern sie Einfluss auf diesen einzelnen Markt hat. Wichtig ist hierbei, dass der Gewinn (oder Verlust) des Unternehmers *am Ende* des Investitions-, Produktions- und Verkaufsprozesses in seiner Höhe feststeht, nicht am Anfang. Zu Beginn jeder Investition, jeder Produktion und jedes Verkaufs sind nur die vertraglich vereinbarten Kosten, die damit in Zusammenhang stehen, der Höhe nach bekannt. Das gilt auch dann, wenn bestimmte Risiken vertraglich abgesichert werden und dadurch Kosten von außerhalb des Unternehmens liegenden Faktoren abhängen – man denke an Preissteigerungsklauseln bei Rohstoffen oder Zinsen –, so dass sie nicht absolut fixiert sind. Der unternehmerische Erfolg hingegen ist unsicher.

Weil die Gewinne die entscheidende Triebfeder für Investitionen sind, dürfen sie auch in modellhaften Überlegungen zur Erklärung wirtschaftlicher Abläufe nicht ausgeblendet werden. Sie stellen nicht nur die finanziellen Mittel für potenzielle weitere Investitionen dar, sie zeigen überhaupt erst den Erfolg der bisher getätigten Investitionen, ja des gesamten unternehmerischen Handelns an. Daher sind sie nicht nur eine Belohnung für die Risikobereitschaft und das unternehmerische Können eines Pioniers, sondern auch eine Art Kompass für die Investitionsbereitschaft des Unternehmers: Lohnen sich Investitionen überhaupt? Und auf welchem Markt konkret? Es ist kein Zufall, dass in Marktwirtschaften die Gewinne und mit ihnen die Investitionen die volatilsten Größen darstellen, d. h. die Aggregate, die die größten Schwankungen aufweisen im Zeitablauf. Es ist das große Verdienst von Joseph Schumpeter, die überragende Bedeutung der Gewinne und des Pionierunternehmers für die Erklärung von Konjunkturzyklen herausgearbeitet zu haben.

2.5 Löhne und Nachfrage

Wer diesen Zusammenhang von Gewinnen und wirtschaftlicher Aktivität erkennt, kann die Folgen einer Strategie der Lohnzurückhaltung bzw. der Lohnsenkung (im folgenden zusammenfassend als Lohnmoderation bezeichnet) abschätzen und aus dem oben dargestellten empirischen Puzzle, das dem neoklassisch orientierten Ökonomen Rätsel aufgibt, ein logisch erklärbares Bild gewinnen. Unserer Ansicht nach spielt bei der Lohnmoderation der zeitliche Ablauf in der Wirkungskette die entscheidende Rolle beim Versagen dieser Strategie. Werden die Löhne auf breiter Front gesenkt oder zumindest weniger erhöht als Zielinflationsrate und erwartetes durchschnittliches Produktivitätswachstum zusammengenommen, fällt *zunächst und als erstes* die Nachfrage der Arbeitnehmerhaushalte geringer aus als ohne Lohnmoderation. Das führt zu einer sinkenden oder weniger als erwartet steigenden Auslastung der Kapazitäten. Jeder Unternehmer erhält also auf seinem (binnenwirtschaftlichen) Absatzmarkt ein *negatives Signal*, was seine Investitionsbereitschaft drosselt statt anregt. Die Kostenentlastung, die der Unternehmer erreicht hat, kann er zwar nutzen, um die sinkende bzw. langsamer wachsende Nachfrage mittels sinkender Absatzpreise zu stabilisieren. Zugleich schmälert eine Preisanpassung nach unten aber die ursprünglich mit der Lohnmoderation beabsichtigte Stückgewinnsteigerung. Bleibt der Stückgewinn gleich, fehlt ein positives Signal für die Unternehmer, das zur Steigerung ihrer Investitionstätigkeit erforderlich wäre. Nimmt der Absatz dank Preissenkung allmählich wieder zu, landet man wieder bei einer positiven Wirkung von Preissenkungen auf die reale Nachfrage, was aber mit den bekannten, oben bereits beschriebenen deflatorischen Risiken verbunden ist. Diesen Effekt hat John Maynard Keynes einst »monetary managment by the trade unions« (also die monetäre Steuerung der Wirtschaft durch die Gewerkschaften) genannt und gemeint, nur eine »foolish person« (ein Idiot) könne so etwas empfehlen. Genau das meint auch Wilhelm Lautenbach, wenn er schreibt: »Die … ›Klassiker‹ setzen … eine gleich bleibende wirksame Geldmenge voraus, rechnen also damit, dass der besagte Spielraum (einer Lohnsenkung, Anm. d. Verf.) tatsächlich ausgenutzt würde. Unter dieser Voraussetzung durften sie mit gleich bleibenden Preisen bei gesenkten Löhnen rechnen … Dieser Satz ist nichts weiter als ein blendender Zirkelschluss. Denn die Bedingung ›wenn die wirksame Geldmenge gleich bleibt‹ hat praktisch gar keinen anderen Sinn als den: wenn die Gesamtlohnsumme gleich bleibt; dies wiederum bedeutet nichts anderes als: wenn die Beschäftigung in dem Verhältnis steigt, wie die Löhne gesenkt werden. Ergo: durch eine Lohnsenkung steigt die Beschäftigung, wenn sie steigt.« (Lautenbach [1952], S. 202) Ansonsten, so lässt sich dem hinzufügen, gerät man in eine Deflation.

Was den Nachfrageausfall ausgleichen soll …

Aus diesem Dilemma versucht sich die in Deutschland vorherrschende Volkswirtschaftslehre mit dem Hinweis zu befreien, dass man eine durch Lohnmoderation gesteigerte Investitionsnachfrage und die Konsumnachfrage zusätzlicher Beschäftigter berücksichtigen müsse bei der Beurteilung dieser Strategie zur Bekämpfung der Arbeitslosigkeit. Beides könne die geringere Konsumnachfrage der bislang Beschäftigten im selben Moment, in dem die Lohnmoderation einsetzt, ausgleichen. Immer wieder wird angeführt, dass die negativen Folgen einer Lohnmoderation in Hinblick auf die Kaufkraft der Beschäftigten aufgefangen würden durch folgende drei Faktoren: Erstens konsumierten die neu Beschäftigten mehr als zuvor, da ihre jetzt erzielten Arbeitseinkommen über den vorherigen Unterstützungszahlungen des Staates lägen. Zweitens würden die Sozialversicherungssysteme entlastet, was mehr Spielraum für staatliche Ausgaben, also erneut mehr Nachfrage, bedeute oder einen Abbau der öffentlichen Schulden ermögliche. Letzteres lasse immerhin einen Zins senkenden Effekt am Kapitalmarkt erwarten, der tendenziell positiv auf die Investitionsbereitschaft wirke. Drittens aber führten höhere Gewinne bzw. Gewinnerwartungen zu höheren Konsumausgaben der Unternehmerhaushalte sowie zu zunehmenden Investitionen. Alle drei Wirkungszusammenhänge glichen die dämpfende Wirkung einer Lohnzurückhaltung auf die Konsumausgaben der Arbeitnehmerhaushalte mindestens aus, so dass der gewünschte Effekt, nämlich mehr Beschäftigung, erreicht werde und dann durch die steigende Kapazitätsauslastung ein sich selbst verstärkender Aufschwung eingeleitet würde.

... und warum das nicht funktioniert

Diese Überlegungen sind so abwegig wie Münchhausens Erzählung, er habe sich tatsächlich an den eigenen Haaren aus dem Sumpf gezogen. Die Idee des sofortigen Nachfrageausgleichs krankt daran, dass sie den residualen Charakter der Gewinne vollkommen ignoriert. Gewinne fallen *immer als letztes* in der Kette des wirtschaftlichen Handelns von Planung über Investition, Produktion bis hin zum Absatz an. Auf den puren Verdacht hin, man werde jetzt dank der Lohnzurückhaltung ein besseres Jahresergebnis erzielen und aus der konjunkturellen Talsohle aufsteigen, wird kein Unternehmer mehr investieren oder selbst mehr konsumieren wollen als zuvor geplant. Abgesehen davon dürfte die Sparneigung der Unternehmerhaushalte höher liegen als die der Arbeitnehmerhaushalte, so dass von einem zusätzlichen Euro Einkommen, der von dem einen Haushaltstyp zum anderen umgeschichtet wird, nicht der gleiche Anteil sofort als Nachfrage wieder wirksam werden dürfte.

Das bedeutet aber nichts anderes, als dass erst, wenn ein positives Ergebnis der Lohnstrategie auf dem Tisch liegt, erst wenn sozusagen der Bär erlegt ist, sein Fell geteilt werden kann, sprich: tatsächlich höhere Gewinne anfallen. Die negativen Signale der Nachfrageentwicklung im Vorfeld verhindern aber systematisch, dass es zu einem solchen positiven Ergebnis überhaupt kommt. Dass durch Lohnzurückhaltung sinkende Kosten zu höheren Gewinnen führen, *setzt voraus*, dass der Absatz nicht in gleichem Maße schrumpft wie die Kosten. Diese zentrale Voraussetzung für das Funktionieren der Lohnmoderation ist unter den realen Bedingungen einer Marktwirtschaft schlicht niemals gegeben.

Im Sachverständigenrat wird vom derzeitigen Ratsmitglied Bofinger eine Minderheitsmeinung vertreten, die das beschäftigungspolitische Ergebnis einer Lohnmoderation ebenfalls als problematisch einstuft: Es »erscheint wenig wahrscheinlich, dass von einer Politik der Lohnsenkung oder auch der Lohnmoderation ein positiver Effekt auf die gesamtwirtschaftliche Nachfrage ausgeht« (Jahresgutachten 2004/2005, Ziffer 724). Doch spielt für Bofingers

Argumentation nur die reine Größenordnung des Nachfrageausfalls auf Seiten der Arbeitnehmer bei Lohnzurückhaltung gegenüber der Entlastung des Staates und der Gewinnsteigerung der Unternehmen eine Rolle, nicht der zeitliche Ablauf in den wirtschaftlichen Vorgängen (ebenda, Ziffer 719–724). Insofern kann man diese Position auch so interpretieren, dass eine Lohnmoderation dann Erfolg versprechend sei, wenn die Verteilung von Löhnen und Gewinnen grundsätzlich anders sei, also eine Lohnquote von z. B. 20 Prozent statt derzeit circa 70 Prozent vorläge. Wären wir größtenteils ein Volk von Unternehmern, hätten wir mit einer Strategie der Lohnmoderation zur Beseitigung von Arbeitslosigkeit kein Problem, könnte man bei dieser rein quantitativen Kritik an der Lohnzurückhaltung meinen. Beim oben beschriebenen Ablauf der wirtschaftlichen Vorgänge ist eine solch positive Beurteilung der Lohnzurückhaltung jedoch unmöglich. Wären wir zu 80 Prozent ein Volk von Unternehmern, läge also die Lohnquote deutlich unter 20 Prozent, wäre die generell herrschende Unsicherheit über die Einkommen entsprechend höher. Daraus folgt keinesfalls, dass die Investitionsbereitschaft leichter anzuregen sei, im Gegenteil: Je unsicherer, weil volatiler die Einkommen aller, desto zurückhaltender Investitions- und Konsumneigung. Eine Lohnmoderation brächte in diesem hypothetischen Fall selbstverständlich auch keine nennenswerte Entlastung auf der Kostenseite, weil der Anteil der Löhne gegenüber den Gewinneinkommen eben sehr viel geringer wäre, mithin als Mittel zur Beseitigung von Arbeitslosigkeit wohl kaum diskutiert würde. Dass wir uns mit der Durchlöcherung des Flächentarifvertrags und betrieblichen Lohnvereinbarungen einschließlich unternehmenserfolgsabhängiger Lohnkomponenten in der Realität in diese Richtung bewegen und welche gesamtwirtschaftlichen Folgen das hat, wird noch weiter unten diskutiert.

Die Gewinntheorie ...

Die Mehrheit des Sachverständigenrats vertritt im Gegensatz zu Bofinger ganz uneingeschränkt die Position, dass Lohnmoderation Arbeitplätze schüfe. Dabei wird nicht einmal die Substitutionsthese (Kapital verdrängt Arbeit) in erster Linie ins Feld geführt, sondern eine dem geradezu entgegengesetzte These, die wir im Folgenden als Gewinnthese bezeichnen. Sie besagt, dass bei gegebenem Absatz die Gewinne umso höher ausfallen, je niedriger die Produktionskosten, namentlich die Löhne sind, und dass bei auf diese Weise erreichten höheren Gewinnen die Investitionsbereitschaft zunähme und mit ihr die Investitionen und letztendlich die Beschäftigung. Der empirisch gut abgesicherte Zusammenhang von Investitionswachstum und Beschäftigungsaufbau untermauert den zweiten Teil der Gewinnthese, also dass die Beschäftigung auf die Investitionen positiv reagiert (vgl. Abbildung 21 in Teil III, Kapitel 2). Warum Gewinne für die Investitionstätigkeit Bedeutung haben sollten, bleibt im Rahmen neoklassischer Ansätze zwar unklar, aber dieses Schumpeterianische Gedankengut hat offenbar Eingang in die Gedankenwelt auch der Mehrheit des Sachverständigenrats gefunden (vgl. Jahresgutachten 1999/2000, Ziffer 337).

Der eigentlich kritische Punkt bei der Gewinnthese ist in ihrem ersten Teil versteckt: Dass bei gegebenem Absatz umso mehr Gewinne übrig bleiben, je niedriger die Kosten sind, erinnert an eine Definitionsgleichung und ist in dieser Form unproblematisch. Aber wann ist der Absatz gegeben? Im Nachhinein? Sicherlich. Von vornherein? In einer Marktwirtschaft sicher nicht. Sobald also der Definitionscharakter der Aussage verlassen wird und man ihr eine inhaltliche Relevanz abgewinnen will, gerät das Fundament der Gewinnthese ins Wanken. Wenn denn der Absatz und mit ihm das Einkommen in einer Marktwirtschaft nie von vornherein insgesamt gegeben sind, ist die Diskussion um deren Verteilung zwischen Arbeitgebern (in Form von Gewinnen) und Arbeitnehmern (in Form von Löhnen) müßig bzw. hinsichtlich des Abbaus von Arbeitslosigkeit nicht zielführend. Dass der Absatz niemals fest vorgegeben ist, sondern sich immer aus einer nicht vollkommen vorhersehbaren Mischung einzelner Einflüsse ergibt, wird jeder Unternehmer bestätigen. Zu diesen Einflüssen gehört nicht nur die relativ gut vorhersagbare Entwicklung der Kosten und damit der Absatzpreise, sondern auch und vor allem die deutlich schwerer prognostizierbare Entwicklung der nachgefragten Mengen.

... so falsch wie die Kaufkrafttheorie der Löhne

Interessanterweise leuchtet den meisten Ökonomen die Sinnlosigkeit des Verteilungsstreits zwischen Gewinnen und Löhnen, wenn er mit umgekehrtem Vorzeichen geführt wird, völlig ein. Die Gewinnthese hat nämlich eine sozusagen spiegelbildliche Schwesterthese, die unter der Bezeichnung »Kaufkrafttheorie der Löhne« bekannt ist. Diese Theorie empfiehlt, die Löhne kräftiger als Inflationszielrate und erwartetes Produktivitätswachstum zu erhöhen, also die Verteilung zugunsten der Lohneinkommen und zulasten der Gewinne zu verschieben. Dann würde, so die ebenfalls irrige Vorstellung, die Nachfrage so stark angeregt, dass die Auslastung der Kapazitäten zunähme, die Investitionstätigkeit stiege und mit ihr die Beschäftigung. Das kann nicht funktionieren, weil die Belastung der Unternehmen mit zusätzlichen Kosten oberhalb ihres Produktivitätswachstums und der von ihnen durchsetzbaren Preissteigerung die Stückgewinne senkt und so die Investitionsneigung dämpft. Sollten die Unternehmen die Kostensteigerung komplett in den Preisen weitergeben und auf diese Weise ihre Stückgewinne stabilisieren können, führt dies womöglich zu einer Überschreitung der Zielinflationsrate. Darauf muss und wird die Geldpolitik mit Zinssteigerungen reagieren, die ihrerseits das Investitionsklima so verschlechtern, dass in Sachen Wachstum nichts gewonnen wird geschweige denn in Sachen Beschäftigung.

Löhne sind Kosten und Einkommen

Während die Kaufkrafttheorie der Löhne also den Kostencharakter der Löhne und die aus übermäßigen Lohnsteigerungen erwachsende Inflationsgefahr ignoriert, vernachlässigt die Gewinnthese umgekehrt den Einkommenscharakter der Löhne und die sich aus zu geringem Lohnwachstum ergebende Deflationsgefahr. Beide Aspekte, Kosten- und Einkommenscharakter, sind aber gleichermaßen bedeutsam für die gesamtwirtschaftliche Wirkung, die von der Bezahlung des Produktionsfaktors Arbeit ausgeht. Der einzig sinnvolle Mittelweg, der dem Doppelcharakter des Lohns Rechnung trägt, ist die schon mehrfach genannte Formel für das Lohnwachstum: Die Löhne müssen mit der Rate wachsen, die sich aus der Summe der Zielinflationsrate der Zentralbank und der erwarteten durchschnittlichen Wachstumsrate der Produktivität ergibt. Denn genau dann ist das Lohnwachstum verteilungsneutral, d. h. bleibt der Anteil der Lohneinkommen bzw. spiegelbildlich dazu der Gewinneinkommen am Gesamteinkommen der Volkswirtschaft konstant. Und gerade dadurch wird verhindert, dass entweder ein restriktiver Kurs von Seiten der Zentralbank herausgefordert wird, der Wachstum kostet, oder eine deflationäre Entwicklung (die übrigens nicht mehr geldpolitisch so steuerbar, d. h. beendbar ist wie eine inflationäre) angestoßen wird, die ebenfalls das Wachstum unter die unter Normalbedingungen mögliche Linie drückt.

Von Seiten der Befürworter der Lohnmoderation wird betont, bei dieser

Strategie komme es gerade nicht auf kurzfristige Wirkungen an, sondern erst eine über mehrere Jahre hinweg durchgehaltene Lohnmoderation trage die gewünschten beschäftigungspolitischen Früchte, weil zunächst das Vertrauen der Arbeitgeber in die Kontinuität der Lohnzurückhaltung geschaffen werden müsse. Daraus lässt sich auch ablesen, dass sich die Vertreter der Gewinnthese ganz bewusst nicht für die kurzfristigen wirtschaftlichen Abläufe interessieren, die eine Lohnzurückhaltung begleiten. Im Lichte der Überlegung, welche negativen Absatzsignale bei den Investoren unmittelbar durch die Lohnmoderation ankommen, entpuppt sich aber gerade die Forderung nach einer länger andauernden Lohnmoderation als *das eigentliche Problem* im Kampf gegen die Arbeitslosigkeit. Vom Startpunkt unterausgelasteter Kapazitäten beginnend würgt ein dauernd unter Produktivitätswachstum und Zielinflationsrate bleibendes Lohnwachstum ständig die Konjunktur ab, auch wenn positive Faktoren wie eine durch diese Strategie hervorgerufene Steigerung der internationalen Wettbewerbsfähigkeit oder eine sich im Aufwind befindende Weltkonjunktur das Problem mildern (um nicht zu sagen: verschleiern) mögen. Dass sich die deutsche Wirtschaft gegenwärtig auf Erholungskurs befindet, ist genau diesen beiden Faktoren – Lohnkostendumping gegenüber den Handelspartnern, noch dazu vor Aufwertungen geschützt durch den Euroraum, und Wachstum der Weltwirtschaft – zu danken. Eine langfristig tragfähige Basis für den Abbau der Arbeitslosigkeit bieten diese beiden »Schlupflöcher« für die zum Scheitern verurteilte Strategie der Lohnzurückhaltung aber nicht, wie noch in Kapitel 4 dieses Teils und in Kapitel 4 des Teils II zu zeigen sein wird.

Was lehrt nun die Ablehnung der Lohnzurückhaltungsstrategie zur Bekämpfung der Arbeitslosigkeit? Welcher Ausweg bietet sich stattdessen? Wird die genannte lohnpolitische Verteilungsregel befolgt, kann man zwar Wachstumseinbußen aufgrund fruchtloser Verteilungskämpfe vermeiden – was immerhin schon sehr erfreulich wäre –, zusätzliche Arbeitsplätze schafft man damit aber noch nicht automatisch. Denn beschäftigungswirksam ist ja erst das über den (immer beschäftigungsneutralen) Produktivitätsanstieg hinausgehende Wachstum der Produktion. Unser Augenmerk muss auf der gesamtwirtschaftlich volatilsten und mit der Beschäftigung eng verbundenen Größe, nämlich den Investitionen bleiben. Denn mit Investitionen ist nicht nur das Produktivitätswachstum verbunden, sondern sie schaffen auch das darüber hinausgehende beschäftigungswirksame Produktionswachstum, das zum Abbau der

Arbeitslosigkeit benötigt wird, bzw. umgekehrt sorgt ihr Rückgang für unsere Probleme am Arbeitsmarkt. Dabei muss der zeitliche Ablauf, den dieses Aggregat nimmt, genau betrachtet werden, wie die obige Analyse der Gewinnthese gezeigt hat. Dazu kommen wir in Kapitel 2 des Teils III.

Das empirische Lohnpuzzle, das oben mit den Abbildungen 4, 6 und 7 vorgeführt wurde, kann immerhin schon an dieser Stelle zusammengesetzt werden: Die USA und Großbritannien haben am Arbeitsmarkt in den letzten zehn Jahren so deutlich viel besser abgeschnitten als Deutschland und Japan, weil sie den Fehler der Lohnzurückhaltung nicht begangen haben. Beide Länder haben einen ausgewogenen Mittelweg zwischen dem Kosten- und dem Einkommenscharakter der Löhne gefunden. In Deutschland hat das langjährige Zurückbleiben der Reallöhne hinter der Produktivität den Erfolg am Arbeitsmarkt gerade verhindert. Nur die außenwirtschaftliche Rückkoppelung des deutschen Lohndumpings zeitigt temporäre Erfolge. Sie werden aber nicht ausreichen, einen selbsttragenden und anhaltenden Aufschwung, wie er für einen durchgreifenden Abbau der Arbeitslosigkeit erforderlich wäre, zu initiieren, wenn für das Wachstum der Binnennachfrage nicht die erforderlichen Mittel via Lohnsteigerung zur Verfügung stehen.

3   Jobkiller Struktur?

Weil sich der Weg, über Lohnzurückhaltung Beschäftigung schaffen zu wollen, sowohl aus logischen Gründen als kontraproduktiv als auch empirisch als gescheitert erwiesen hat, wird die Inflexibilität des deutschen Arbeitsmarktes oft als Erklärung für unsere Arbeitslosigkeit angeführt. Was genau unter Inflexibilität zu verstehen ist, bleibt dabei häufig unklar. Sie kann sich auf die Starrheit der Lohnstruktur, auf mangelnde Anpassung an Qualifikationserfordernisse oder auf eine Rigidität bei der Anpassung an unterschiedliche räumliche, sektorale oder betriebliche Bedingungen beziehen. In der Regel werden dafür die hiesigen Lohnfindungsmechanismen verantwortlich gemacht, sprich der Flächentarifvertrag oder ganz allgemein die Macht der Gewerkschaften. Auch wird eine im internationalen Vergleich höhere Reglementierung des deutschen Arbeitsmarktes beklagt, die z. B. in Vorschriften über die Arbeitsbedingungen, in Sozialklauseln oder im Kündigungsschutz zum Ausdruck kommen. Derzeit wohl am häufigsten steht die Lohnspreizung zur Debatte, also der Abstand zwischen den niedrigsten und den höchsten Arbeitseinkommen. Dieser Abstand sei zu gering, die Struktur der Löhne entspreche nicht den Produktivitätsunterschieden der Arbeitskräfte. Daher seien z. B. gering Qualifizierte bei Entlassungen immer als erste an der Reihe und hätten umgekehrt besonders schlechte Chancen, wieder einen Job zu finden.

Wir wollen an die Frage, ob Inflexibilitäten auf unserem Arbeitsmarkt zu Arbeitslosigkeit führen und/oder ihren Abbau behindern, in zwei Schritten herangehen: Zuerst ist zu klären, warum es überhaupt unterschiedliche Löhne gibt und nach welchen Kriterien sie differenziert sein sollten. Anschließend wird analysiert, inwiefern die tatsächlich zu beobachtende Differenzierung der hiesigen Löhne unangemessen in dem Sinne ist, dass ihr eine (Mit-) Schuld an der herrschenden Arbeitslosigkeit angelastet werden kann. Dabei stützen wir uns vor allem auf internationale Vergleiche.

Auf die wesentlich schwerer mess- und international vergleichbaren Wirkungen von Reglementierungen der Arbeitsmärkte gehen wir nicht ein. Das würde nicht nur den Rahmen dieses Buches sprengen, es brächte auch unserer Ansicht nach keinen wesentlichen Erkenntnisgewinn bei der Erklärung des Zustandekommens von Arbeitslosigkeit und der Probleme ihres Abbaus, weil wir die Ursachen der Arbeitslosigkeit in der mangelnden Dynamik der wirtschaftlichen Entwicklung unseres Landes sehen (wie in Teil II dieses Buches dargelegt) und nicht in strukturellen Gegebenheiten. Selbst bislang vehemente Verfechter der These, strukturelle Gründe seien die Hauptursache für unsere Arbeitslosigkeit, gehen mittlerweile vorsichtig auf Distanz zu dieser Sichtweise: Im Monatsbericht der Deutschen Bundesbank vom Januar 2007 werden beispielsweise Kennziffern verschiedener Länder zum Grad des Kündigungsschutzes einerseits und zum Erfolg am Arbeitsmarkt andererseits aufgeführt, die eher die Zusammenhanglosigkeit als die Kausalität zwischen der Reglementierung und der Beschäftigung belegen.

Darüber hinaus vertreten wir die Ansicht, dass viele der Reglementierungen mit gutem Grund erdacht und eingeführt worden sind. Die Auffassung, dass wir uns diese Formen des Wohlstands im Zeitalter der Globalisierung nicht mehr leisten könnten, teilen wir nicht. Die Gründe dafür sind Kapitel 4 vorbehalten.

Der Leser, der ohnehin mit einer gehörigen Skepsis hinsichtlich der Bedeutung dieser Thesen für die Erklärung des Niveaus der Arbeitslosigkeit ausgestattet ist, kann dieses Kapitel getrost überspringen, nachdem er den nächsten Abschnitt gelesen hat. Im Grunde genügt die einfache Überlegung, dass man mit einer »Struktur« nicht ein »Niveau« erklären kann, um die genannten Vorurteile von vornherein zu widerlegen. Wer allerdings das Thema »Lohnsenkung als Allheilmittel für gering qualifizierte Arbeitslose« und die damit verbundene Debatte um Hartz IV, Mindest- und Kombilöhne besser verstehen will, sollte sich auch mit diesem Teil des Buches auseinandersetzen.

Den Sack »Struktur« schlägt man, den Esel »Niveau« meint man

Wer empfiehlt, die Löhne in den untersten Verdienstgruppen zu senken, um Beschäftigung im Niedriglohnsektor zu schaffen, fordert implizit auch eine Senkung des durchschnittlichen Lohnniveaus, wenn er nicht gleichzeitig eine entsprechende Anhebung der Löhne in höheren Verdienstgruppen ausdrücklich anmahnt. An diesem Beispiel wird deutlich, vor welchen methodischen Problemen man steht bei der Beurteilung der Angemessenheit der Lohnstruktur in Hinblick auf die Beschäftigung. Die Trennung von Strukturfragen und Niveaufragen ist sowohl inhaltlich als auch empirisch schwierig, aber systematisch eigentlich geboten. Die Definition von »Struktur« sollte immer so gewählt werden, dass sich Veränderungen in der Struktur gerade dadurch auszeichnen, dass sie das Niveau nicht betreffen. Wenn nun von der derzeitigen Lohn*struktur* in Deutschland Wirkungen auf das derzeitige *Niveau* der Arbeitslosigkeit abgeleitet werden, gleichzeitig aber sowohl theoretisch wie empirisch nachgewiesen ist, dass das herrschende Lohn*niveau* nicht ursächlich für das gegenwärtige Niveau der Arbeitslosigkeit ist, sind logische Widersprüche dann vorprogrammiert, wenn man Veränderungen der Lohnstruktur nicht von Veränderungen des Lohnniveaus sauber trennt.

Die Wirkungen, die von Lohnsenkungen im Niedriglohnbereich ausgehen, lassen sich nur dann aufteilen in solche, die der Lohnstruktur, und solche, die dem Lohnniveau geschuldet sind, wenn man ein sektorales gesamtwirtschaftliches Modell heranzieht, das alle Rückkoppelungseffekte (man spricht auch von Multiplikatoreffekten) widerspiegelt. Dass diese gesamtwirtschaftlichen Rückkoppelungseffekte (nämlich in Form von Preis- und/oder Nachfrageänderungen) das Niveau der Beschäftigung beeinflussen können, wurde oben bereits gezeigt (vgl. Kapitel 1.2 und in Kapitel 2.5 den Abschnitt »Löhne sind Kosten und Einkommen« sowie Flassbeck/Spiecker, 2001).

Strukturelle Untersuchungen können nur dann zu sinnvollen und wirtschaftspolitisch verwertbaren Ergebnissen führen, wenn die unmittelbaren Effekte von Strukturveränderungen nicht überlagert werden von gleichzeitig ausgelösten gesamtwirtschaftlichen Effekten, die nur in einer gesamtwirtschaftlichen und damit vollständigen Betrachtung gewürdigt werden können. Betrachtet man nur eine stärkere Lohndifferenzierung auf der einen Seite und das Ergebnis eines eventuell höheren Beschäftigungsstandes auf der anderen, ist die Schlussfolgerung, größere Differenzierung bringe mehr Beschäftigung, zwar naheliegend, aber keineswegs gerechtfertigt. Eine Lohnniveausenkung kann tatsächlich unter bestimmten Umständen eine Steigerung des Beschäftigungsniveaus mit sich bringen, bei reinen Struktureffekten ist das nicht der Fall. Wer lediglich eine Endsituation mit einer Anfangssituation vergleicht, misst implizit auch den Niveaueffekt mit und kann über den reinen Struktureffekt keine Aussage machen. Dann kann man aber die eigentlich interessante Frage nicht beantworten, ob die positiven Beschäftigungseffekte nicht mit anderen Maßnahmen ebenso gut oder sogar besser zu erreichen sind.

Nun mag man einwenden, die theoretische Aufspaltung der Effekte einer Vergrößerung der Lohnspreizung sei doch unter praktischen Gesichtspunkten uninteressant, wenn die Strategie denn insgesamt helfe. Das ist zwar einleuchtend, hilft aber gerade bei der empirischen Überprüfung der theoretischen Überlegungen und der aus ihnen abgeleiteten praktischen Politikempfehlungen nicht weiter. Denn wenn sich die Lage am Arbeitsmarkt verbessert oder verschlechtert, sollte man die Ursachen dafür so gut wie möglich diagnostizieren können, um entweder weiter in die richtige Richtung zu steuern oder aber durch einen Wechsel der Strategie einen anderen Weg einschlagen zu können. Dass Erfolge viele Väter haben, Misserfolge dagegen keine, ist bekannt. Tritt ein Erfolg ein, ist man schnell geneigt, ihn den Maßnahmen zuzuschreiben, die man selbst empfohlen hat. Aber: Wenn ein Erfolg *trotz* einer *falschen* Strategie eintritt, wie groß hätte er dann erst sein können, wenn er nicht durch kontraproduktive Maßnahmen gebremst worden wäre? Oder umgekehrt: Ein Misserfolg scheint angewendete Maßnahmen schnell zu diskreditieren. Aber: Wenn ein Misserfolg *trotz* einer *richtigen* Strategie eintritt, wie viel gravierender hätte er ausfallen können, wenn die Maßnahmen unterblieben wären? Solche Fragen lassen sich nur dann seriös beantworten, wenn man einerseits einen methodisch widerspruchsfreien und dem zu behandelnden Problem adäquaten theoretischen (Modell-) Rahmen wählt, aus dem sich klare Schlussfolgerungen ableiten lassen. Das heißt in unserem Fall vor allem, gesamtwirtschaftlich konsistent zu argumentieren und nicht bei partialanalytischen Ergebnissen stehen zu bleiben. Andererseits muss man diese theoretischen Aussagen einer empirischen Überprüfung unterziehen, soweit das bei der gegebenen Datenlage möglich ist.

3.1 Knappheit bestimmt Lohnstruktur

Löhne sind verschieden, weil Arbeit kein homogenes, also gleichartiges Gut ist, sondern viele verschiedene Ausprägungen hat. Dementsprechend gibt es viele Segmente des Arbeitsmarktes, sozusagen Teilarbeitsmärkte, auf denen unterschiedliche Arten und Mengen an Arbeit angeboten und nachgefragt werden. Je nach den Knappheitsverhältnissen auf diesen Teilarbeitsmärkten bilden sich höhere oder niedrigere Preise, sprich: Löhne für die jeweils gehandelte Art von Arbeit heraus. In einer funktionierenden Marktwirtschaft führt der Wettbewerb dazu, dass allein Knappheit und keine anderen Kriterien (wie z. B. die Betriebs- oder Sektorzugehörigkeit einer Arbeitskraft) die Preisbildung auf jedem einzelnen Teilarbeitsmarkt bestimmt, die Löhne also immer dem Gesetz von Angebot und Nachfrage entsprechen. Daraus folgt, dass gleiche Knappheiten in allen Verwendungen exakt gleich bezahlt werden müssen. Das ist der fundamentale Zusammenhang, den die klassischen Ökonomen das »law of one price« nannten, das »Gesetz des einen Preises«.

Auch Kapital (der gleichen Fristigkeit und bei gleichem Risiko) und andere Vorleistungen im Produktionsprozess werden jeweils zu einem für alle Anbieter und Nachfrager einheitlichen Preis gehandelt, ganz gleich, wo – sieht man einmal von Transportkosten ab – und wie sie eingesetzt werden. Am Arbeitsmarkt gilt das »law of one price« offenbar genau dann, wenn vollkommene Mobilität der Arbeitskräfte – in dem jeweils betrachteten Raum – herrscht. Der einzelne Unternehmer ist dann, wie bei allen Vorleistungen, die er bezieht, Preisnehmer, d. h. er hat keinerlei Einfluss auf den Preis des Vorleistungsgutes oder der Arbeitskraft. Dass für alle Anbieter und Nachfrager derselbe Preis für ein bestimmtes Gut (seien es Vorleistungen, Endprodukte oder Arbeitsleistungen) gilt, nennt man häufig Rigidität des Preises. Diese Form der Rigidität bedeutet also nicht, dass für alle Güter derselbe Preis gilt oder sich die verschiedenen Preise nicht im Zeitablauf ändern können. Das können sie je nach Markt und vertraglichen Vereinbarungen sogar sehr kurzfristig. Rigidität bedeutet hier nur, dass sich der einzelne Preis *für alle Marktteilnehmer gleichermaßen* ändert, dass es keine Ausnahmen für diesen oder jenen Anbieter oder Nachfrager gibt.

In der idealen Marktwirtschaft, also bei vollkommenem Wettbewerb, gilt dieses Gesetz für alle Anbieter und Nachfrager, also für alle Unternehmen, Arbeitskräfte und Konsumenten: alle sind Preisnehmer. Aus ihm ergibt sich zugleich eine gegenseitige Abhängigkeit aller Märkte bzw. Preise: Verändert sich (aus welchen Gründen auch immer) der für jeden einzelnen Marktteilnehmer rigide Preis auf einem Markt, hat das Rückwirkungen auf alle anderen Märkte. Wie bedeutend diese Rückwirkungen sind, hängt von der Größe des betrachteten einzelnen Marktes ab. Für jeden Teilarbeitsmarkt heißt das: Innerhalb der Preisbildung auf allen Märkten ergibt sich auch der Preis für eine bestimmte Art und Qualität von Arbeit. Ein einzelner Unternehmer kann ihn ebenso wenig verändern wie ein einzelner Arbeitnehmer.

Wettbewerb: Idee und Wirklichkeit

Leider sind die Bedingungen in der Wirklichkeit nicht so ideal. Man kann realistischerweise nicht von einer jederzeit gegebenen Rigidität der Preise und Löhne für jeden Marktteilnehmer ausgehen: Es gibt Monopole und Kartelle von Anbietern, die die Gütermarktpreise bis zu einem gewissen Grad diktieren können – man denke z. B. an die Stromkonzerne. Solchen Marktunvollkommenheiten versucht der Staat durch Kartell- und Monopolkontrollen zu begegnen, aber der Erfolg dieser staatlichen Kontrollen scheint gelegentlich zweifelhaft. Ebenso spielen einzelne große Nachfrager, so genannte Monopsonisten, eine erhebliche Rolle im täglichen Wirtschaftsgeschehen: Jeder Großkonzern beeinflusst als Nachfrager nach Arbeitskräften seiner schieren Größe wegen den Arbeitsmarkt in einer Region so stark, dass er die Löhne seiner Arbeitskräfte klar unter Druck setzen kann. Das liegt daran, dass die Mobilität der Arbeitskräfte eben nicht vollkommen ist, zumindest deutlich geringer, als es dem Wettbewerbsideal entspräche. Vor allem um diese

Marktunvollkommenheit auszugleichen und ein faires Verhandlungsgleichgewicht zwischen Arbeitgebern und Arbeitnehmern herzustellen, wurden Gewerkschaften gegründet und Flächentarifverträge eingeführt, die für Konkurrenz mit anderen Nachfragern von Arbeitskräften (aus anderen Regionen) sorgen sollten.

Simple Vorstellungen, der Arbeitsmarkt sei wegen der »Vermachtung durch das Lohnkartell« oder die schiere Existenz von Gewerkschaften nur eingeschränkt funktionsfähig, weil durch diese Institutionen Lohndifferenzierungen erschwert würden, können sich nicht auf die theoretische Basis des fundamentalen marktwirtschaftlichen Prinzips des »law of one price« berufen. Denn auf dieser Basis gibt es gerade keine Preisdifferenzierung. Aus der Existenz nur eines Preises für ein homogenes Gut kann eben nicht automatisch auf die »Inflexibilität« des entsprechenden Marktes bzw. seinen Monopolcharakter geschlossen werden. Flächentarifverträge waren ursprünglich genau zur Heilung des Mangels eingeführt worden, dass es keinen vollkommenen Wettbewerb auf den regionalen Arbeitsmärkten gibt aufgrund unvollkommener Mobilität der Arbeitskräfte. Diese Institution für mangelnden Wettbewerb und infolgedessen für die Arbeitslosigkeit verantwortlich zu machen, stellt die Welt geradezu auf den Kopf.

Was passiert, wenn Flächentarifverträge mittels betrieblicher Öffnungsklauseln durchlöchert werden, lässt sich derzeit am Beispiel der Telekom studieren. Die Unternehmerseite beklagt dort den Preiswettbewerb, den ihr andere Firmen liefern, die ihre Arbeitskräfte zu wesentlich schlechteren Konditionen beschäftigen und daher auf der Kostenseite deutlich günstiger dastehen. Das entspricht in der Tat keinem fairen Wettbewerb mehr. Die Gewerkschaften, die sich in den Konkurrenzbetrieben zur angeblichen Sicherung der dortigen Arbeitsplätze zu diesen einzelbetrieblichen Lösungen haben bewegen lassen, müssen sich nun völlig zu Recht vorhalten lassen, dadurch die Arbeitsplätze anderswo, hier: der Telekom, zu gefährden. Sich nun gegen eine Lohnsenkung in den bislang besser zahlenden und daher benachteiligten Unternehmen bzw. eine Ausgliederung einzelner Konzernteile zum Zweck der Lohnsenkung zu wehren, ist zwar eine verständliche, aber keine rationale Reaktion.

Hat also wegen der Marktunvollkommenheiten das »law of one price« ausgedient für Theorie und Praxis einer Marktwirtschaft und ihrer dynamischen Entwicklung? Selbst wenn der Gesamtarbeitsmarkt nicht in relativ kleine Segmente homogener Qualifikation (als Annäherung an das Kriterium Knappheit) und hoher Mobilität zerlegbar sein sollte, darf man dieses fundamentale marktwirtschaftliche Gesetz nicht einfach beiseite legen. Denn wenn man anfängt, den Preis für ein homogenes Gut mit Hilfe bestimmter institutioneller Gegebenheiten zu differenzieren und auf diese Weise das »law of one price« außer Kraft zu setzen, hat das dramatische Folgen für alle benachbarten Marktsegmente, zu denen in der Regel Austauschbeziehungen bestehen. Dann funktioniert auch auf ihnen der Preismechanismus nicht mehr allein nach dem Prinzip Knappheit, was, wie noch zu erläutern ist, wiederum gravierende Folgen für die wirtschaftliche Entwicklung hat.

Der Pionier braucht den Flächentarifvertrag, ...

Diese Überlegung führt unmittelbar zurück zum Kern der wirtschaftlichen Entwicklung, zu Gewinnen und Investitionen. Sind die Preise für Vorleistungen und Arbeit für jeden einzelnen Unternehmer gegeben, kann ein Unternehmer seine Konkurrenten am Gütermarkt nur durch Innovationen und Investitionen überflügeln. Neue Produkte, qualitativ höherwertige oder gleichartige aber preiswertere anzubieten, ist ihm nur möglich, wenn er eine Pionierleistung in Sachen technischer Fortschritt vollbringt unter Hinnahme aller damit verbundenen Risiken. Seine Konkurrenten werden ihm im Erfolgsfall durch Nachahmung oder durch eigene Pionierleistungen den Rang streitig zu machen versuchen – ein Mechanismus, auf dem die Entwicklung unseres Wohlstands beruht.

Wenn es nun für einen Unternehmer z. B. aufgrund von Marktmacht möglich ist, Einfluss auf die Vorleistungspreise und/oder Löhne zu nehmen, kann er sich am Gütermarkt mit niedrigeren Absatzpreisen Marktanteile verschaffen und die Konkurrenten auf diese Weise unter Druck setzen, ohne eine Pionierleistung im eigentlichen Sinne vollbracht zu haben. Konkurrenten, die sich ihrerseits um technischen Fortschritt bemüht haben, um ihre Marktstellung auszubauen, haben dann das Nachsehen. Denn sie tragen das Risiko der Umsetzung einer Innovation, während der Unternehmer, der Vorleistungspreise und / oder Löhne dank seiner Marktmacht gedrückt hat, die auf diesem Wege erreichte Kostensenkung risikolos nutzen kann.

Was dem einen recht ist, ist dem anderen billig: Auch andere Unternehmer werden versuchen, ihre preisliche Wettbewerbsfähigkeit durch geschicktes Herunterhandeln von Preisen für Vorleistungen und Arbeit zu verbessern, sofern ihnen ihre Marktmacht erlaubt, Einfluss auf diese Preise zu nehmen. Gerade in einer konjunkturellen Schwächephase ist das ein weit bequemerer Weg, Marktanteile auszubauen oder wenigstens zu halten, als sich auf unsichere Investitionsvorhaben einzulassen. Dass das in der Summe, wenn also mehr oder weniger alle Unternehmen so handeln, nur zu einem sinkenden Preisniveau auf den Gütermärkten und dem Arbeitsmarkt führt, kann den einzelnen Unternehmer nicht von dieser Strategie abbringen, weil sie einzelwirtschaftlich rational ist.

Wieder einmal führt rationales Verhalten des Einzelnen gesamtwirtschaftlich nicht zum gewünschten Erfolg. Ganz im Gegenteil: Der technische Fortschritt, Quelle unseres Wohlstands, kommt zum Erliegen, und zugleich begibt sich die Volkswirtschaft in eine Deflationsspirale, die, wenn sie erst einmal in Gang gesetzt ist, auch durch ein Gegensteuern von Seiten der Geldpolitik kaum noch aufzuhalten ist. Denn die Zentralbank gleicht, wie weiter oben schon ausgeführt, im Falle sinkender Preise einem zahnlosen Tiger. Sie kann die Nominalzinsen nicht unter Null senken, um bei fallenden Preisen einen hohen Realzins (also Nominalzins minus Preissteigerungsrate) zu verhindern. Das müsste sie aber, um die Investitionszurückhaltung, die ein hoher Realzins auslöst, zu beseitigen und die wirtschaftliche Entwicklung wieder anzuregen. Wenn sie es aber auch beim besten Willen nicht kann, weil man niemanden zum Geldausgeben zwingen oder für das Horten von Geld bestrafen kann (also etwa Geldstrafen verhängen kann für das unter dem Kopfkissen aufbewahrte und nicht ausgegebene Geld), hat die Geldpolitik keine Möglichkeit mehr, den Teufelskreis von Deflation und Rezession zu durchbrechen.

Unter diesem zentralen Gesichtspunkt müsste eigentlich jeder Unternehmer, der seine ureigenste Aufgabe als die eines Pioniers ansieht, an der Rigidität der Vorleistungspreise und der Löhne für alle Marktteilnehmer – unabhängig von ihrer Marktmacht – interessiert sein. Das bedeutet nicht, dass sich die Preise für Vorleistungen und Arbeit nicht ändern können oder dürfen im Zeitablauf, das heißt nur, dass sie es *für alle Marktteilnehmer gleichermaßen* tun und nicht nur für einzelne mit Marktmacht ausgestattete Unternehmer. Mit anderen Worten: Dort wo der Wettbewerb unvollkommen ist – sei es durch regionale Marktmacht als großer Arbeitgeber, sei es durch sektorale Marktmacht wegen natürlicher Monopole oder Oligopole der Anbieter –, ist eine

Korrektur in Richtung Wettbewerb im wirtschaftlichen Interesse aller, sowohl der Anbieter von Gütern als auch der Verbraucher, vor allem aber auch der Arbeitnehmer. Das Wettbewerbsideal ist gerade dann nicht erfüllt, wenn eine Differenzierung der Preise für homogene Güter (seien es Vorleistungen oder Arbeit) möglich ist.

Der Staat kann weder den Unternehmen ihre mit dem Wettbewerbsideal kompatible Betriebsgröße noch den Arbeitnehmern vollständige Mobilität vorschreiben. Es ist aber im Interesse der gesamten Volkswirtschaft, dem Ideal des vollkommenen Wettbewerbs möglichst nahe zu kommen, da es auf Dauer das größte Wohlstandswachstum ermöglicht. Daher greift der Staat auf den Gütermärkten mit Hilfe von Monopolkommission und Kartellamt ein, wo er eine zu große Abweichung vom Wettbewerbsideal vermutet. Auf den Arbeitsmärkten dient das Tarifrecht, insbesondere der Flächentarifvertrag als Instrument, die nicht vorhandene vollständige Mobilität des Produktionsfaktors Arbeit zu ersetzen. Denn der Flächentarifvertrag sorgt dafür, dass alle Anbieter und Nachfrager einer bestimmten Art und Qualität von Arbeit den gleichen Preis dafür erhalten bzw. bezahlen. Diese Lösung mag im Einzelfall nicht völlig deckungsgleich mit dem Wettbewerbsideal ausfallen, weil z. B. die Qualität der Arbeitsleistung zweier Arbeitskräfte, die der gleichen Lohngruppe angehören, doch unterschiedlich ist. Dieser Mangel dürfte aber immer noch hinnehmbarer sein als die oben beschriebenen gesamtwirtschaftlichen Probleme, die entstehen, wenn Unternehmer ihre Marktmacht als Arbeitgeber nutzen und die einzelnen Arbeitskräfte gegeneinander ausspielen, um ihren Lohn zu drücken.

... aber das kümmert andere nicht

Obwohl also der Schutz des Pionierunternehmers durch Schaffung wettbewerbsähnlicher Strukturen dort, wo sie nicht von selbst gegeben sind, der Gesellschaft insgesamt nützt, steht dieser Schutz zumindest in Hinblick auf den Arbeitsmarkt seit Jahren unter Beschuss. Der Flächentarifvertrag wird als Lohnkartell diffamiert und für regionale und sektorale Arbeitslosigkeit verantwortlich gemacht. Verwiesen wird dabei häufig auf Länder wie Großbritannien oder die USA, in denen es keine Flächentarifverträge gibt und die Gewerkschaften keine (große) Rolle spielen für das Aushandeln der Löhne, in denen aber das Wachstum insgesamt und das der Produktivität über dem der deutschen Wirtschaft liegen und vor allem die Beschäftigungssituation erheblich besser ist als hierzulande.

Dass zumindest in den USA die Mobilität wesentlich höher ist als in Deutschland und die Arbeitskräfte insofern dem Wettbewerbsideal durch ihr individuelles Verhalten entgegenkommen, ist unbestreitbar. Auf welche gesellschaftspolitischen, historischen oder sozioökonomischen Faktoren das im Einzelnen zurückzuführen ist, muss an dieser Stelle offen bleiben. Ob eine so hohe Mobilität auch in unserem Land als wünschenswert anzusehen ist, darf in Zweifel gezogen werden. Die ökologischen Probleme einerseits, die mit hoher Pendler-Mobilität und Ballungszentren verbunden sind, und die ökonomischen und gesellschaftspolitischen Schwierigkeiten andererseits, die sich aus dem Leerlaufen strukturschwacher Räume ergeben, sind prominente Beispiele für die Kehrseiten hoher Mobilität.

Wenn der Flächentarifvertrag in Hinblick auf eine starke Wettbewerbssituation Ähnliches zu leisten im Stande ist wie eine hohe Mobilität der Arbeitskräfte, sollte er nicht leichtfertig über Bord geworfen werden. Warum er dennoch gerade im Lager der Arbeitgeber verpönt ist und man keine Gelegenheit auslässt, ihn mittels Öffnungsklauseln oder Haustarifverträgen zu durchlöchern, hat verschiedene Gründe.

In erster Linie dürfte die einzelwirtschaftliche Logik, von der oben schon die Rede war, den Blick verstellen für das, was gesamtwirtschaftlich angemessen und Erfolg versprechend ist. Eine solche Haltung kann man dem einzelnen Unternehmer nicht verdenken. Dass er sich in den Arbeitgeberverbänden nicht gut repräsentiert fühlte, würden diese auf die Bedeutung der gesamtgegenüber der einzelwirtschaftlichen Logik zurückführen, was ebenfalls verständlich ist, wenn es auch den führenden Vertretern im Arbeitgeberlager kein gutes Zeugnis für ihren ökonomischen Weitblick ausstellt.

Dass aber auch Wirtschaftspolitiker und ihre Berater, die sich einen unabhängigen und gesamtwirtschaftlich ausgerichteten Standpunkt nicht nur erlauben könnten, sondern gemäß ihrer politischen Verantwortung auch müssten, vehement gegen den Flächentarifvertrag vorgehen und für seine Durchlöcherung werben, wirft die Frage auf, wie lange es sich eine Demokratie leisten kann, von Leuten geführt zu werden, die gesamtwirtschaftliche Zusammenhänge nicht erkennen und verstehen. Dass die deutschen Ökonomen hier auf breiter Front versagen, erklärt allerdings die Hilflosigkeit der wirtschaftspolitischen Führungsriege unseres Landes quer durch alle Parteien.

Ein weiterer Aspekt liefert eine Erklärung, wie es zu der für Pionierunternehmer nachteiligen Haltung der Arbeitgeberverbände in Hinblick auf den Flächentarifvertrag kommt. Auf der einen Seite ist die Verteilung der Unternehmensgröße branchenabhängig. Im Dienstleistungsgewerbe oder im Handwerk z. B. sind insgesamt eher kleine Unternehmen angesiedelt, in der Industrie und im Groß- und Außenhandel tendenziell größere bis hin zu sehr großen. Entsprechend unterschiedlich dürfte der Einfluss sein, den die verschiedenen Branchenverbände ausüben. Auf der anderen Seite ist die Präsenz auf in- und ausländischen Absatzmärkten branchen- und größenabhängig. Das Dienstleistungsgewerbe ist traditionell auf inländische Absatzmärkte angewiesen, ähnlich verhält es sich mit dem Baugewerbe, dem Handwerk und dem Einzelhandel. Diese unterschiedliche Orientierung auf binnen- und außenwirtschaftliche Absatzmärkte hin hat zur Folge, dass Unternehmen von einer binnenwirtschaftlichen Konsumschwäche unterschiedlich hart (bis hin zu überhaupt nicht) betroffen sind. Während nun alle Unternehmen von lohnpolitischen Verhandlungserfolgen der Arbeitgeber auf der Kostenseite profitieren, leiden unter den einkommensbedingten Folgen der Lohnabschlüsse nur die stark von der Binnenwirtschaft abhängigen. Da diese wegen ihrer geringeren Größe weniger Einfluss im Arbeitgeberlager insgesamt ausüben dürften, zumindest nicht die Wortführerschaft innehaben, werden ihre wohlverstandenen Interessen, was die binnenwirtschaftliche Absatzseite betrifft, weniger berücksichtigt. Zudem können die hauptsächlich auf ausländischen Absatzmärkten tätigen Unternehmer auf ihre enormen Gewinne als Beweis für die Richtigkeit der von ihnen empfohlenen Strategie der Aufweichung des Flächentarifvertrags verweisen. Dass sich unter den durch diese Strategie Geschädigten auch Unternehmerkollegen befinden, kümmert sie nicht. Dass und warum die Lohnsenkungsstrategie für Anbieter auf *ausländischen* Märkten kurz- bis mittelfristig Erfolge zeitigt, wird in Kapitel 4 noch ausführlich erläutert.

3.2   Lohnstruktur und Qualifikation

Knappheit deckt sich in vielen Fällen mit der Qualifikationsstufe, auf der eine bestimmte Menge von Arbeit angeboten wird. Höhere Qualifikationen sind tendenziell knapper als geringere, weil ihr Erwerb einerseits mit Kosten verbunden ist (z. B. Kosten eines Ausbildungsgangs, entgangenes Einkommen während eines Studiums, Studiengebühren etc.) und andererseits häufig auch Fähigkeiten erfordert, die nicht jeder mitbringt bzw. die nicht in jedem Falle erlernbar sind (z. B. Schwindelfreiheit als Voraussetzung für den Beruf eines Dachdeckers, mathematische Begabung für Ingenieurberufe). Natürlich spielt nicht allein die angebotene Menge an bestimmten Fähigkeiten eine Rolle, genau so beeinflusst die Nachfrage die Knappheit: Mit den Ohren wackeln können vermutlich nur recht wenige Leute, aber noch weniger Unternehmer suchen Arbeitskräfte mit genau dieser Fertigkeit. Auch die Kosten des Erwerbs einer Qualifikation allein sind kein Indiz für die Knappheit dieser Qualifikation: Ein teures Orchideenstudium mag zu sehr seltenen Qualifikationen führen, die dennoch kein Arbeitgeber entsprechend hoch zu entlohnen bereit ist, wenn kein Bedarf für sie besteht. Insofern korrespondiert der (finanzielle) Aufwand des Erwerbs einer Qualifikation nicht unmittelbar mit der Entlohnung.

Auch darf aus der weitgehenden Übereinstimmung von Knappheit und Qualifikation nicht geschlossen werden, Qualifikation könne *immer* als Knappheitskriterium dienen. Es ist durchaus möglich, dass im Strukturwandel und mit dem Wandel der Gesellschaft bestimmte Qualifikationen an Wert verlieren (z. B. Schneiderei) und andere an Bedeutung gewinnen oder gar erst entstehen (z. B. Programmierung). Schon gar nicht darf allein auf formale Qualifikationsabschlüsse als Knappheitsfaktor abgestellt werden, da im Zuge des Strukturwandels neue Arbeitsfelder entstehen können, denen formale Ausbildungsabschlüsse nicht oder erst nach einiger Zeit zuzuordnen sind.

Dass dennoch in empirischen Untersuchungen oft auf formale Ausbildungsabschlüsse zurückgegriffen wird als Knappheitsindikator, ist auf den Mangel an alternativen Daten zurückzuführen. Die vielfach anzutreffenden Analysen, bei denen die Löhne bestimmter Qualifikationsgruppen jedoch lediglich im Zeitablauf oder international verglichen werden, ohne dass untersucht wird, ob und wie sich Lohnunterschiede auf die Knappheitsverhältnisse der Arbeitskräfte, also auf die spezifische Arbeitslosigkeit der betrachteten Gruppen von Arbeitskräften, ausgewirkt haben, sind von vornherein sinnlos hinsichtlich der Erklärung von Arbeitslosigkeit.

Technischer Fortschritt erfordert Qualifikation

Die häufig anzutreffende Übereinstimmung von Knappheit und Qualifikation ist in hohem Maße vom technischen Fortschritt verursacht. Technischer Fortschritt wirkt tendenziell dahin, dass immer höhere Qualifikationen erforderlich sind, um den Kapitalstock produktiv bedienen zu können, der uns umgibt und der ständig weiterentwickelt wird. Um es plastisch auszudrücken: Wassereimer tragen kann jeder ohne große Vorbildung, einen Brunnen zu bohren dürfte schon deutlich weniger Menschen einfach gelingen, ein Wasserrohrleitungssystem zu planen und anzulegen noch einmal einigen weniger. Fallen durch den technischen Fortschritt immer mehr einfache Tätigkeiten weg, ist das einerseits segensreich, andererseits erfordert diese Entwicklung ein ständig zunehmendes Maß an Ausbildung, denn der Mensch kommt noch immer mit ungefähr den gleichen Fähigkeiten zur Welt wie vor tausenden von Jahren. Die Wissensstrecke, die es erfolgreich zu bewältigen gilt, bis ein Mensch ins Berufsleben eintritt, ist lang. Um diese Wissensstrecke überschaubar und absolvierbar zu halten, nimmt der Grad der Spezialisierung weiter zu, und die Spezialisierung setzt immer früher ein. Auf diese Weise ist lebenslanges Lernen ein Schlüssel zum Aufrechterhalten der persönlichen Wettbewerbsfähigkeit jedes Einzelnen. Dass der technische Fortschritt vor allem einfache Tätigkeiten überflüssig macht, liegt in seiner Natur: Es ist eben viel leichter, relativ unkomplizierte Vorgänge zu rationalisieren als komplexe Aufgaben. Leider wird das meist vergessen bei dem Vorwurf an gering Qualifizierte, sie sägten mit ihren »zu hohen« Löhnen selbst an dem Ast, auf dem sie säßen. Denn wenn Rationalisierung rein technisch bedingt eher bei einfachen Tätigkeiten möglich ist als bei anspruchsvolleren, sind die Löhne im Bereich einfacher Tätigkeiten eben niemals niedrig genug, um den technischen Fortschritt aufzuhalten.

Sinkt die Nachfrage nach gering qualifizierter Arbeit aufgrund des technischen Fortschritts, kann mit einer Absenkung der Löhne in diesem Teilsegment des Arbeitsmarktes kein Arbeitsplatz geschaffen werden, weil es, wie in Kapitel 2.3 erklärt, in der Marktwirtschaft kein Zurück in die Steinzeit gibt. Sinkt die Nachfrage nach gering qualifizierter Arbeit, weil sich die Nachfragestruktur auf den Gütermärkten hin zu höherwertigen, mit höheren Anforderungen an die Qualifikation der Arbeitskräfte hergestellten Gütern verschiebt, schafft ein Absenken der Löhne ebenfalls keine neuen Arbeitsplätze. Auf beide Entwicklungen kann eine sinnvolle Antwort nur Qualifizierung der Arbeitskräfte heißen. Denn spiegelbildlich zum Rückgang der Nachfrage nach Arbeitskräften mit geringer Qualifikation muss diejenige nach höher Qualifizierten zunehmen, *wenn denn nicht andere Faktoren wie eine allgemeine Nachfrageschwäche der eigentliche Grund für den Nachfragerückgang auf dem Niedriglohnsegment des Arbeitsmarktes sind.* Ergibt sich im Prozess der wirtschaftlichen Entwicklung eine zunehmende Nachfrage nach hochwertiger Arbeit, ist für den Preis dieser Qualifikation entscheidend, ob das Angebot an Arbeitskräften auf dieser Qualifikationsstufe Schritt hält mit der Nachfrage. Kommen zu wenige Arbeitskräfte mit einer entsprechenden Ausbildung an den Markt, steigt der Preis für die höhere Qualifikation im Vergleich zu dem für geringere Qualifikation. Die Lohnstruktur spreizt sich ganz automatisch und ohne jeden Eingriff von Seiten des Staates.

Angemessene Bildungsstrukturen für angemessene Lohnstruktur

Auch wenn es die Experten, die in der gegenwärtigen Diskussion um Kombilöhne vehement für die Absenkung der Löhne im Niedriglohnbereich eintreten und tatsächlich an den Erfolg ihrer Strategie bei der Schaffung von Arbeitplätzen glauben, nicht gern hören: Die Antwort auf die Erfindung von Mähmaschinen konnte nicht sein, die Leute, die bislang mit der Sense gemäht hatten, so schlecht zu bezahlen, dass sie mit der Mähmaschine konkurrieren konnten, sondern die Antwort musste sein, dass die einen lernten, Mähmaschinen zu steuern, die anderen, Mähmaschinen zu bauen und zu warten, und die dritten dem reich gewordenen Erfinder der Mähmaschine eine Villa bauten und den Garten pflegten. Natürlich ist es schwerer, sich dieses Prinzip für gegenwärtig vom Strukturwandel betroffene Arbeitsfelder vorzustellen, weil man die neuen Produkte, Produktionsverfahren und Arbeitsplätze noch nicht oder nur ansatzweise kennt. Die Unsicherheit zukünftiger Entwicklungen ist sozusagen das Salz in der Suppe, die die Unternehmer auszulöffeln haben in einer Marktwirtschaft und wofür sie im Schnitt – und soweit sie tatsächlich diese Unternehmerfunktion übernehmen auch zu Recht – fürstlich bezahlt werden. Die Arbeitnehmer müssen sich, um im Bild zu bleiben, durch die

Anpassung ihrer Qualifikationen an die immer anspruchsvollere Zubereitung der Suppe anpassen.

Produktivitätsstruktur – eine neoklassische Fiktion

In der schon mehrfach kritisierten neoklassischen Theorie entspricht die Lohnstruktur der Produktivitätsstruktur der Arbeitskräfte. Denn entlohnt wird laut neoklassischer Auffassung in Höhe des so genannten »Grenzprodukts« (vgl. Kapitel 2.3). Sind nun gering qualifizierte Arbeitskräfte überdurchschnittlich von Arbeitslosigkeit betroffen, ist das nach neoklassischer Lesart darauf zurückzuführen, dass der Lohn für diese Beschäftigtengruppe im Vergleich zu ihrer »Grenzproduktivität« zu hoch ist. Es werden weniger Leute mit diesem Ausbildungsstand beschäftigt, weil das, was eine zusätzlich eingestellte Arbeitskraft aus dieser Qualifikationsgruppe erwirtschaften könnte, nicht so viel wert ist, wie der Lohn, den sie dafür bekäme. Daher die Empfehlung, den Lohn dieser Gruppe zu senken, um mehr Menschen mit geringer Qualifikation eine Anstellung zu ermöglichen.

Doch was genau ist das »Grenzprodukt« einer gering qualifizierten Arbeitskraft? Wie viel ist eine zusätzliche Stunde Arbeit des Angestellten in der Poststelle eines Großunternehmens wert? Welches »Grenzprodukt« erwirtschaftet die Putzkraft eines Reinigungsunternehmens, wenn sie eine weitere Stunde einen weiteren Flur wischt? Wie kann man mit der Theorie der »Grenzproduktentlohnung« das Arbeitseinkommen von Spitzensportlern oder Popstars erklären? Welche »Grenzproduktivität« weisen sie auf? Sind sie überhaupt produktiv und, wenn ja, in welchem Maße?

Selbstverständlich haben Produktivität und Knappheit in vielen Fällen etwas miteinander zu tun: Wer beim Kellnern in der gleichen Zeit doppelt so viel Kundschaft zu versorgen in der Lage ist wie sein Kollege, arbeitet offenbar doppelt so produktiv. Er ist im Vergleich zu seinem langsameren Kollegen sicher gefragter in einem gastronomischen Betrieb, also knapper, was sich auch in seiner Bezahlung, spätestens aber in den Trinkgeldern niederschlagen dürfte. Doch der flinke Kellner wird ebenfalls (wenn vielleicht auch einen Monat später als der langsamere Kollege) arbeitslos werden, wenn der Koch versagt und deswegen die Gäste ausbleiben oder, um es wieder allgemein auszudrücken: wenn das angebotene Produkt, zu dem der einzelne Arbeitnehmer beiträgt, keinen Marktwert hat.

Das andere Problem besteht in der Umrechnung des realen »Grenzprodukts« (wenn es denn messbar wäre) in einen nominalen Lohn. Welchen Lohn hat der am Fließband stehende Arbeiter zu erhalten, der 1000 Fahrradschläuche in einer Stunde verpackt und kontrolliert im Vergleich zu einem, der in einer Molkerei die Quarkproduktion überwacht? Um beide Tätigkeiten vergleichbar zu machen, muss man auf die Güterpreise zurückgreifen, muss man den Wert eines Fahrradschlauches und den eines Kilos Quark kennen. Und diese Preise sind nun einmal auch abhängig vom Nachfrageverhalten der Kunden und nicht allein von den Produktionskosten. Fällt die Nachfrage nach Fahrradschläuchen (aus welchen Gründen auch immer) und mit ihr der Preis für Fahrradschläuche, sieht es nach neoklassischer Lesart so aus, als ob der Arbeiter am Fließband unproduktiver geworden sei, auch wenn er seine Tätigkeit genau so sorgfältig und schnell durchführt wie zuvor. Dabei hat sich an der technisch bedingten »Grenzproduktivität« des Arbeiters nichts geändert. Nur die Knappheitsverhältnisse sind offenbar andere geworden.

Dieses Beispiel zeigt, dass ohne die Einbeziehung der Güterpreise oder allgemeiner: der Angebots- und Nachfrageverhältnisse auf den *Güter*märkten eine sinnvolle Beurteilung der Verhältnisse auf den Teilsegmenten des Arbeitsmarktes sogar unter neoklassischen Gesichtspunkten nicht möglich ist. Das aber bedeutet umgekehrt, dass es eine Entlohnung gemäß »Grenzprodukt« gar nicht geben kann, weil dieses nur von technischen Faktoren abhängt. Allein die Knappheitsverhältnisse spielen letzten Endes die entscheidende Rolle. Wird die Struktur der Löhne entsprechend der Knappheit der unterschiedlichen Qualifikationen in einem fiktiven Ausgangszeitpunkt einmal getroffen und von Zeit zu Zeit den sich ändernden Anforderungen an die Fähigkeiten der Arbeitskräfte angepasst, ergeben sich die tatsächlichen Lohnverhältnisse aufgrund einer Mischung von Vorgängen am Arbeitsmarkt und an den Gütermärkten, nicht aber, wie die neoklassische Theorie vermutet, allein aufgrund der »Flexibilität« des Arbeitsmarktes.

Arbeitslosigkeit gering Qualifizierter wegen zu hoher Löhne?

Nun wird der neoklassisch orientierte Ökonom möglicherweise das Thema »Grenzproduktentlohnung« fallen lassen und schlicht auf die Tatsache verweisen, dass ja ausweislich der entsprechenden Arbeitslosenquote offenbar ein besonders großer Überschuss an gering qualifizierten Arbeitskräften vorliege und zur Räumung dieses Teils des Arbeitsmarktes eben eine Lohnsenkung genau dort erforderlich sei. Denkt man dieses Begründungsschema zu Ende, gerät man jedoch wieder auf den alten Pfad der *allgemeinen* Lohnsenkung, der ins Nirgendwo führt. Denn wenn für ein Teilsegment des Arbeitsmarktes empfohlen wird, dort den Lohn zu senken, *weil die Lohnhöhe die Ursache des Problems sei*, dann muss das ja für jedes Teilsegment des Arbeitsmarktes, auf dem Arbeitslosigkeit herrscht, gelten. Natürlich nicht überall in gleichem Maße: In den Segmenten, in denen die Arbeitslosenquote besonders hoch ist, muss – gemäß dieser Theorie – auch der Lohn sehr viel zu hoch sein; in Segmenten, in denen eine geringere Arbeitslosenquote vorliegt, ist der Lohn dann eben nur leicht zu hoch. Das hieße, dass der Lohn für die von hoher Arbeitslosigkeit betroffenen Geringverdiener besonders kräftig gesenkt werden muss, in den anderen Segmenten dagegen nur wenig.

In der Summe läuft das aber, wie auch immer man es dreht und wendet, auf eine Senkung des gesamten Lohnniveaus hinaus. Das aber verletzt in jedem Fall die Voraussetzung der Unabhängigkeit von Angebot und Nachfrage auf einem Markt, die gegeben sein muss, wenn man den Preismechanismus als Diagnose- und als Therapieinstrument für die Nichträumung des betrachteten Marktes heranziehen will. Wieder verheddert sich der neoklassisch orientierte Ökonom im Zirkelschluss, dass Arbeitslosigkeit der Beweis für zu hohe Löhne sei (vgl. Kapitel 2.3). Der Hinweis, man solle das Instrument der Lohnsenkung ja nur im unteren Marktsegment anwenden, verhindert diesen Widerspruch nicht. Denn dann müsste man in anderen Segmenten eine Überschussnachfrage nach Arbeitskräften und entsprechend einen zu geringen Lohn konstatieren und dessen Korrektur nach oben einfordern. Nur wer das tut, kann auf die gesamtwirtschaftliche Ebene springen, weil er die Voraussetzung der Unabhängigkeit von Angebot und Nachfrage nicht verletzt. Die Empfehlung, die Löhne im Niedriglohnbereich zu senken, um die Arbeitslosigkeit der gering Qualifizierten zu senken, basiert eindeutig auf einem Partialmodell der Volkswirtschaft, das die gesamtwirtschaftlichen Folgen nicht abschätzen kann, weil es gar nicht daraufhin angelegt ist.

Noch einmal: In einem stark segmentierten Arbeitsmarkt korrespondieren die relativen Löhne mit dem relativen Überschussangebot der einzelnen Marktsegmente. Dieser Zusammenhang gilt nicht auf der gesamtwirtschaftlichen Ebene. Hier gilt wiederum, dass das, was einzelwirtschaftlich richtig ist, nicht ohne weiteres Gültigkeit für die Gesamtwirtschaft beanspruchen kann. In jedem einzelnen Arbeitsmarktsegment mag die notwendige Voraussetzung für einen funktionierenden Preismechanismus, nämlich die Unabhängigkeit von Angebot und Nachfrage, gegeben sein. Für die Volkswirtschaft als Ganzes gilt das nie. In einem einzelnen Arbeitsmarktsegment mögen die Löhne gesenkt werden, ohne dass das unmittelbare Auswirkungen auf die Nachfrage nach den mit dieser Qualifikation hergestellten Gütern hat. Werden jedoch in größeren Bereichen des Arbeitsmarktes die Löhne gesenkt, hat das gravierende Rückwirkungen auf die Gütermärkte. Entweder wird das gesamtwirtschaftliche Preisniveau oder die gesamtwirtschaftliche Nachfrage beeinflusst oder beides. In keinem Fall ist zur Beschreibung der mit einer weit reichenden Lohnsenkung in Gang gesetzten Prozesse ein einfacher Angebot-Nachfrage-Mechanismus am Arbeitsmarkt ausreichend.

Was die Entstehung von Arbeitslosigkeit über die Lohnstruktur lehrt ...

Ein weiteres Indiz dafür, dass der Nachweis, die Lohnstruktur sei ursächlich für unsere Arbeitslosigkeit, auf wackligem Fundament steht, ist empirischer Natur. Üblicherweise wird die Lohnspreizung verschiedener Länder miteinander verglichen und dann die Fehlerhaftigkeit unserer hiesigen Lohnstruktur, namentlich die zu hohe Bezahlung im Niedriglohnsektor damit »bewiesen«, dass in Ländern mit größerer Lohnspreizung wie den USA eine geringere Arbeitslosigkeit herrscht als bei uns. Übersehen wird bei diesem »Beweis«, dass die Struktur des Arbeits*angebots* – darunter verstehen Ökonomen das Angebot von Arbeit, das die Arbeitskräfte am Arbeitsmarkt machen, während das Angebot eines Arbeitsplatzes als Arbeits*nachfrage* bezeichnet wird – in den miteinander verglichenen Ländern nicht identisch ist und damit nur schwer vergleichbar. Sowohl die Extrempunkte von »gar nicht qualifiziert« bis hin zu »hoch qualifiziert« auf einem Kontinuum von Qualifikationen stimmen zwischen Ländern wie den USA und Deutschland nicht überein, als auch die Häufigkeitsverteilung, mit der dieses Kontinuum von Arbeitskräften besetzt ist. Man kann, drastisch ausgedrückt, das Arbeitseinkommen von Analphabeten, die kaum die Landessprache sprechen, wie das z. B. bei einem Teil der in die USA (illegal) Einwandernden der Fall ist, nicht mit dem deutschsprachiger Hauptschulabgänger vergleichen, auch wenn beide Gruppen von Arbeitskräften der jeweils untersten Lohngruppe ihres Landes angehören.

Dann beruht nämlich die geringere Lohnspreizung hierzulande in erster Linie auf dem absolut gesehen höheren Qualifikationsniveau der untersten Lohngruppe, nicht aber auf unangebracht hohen Löhnen.

Sind die Anteile der einzelnen Qualifikationsgruppen im Vergleich zur Zahl der insgesamt Erwerbstätigen in den Ländern, deren Lohnstrukturen verglichen werden, verschieden, erklärt dieser Umstand die Unterschiede in der Lohnspreizung ebenfalls: Ein Land mit einem hohen Anteil gering qualifizierter Arbeitskräfte dürfte vergleichsweise mehr Arbeitskräfte im Niedriglohnsektor beschäftigen als ein Land mit einem kleineren Anteil gering Qualifizierter. Damit ist die Lohnspreizung im erstgenannten Land jedoch automatisch höher, weil die Häufigkeitsbesetzung der einzelnen Lohngruppen in die Berechnung der Lohnspreizung einfließt. Dann besagt jedoch der reine Vergleich der Lohnstrukturen zwischen Ländern wenig oder nichts mehr hinsichtlich der Erklärung der Arbeitslosigkeit.

Die Deutsche Bundesbank kommt in ihrem Monatsbericht vom Januar 2007 sogar zu dem Ergebnis, dass»die Behauptung, in Deutschland sei die Arbeitsmarktlage der häufig als ›gering qualifiziert‹ eingestuften Personen außergewöhnlich schlecht, empirisch nicht klar belegbar ist. … der Anteil dieser Personengruppe an den Erwerbspersonen … ist … außergewöhnlich gering. … man [findet] im Rahmen einer vergleichenden Länderanalyse kaum noch Hinweise auf eine besonders ungünstige Situation im unteren Qualifikationssegment des deutschen Arbeitsmarktes.« (S. 45) In einer aktuellen Studie von Ronald Schettkat heißt es, dass»neuere Analysen eine rasante Zunahme der Lohnspreizung, insbesondere am unteren Ende der Lohnskala seit Mitte der 1990er Jahre [in Deutschland, Anm. d. Verf.] [zeigen]. Im Vergleich zu den USA zeigt sich in Deutschland im Niedriglohnbereich sogar eine stärkere Lohnspreizung.« (Schettkat [2007], S. 348)

Doch räumen wir der Idee, die Stärke der Lohnspreizung könne das Problem der Arbeitslosigkeit der gering Qualifizierten wenigsten teilweise erklären und lösen, noch eine empirische Chance ein. Wenn die Lohnstruktur ursächlich sein soll für das Niveau der Arbeitslosigkeit, dann muss dies auch in der Struktur der Arbeitslosigkeit erkennbar sein. Mit anderen Worten: Wer glaubt, dass im Niedriglohnsektor zu viel bezahlt wird, so dass es dort verstärkt zu Arbeitslosigkeit kommt, der muss den Beweis antreten, dass ein Land, dessen Lohnstruktur stärker gespreizt ist, mit der Arbeitslosigkeit der Geringverdiener weniger Probleme hat. Namentlich bei der *Entstehung* von Arbeitslosigkeit müsste sich empirisch nachweisen lassen, dass die unteren Lohngruppen in Ländern mit starker Lohnspreizung relativ weniger betroffen sind als in Ländern mit geringerer Lohnspreizung. Das wäre dann ein Anhaltspunkt dafür, dass die größere Lohnspreizung eine Art Schutz darstellte für die gering qualifizierten Beschäftigten. Doch das ist nicht der Fall, wie Untersuchungen von Stephen Nickell und Brian Bell in den 1990er Jahren für Europa im Vergleich zu den USA klar gezeigt haben. Die damals höhere Lohnspreizung in den USA hat nicht verhindert, dass dort die Arbeitslosenquote der gering Qualifizierten weniger stark zunahm bei gleicher durchschnittlicher Arbeitslosigkeit bzw. bei gleichem Anstieg der durchschnittlichen Arbeitslosenquote als in Europa oder speziell in Deutschland.

... und was der Abbau von Arbeitslosigkeit über die Lohnstruktur nicht lehren kann

Dagegen wird von Neoklassikern in der Regel eingewendet, dass beim *Abbau* von Arbeitslosigkeit die gering Qualifizierten in den USA deutlich besser dastünden als in Europa und namentlich in Deutschland. Dieses Argument trägt aber aus zwei Gründen nicht weit. Erstens ist es nicht verwunderlich, dass in einem Land mit insgesamt höherer durchschnittlicher Arbeitslosigkeit auch die Arbeitslosigkeit der gering Qualifizierten höher ist als in einem Land mit niedrigerer Arbeitslosigkeit. Das beweist in Hinblick auf die Lohnstruktur noch gar nichts.

Zweitens sagt aber auch eine Arbeitslosenquote gering Qualifizierter, die *im Verhältnis* zur durchschnittlichen Arbeitslosenquote in dem Land mit der geringeren Lohnspreizung höher ist als in dem Land mit den größeren Lohnabständen, noch nichts darüber aus, ob dafür die Lohnstruktur verantwortlich ist. Denn wenn die Arbeitslosigkeit über viele Jahre anhält (wie dies ja bei uns leider der Fall ist), ist es aus Sicht der Arbeitgeber durchaus rational, unter den vorhandenen Arbeitskräften die höher Qualifizierten auch für Stellen zu wählen, die mit niedriger Qualifizierten besetzt werden könnten. Der Druck durch die Arbeitslosigkeit, der eben auch in den Segmenten des Arbeitsmarktes mit höherer Qualifikation herrscht, wird in die Segmente mit niedrigerer Qualifikation weitergegeben. Höher Qualifizierte steigen in andere, nämlich schlechter bezahlte Marktsegmente um, damit sie überhaupt eine

Anstellung finden. Dadurch sinken die Chancen der gering Qualifizierten, eine Stelle zu finden, ganz automatisch und ohne jede übermäßige Steigerung der in diesem Bereich gezahlten Löhne. Mit anderen Worten: Die relativ höhere Arbeitslosigkeit in den unteren Lohnsegmenten kann *ohne Rückgriff auf die Lohnstruktur und ihre Entwicklung* erklärt werden und zwar durch das lange Vorherrschen hoher Arbeitslosigkeit. Dass Einbußen bei der Qualifikation und Demotivation mit der Dauer der Beschäftigungslosigkeit einhergehen, kommt noch erschwerend hinzu.

Lohnsenkung schädigt gering Qualifizierte am meisten

Die Schwächsten müssen also am Ende die größte Last der Sieb-Effekte tragen. Ihnen diese Last durch spezifische Kürzungen im Niedriglohnbereich einerseits und durch Kürzungen der Sozialversicherungsleistungen andererseits auch noch erdrückender zu gestalten mit der Begründung, das Problem auf diese Weise lösen zu können, beweist höchstens die Unwissenheit derjenigen, die diese Lösungsvorschläge unterbreiten. Die gering qualifizierten Arbeitslosen obendrein mit Erklärungsmustern wie »Arbeitsunwilligkeit«, »Mitnahmeeffekt«, »Soziale Hängematte« zu diffamieren, ist schlicht unverschämt.

Besonders verheerend ist, dass die Vorschläge, die auf eine Senkung der Löhne im Niedriglohnbereich hinauslaufen, den Arbeitslosen nicht nur nicht helfen sondern auch noch kontraproduktiv wirken. Da der Nachfrageausfall, den Lohnsenkungen in einem so großen Bereich der Wirtschaft auslösen, beträchtlich ist, führt er unweigerlich zu einer Verschlechterung der binnenwirtschaftlichen Konsumnachfrage. Der Anteil der Geringverdiener mit einem Bruttostundenlohn von bis zu 8,67 Euro (diese Niedriglohnschwelle sind 2/3 des Medianbruttostundenlohns) an allen Erwerbstätigen beträgt nämlich laut Sozioökonomischem Panel über ein Fünftel (vgl. Bofinger et al. [2006], S. 30, Tabelle 2.3). Wie in Kapitel 2.4 erläutert, funktioniert der neoklassische Automatismus »niedrigere Löhne schaffen unmittelbar höhere Arbeitsnachfrage« nicht; daher gibt es dann auch keinen entsprechenden Ausgleich der tatsächlich durch Lohnsenkung eintretenden Nachfrageminderung der Beschäftigten, weil eben keine Mehrnachfrage eintritt von Seiten erhoffter zusätzlich Beschäftigter. Das wirkt negativ zurück auf den Arbeitsmarkt, was wiederum die gering Qualifizierten am stärksten zu spüren bekommen. Denen erzählt man dann wieder, ihre Löhne seien eben noch nicht stark genug gesunken, um ihre Beschäftigungssituation zu verbessern. Und so läutet man eine neue Runde im Teufelskreis namens Lohnsenkung ein.

Beschäftigungstherapie statt Wirtschaftspolitik?

Immer wieder ist zu hören und zu lesen, dass es doch besser sei, einem Arbeitslosen eine gering bezahlte, möglicherweise vom Staat bezuschusste Beschäftigung zu verschaffen (wenn nicht gar mit mehr oder weniger Zwang zuzuweisen), als den Arbeitslosen ohne jede Gegenleistung von staatlichen Almosen existieren zu lassen. Dieser Auffassung ist in mehrerer Hinsicht zu widersprechen. Zunächst muss festgestellt werden, dass es sich bei den Zuwendungen des Staates keinesfalls um Almosen handelt, sondern teilweise um Versicherungsleistungen, für die die zuvor beschäftigten Arbeitskräfte oft über viele Jahre hinweg Zahlungen geleistet haben – gerade für den Fall, dass sie eines Tages von Arbeitslosigkeit betroffen sein könnten. Der Teil der staatlichen Zuwendungen an Arbeitslose, der über Steuern finanziert wird, kann auch nicht einfach als Almosen angesehen werden. Denn in der Zeit, in der der Arbeitslose beschäftigt war, hat er ja seinerseits über seine Steuerbeiträge andere von Sozialhilfe Abhängige mitfinanziert. Dass es unter den besser Verdienenden viele gibt, die nicht von Arbeitslosigkeit betroffen sind, das auch voraussichtlich niemals sein werden und dennoch vergleichsweise mehr in die Sozialversicherungen einzahlen als deutlich häufiger und länger von Arbeitslosigkeit betroffene Gruppen, liegt daran, dass in unserer Gesellschaft die Sozialversicherungen und das Steuersystem nach dem Leistungsfähigkeitsprinzip funktionieren und nicht gemäß einer mathematischen Gleichheit von Einzahlungen in die Versicherungssysteme bzw. in das Steuersystem und mit Risikoeintrittswahrscheinlichkeiten gewichteten zu erwartenden Auszahlungen. Das hat seine guten, gesellschaftspolitischen Gründe, die hier zu erörtern den Rahmen des vorliegenden Buches sprengen würde, die aber jeder mitbedenken sollte, der die Almosen-Sichtweise teilt.

Zwei andere Aspekte spielen allerdings unserer Ansicht nach eine entscheidende Rolle bei der Ablehnung der obigen Forderung. Zum einen dürfte der Staat durch die Bezuschussung von Beschäftigungsverhältnissen Mitnahmeeffekte bei den Unternehmen auslösen, die diese Lohnsubvention nutzen, um ihre Lohnkosten zu senken, was keine neuen Arbeitsplätze schafft, sondern reguläre Arbeitsverhältnisse zerstört. Zum anderen aber ist die Vorstellung,

Arbeitslosigkeit dadurch bekämpfen zu wollen, dass man Arbeitslosen irgendwelche Tätigkeiten zuweist, wie unproduktiv sie auch immer sein mögen, grotesk. Wenn ein Wirtschaftsminister, der den Einsatz von Pfandautomaten für die Rückgabe von Pfandflaschen angesichts hoher Arbeitslosigkeit verwerflich findet und ihn dem zu hohen Lohn im Niedriglohnbereich anlastet, lieber Arbeitslose diese Aufgabe verrichten sähe als Automaten, mögen ihm Beschäftigungstherapeuten vielleicht grundsätzlich zustimmen. Es mag für einen Arbeitslosen psychologisch erträglicher sein, seine staatlichen Unterstützungszahlungen nicht ohne gleichzeitige Gegenleistung zu erhalten und sich irgendwie in dieser Gesellschaft noch nützlich machen zu können, sei es auch nur mit einer Tätigkeit, die ein Automat womöglich besser oder jedenfalls effizienter verrichten könnte. Aber was hat diese beschäftigungstherapeutische Sicht, die obendrein sehr fragwürdig ist – gerade so gut zu funktionieren wie ein Pfandautomat oder eine Kehrmaschine muss seelisch nicht das Aufbauprogramm erster Güte sein –, mit Wirtschaftspolitik zu tun? Wer ernsthaft meint, durch den Versuch, den technischen Fortschritt auszubremsen, Arbeitslosigkeit bekämpfen zu können, hat in erster Linie seine Ratlosigkeit, um nicht zu sagen Inkompetenz in Sachen Wirtschaftspolitik unter Beweis gestellt.

Rein ökonomisch – und unter Missachtung des seelischen Zustands eines Arbeitslosen betrachtet – ist es ineffizient, die gleiche Menge an Gütern mit mehr Arbeitszeit und weniger bereits vorhandenem Kapital herzustellen als mit dem vorhandenen Kapitalstock und weniger Arbeitszeit. Freizeit ist an und für sich ein Gut, aus dem sich Nutzen ziehen lässt. Das soll nicht heißen, dass sich Arbeitslose unserer Ansicht nach gefälligst an ihrer (unfreiwillig) vorhandenen Freizeit zu erfreuen haben. Es soll nur heißen, dass sich ein Wirtschaftsminister, der dieser Bezeichnung gerecht werden will, nicht als Arbeitstherapeut in das Seelenleben von Arbeitslosen hineinversetzen, sondern dafür sorgen soll, dass sich die Bedingungen, unter denen Arbeitslose Chancen haben, eine *tatsächlich* produktive Tätigkeit ausüben zu können und dafür Geld zu erhalten, anhaltend verbessern.

Negative Einkommensteuer oder Kombilohn – ist das hier die Frage?

Derzeit beschäftigen sich die Wirtschaftspolitik und infolgedessen viele Ökonomen mit den Anreizwirkungen, die unser Steuersystem und die Sozialversicherungen auf den Niedriglohnsektor haben, und wie diese Systeme aussehen sollten, um die Beschäftigung im untersten Arbeitsmarktsegment zu fördern. Sie tun das, weil sie überzeugt sind, dass die Ausgestaltung unserer sozialen Sicherungssysteme eine Ursache für das Entstehen der Massenarbeitslosigkeit ist oder immerhin deren Abbau in Zeiten der Globalisierung erschwert oder gar verhindert.

Dass dies nicht erst seit zwei oder drei Jahren geschieht, sondern die Umgestaltung der Sozialtransfers seit den 1980er Jahren und der Abbau sozialer Leistungen spätestens seit den 1990er Jahren auf der politischen Tagesordnung und der der Tarifparteien steht, wird vielfach vergessen. Das hat den Vorteil, dass man sich mit der beschäftigungspolitischen Erfolglosigkeit dieser Bemühungen nicht auseinanderzusetzen braucht.

Weitgehend unbestritten ist, dass die Sicherung eines Existenzminimums für die Kohärenz unserer Gesellschaft notwendig ist. Welche ökonomischen, politischen und sozialen Risiken – von humanitären Gesichtspunkten einmal ganz abgesehen – zu bewältigen sind, wenn für die schwächsten Mitglieder einer Gesellschaft nicht gesorgt wird, lässt sich an vielen Orten der Welt studieren. Man denke etwa an Slums in den Großstädten aufstrebender Entwicklungsländer, an heruntergekommene, quasi rechtsfreie Stadtteile amerikanischer Großstädte, aber auch z. B. an die Aufstände französischer Jugendlicher mit Migrationshintergrund im November 2005.

Generell sollte das System staatlicher Transfers so lückenlos, widerspruchsfrei und leicht verständlich aufgebaut sein, dass es diejenigen Bürger, die durch unverhältnismäßig harte Lebensumstände betroffen und daher auf die Hilfe der leistungsstärkeren Mitglieder der Gesellschaft angewiesen sind, möglichst effizient erreicht. Es sollte natürlich so wenig anfällig gegen Missbrauch wie möglich sein und zur Eigeninitiative anregen, wo dies geboten scheint. In diesem Sinne ist gegen eine negative Einkommensteuer, also ein Einkommensteuersystem, das einkommensschwächeren Haushalten Transfers zukommen lässt und einkommensstärkeren Haushalten Abgaben abverlangt, prinzipiell nichts einzuwenden. Eine Staffelung der Hinzuverdienstgrenzen, die dafür sorgt, dass die finanzielle Grenzbelastung bei Aufnahme einer regulären Beschäftigung keine negativen Arbeitsanreize schafft, ist ebenso sinnvoll. Kombilöhne, die der negativen Einkommensteuer ähneln, sind dagegen, wenn sie direkt an Unternehmen gezahlt werden, anfällig für Mitnahmeeffekte und

insofern ineffizient. Die Wahrscheinlichkeit, dass reguläre Beschäftigungsver-
hältnisse aufgelöst und in staatlich bezuschusste umgewandelt würden, dürfte
nicht vernachlässigbar klein sein.

Die finanzielle Absicherung des Existenzminimums – egal, ob sie unter dem
Stichwort Sozialhilfe, Hartz IV, negative Einkommensteuer oder Kombilohn
gewährt wird – an die Bedingung zu knüpfen, dass eine Beschäftigung aufgenommen werden muss, ist nicht sinnvoll. Denn einerseits dürfte der Anteil
derjenigen, die die sozialen Sicherungssysteme derzeit bewusst ausnützen,
relativ gering sein, so dass sich an dem eigentlichen Hauptproblem, dass es
generell an Arbeitsplätzen, nicht aber an der Arbeitsbereitschaft mangelt,
durch eine solche Bindung nichts änderte. Vielmehr könnten die Betroffenen
dann nur sehr unproduktiven Tätigkeiten wie Straßenkehren mit dem Besen
u.ä. nachgehen, was, wie oben bereits erläutert, bestenfalls beschäftigungs-
therapeutischen Zwecken diente, nicht aber einer Wohlstandssteigerung.
Andererseits ist der Anreiz für Unternehmen sehr hoch, eine solche Beschäf-
tigungsbindung sozialer Transfers zu nutzen, bestehende normale Arbeitsverhältnisse im Niedriglohnbereich zu reduzieren und durch solche zu ersetzen,
die von Sozialtransferabhängigen gesucht und vom Staat entsprechend sub-
ventioniert werden.

Von den genannten Maßnahmen mögen hier und da positive Wirkungen
auf den Arbeitsmarkt ausgehen. Den großen und lang anhaltenden Schub
zur Beseitigung unserer Massenarbeitslosigkeit können und werden sie aber
nicht mit sich bringen. Denn das Fehlen dieser Maßnahmen bzw. die teilweise mangelhafte Ausgestaltung der steuerlichen und sozialversicherungstech-
nischen Rahmenbedingungen im unteren Einkommensbereich in den letzten
drei Jahrzehnten sind nicht die Ursache für die im selben Zeitraum in großen
Schüben entstandene Arbeitslosigkeit gewesen.

Mindestlohn und Existenzminimum

Die Garantie eines Existenzminimums durch den Staat wird gelegentlich
als impliziter Mindestlohn bezeichnet. Das ist vollkommen richtig, da keine
Arbeitskraft bereit wäre, für einen Lohn unterhalb dieses Existenzminimums
zu arbeiten, sieht man einmal von den Fällen ab, die in einer Beschäftigung
den therapeutischen Nutzen gegenüber der Einkommenserzielung im Vordergrund sehen. Stellt dieser implizite Mindestlohn eine Gefahr für die hiesigen

Unternehmen bzw. die Beschäftigten dar? Ja, behaupten die Anhänger der These, dass zu hohe Löhne im Niedriglohnsektor zu Arbeitslosigkeit geführt haben bzw. den Abbau der Arbeitslosigkeit gering Qualifizierter behindern. Nein, muss man nach sorgfältiger Prüfung allerdings antworten. Wenn es keinen logischen noch empirisch nachweisbaren Zusammenhang zwischen der Lohnhöhe im Niedriglohnsektor und der Arbeitslosigkeit gering Qualifizierter gibt, wie wir gezeigt haben, dann kann auch ein impliziter Mindestlohn in Höhe des Existenzminimums keine Arbeitslosigkeit erzeugen noch deren Abbau verhindern.

Es ist eben kein Verstoß ersten Ranges gegen marktwirtschaftliche Regeln, wenn der Staat einen Lohn festsetzt, den Unternehmen mindestens bezahlen müssen, unabhängig davon, wie hoch die tatsächliche Produktivität des jeweiligen Arbeiters ist. Die Festlegung eines Mindestlohnes führt gerade nicht zwingend dazu, dass alle, die eine geringere Produktivität haben, als es dem Mindestlohn entspricht, arbeitslos werden. Wir haben schon in Kapitel 2.3 gesehen, dass die Sache mit der Produktivität nicht so einfach ist, weil kaum jemand außer reinen Akkordarbeitern – von denen es immer weniger gibt – eine seiner Arbeitsleistung eindeutig zurechenbare Produktionsmenge erbringt. Zudem ist quer über alle Teilarbeitsmärkte die Knappheit einer bestimmten Qualifikation bei der Festlegung ihres Preises immer viel wichtiger als die Leistung, die der Unternehmer von einem neu eingestellten Mitarbeiter erwartet.

Steigt in einer Volkswirtschaft die Nachfrage und die Beschäftigung und sinkt die Arbeitslosigkeit, werden schließlich auf allen Qualifikationsstufen die Arbeitskräfte knapp, so dass die Unternehmen bereit sind, auch für Arbeitskräfte, die nicht hundertprozentig ihren Vorstellungen entsprechen, einen Lohn zu bezahlen, der den Knappheitsverhältnissen entspricht. Denn sie erwarten trotz der Unsicherheit hinsichtlich der Leistung des neuen Mitarbeiters, dass dieser etwas Positives zum Gesamtergebnis des Unternehmens beiträgt, was sich für die Firma insgesamt angesichts boomender Nachfrage auszahlt. Auf diese Weise wird das gesamte Lohnniveau einer Volkswirtschaft bei normaler oder guter Auslastung aller Kapazitäten nach oben gezogen.

Es ist daher auch nichts gegen die Vereinbarung expliziter Mindestlöhne in den Branchen einzuwenden, deren Beschäftigte hauptsächlich im Niedriglohnbereich anzusiedeln sind. Das beugt gegen die Ausbeutung gering

Qualifizierter vor, die sich anderenfalls gegenseitig in Grund und Boden konkurrieren würden, wenn nicht allein eine kurzfristige Konjunkturflaute ihre Jobs bedroht, sondern sie durch eine lang andauernde konjunkturelle Schwächephase dem Angebotsdruck aus den höheren Arbeitsmarktsegmenten zusätzlich ausgesetzt sind. Haben die Gewerkschaften z. B. wegen hoher Arbeitslosigkeit nicht mehr genügend Verhandlungsmacht zur Vereinbarung solcher Mindestlöhne, sollte der Staat diese Aufgabe übernehmen. Er kann durch die Festlegung eines hinreichenden Abstands zwischen staatlich garantiertem Existenzminimum und Mindestlohn auch dafür sorgen, dass angeblich arbeitsunwillige Arbeitslose einen hohen Anreiz haben, tatsächlich eine Beschäftigung aufzunehmen.

Wenn es kurzfristig für eine gering qualifizierte Arbeitskraft nicht möglich ist, eine Vollzeitbeschäftigung zu finden, mit der sie wenigstens ihr Existenzminimum sichern kann, muss der Staat einspringen – sei es mit einer Versicherungsleistung, sei es mit einem Sozialtransfer –, um die Einkommenslücke überbrücken zu helfen. Ist es einem gering Qualifizierten auch längerfristig nicht möglich, eine Arbeit zu finden, von der er wenigstens auf dem untersten Lebensstandard der Gesellschaft (über-) leben kann, muss nicht nur weiterhin der Staat für den Unterhalt des Betreffenden aufkommen, die Gesellschaft muss sich auch fragen lassen, was sie entweder bei der Qualifikation des Betreffenden versäumt hat oder was sie gesamtwirtschaftlich falsch macht. Darauf zu beharren, dass die Unternehmer Jobs anbieten können müssen, deren Entlohnung so schlecht ist, dass sie nicht einmal zur Existenzsicherung ausreicht, hilft nicht weiter. Denn eine Gesellschaft, in der es längerfristig einem Teil der erwerbsfähigen Bevölkerung nicht möglich ist, sich selbst das Existenzminimum durch Arbeit zu sichern, hat ihre ökonomische Funktion, durch Arbeitsteilung alle ihre Mitglieder wenigstens an einem Mindestlebensstandard teilhaben zu lassen, verfehlt. Damit verlöre der Staat aber auch einen wesentlichen Teil seiner Berechtigung, das Zusammenleben seiner Bürger zu regeln und sie bestimmten Vorschriften zu unterwerfen. Wenn der Staat keinen Schutz für Extremfälle bietet und diese langfristig nicht abzuwenden in der Lage ist, fühlen sich die von den Extremfällen Betroffenen dem Staat bzw. der Gesellschaft und ihren Regeln auch nicht mehr verpflichtet. Ein Schönwetterstaat hat eben nur während der Schönwetterlage Daseinsberechtigung und Legitimität. Was das für die Entwicklung politischer Extreme in Schlechtwetterzeiten bedeutet, kann man bereits in Regionen mit extrem hoher Arbeitslosenquote erkennen.

3.3 Lohnstruktur nach Sektoren?

Ausgangspunkt der bisherigen Überlegungen in diesem Kapitel war die Frage, nach welchem Kriterium die Löhne in einer Volkswirtschaft differenziert sein sollten. Dass Knappheit das Maß aller marktwirtschaftlichen Dinge ist und dies auch im Fall der einzelnen Arbeitsmarktsegmente gilt, wurde bereits theoretisch erläutert. Mit dem Merkmal Qualifikation nähert man sich dem theoretischen Knappheitskonzept weitgehend an. Doch wie verhält es sich mit einer Differenzierung der Löhne nach Sektoren? Sind die sektoralen Lohnstrukturen in Deutschland im Vergleich zu anderen Ländern etwa zu starr und erklärt dies den deutschen Rückstand bei der Schaffung von Jobs? Werden arbeitsintensive Sektoren wie der Dienstleistungsbereich durch Flächentarifverträge bzw. hoch zentralisierte Lohnverhandlungen benachteiligt, weil sie die Lohnabschlüsse in der hochproduktiven Industrie wenn schon nicht komplett mitmachen müssen, so doch nicht wirklich ignorieren können?

Branchenabschlüsse bremsen technischen Fortschritt

Um diese Fragen beantworten zu können, muss man sich zunächst die Wirkungsweise streng sektor- bzw. branchenorientierter Lohnabschlüsse klar machen. Bei solchen Lohnvereinbarungen zahlen die einzelnen Branchen Lohnsteigerungen entsprechend der Produktivitätsentwicklung in ihrer jeweiligen Branche bzw. in ihrem Sektor. Der Wirtschaftszweig mit dem höchsten Produktivitätszuwachs verzeichnet also die höchsten Lohnsteigerungen, der mit dem niedrigsten Produktivitätswachstum die geringsten.

Eine solche Lohnentwicklung hemmt den technischen Fortschritt und bringt auf diese Weise Wachstumseinbußen mit sich gegenüber einer Situation, in der sich *alle* Branchen am *durchschnittlichen* Produktivitätswachstum *der gesamten Volkswirtschaft* orientieren. Denn die Gewinne und damit die Investitionsmöglichkeiten der erfolgreicheren Branchen wachsen langsamer bzw. der Spielraum für relative Preissenkungen der erfolgreicheren Branchen gegenüber den weniger erfolgreichen nimmt bei rein branchenorientierten

Lohnabschlüssen ab. Das führt dazu, dass die Veränderung der Nachfrage aufgrund von Preisänderungen weg von den weniger fortschrittlichen Branchen hin zu den innovativeren Wirtschaftszweigen langsamer vonstatten geht, weil die relativen Preisverschiebungen zwischen den Branchen kleiner ausfallen. Mit anderen Worten: Der Strukturwandel wird durch Tarifabschlüsse, die nach Branchen differenziert werden, verlangsamt, denn die Löhne schöpfen dann die Gewinne der innovativeren Branchen bzw. Sektoren ab und subventionieren umgekehrt die in Sachen Produktivitätssteigerung langsameren Wirtschaftsbereiche.

Das mag mancher Gewerkschafter und mancher Unternehmer (nämlich solche von der »Verliererseite« in Sachen Produktivitätsentwicklung) begrüßen. Auch politisch mag man diese Bremse für den technischen Fortschritt positiv bewerten, weil er denjenigen, die sich mit dem Wandel konkret auseinandersetzen müssen, sprich: deren Arbeitsplätze gefährdet sind, mehr Zeit einräumt sich anzupassen. Doch kommt es auch hier zu einer ineffizienten Entwicklung, weil Wachstumsmöglichkeiten durch Produktivitätssteigerungen verschenkt werden.

Dass die Arbeitnehmervertreter hier mit den Unternehmern der schwächeren Branchen an einem Strang ziehen, verwundert nicht, weil beide dem technischen Fortschritt bzw. dem Strukturwandel skeptisch gegenüberstehen. Die einen, nämlich die Gewerkschaften, weil sie nicht von der Vorstellung lassen können, Produktivitätssteigerungen schadeten der Beschäftigung; die anderen, nämlich die Unternehmer, weil sie den Bedeutungsrückgang ihrer jeweiligen Branche fürchten; obwohl sie auf Dauer nur durch Innovation diesem Bedeutungsverlust entkommen können, setzen sie lieber auf einen Lohnwettlauf nach unten. Der Versuch, die Branche durch unterdurchschnittlich wachsende Löhne von der Kostenseite her zu retten, ist mittel- bis langfristig zum Scheitern verurteilt, weil die Arbeitskräfte versuchen werden, die Branche zu wechseln. Je nach Qualifikation ist ein solcher Wechsel auch nicht generell unmöglich. Zwar mag ein Bergmann nicht ohne langwierigere Umschulung in den Telekommunikationsbereich wechseln können. Ein Elektriker aus dem Baugewerbe wird jedoch ohne allzu große Schwierigkeiten in der Industrie Arbeit finden. Das »law of one price« lässt sich eben nicht beliebig aushebeln. Spätestens bei der Frage, welche Ausbildungsrichtung unter Schulabgängern bevorzugt wird, spielen die Aussichten auf das spätere Arbeitseinkommen eine Rolle. Werden über Jahre hinweg in einer schwachen Branche unterdurchschnittliche Lohnsteigerungen vereinbart, zieht das keine neuen Talente unter den Arbeitskräften an. Dann gesellt sich zu der unterdurchschnittlichen Produktivitätsentwicklung auch noch eine Art Negativauslese am Arbeitsmarkt, was die langfristigen Aussichten der Branche weiter verdüstern dürfte. Dem kurzfristigen Kostenvorteil, keine am durchschnittlichen Produktivitätsfortschritt der Gesamtwirtschaft orientierten Löhne zahlen zu müssen, steht ein gravierender langfristiger Nachteil bei der Qualität der verfügbaren Arbeitskräfte gegenüber. Dieser Zusammenhang wird auch von der Europäischen Zentralbank missachtet, wenn sie in Hinblick auf die Beschäftigungsentwicklung fordert, »insbesondere sollten die Tarifvereinbarungen differenziert genug sein, um … der sektorspezifischen Produktivitätsentwicklung Rechnung zu tragen« (Monatsbericht Juni 2007, S. 6).

Produktivitätssteigerung – Sektor übergreifendes Ergebnis für alle

Die Produktivität der Beschäftigten im Dienstleistungssektor nimmt indirekt durch die steigende Produktivität in der Industrie zu, wenn sie Vorleistungen für die Industrie erbringt. Wie schon oben mehrfach erwähnt, lässt sich in der Regel keine »Grenzproduktivität« für eine einzelne Tätigkeit innerhalb eines komplexen arbeitsteiligen Produktionsprozesses sinnvoll ermitteln. Doch steigt der Wert der einzelnen Arbeitsleistung, wenn das Endprodukt, in das sie mit einfließt, mit höherer Arbeitsproduktivität erstellt wird. Man stelle sich die Produktion in der Montagehalle eines Autoherstellers vor und zugleich die Arbeit des Busfahrers, der täglich die Beschäftigten zur Werkshaltestelle fährt. Der Busfahrer kann seine Produktivität nicht steigern: Er fährt dauernd dieselbe Strecke mit demselben Fahrzeug in (je nach von ihm nicht beeinflussbarer Verkehrslage) ungefähr der gleichen Zeit. Doch wird die Pünktlichkeit, mit der er seine Dienstleistung erbringt, umso wichtiger, je stärker z. B. das produktivitätssteigernde just-in-time-Konzept bei der Montage des Autoherstellers eine Rolle spielt und eine Verspätung der Beschäftigten zu einem teuren Produktionsausfall führt. Die Arbeit des Busfahrers wird also indirekt produktiver, was sich in seiner Entlohnung ebenso niederschlagen sollte wie die direkte Produktivitätssteigerung in der Entlohnung der Montagearbeiter.

Ein solches Argument kann man nicht ohne weiteres auf die Dienstleistung des Friseurs übertragen, der dem hochproduktiven Industriemanager in dessen knapper Freizeit die Haare schneidet. Denn hier ist der Vorleistungs-charakter der Dienstleistung nicht gegeben, sie stellt ein Endprodukt – den Haarschnitt – bereit. Trotzdem gibt es einen guten Grund, den Friseur an der allgemeinen Produktivitätsentwicklung teilhaben zu lassen, auch wenn diese überwiegend von der Industrie getragen wird: Kann ein Friseur nämlich buch-stäblich nicht mehr von seiner Hände Arbeit leben, d. h. die Lebenshaltungs-kosten für auch nur einen unterdurchschnittlichen Lebensstandard verdie-nen, selbst wenn sein Geschäft gut ausgelastet ist, stirbt der Beruf des Friseurs aus. Der Manager muss sich dann selbst die Haare schneiden, was länger dau-ern und im Ergebnis wohl weniger zufriedenstellend ausfallen dürfte.

Sektorspezifische Lohnsenkung hilft nie

Etwas anderes ist es, wenn es in einer Region zu viele Friseure gibt. Dann wird auch deren Auslastung nicht hoch sein. Dann müssen einige von ihnen entwe-der die Branche oder die Region wechseln. Das hat aber nichts mit dem gene-rellen Argument zu tun, die Dienstleistungen seien hierzulande lohnbedingt grundsätzlich zu teuer. Wenn man von seiner Arbeit nicht mehr leben kann, kann das nur einen von zwei Gründen haben: Entweder liegt ein *spezifisches* Überschussangebot auf einem Teilsegment des Arbeitsmarktes vor, z. B. weil die Qualifikation überflüssig geworden ist, so dass man den Beruf wechseln muss, oder weil zu viele Leute dieselbe Qualifikation erworben haben. In die-sen Fällen ist nicht der Verdienst zu hoch, sondern weist der Strukturwandel in eine Richtung, die sich nicht durch noch so niedrige Löhne im betroffenen Bereich ändern lässt (manchmal kann man das Tempo des Wandels verlangsa-men). Oder – und das ist der andere Grund, der hierzulande auf den Dienst-leistungssektor so gut wie auf andere Bereiche zutrifft – die Nachfrage ist *generell* zu gering, so dass es auf dem Arbeitsmarkt insgesamt ein Überschuss-angebot gibt. Diese Restriktion durch die Nachfrageseite kann man aber auch nicht durch sektorspezifische Lohnsenkung aufheben, im Gegenteil: Man ver-schärft sie dadurch noch, wie oben erläutert wurde.

Entscheidend ist, dass alle diese Vorschläge ihr eigentliches Ziel, die Schaf-fung von mehr Arbeitsplätzen, nicht erreichen können. Denn die Grundhy-pothese, dass man durch die Förderung eines Sektors mit geringer Arbeits-produktivität die Beschäftigung erhöhen könne, ist schlicht falsch. Dahinter steckt nämlich die Vorstellung, man könne eine gegebene Gesamtmenge an

Produktion je nach sektoraler Struktur mit mehr oder weniger Arbeitskräften herstellen, also einmal mit hoher Produktivität unter Inkaufnahme hoher Arbeitslosigkeit oder mit niedriger Produktivität und dafür hoher Beschäftigung. Es gibt aber in der Wirklichkeit einer sich dynamisch entwickelnden Marktwirtschaft keine vorgegebene Produktionsmenge. Vielmehr sorgt der Preis-Lohn-Mechanismus (vgl. Kapitel 1.2) dafür, dass eine hohe Produktivitätszunahme zu einem hohen Produktionswachstum führt, eine niedrige Produktivitätszunahme hingegen zu einem geringen Produktionswachstum. Diesen Realeinkommenseffekt müsste man vollständig ausblenden, wenn man sich von einer exogenen Steuerung des sektoralen Strukturwandels positive Effekte für die Beschäftigung insgesamt erhofft. Man darf ihn aber nicht ausblenden, weil sonst keine Aussage über den Gesamteffekt möglich ist und alles in einer Partialanalyse mit beliebigem gesamtwirtschaftlichen Ergebnis stecken bleibt. Ob eine Produktivitätsbremse durch allgemeine oder sektorspezifische Lohnzurückhaltung zu erreichen versucht wird oder durch spezifische Förderung arbeitsintensiver Sektoren, das Ergebnis ist immer das Gleiche: es funktioniert nicht, es kommt dadurch nicht zu einem Beschäftigungszuwachs.

3.4 Lohnstruktur nach Regionen?

Ein weiteres Indiz für die angebliche Inflexibilität des deutschen Arbeitsmarktes wird in den regionalen Unterschieden der Arbeitslosenquoten gesehen. Wenn die Mobilität der Arbeitskräfte nicht ausreicht, sich so über die Landschaft zu verteilen, dass die Arbeitslosigkeit mittelfristig ungefähr überall gleich hoch ist, sollten regional differenzierte Löhne dem abhelfen, statt dass Flächentarifverträge die mangelnde Mobilität auch noch stützen, so die weit verbreitete Meinung. Als prominentes Beispiel wird meist Ostdeutschland angeführt, das vor allem durch die rasche Lohnangleichung an das westliche Lohnniveau unter der Parole »Gleicher Lohn für gleiche Arbeit« für lange Zeit ins ökonomische Abseits verbannt worden sei.

Die Wiedervereinigung – Anfang vom Ende des Flächentarifvertrags?
An dieser Sicht der Dinge ist die Feststellung richtig, dass die währungstechnische 1:1-Lohnumstellung und die anschließende überstürzte Lohnanglei-

chung von Ost- an Westdeutschland der zentrale ökonomische Fehler der Vereinigungspolitik war. Denn im Gegensatz zu Westdeutschland fehlte in Ostdeutschland der über Jahrzehnte erwirtschaftete Kapitalstock, der das Niveau der westdeutschen Löhne durch seine hohe Arbeitsproduktivität trägt. Dass man diesen gravierenden Fehler weniger den westlichen Gewerkschaften als den auf ihre Wiederwahl bedachten Politikern anlasten muss, die als Eigentümer des geringen ostdeutschen Kapitalstocks und insofern stellvertretend als Anwälte eines noch zu entwickelnden ostdeutschen Unternehmertums hätten auftreten müssen, steht auf einem anderen Blatt.

Kein vernünftiger Mensch bestreitet, dass die sture Anwendung eines Flächentarifvertrags bei einem gigantischen ökonomischen Schock, wie ihn die Wiedervereinigung darstellte, zu gewaltigen Problemen führt. Das Instrument Flächentarifvertrag ersetzt die fehlende Mobilität der Arbeitskräfte *in einer funktionierenden Marktwirtschaft mit ihren gewachsenen Strukturen.* Es kann nicht als Begründung für das Vernachlässigen gravierender Produktivitätsunterschiede zwischen ganzen Regionen oder gar Volkswirtschaften herangezogen werden. Dass im Falle Ostdeutschlands auf eine gesellschaftliche Zusammengehörigkeit und damit Solidarität der westlichen Bevölkerung mit der östlichen gerechnet wurde und wird, ist eine politische Besonderheit, die eine andere Strategie des ökonomischen Zusammenwachsens zu rechtfertigen schien, als es zum Beispiel für andere osteuropäische Staaten als sinnvoll angesehen wurde, die aber dennoch die ökonomische Logik einer Marktwirtschaft nicht außer Kraft setzen konnte.

Flexible Löhne und rigide Gewinne

Doch warum wird dieser von Politikern verursachte ökonomische Fehler der Vereinigungspolitik dem jahrzehntelang erfolgreichen Lohnverhandlungsmodell des Flächentarifvertrags in die Schuhe geschoben? Von interessierter Seite wurde die Gunst der Stunde, das heißt des Versagens des Flächentarifvertrages genutzt, ein lang schon unliebsames gesamtwirtschaftliches Instrument vollständig in Misskredit zu bringen, um es ganz abzuschaffen. In dem Maße, wie Unternehmer genau wie andere Wirtschaftssubjekte nicht Gewinnmaximierer sondern sozusagen Minimierer oder zumindest Verringerer von Einkommensunsicherheiten sind (vgl. etwa Schneider, 1993), ist erklärlich, dass sie an Flächentarifverträgen kein Interesse haben. Sofern sich Unternehmer nicht als Pioniere verstehen, die für ihre riskante Pionierleistung belohnt werden wollen, ist für sie eine Durchlöcherung des Flächentarifvertrags mittels betrieblicher, regionaler oder sektoraler Öffnungsklauseln, Gewinnbeteiligungen und Bonuszahlungen nach Geschäftslage attraktiv. Denn auf diesem Wege können sie Einkommensunsicherheiten auf ihre Beschäftigten verlagern, d. h. vom System flexibler Gewinne (und rigider Löhne) auf ein System flexibler Löhne (und rigider Gewinne) wechseln. Die Beschäftigten gehen darauf in einer gesamtwirtschaftlich unsicheren, d. h. vor allem durch hohe Arbeitslosigkeit geprägten Lage mehr oder weniger bereitwillig ein, weil sie lieber ein gewisses Einkommensrisiko tragen als ein hohes Beschäftigungsrisiko.

Dass diese Lösung gesamtwirtschaftlich nachteilig ist, weil das Steuerungsinstrument flexibler Gewinne für die effiziente Entwicklung einer Volkswirtschaft verloren geht, hält kein einzelnes Wirtschaftssubjekt von seiner einzelwirtschaftlich rationalen Strategie ab. Wirtschaftspolitiker sollte die Erkenntnis, dass eine Marktwirtschaft mit rigiden Gewinnen nur weniger Wohlstand hervorzubringen in der Lage ist, aber nicht gleichgültig lassen, weil sie in ihrer Funktion als Volksvertreter für die Wahrung gesamtwirtschaftlicher Interessen verantwortlich sind.

4 Jobkiller Globalisierung?

Seit der Öffnung des Eisernen Vorhangs haben sich die ökonomischen Rahmenbedingungen, unter denen die westlichen Industrieländer wirtschaften, nach Meinung vieler Experten und Politiker grundlegend geändert. Auf diese geänderten Verhältnisse wird ein Großteil der Schwierigkeiten zurückgeführt, die sich auf dem deutschen Arbeitsmarkt zeigen. Da ist von Billigimporten, Arbeitsplatzverlagerung in Billiglohnländer, von Direktinvestitionen, abwanderndem Kapital und zuwandernden Billiglohn-Arbeitskräften als ernst zu nehmenden Bedrohungen die Rede. Der aus dieser Konkurrenzsituation resultierenden Misere auf unserem Arbeitmarkt sei nur durch Senkung der Lohn- und Lohnnebenkosten, der Sozialleistungen und einem Umbau des Steuersystems zugunsten der Unternehmen abzuhelfen. Wenn diese in langen Jahren des wirtschaftlichen Wohlstands entstandenen Errungenschaften unserer sozialen Marktwirtschaft vielleicht auch nicht der direkte Grund für die Entstehung der derzeitigen Arbeitslosigkeit gewesen sein mögen, so der allgemeine Tenor, müsste doch den seit 1990 total veränderten Knappheitsverhältnissen – weltweit viele motivierte Arbeitskräfte, wenig Kapitalstock – Rechnung getragen werden, um einen Abbau der Arbeitslosigkeit zu erreichen bzw. einem weiteren Anstieg vorzubeugen. Mit anderen Worten: Der Abschied von einmal erkämpften Privilegien, Sozialstandards und vor allem von der gewohnten Höhe des Arbeitseinkommens sei unumgänglich, eine womöglich lange Zeit des Gürtel-enger-Schnallens stünde unserem Land bevor.

Bevor wir die Funktionsweise des internationalen Handels und die Auswirkungen der globalen Mobilität von Kapital und Arbeit näher untersuchen, ein kleines Gedankenspiel vorab: Man stelle sich eine Familie auf einer einsamen Insel vor, in der jedes Mitglied entsprechend seinen Fähigkeiten eine bestimmte Aufgabe erfüllt, um das Überleben der ganzen Familie zu sichern. Nun taucht eines Tages am Strand der Insel ein Schiffbrüchiger auf, der um Aufnahme in die Familie bittet, da er auf sich allein angewiesen keine Überlebenschance auf der Insel hat. Wie wird sich die Familie entscheiden? Wird sie den Schiffbrüchigen als Belastung einstufen, den durchzufüttern sie sich kaum leisten kann? Oder wird sie ihn willkommen heißen, da er durch seine Fähigkeiten zum arbeitsteilig organisierten Prozess der Familienernährung beiträgt? Steigert er also seinen und den Wohlstand aller anderen, wenn er aufgenommen wird, oder senkt er ihn? Wenn der Schiffbrüchige so viel arbeitet, wie er selbst verbraucht, schadet er keinem Familienangehörigen. Verbraucht er mehr, als er durch seine Arbeit herstellt, schmälert er den Lebensstandard der Familie. Erarbeitet er mehr, als er verbraucht, nützt er allen.

Mit welchem dieser drei denkbaren Fälle würde ein vor den Folgen der Globalisierung warnender und das Gürtel-enger-Schnallen empfehlender Ökonom die heutige Situation am ehesten vergleichen? Würde er den Neuankömmling (also eine neu in die arbeitsteilige Weltwirtschaft drängende Volkswirtschaft) ablehnen, weil er ihn als Transferempfänger sieht? Davon kann in Hinblick auf China oder Indien wohl kaum die Rede sein, denn wir zahlen an diese Volkswirtschaften keinen Euro ohne Gegenleistung. Wird der Ökonom den Schiffbrüchigen als jemanden betrachten, der den Wohlstand aller steigert, weil er für alle mehr anzubieten hat, als er selbst verbraucht? Wohl auch nicht, denn ein wie auch immer geartetes »Mehrangebot« des Neuankömmlings, ob es sich nun um Polen, Indien oder China handelt, wird ja als Bedrohung empfunden und nicht als »Plus« für alle. Aber auch die »mittlere« Lösung, dass der Neuankömmling als neutral eingestuft wird, weil er nur so viel verbraucht, wie er zum Gesamtergebnis selbst beiträgt, scheint das Problem des Globalisierungsgeängstigten nicht recht zu beschreiben. Denn wovor sollte sich die Familie fürchten, wenn der Neuankömmling keine spürbare Verschlechterung ihrer Lage auslöst?

Man könnte einwenden, dass das Beispiel die Realität weit verfehle, weil etwa die Situation unserer Insel-Familie die Lage hierzulande nicht wiedergebe. Schließlich seien in Deutschland viele Menschen arbeitslos und könnten eben nichts zum Gesamtergebnis der Familie beitragen, so dass sie sich durch einen Neuankömmling sehr wohl bedroht fühlten. Weil die Dinge in der Realität offenbar komplizierter zu liegen scheinen, müssen sie in angemessener Weise diskutiert werden. Das Insel-Beispiel zeigt aber, dass bei der Lösung unserer wirtschaftlichen Probleme die wesentliche Frage ist, ob sie schon lange hausgemacht sind und durch »Neuankömmlinge« lediglich verschärft werden oder ob sie erst durch diese »Neuankömmlinge« ausgelöst wurden. Da Massenarbeitslosigkeit als deutsches und europäisches Problem bis weit in die 1970er Jahre zurückreicht, ist schon von vornherein zu fragen, ob und wie die seit dem Mauerfall beschworene Globalisierung daran etwas grundlegend geändert haben soll. In dem in der Einleitung erwähnten Lambsdorff-Papier von 1982, also weit vor dem Fall des Eisernen Vorhangs, ist nämlich auch schon von »tiefgreifenden gesamtwirtschaftlichen Veränderungen« die Rede, die »nicht zuletzt im Zusammenhang mit den neuen internationalen Herausforderungen aufgrund … des Vordringens der Schwellenländer … deutlich geworden« seien (S. 2).

Übrigens, das Beispiel zeigt auch, dass wir nicht vergessen sollten, aus welcher Perspektive der Schiffbrüchige die Situation sieht: Für ihn ist die Teilnahme an der arbeitsteiligen Wirtschaftsweise der Etablierten und Habenden buchstäblich eine Überlebensfrage.

4.1 Wie ist Handel zwischen Hoch- und Niedriglohnland möglich?

In Deutschland verdiente ein Arbeiter im Jahr 2000 etwa 25 000 Euro, ein chinesischer Arbeiter verdiente umgerechnet etwa 1150 Euro. Wie können zwei Länder miteinander Handel treiben, deren Lohnniveaus so weit auseinander liegen? Müssten nicht sämtliche Produkte in China hergestellt werden, und Deutschland alles von dort importieren?

Nein, entscheidend für die Wettbewerbsfähigkeit eines Produktes am Weltmarkt ist – neben der Qualität – sein Preis, und dieser wird nicht vom absoluten Niveau der Löhne bestimmt, mit dem es produziert wird, sondern von den Löhnen im Verhältnis zur Produktivität, also den Lohnstückkosten. Wie viel Lohn in einem Produkt, einem »Stück« steckt, hängt von der Höhe des Kapitalstocks ab, mit dessen Hilfe es hergestellt wird. Besteht das Gut z. B. nur aus Handarbeit und wird es an einem Tag von einem Handwerker produziert, so betragen die Lohnstückkosten genau den Tageslohn des entsprechenden Handwerkers. Wird das Gut jedoch mit einer Maschine produziert, die ein Arbeiter bedient, und kann der mittels dieser Maschine zehn Stück am Tag herstellen, dann betragen die Lohnstückkosten genau ein Zehntel seines Tageslohns. Verdient dieser Arbeiter z. B. das Fünffache des Handwerkers, kann er ein einzelnes Stück immer noch preiswerter anbieten als der Handwerker, genau genommen zum halben Preis.

Der Kapitalstock – Grundlage der Lohnhöhe in jedem Land

Daraus folgt: Die gegenwärtigen hohen Lohnkosten in Deutschland sind so wenig vom Himmel gefallen wie die niedrigen chinesischen. Beide haben sich in kleinen Schritten aus der Vergangenheit heraus entwickelt. Sie sind der Spiegel der Produktivität, die wiederum auf dem erwirtschafteten Kapitalstock eines Landes beruht. Wer den aktuellen Stand der Lohnstückkosten hierzulande für generell zu hoch erklärt, ignoriert die historische Entwicklung von Produktivität und Kapitalstock, oder er behauptet, der (west)deutsche Kapitalstock sei wegen der allmählich stärkeren Öffnung der Märkte seit dem Ende des Ost-West-Konflikts schlagartig obsolet geworden, entwertet durch die zunehmende Globalisierung. Diese Vorstellung ist angesichts der Spitzenstellung vieler deutscher Exporteure auf den Weltmärkten und speziell in Niedriglohnländern offensichtlich absurd.

Der Preis eines Gutes hängt allerdings nicht nur von den Lohnstückkosten, sondern auch von den Kapitalkosten ab, also den Kosten, die der in der Produktion eingesetzte Kapitalstock verursacht. Um in unserem Beispiel zu bleiben: Der Arbeiter muss die Maschine erst einmal haben, bevor er mit ihr produzieren kann. Würden die Lohn- und Kapitalkosten der kapitalintensiven Produktionsweise zusammen den Produktivitätsvorteil gegenüber der arbeitsintensiven Herstellung überwiegen, wäre das kapitalintensiv produzierte Gut nicht konkurrenzfähig. Die kapitalintensive Produktionsweise wäre dann entweder gar nicht entstanden oder sie würde von einer arbeitsintensiveren Produktionsweise verdrängt.

Dass es dieses Zurück in die Steinzeit in einer Marktwirtschaft nicht gibt, wurde bereits mehrfach erläutert. Stets war und ist die Menschheit bemüht, einen möglichst großen Kapitalstock aufzubauen, weil der technische Fortschritt vergleichsweise wenig produktive Tätigkeiten überflüssig macht und man sich produktiveren Beschäftigungen zuwenden kann, mit denen höhere Einkommen erzielt werden können und damit ein größerer Wohlstand. Das heißt, mittel- bis langfristig ist die Entwicklung hin zu einem ständig steigenden Kapitaleinsatz eine Art Naturgesetz in der Welt der Ökonomie. Das aber bedeutet zwingend, dass weder die historische Entwicklung unseres Kapitalstocks noch die unserer Löhne ein Fehler war.

Handel und internationaler Strukturwandel

Ist nun die Produktivität in Deutschland aufgrund des vorhandenen Kapitalstocks um so viel höher als in China, dass die Lohnstückkosten trotz der unterschiedlichen Lohnniveaus gleich sind, findet keine Verdrängung am Weltmarkt statt, importiert das Hochlohnland nicht automatisch alles aus dem Niedriglohnland. In den Bereichen, in denen die deutschen Lohnstückkosten über den chinesischen liegen, verdrängen die billigeren chinesischen Anbieter die teureren deutschen auf dem Weltmarkt. Das ist der internationale Strukturwandel, bei dem Deutschland bisher hervorragend abgeschnitten hat.

Hochlohnländer spezialisieren sich auf Güter, die nur mit einer bestimmten Technologie hergestellt werden können. Nur wer über einen großen und hoch spezialisierten Kapitalstock und das entsprechende Fachwissen verfügt, kann hoch spezialisierte Güter auf dem Weltmarkt anbieten. Das sind in der Regel nicht die Produzenten aus Niedriglohnländern. Denn diese Länder zeichnen sich ja gerade dadurch aus, dass sie (noch) nicht so stark industrialisiert und spezialisiert sind. Sobald man also, anders als die meisten ökonomischen Lehrbücher, nicht nur von zwei Handelsgütern auf dem Weltmarkt ausgeht, sondern realistischerweise eine riesige Produktpalette in Betracht zieht, verliert die Vorstellung vom knallharten internationalen Verdrängungswettbewerb, in dem die reichen Nationen unweigerlich verlieren, jede Plausibilität. Das übliche theoretische Modell, in dem Produzenten beliebig zwischen verschiedenen Produktionstechniken wählen können, um sich optimal an das für sie gegebene, angeblich von den Knappheitsverhältnissen zwischen den Produktionsfaktoren Arbeit und Kapital bestimmte Faktorpreisverhältnis, also das Lohn-Zins-Verhältnis, anzupassen, ist unrealistisch und irreführend. Und genau deshalb ist die Vorstellung, mit dem Fall des Eisernen Vorhangs hätten sich die Knappheitsverhältnisse zwischen Kapital und Arbeit so gewandelt, dass bei uns Arbeitslosigkeit zwangsläufig entstehen müsse, würden wir unser Lohnniveau nicht dem weltweit massenhaften Arbeitsangebot entsprechend nach unten anpassen, schlicht falsch.

Zusätzliche Arbeitskräfte lassen den Kapitalstock niemals veralten

Dabei sind es nicht nur Anpassungshemmnisse oder zeitlich begrenzte Immobilität der Produktionsfaktoren Arbeit und Kapital, die dafür verantwortlich zu machen sind, dass es keine beliebige Anpassung an geänderte Knappheitsverhältnisse zwischen Arbeit und Kapital gibt. Es geht, wie schon im ersten Kapitel ausführlich erklärt, zum einen darum, dass rein technisch bedingt eine beliebige Variation der Einsatzmenge der beiden Produktionsfaktoren Arbeit und Kapital in vielen Produktionsprozessen gar nicht möglich ist. Wollte man arbeitsintensiver produzieren, müsste man erst eine völlig neue, auf höhere Arbeitsintensität zielende Produktionsweise z. B. für Handys oder Sportwagen erfinden. Das wäre nicht nur teuer, sondern auch sinnlos. Die kapitalintensive Produktionsweise ist langfristig immer die überlegene, weil sie mehr Wohlstandspotenzial für den Faktor Arbeit, d. h. für die arbeitenden Menschen schafft. Daher führte eine durch niedrigere Arbeitskosten getriebene hypothetische Parallelentwicklung arbeitsintensiverer Produktionsverfahren auf lange Sicht immer ins Aus. Wer das nicht glaubt, suche einen Unternehmer, der in China oder Indien mit der Technologie der 1970er Jahre heute weltmarktgängige Rechner herstellt.

Der zweite und unter ökonomischen Gesichtspunkten schwerwiegendere Grund, weshalb eine Anpassung an das weltweit massenhafte Arbeitsangebot nicht zu arbeitsintensiverer Produktionsweise führt, stellt auf die in der realen Welt – jenseits neoklassischer Modelle – zu erzielende Rentabilität, die Gewinne, ab. Selbst wenn das Vorhalten einer arbeitsintensiveren Produktionsweise technisch möglich wäre, fände es nicht statt. Und zwar, weil es viel rentabler ist, die heute üblichen kapitalintensiven Produktionstechniken mit den Billiglöhnen der aufholenden Länder zu kombinieren. Die dadurch möglichen temporären Monopolgewinne machen jede andere Lösung von vornherein unwirtschaftlich. Nur weil das neoklassische Standardmodell unterstellt, Monopolgewinne spielten in den Kalkülen der Unternehmen keine Rolle, hat die herrschende Lehre in den Wirtschaftswissenschaften keinerlei Zugang zu einer realistischen Analyse des internationalen Handels und der Faktorwanderung.

4.2 Anpassen an die Verhältnisse, aber an welche?

Was verlangt die Globalisierung? Die zentrale Regel für das friedvolle Zusammenleben der Nationen auf wirtschaftlichem Gebiet lautet, dass sich jeder an *seine* Verhältnisse anzupassen hat, also nicht über seinen Verhältnissen leben darf. Mehr kann einfach kein Land von einem anderen einfordern, und mehr kann keine globale Regelung von einzelnen Ländern erzwingen. Mehr zu fordern würde ja bedeuten, dass man von dem einen fordert, bewusst unter seinen Verhältnissen zu leben, was zwingend bedeutet, dass ein anderer über seinen Verhältnissen leben muss, denn alle zusammen können weder unter noch über ihren Verhältnissen wirtschaften, sondern in der Summe nur gerade so viel verbrauchen, wie sie erwirtschaftet haben.

Für die Weltwirtschaft als Ganzes gilt uneingeschränkt der Satz, dass das Geldvermögen jederzeit genau gleich Null ist (vgl. Stützel, 1978). Er bedeutet, dass den in Geldvermögen steckenden Ansprüchen der einen immer Geldschulden, also Leistungspflichten anderer gegenüberstehen. In der Summe ergibt das stets Null. Dieser Satz über die monetäre Sphäre der Wirtschaft beruht letzten Endes darauf, dass in der realwirtschaftlichen Sphäre der Wirtschaft alle Güter nur genau einmal verteilt werden können. Übersetzt in die Terminologie der Arbeitsteilung zwischen Nationen bedeutet das: Jedes Land muss auf Dauer seine Ansprüche genau an seine eigene Produktivität anpassen. *Langfristig* kann kein Land eine große Schulden- oder Vermögensposition gegenüber dem Rest der Welt aufbauen und halten, ohne dass es dafür nicht irgendwann einen Ausgleich gäbe: Entweder es wird zurückgezahlt (Schulden abgebaut) bzw. Geld im Ausland ausgegeben (Vermögen abgebaut) oder die Schulden- bzw. Vermögensposition wird entwertet durch Wechselkursänderungen.

Auf einzelwirtschaftlicher Ebene ist diese Regel unmittelbar einleuchtend: Auf Dauer kann ein Wirtschaftssubjekt nicht mehr ausgeben, als es einnimmt, d. h. jeder muss das, was er beansprucht, auch erarbeiten. Gibt er mehr aus, lebt er über seinen Verhältnissen. Dann verschuldet er sich also und muss einen Gläubiger finden, jemanden, der ihm glaubt, dass er seine Schulden eines Tages zurückzahlen kann. Mit anderen Worten, der Gläubiger muss daran glauben, dass die Produktivität des Schuldners ausreicht, um das in Anspruch Genommene zu begleichen. Über viele Jahre hinweg bei einer entsprechenden Anhäufung von Schulden werden die Gläubiger misstrauisch, wie der Schuldner das noch bezahlen können will. Sie werden ihre Kredite zurückfordern und auf diese Weise den Schuldner, der in so überzogenem Maße das Geld anderer Leute ausgegeben hat, in die Zahlungsunfähigkeit stürzen. Der Schuldner kann vielleicht noch einen kleinen Teil der Kredite bezahlen, sein Arbeitseinkommen wird für viele Jahre im Voraus gepfändet, der Rest der Schulden und spiegelbildlich der Guthaben ist aber weg. Die Gläubiger haben das Nachsehen.

Dieses einzelwirtschaftlich so einleuchtende Schema ist schon viele Male auf gesamtwirtschaftlicher Ebene in der jüngeren Geschichte der Entwicklungsländer abgelaufen. Man erinnere sich nur an die Treffen des so genannten Pariser Clubs, auf denen die Abfederung der vor der Zahlungsunfähigkeit stehenden Länder durch Schuldenerlass und Umschuldungsabkommen ausgehandelt werden. Doch damit es soweit kommt, werden auch immer Gläubiger benötigt, Leute, die diese Katastrophen ermöglichen, sei es, weil sie blind sind für den Zustand des Schuldners, der weit im Vorfeld solcher Katastrophen längst keinen weiteren Kredit mehr hätte erhalten dürfen, sei es, weil sie aus dem dennoch gewährten Kredit eigene Vorteile zu ziehen hoffen nach dem Motto: »Kurz bevor der Schuldner pleite geht, ziehe ich rasch mein Geld zurück.« Denn normalerweise sind die Zinsen, die ein schlechter Schuldner berappen muss, eben wegen seiner geringen Kreditwürdigkeit horrend. Oder, um es wieder im internationalen Kontext zu formulieren: Ein Land, das sich hoch im Ausland verschuldet hat, muss im internationalen Vergleich überdurchschnittlich hohe Zinsen bieten, damit Kapitalgeber bereit sind, das Wechselkursrisiko einzugehen, das mit einer Kapitalanlage in dem Land verbunden ist. Ist man der erste Gläubiger, der aussteigt, wenn Gefahr im Verzug scheint, hat man Glück gehabt: Tilgung unter Dach und Fach und obendrein satte Zinsen – das lockt so manchen an, dem das weitere Schicksal des verschuldeten Wirtschaftssubjektes oder Landes gleichgültig ist.

In der anderen Richtung gilt aber das Gleiche: Auf Dauer kann man nicht weniger ausgeben, als man verdient. Denn wer unter seinen Verhältnissen leben will, muss einen finden, der bereit ist, über seinen Verhältnissen zu leben. Wer sparen, d. h. Gläubiger werden will, muss andere finden, die sich verschulden. Nur wenn die anderen etwas Produktives mit dem Ersparten anfangen, kann es Zinsen dafür geben. Und noch viel wichtiger: Wenn niemand bereit ist, sich in Höhe dessen zu verschulden, was ein anderer sparen möchte, gibt es keinen Abnehmer für das, was dieser andere quasi über seine eigenen gegenwärtigen Wünsche hinaus produzieren will. Dann fehlt ihm die Nachfrage, die er für seine Einkommenserzielung benötigt, er bleibt auf der entsprechenden Angebotsmenge sitzen, hat entsprechend weniger Einkommen und sein Sparplan scheitert.

Jeder lebe gemäß seinen Verhältnissen

Was bedeutet die Regel, sich an seine Produktivität, sich an seine eigenen Verhältnisse anzupassen, für den internationalen Handel? Vom internationalen Handel, von der internationalen Arbeitsteilung können auf Dauer alle nur profitieren, wenn kein Land seine Wettbewerbsfähigkeit durch Protektionismus oder andere Maßnahmen auf Kosten anderer Länder steigert, also keiner systematisch versucht, eine große Vermögensposition gegenüber dem Ausland aufzubauen. Alle können nur gleichberechtigt Handel miteinander treiben, wenn kein Land auf Dauer über seine Verhältnisse lebt *und keines darunter.*

Diese Vorstellung fällt vielen Menschen schwer. Es ist doch einzelwirtschaftlich so einleuchtend, dass man durch Sparsamkeit für schlechte Zeiten vorsorgen kann und muss, dass man, haben die schlechten Zeiten bereits angefangen, gar nicht anders kann, als durch Sparen wieder auf die Beine zu kommen. Sei so produktiv, wie du nur kannst, und gebe davon so wenig aus wie möglich – das ist doch eine vernünftige Strategie, oder? Nein, das ist es nicht. Wer andere durch seine hohe Produktivität und gleichzeitig asketische Lebensweise an die Wand spielt, muss irgendwann Almosen verteilen, weil sich sonst keiner mehr findet, die Produkte des so produktiven Asketen zu kaufen. Das kann sich dann nämlich schlicht keiner mehr leisten. Die Dinge, die andere anzubieten versuchen, will der Asket ja nicht haben, also verdienen sie an ihm nichts, also können sie mit ihm nicht in Handelsbeziehung treten oder bleiben. Das Beispiel Ostdeutschland zeigt dieses Problem bis heute: Was Westdeutschland dort an Wettbewerbsfähigkeit platt gewalzt hat, muss Westdeutschland an Transfers dorthin zahlen, weil die gemeinsame Währung ein Entwerten von Vermögenspositionen unmöglich macht.

Das Wechselkursventil

Ein Land lebt über oder unter seinen Verhältnissen, nimmt also keine ungefähr ausgeglichene Leistungsbilanzposition gegenüber dem Ausland ein, wenn seine Wettbewerbsfähigkeit deutlich von der seiner Handelspartner abweicht. Dann nämlich verkauft es entweder aufgrund vergleichsweise hoher Preise wenig auf den internationalen Märkten (statt dessen kauft es dort viel ein) oder es verkauft aufgrund vergleichsweise niedriger Preise dort sehr viel (und spiegelbildlich dazu kauft es dort wenig ein). Wie das Land insgesamt bei den Preisen gegenüber der Konkurrenz auf den internationalen Märkten abschneidet, lässt sich am besten anhand der Entwicklung seiner Lohnstückkosten feststellen, denn die bestimmt die durchschnittliche Preisveränderung in dem betrachteten Land, wie bereits erläutert und empirisch vorgeführt (vgl. Kapitel 2.4 und dort Abbildung 8). Weicht die Zunahme der Lohnstückkosten des Landes von der seiner Handelspartner stark nach oben ab, verliert es an Wettbewerbsfähigkeit und umgekehrt. Das spiegelt sich dann in Leistungsbilanzdefiziten wider bzw. im Fall einer Unterschreitung der Lohnstückkostenentwicklung der Handelspartner in einem Leistungsbilanzüberschuss.

Genau genommen gilt das nur, wenn im Ausgangszeitpunkt die Leistungsbilanz des betrachteten Landes ausgeglichen war. War sie ursprünglich positiv, führt ein Abweichen der Lohnstückkosten nach oben im Vergleich zu den Handelspartnern zu einer Normalisierung der Leistungsbilanz, also einem Rückgang der Überschüsse; war sie defizitär, führt ein Abweichen nach unten zu rückläufigen Defiziten. Mit anderen Worten: Die relative Entwicklung der Lohnstückkosten bestimmt die *Richtung*, in der sich die Leistungsbilanz entwickelt; von welchem Niveau die Leistungsbilanz startet (Defizit oder Überschuss), hängt vom Niveau der Lohnstückkosten (in international vergleichbarer Währung) ab. Das liegt daran, dass auf den Gütermärkten der absolute Preisvergleich ausschlaggebend ist und nicht der Vergleich der Zuwachsraten der Preise (vgl. Kapitel 4.1 »Realzins oder realer Wechselkurs: Wer ist stärker?« in Teil II.)

Hält ein solches internationales Ungleichgewicht länger an, sinken die Aussichten, dass es sich von selbst durch entsprechende realwirtschaftliche Vorgänge abbaut, das Schuldnerland also seine Schulden mit Leistungsbilanzüberschüssen (= Nettoverkäufen auf den internationalen Märkten) tilgt und das Gläubigerland durch Leistungsbilanzdefizite (= Nettoeinkäufe auf den internationalen Märkten) seine Vermögensposition gegenüber dem Ausland abbaut. Dann nimmt die Wahrscheinlichkeit zu, dass die Devisenmärkte reagieren und durch eine Abwertung der Währung des Schuldnerlandes bzw. eine Aufwertung der Währung des Gläubigerlandes für eine Korrektur des Handelsungleichgewichts sorgen. Das ist bei sich frei auf Devisenmärkten bildenden Wechselkursen angesichts der Neigung zu überschießenden Reaktionen dieser Märkte keine friktionsfreie Lösung, sondern ein recht kostspieliges Ventil (vgl. zu den Gründen für ein Überschießen Kapitel 2.2 in Teil II sowie ausführlich Flassbeck, 1988). Aber ohne ein solches Ventil namens Wechselkursanpassung ist internationaler Handel auf Dauer nicht möglich, wenn nicht alle Länder mehr oder weniger gleiche Inflationsraten, sprich: Lohnstückkostenentwicklungen aufweisen.

Über längere Zeiträume betrachtet erbringen die Devisenmärkte diese Ventilleistung. Zur Veranschaulichung haben wir einen Lohnstückkostenvergleich zwischen Deutschland und den USA in Abbildung 9 dargestellt. Während die in nationaler Währung berechneten Lohnstückkosten (die gestrichelten Linien) im Laufe der Zeit voneinander abweichen, weil die USA Jahr für Jahr höhere Preissteigerungsraten verzeichneten als Deutschland, liegen die in

Wechselkursventil gegen Abweichungen Abb. 9
Lohnstückkosten[1] in Deutschland und den USA in nationaler[2] und internationaler[3] Währung

[1] Index (1970 = 100) berechnet als Bruttoeinkommen aus unselbstständiger Arbeit je Beschäftigten dividiert durch reales Bruttoinlandsprodukt je Erwerbstätigen; Vollzeitäquivalente (für Deutschland erst ab 1992). [2] Bruttoeinkommen für Deutschland in D-Mark bzw. Euro, für USA in US-Dollar. [3] Bruttoeinkommen in Kaufkraftparitäten.
[4] Von 1970 bis 1991 Westdeutschland, ab 1992 Deutschland.
Quellen: AMECO Datenbank, eigene Berechnungen.

internationaler Währung, also unter Einbeziehung der Wechselkursentwicklung berechneten Lohnstückkosten (die durchgezogenen Kurven) relativ nah beieinander.

Abbildung 9 zeigt damit auch, dass ein bewusst angestrebtes nationales Zurückbleiben bei den Lohnstückkosten gegenüber den Handelspartnern regelmäßig durch die Devisenmärkte zunichte gemacht wird. Das Wechselkursventil ist quasi der Beweis dafür, dass es letzten Endes immer zu einem Ausgleich der unterschiedlichen wirtschaftlichen Leistungsfähigkeit von Nationen kommt.

Immer wieder wird von interessierter Seite behauptet, der Vergleich *gesamtwirtschaftlicher* Lohnstückkosten spiegele die Wettbewerbsfähigkeit eines Landes auf den internationalen Märkten nicht korrekt wider, man müsse für einen sinnvollen Vergleich die Lohnstückkosten allein der Industrie heranziehen, weil nur deren Produkte international gehandelt würden. Und da zeige sich dann, wie sehr Deutschland einsame Spitze bei den Kosten sei, gerade auch in internationaler Währung gerechnet. Diese Auffassung ist falsch, weil sie die Tatsache ignoriert, dass in die Preise international gehandelter Güter auch die Vorleistungen der nicht-industriellen Sektoren mit einfließen

– seien es Vorleistungen aus dem privaten Dienstleistungsbereich, dem Bausektor oder dem öffentlichen Sektor usw. –, mithin auch die Lohnentwicklung in diesen nicht-industriellen Bereichen für die Kosten und Preise der international gehandelten Güter eine Rolle spielen. Wer diesem theoretischen Argument nicht folgen kann oder will, muss erklären, weshalb die seit über drei Jahrzehnten frei von wirtschaftspolitischer Einflussnahme agierenden Devisenmärkte empirisch gesehen langfristig den Ausgleich der gesamtwirtschaftlichen Lohnstückkosten liefern, nicht aber den der industriellen Lohnstückkosten. Dass sie diesen Ausgleich nicht kurzfristig herstellen, liegt wie gesagt an ihrer Volatilität und ist ein Argument für feste, aber anpassungsfähige Wechselkurse, nicht aber ein Argument für den Vergleich der industriellen Lohnstückkosten, wenn es um die Beurteilung der Wettbewerbsfähigkeit eines ganzen Landes geht.

Die lohnpolitische Spielregel

Länder sind allerdings keine Wirtschaftssubjekte, sondern bestehen aus einer Vielzahl von Wirtschaftssubjekten. Wie kann ohne das Notventil des Wechselkurses dafür gesorgt werden, dass die einzelwirtschaftliche Regel, jeder habe sich langfristig an seine Produktivität anzupassen, auch auf nationaler Ebene durchgesetzt wird? Ein Land passt sich langfristig automatisch an seine Produktivität an, wenn das durchschnittliche reale Pro-Kopf-Einkommen im gleichen Tempo wächst wie die durchschnittliche (reale) Produktivität. Dies wird logischerweise – und durch vielfältige empirische Erfahrung bestätigt – am besten dadurch erreicht, dass die Nominallöhne im Durchschnitt der Volkswirtschaft um die Summe aus erwarteter durchschnittlicher Produktivitätssteigerung und Zielinflationsrate der Notenbank wachsen.

Diese einfache Lohnregel impliziert zum einen, dass nicht nur die Beschäftigten sondern auch die Kapitalseite angemessen an der wirtschaftlichen Entwicklung beteiligt wird. Zum anderen erlaubt sie eine stabile Inflationsrate, weil der Abstand zwischen Nominallohnsteigerungen und Produktivitätssteigerung (die Entwicklung der Lohnstückkosten also) die entscheidende Determinante der gesamten Kostenentwicklung ist, die wiederum die Preisentwicklung dominiert. Es ist also gerade die Teilhabe der breiten Masse der Bevölkerung an der Produktivitätsentwicklung via Lohnkostenzuwachs, die mit der Regel für die internationale Arbeitsteilung vollständig harmoniert.

Dagegen führt eine Strategie des Unter-den-eigenen-Verhältnissen-Lebens, also der Versuch, die breite Masse über Jahre hinweg nicht teilhaben zu lassen, mit Sicherheit in eine nationale und in eine internationale Sackgasse. Deutschland steckt seit Jahren in beiden, weil es der Globalisierung dadurch begegnen wollte und will, dass es selbst den Gürtel enger schnallt und damit darauf setzt, dass andere bereit waren und sind, eine immer höhere Verschuldung gegenüber anderen Ländern, in erster Linie gegenüber uns Deutschen, zu akzeptieren.

4.3 Internationaler Handel bei Kapitalwanderung

Die Befürworter von Lohnkostensenkungen in Deutschland verweisen an dieser Stelle auf die Möglichkeit des Kapitals, in Niedriglohnländer abzuwandern. Die hiesige Arbeitslosigkeit zeige, dass zu wenig im Inland investiert werde. Das läge daran, dass aufgrund der vergleichsweise zu hohen Löhne die Rentabilität des Kapitals zu gering sei. Da sich außerhalb Deutschlands gewinnträchtigere Anlagemöglichkeiten böten, würden diese auch genutzt und das Kapital flösse ab anstatt im Inland investiert zu werden. Dieser Mechanismus, so ihr Argument, habe seit Ende des Ost-West-Konflikts und der damit einhergehenden intensiveren Teilnahme ärmerer Volkswirtschaften am Welthandel eine neue Dynamik erreicht, an die es sich hierzulande anzupassen gelte. Die Knappheitsverhältnisse der Produktionsfaktoren Arbeit und Kapital hätten sich grundlegend gewandelt: Es stünden eben sehr viel mehr Arbeitskräfte aus ärmeren Ländern zur Verfügung, zugleich brächten diese aber keinen auch nur annähernd so hohen Kapitalstock mit in die Weltwirtschaft ein wie ihre Kollegen aus den Industrienationen, so dass der Faktor Kapital im Vergleich zum Faktor Arbeit viel knapper geworden sei. Diese gestiegene Knappheit mache es notwendig, das Kapital durch niedrigere Löhne hierzulande zum Bleiben zu bewegen, da die Attraktivität der niedrigen Löhne in den aufholenden Volkswirtschaften eine enorme Sogwirkung auf das hiesige Kapital ausübe.

Richtig ist an dieser Sichtweise, dass es für hiesige Unternehmer tatsächlich lohnend sein kann, ihre kapitalintensiven Produktionstechnologien mit den in den aufholenden Volkswirtschaften herrschenden Billiglöhnen zu kombinieren. Das war schon immer eine Möglichkeit, vorübergehende Monopolgewinne zu erzielen, und mag seit 1989 einfacher zu realisieren geworden sein. Auch für Unternehmer in den Billiglohnländern selbst besteht ein großer Anreiz, die westlichen Technologien zu kopieren, d. h. diese zu importieren, um in Kombination mit den niedrigen heimischen Löhnen dann überdurchschnittliche Gewinne zu erwirtschaften. Denn selbst wenn die Lohnentwicklung im Niedriglohnland der durchschnittlichen Produktivitätsentwicklung in der dortigen Gesamtwirtschaft folgt, können über Jahre und sogar Jahrzehnte hinweg beachtliche Monopolgewinne erwirtschaftet werden, weil das Produktivitätsniveau dort aufgrund des niedrigen Ausgangswertes des Kapitalstocks noch lange unterhalb dessen liegt, was in den reichen Ländern erreicht ist.

Abwegig ist es jedoch, die Kapitalwanderung in Niedriglohnländer für die hiesige Arbeitslosigkeit verantwortlich machen zu wollen. Denn wer die wirtschaftliche Entwicklung der Bundesrepublik Deutschland nach dem Zweiten Weltkrieg oder etwa die Polens seit dem Fall der Mauer betrachtet, stellt fest, dass Kapitalwanderungen nicht schlagartig und in großem Maßstab, sondern allmählich erfolgen. Sonst hätte der Aufbau des westdeutschen Kapitalstocks nach dem Krieg viel schneller geschehen müssen. Auch Polen müsste mit seinen Billiglöhnen nach 15 Jahren längst hoch industrialisiert sein, wenn die Nettokapitalbewegung von Hoch- zu Niedriglohnländern so gewaltig wäre, wie dies die Globalisierungspessimisten behaupten.

Das überschaubare Ausmaß von Kapitalverlagerungen erklärt sich dadurch, dass sie nicht risikolos zu bewerkstelligen sind. Es muss das erforderliche Humankapital im Niedriglohnland vorhanden sein, d. h. das Know how auf allen Ebenen des Produktionsprozesses, und die wirtschaftlichen und politischen Rahmenbedingungen der aufholenden Volkswirtschaft müssen stabil genug sein, um langfristig zu investieren. Häufig wechselnde Regierungen mit unterschiedlichen wirtschaftspolitischen Konzepten können auf in- wie ausländische Investoren ebenso abschreckend wirken wie z. B. mangelnde innere Sicherheit.

Kapital entsteht durch die wirtschaftliche Entwicklung selbst

Gegen die Angst vor massiver Kapitalabwanderung in Niedriglohnländer und drohender Kapitalknappheit in Hochlohnländern spricht jedoch noch ein viel grundlegenderes Argument. Fasst man die wirtschaftliche Entwicklung als einen Prozess auf, *in dessen Verlauf* Gewinne und damit Kapital entstehen, geht es gar nicht in erster Linie um das gegenseitige Ausstechen der Unternehmer, Arbeitnehmer oder Länder beim angeblich nur sehr langsam (via Sparen) vermehrbaren Produktionsfaktor Kapital. Wenn tatsächlich Gewinnchancen genutzt werden können in Niedriglohnländern, vermehrt sich das im Entwicklungsprozess der aufholenden Länder so dringend benötigte Kapital durch den Prozess selbst, also auf eine Weise, die die Kapitalbilanz des Niedriglohnlandes nicht belastet und es dem Entwicklungsland erlaubt, mehr Güter als sonst möglich aus den Hochlohnländern zu importieren. Diese zusätzlichen Absatzchancen machen neben den Möglichkeiten, Monopolgewinne zu erzielen, den Export von Kapital und Know how aus Sicht der Hochlohnländer, und zwar nicht nur der dortigen Unternehmer, sondern ebenso der dortigen Arbeitnehmer, attraktiv.

Kapitalimport beschleunigt Aufholprozess

Der Import von Kapital und Know how ist aber am Ende auch aus der Sicht des Entwicklungslandes vorteilhaft. Ein Niedriglohnland ist wegen seines geringen Kapitalstocks nur mit einer sehr kleinen Palette von Gütern auf dem Weltmarkt konkurrenzfähig. Jeder ausländische Investor trägt zum Aufbau des Kapitalstocks und damit der Basis für mehr Einkommen und Wohlstand bei. Selbstverständlich findet auch hier ein Strukturwandel statt und in der Regel ein viel gewaltigerer als in den Hochlohnländern. Denn das Nachahmen von Produktionsprozessen für weltmarktgängige Produkte funktioniert schneller als das Erfinden und Umsetzen neuer Technologien. Entwicklungsländer können beim Aufbau ihres Kapitalstocks Sprünge im technologischen Wandel realisieren, die den hoch entwickelten Volkswirtschaften nicht möglich sind. In China müssen nicht erst die während der 1960er Jahre in den westlichen Industrieländern vorherrschenden Technologien zum Einsatz kommen, sondern kann von Investoren sofort die aktuelle Technik eingesetzt werden.

Dass mit dem internationalen Strukturwandel immense Veränderungen für die Bevölkerung des Niedriglohnlandes verbunden sind, der meist kein mit unserem vergleichbares soziales Sicherungsnetz zur Verfügung steht, wird hierzulande oft übersehen. Dennoch stellt die Kombination der niedrigen Löhne mit der Technologie aus Industrieländern die große Chance dar, wirtschaftlich aufzuholen und das Wohlstandsgefälle zu den reichen Ländern zu verringern. Der Standortvorteil in Form von Niedriglöhnen ermöglicht es, technologisches Wissen zu importieren, die Palette weltmarktfähiger Produkte nach und nach auszuweiten und so vom Welthandel zu profitieren.

Die hierzulande von manchen Gewerkschaftern und Politikern erhobene Forderung nach Sozialstandards für die Beschäftigten in Niedriglohnländern, die angeblich zur Verhinderung von deren Ausbeutung beitragen sollen, dient häufig der Bemäntelung des protektionistischen Schutzes, den man den hiesigen Arbeitnehmern auf diesem Wege gewähren will. Wer das nicht versteht, der denke einmal an die aus heutiger Sicht katastrophalen Arbeitsbedingungen etwa von Bergleuten hierzulande vor 150 Jahren. In der damaligen Wahrnehmung waren die Bergleute vom Schicksal bevorzugte Beschäftigte, weil sie einen gut bezahlten Job hatten, ganz gleichgültig, wie hart und gesundheitsschädigend ihre Arbeitsbedingungen waren. Woran lag das? Natürlich an den Alternativen, die sich den Arbeitnehmern damals boten. Die waren nämlich entweder gar nicht vorhanden oder noch erbärmlicher. Das soll nun nicht heißen, dass man den Beschäftigten in Niedriglohnländern heute die gleichen schlechten Arbeitsbedingungen wünscht, wie sie bei uns in Zeiten der industriellen Revolution vorherrschten. Aber den Niedriglohnländern verbieten zu wollen, heute auf ähnlich problematische Weise zu produzieren wie wir damals, ohne ihnen Alternativen zu bieten, d. h. finanzielle Unterstützung zukommen zu lassen zur Verbesserung ihrer Arbeitsbedingungen, ist eine scheinheilige Strategie.

Genau so verhält es sich mit dem Thema Kinderarbeit. Wir – wie wohl die meisten Bürger der Industrienationen – lehnen diese Ausbeutung von Arbeitskräften strikt ab. Nur: Unternehmen, die Kinder in armen Regionen der Welt ausbeuten, zu boykottieren, indem man ihre Waren nicht kauft, reicht allein nicht aus. Davon wird noch keines der betroffenen Kinder satt, geschweige denn, dass es eine Chance auf Bildung erhält. Das heißt, der Boykott hilft erst wirklich, wenn er gleichzeitig mit Transferzahlungen an die betroffenen Kinder bzw. deren Familien verbunden ist. Transferzahlungen, die überhaupt erst die Grundlage dafür schaffen, dass die Kinder nicht ausschließlich mit dem täglichen Überlebenskampf befasst sind, sondern eine Investition in ihre eigene Zukunft vornehmen können. Wer mit Kinderarbeit hergestellte Waren boykottiert ohne gleichzeitig für einen finanziellen Ausgleich dort zu sorgen, wo diese Arbeitsbedingungen aus Not akzeptiert werden, tut in erster Linie etwas gegen sein schlechtes Gewissen, aber nichts für die betroffenen Kinder.

Die gleiche Argumentation gilt übrigens auch für die Forderung nach umweltverträglichen Produktionsweisen. Die Verbraucher hierzulande aufzurufen, nicht umweltverträglich hergestellte Waren aus Niedriglohnländern zu boykottieren, ohne diesen Ländern die für eine Verbesserung ihrer Produktionsanlagen notwendigen Finanzmittel zur Verfügung zu stellen, bewirkt höchstens, dass ein paar Menschen mehr in den betreffenden Ländern verhungern, ohne dass dort in Sachen Umweltschutz auch nur die geringste Verbesserung eintreten würde. Natürlich ist es verheerend, dass hiesige Unternehmen zur Umgehung kostspieliger Umweltauflagen in Niedriglohnländer abwandern, um dort ganz ungehindert so Umwelt zerstörend zu produzieren, wie es dort akzeptiert wird. Akzeptiert wird es aber, weil den Menschen dort die tägliche Not diktiert, nur für das gegenwärtige Überleben zu sorgen und die Folgen für das Übermorgen dabei zu vernachlässigen. Wenn wir dem begegnen wollen, genügt es nicht, diese Unternehmen zu boykottieren oder durch Auflagen vor Ort an ihrer Produktionsmethode zu hindern; denn dann investieren Unternehmen womöglich gar nicht in dem Niedriglohnland, wodurch dort keinem Menschen (und nur bestenfalls der Umwelt) geholfen ist, hierzulande aber der von direkt in der Branche konkurrierenden Arbeitnehmern erwünschte Nebeneffekt eintritt, dass weniger Investivkapital ins Ausland abwandert, sprich: Arbeitsplätze verlagert werden. Gerade wegen dieses »Nebeneffektes« ist es eine unglaubwürdige Strategie, den Niedriglohnländern Umweltstandards abzuverlangen, ohne die damit verbundenen Kosten zumindest mitzutragen. Diese Länder können mit vollem Recht darauf verweisen, dass die Ursachen des Klimawandels von heute und morgen auf das Verhalten der Industriestaaten von gestern zurückzuführen sind, seine Folgen aber alle Länder betreffen, noch dazu aus geografischen Gründen die ärmeren Länder oft stärker. Dass wir uns davor schützen wollen, die gleiche Umweltverschmutzung pro Kopf, die wir produziert haben, auch von den Niedriglohnländern mit abzukommen, ist für diese Länder kein hinreichendes Argument, sich durch Auflagen die Teilnahme an den Weltmärkten erschweren zu lassen. Selbst wenn wir auf den möglichen ökologischen Kollaps des »Weiter so« hinweisen, müssen in erster Linie wir reicheren Nationen für eine Wende gerade stehen. Wenn wir tatsächlich eine bessere Umweltpolitik in Niedriglohnländern schon heute erreichen wollen und nicht erst am Ende des Anpassungsprozesses dieser Länder an unser Kapitalstock- und Wohlstandsniveau, dann müssen wir ihnen das durch Transfers finanzieren. An dieser Erkenntnis führt kein Weg vorbei.

Deutsches Gürtel-enger-Schnallen schädigt Entwicklungsländer

Durch die Forderung nach Lohnsenkungen in Hochlohnländern wird implizit versucht, die Chancen der Entwicklungsländer zum Aufholen zu schmälern oder sie ihnen gar gänzlich zu nehmen. Diese Position wird üblicherweise von Leuten vertreten, die strikt gegen Protektionismus sind und den ärmeren Ländern alle Chancen dieser Welt versprechen, wenn sie nur ihre Märkte vollständig öffnen. Wenn aber zugleich die Wettbewerbsfähigkeit der Industrieländer auf den Weltmärkten durch lohninduzierte Preissenkungen zunimmt, werden den sich entwickelnden Volkswirtschaften zugleich die Märkte genommen, weil sie ihre wenigen Produkte noch schlechter international platzieren können. Am Sonntag das Elend dieser Welt zu beklagen und am Montag den Arbeitnehmern hierzulande das Gürtel-Enger-Schnallen zu empfehlen, ist entweder heuchlerisch oder dumm. Genau so verhält es sich mit Steuersenkungen zur Stärkung der Wettbewerbsfähigkeit hiesiger Unternehmen, wie sie gerade von der Bundesregierung beschlossen wurden. Wem gegenüber wollen wir denn unsere Wettbewerbsfähigkeit stärken? Doch gegenüber der ausländischen Konkurrenz. Gleichzeitig zu beschließen, die Unternehmenssteuern um 10 Milliarden Euro zu senken und die Entwicklungshilfe um 750 Millionen Euro aufzustocken, ist für die Entwicklungsländer ein schlechtes Geschäft.

Überdies kommt man auf dem Weg einer absoluten Angleichung der deutschen Löhne an die chinesischen oder indischen nicht weit. Im Verhältnis zu den meisten Ländern kommt es früher oder später, wie bereits oben erklärt, zu einer Aufwertung der Währung, wenn Deutschland gegen die zentrale Regel des internationalen Handels- und Kapitalverkehrs verstößt, sich an seine Produktivität anzupassen. Zwar konnte sich Deutschland seit 1999 hinter den übrigen Partnern im Euroraum sozusagen verstecken, die kein Lohndumping betreiben. Deren (wegen dieses lohnpolitischen Stillhaltens abnehmende) Präsenz auf den Weltmärkten bewahrt den Euro vor einem noch stärkeren Anziehen, wie es sich in Zeiten der D-Mark unter sonst gleichen Umständen längst abgespielt hätte. Denn die Lohnstückkostenentwicklung unserer Europartner fließt ebenso ein in die Bewertung der Wettbewerbsfähigkeit des Euroraumes wie die deutsche (vgl. Kapitel 4.1 in Teil II). Bei einer massiven Lohnkosten-senkung in Deutschland wäre aber eine weitere drastische Aufwertung des Euro unvermeidlich. Wechselkurse gleichen nun mal über lange Fristen hin-weg Lohnstückkostendifferenzen aus, niemals aber die absoluten Löhne. All diese Argumente werden jene Arbeitnehmer in einem Hochlohnland wenig überzeugen, die ihren Arbeitsplatz wegen der Verlagerung eines Pro-duktionsstandortes ihres bisherigen Arbeitgebers in ein Niedriglohnland ver-loren haben. Das ist zweifellos eine schwierige Situation für die Betroffenen. Die Gesellschaft muss für diese Fälle ein soziales Sicherungsnetz zur Verfü-gung stellen, das den Betroffenen ein Existenzminimum garantiert und die Möglichkeit bietet, durch z. B. Umschulung in anderen Wirtschaftszweigen wieder Fuß zu fassen. Andere Wirtschaftszweige werden aber auch die bestens umgeschulten Arbeitslosen nicht einstellen, wenn ihre Absatzsituation nicht entsprechend gut ist. Ohne länger anhaltende konjunkturelle Aufschwungpha-sen ist den vom internationalen Strukturwandel negativ Betroffenen nicht zu helfen. Da nützen keine noch so weit reichenden Lohnsenkungsrezepte, Dere-gulierungsorgien und Sozialleistungskürzungen. Weil sich die Wirtschaftspo-litik aber genau für den Bereich »Konjunktur« als nicht zuständig erklärt, ist es kein Wunder, dass so viele Menschen Angst vor der Globalisierung haben. Sie spüren, dass sie mit den Folgen des internationalen Strukturwandels an entscheidender Stelle allein gelassen werden, ohne dass sie als einzelne etwas dagegen unternehmen können. Daher lehnen sie ihn ab. Mit Appellen an eine erhöhte »Leistungsbereitschaft« und ein verringertes »Anspruchsdenken« ist eine offenere Haltung breiter Bevölkerungskreise zum Thema Globalisierung jedenfalls nicht zu erreichen. Solche Appelle werden zu Recht so verstanden, dass man den Betroffenen die Schuld an ihrer Situation in die Schuhe schie-ben will und sich mit dieser »Begründung« aus der wirtschaftspolitischen Ver-antwortung stiehlt.

Deutschland gewinnt durch die Globalisierung

Trotz dieser Einzelschicksale stellt sich die deutsche Arbeitsplatzbilanz des internationalen Handels ganz anders dar: Deutschland exportiert – in zuneh-mendem Maße – wesentlich mehr Güter als es importiert. Das bedeutet nichts anderes, als dass der Außenhandel in der globalisierten Welt unsere Wirtschaft stützt und hier per Saldo Arbeitsplätze schafft. Das dürfte in der Regel zwar in

Abb. 10

Ungleichgewichte im internationalen Handel[1]

[1] Saldo der Leistungsbilanz in Prozent des Bruttoinlandsprodukts; negative Werte: Defizit. [2] 1960 bis 1990 West-deutschland, ab 1991 Deutschland.
Quellen: AMECO Datenbank; 2007: Prognose der EU-Kommission.

anderen Branchen der Fall sein als in denen, die Arbeitsplätze ins Ausland verlagern. Aber in der Summe stellt sich Deutschland durch den internationalen Handel in Sachen Arbeitsplätze besser und nicht schlechter. So zu tun, als ob unsere Gesellschaft insgesamt in Hinblick auf die Arbeitsplätze der Verlierer bei der Globalisierung sei, ist schlicht falsch. Wer bei der Analyse der Ursachen unserer gravierenden Arbeitsmarktprobleme auf die Globalisierung verweist, drischt den falschen Esel, den nämlich, der uns von großem Nutzen ist.

Sind wir denn aber auf diese Ungleichgewichte nicht angewiesen, wenn die heimischen Märkte offenbar so schlecht laufen? Müssen wir nicht durch Exportüberschüsse das an Arbeitsplätzen sichern oder sogar per Saldo etwas ausgleichen, was wir – egal aus welchen Gründen – intern ansonsten verlieren? Nein, das müssen wir nicht und werden es auf Dauer auch nicht können. In Abbildung 10 sind die Leistungsbilanzsalden Deutschlands, Frankreichs und der USA in Prozent des jeweiligen Bruttoinlandsprodukts seit 1960 dargestellt. Man sieht, dass in den sechziger und siebziger Jahren der Handel für die beispielhaft ausgewählten Länder mehr oder weniger ausgeglichen war. Deutschland befand sich schon damals tendenziell in einer Überschussposition, aber verglichen mit der Entwicklung seit Mitte der achtziger Jahre müssen Überschüsse von 1 bis 2 Prozent als harmlos gelten. In der zweiten Hälfte der achtziger Jahre ändert sich das Bild fundamental: Deutschland baut enorme Überschusspositionen auf und spiegelbildlich dazu geraten die anderen Länder in beachtliche Defizite. Frankreich musste seinen wirtschaftspolitischen Kurs ab 1983 genau wegen dieser beträchtlichen Schuldenposition (in der Spitze 4 Prozent des Bruttoinlandsprodukts) aufgeben. Das französische Defizit zu Anfang der achtziger Jahre wird noch heute als Beleg dafür genommen, dass nationale keynesianische Politik in einer offenen Wirtschaft nicht mehr möglich ist. Das aber ist genauso falsch wie die Behauptung, das heutige Defizit in den USA sei ein Beleg für das Scheitern keynesianischer Politik. Diese Defizite zeigen nur, dass eine solche Politik sehr viel schwerer mit Erfolg durchführbar ist, wenn andere große Länder in der gleiche Zeit das genaue Gegenteil machen, nämlich unter ihren Verhältnissen leben und ihre internationale Wettbewerbsfähigkeit verbessern. Gegen die Regeln internationaler Vernunft verstoßen aber eindeutig letztere.

Das deutsche Ungleichgewicht brach mit der deutschen Wiedervereinigung 1991 aufgrund des ostdeutschen Importsogs in sich zusammen – glücklicherweise, muss man hinzufügen. Denn anderenfalls wäre es wohl kaum ohne gravierende Wechselkursanpassungen oder möglicherweise sogar überhaupt nicht zur Bildung der europäischen Währungsunion gekommen. So aber wurden 40 Jahre zurück gestaute Konsumbedürfnisse von 20 Millionen Verbrauchern in Ostdeutschland nachgeholt und trieben das ostdeutsche Defizit bis auf 50 Prozent des Bruttoinlandsprodukts. Folglich verzeichnete Deutschland insgesamt in den folgenden zehn Jahren ein leichtes Defizit von durchschnittlich 1 Prozent des Bruttoinlandsprodukts, deutlich weniger als die USA (1,5 Prozent) und begleitet von französischen Überschüssen. Seit 2001 ist der deutsche Leistungsbilanzsaldo jedoch wieder steil nach oben gerichtet und hat mit über 5 Prozent des Bruttoinlandsprodukts eine zuvor unerreichte Dimension angenommen. Frankreich ist hingegen ins Defizit geraten, obwohl es sich mit seiner Lohnstückkostenentwicklung vollkommen stabilitätsgerecht verhalten hat. Doch dieses stabilitätsgerechte Verhalten nützt einem Land gar nichts, wenn es von einem so bedeutenden Handelspartner wie Deutschland an die Wand gespielt wird, der sich nicht stabilitätsgerecht verhält. Vor allem aber die USA verzeichnen eine in dieser Größenordnung und Dauer noch nicht da gewesene Handelslücke.

Dass solche Ungleichgewichte auch dann nicht von Dauer sein können, wenn das Wechselkursventil fehlt, wie in der EWU der Fall, wird noch in Kapitel 4.1 von Teil II erläutert. Doch wie steht es mit der obigen Aussage, dass wir diese Ungleichgewichte, wenn sie über lange Zeiträume durchzuhalten wären, nicht für die Sicherung unserer Arbeitsplätze benötigen? Wir benötigen sie deshalb nicht, weil der Hauptgrund für die Entstehung der Leistungsbilanzüberschüsse zugleich der Hauptgrund für den »internen« Verlust an Arbeitsplätzen ist. Das Hochlohnland schädigt sich nämlich mit der Lohnsenkungsstrategie selbst, weil durch sie Binnennachfrage ausfällt und das Hochlohnland auf diese Weise eigenes Wachstums- und Einkommenspotenzial verschenkt. Denn die verbesserten Absatzmöglichkeiten im Ausland wiegen noch nicht einmal kurzfristig, geschweige denn längerfristig den inländischen Konsumrückgang auf. Das ist das zentrale Übel, an dem Deutschland seit gut zehn Jahren krankt. Die Therapie der Lohndrücker reproduziert und verschärft die Krankheit, die sie heilen soll.

4.4 Internationaler Handel bei Wanderung des Faktors Arbeit

Was geschieht, wenn einzelne oder auch ganze Gruppen von Arbeitnehmern aus den Niedriglohnländern nicht warten wollen, bis ihnen Kapital zur Ver-fügung steht, sondern sich selbst auf den Weg zum Kapital machen, sprich: in die Hochlohnländer einwandern? Ob das wirklich ein Massenphänomen werden könnte oder aus demografischen Gründen gar sollte und welche rechtlichen Grenzen eine solche Wanderungsbewegung einschränken, soll hier nicht diskutiert werden. Welche ökonomischen Mechanismen laufen aber zwischen den betroffenen Ländern ab, und welche ökonomischen Spielregeln sollten gelten, um die Wanderung des Faktors Arbeit für Herkunfts-, also Niedriglohnland, wie Einwanderungs-, also Hochlohnland, sinnvoll zu gestalten?

Arbeitskräfte aus Niedriglohnländern wandern in Hochlohnländer, weil sie dort mehr Jobs oder einen höheren Lohn oder beides erwarten. Bei normaler Arbeitsmarktsituation im Hochlohnland gilt de facto ein Bestimmungslandprinzip, das heißt, die Zuwanderer verdienen im Hochlohnland bei gleicher Qualifikation den gleichen Lohn wie die einheimischen Arbeitskräfte. Welche wirtschaftlichen Folgen hat das im Hochlohnland? Da die zuwandernden Arbeitskräfte reibungslos Arbeitsplätze finden, ist die Zuwanderung kein Problem für das Hochlohnland, sie erhöht sogar sein Wachstumspotenzial.

Zuwanderung bei Arbeitslosigkeit

Herrscht im Hochlohnland jedoch Arbeitslosigkeit, ist die Wahrscheinlichkeit gering, dass Zuwanderer zum herrschenden Lohn Arbeit finden. Denn warum sollte ein Zuwanderer unter sonst gleichen Bedingungen einer inländischen Arbeitskraft, die keine Sprachschwierigkeiten oder sonstigen Anpassungsprobleme haben dürfte, vorgezogen werden? Finden die Zuwanderer keine Arbeit, müssen sie Leistungen der sozialen Sicherungssysteme in Anspruch nehmen, um zu überleben. Das aber wird keine Gesellschaft in größerem Umfang, also für eine bedeutende Anzahl von Zuwanderern, bezahlen, zumal wenn sie schon selbst vor dem Problem steht, inländische Arbeitslose finanzieren zu müssen. Denn den Mindestlebensstandard, den eine Gesellschaft durch soziale Sicherungssysteme für ihre Mitglieder zu garantieren versucht, um den sozialen Frieden und Zusammenhalt der Bürger zu organisieren, die sich im Gegenzug ihrem Rechtssystem unterordnen, wird sie nicht für den Rest der Welt oder auch nur einen spürbaren Teil davon zur Verfügung stellen. Jedenfalls spricht alle Erfahrung dagegen, so bedauerlich man das auch finden mag. Denn wären die westlichen Industrienationen dazu bereit, hätten sie ihre Solidarität schon längst viel effektiver über eine Erhöhung der Entwicklungshilfe oder besser noch über einen Abbau ihres Agrarprotektionismus unter Beweis stellen können.

Was geschieht, wenn die Zuwanderer bei Arbeitslosigkeit im Hochlohnland daher bereit sind, dort zu einem wesentlich geringeren Lohn als die heimischen Arbeitskräfte zu arbeiten, und das Gastland bereit ist, das zu tolerieren? Die Zuwanderer erhöhen ja durch diese Bereitschaft die Wahrscheinlichkeit, im Gastland Arbeit zu erhalten. Dass sie sich trotz des niedrigeren Lohnes oft besser stellen als in ihrem Herkunftsland, ist sicher ein zentrales Motiv für die Wanderung. (Dass diese Rechnung nicht immer aufgehen muss, weil etwa die Lebenshaltungskosten unterschätzt werden, der Wohnraum knapp und entsprechend teuer ist oder die soziale Integration nicht funktioniert, steht auf einem anderen Blatt.) Welcher inländische Unternehmer wollte diese Gewinnchance (bei gleicher Qualifikation der Arbeitskräfte) nicht nutzen, seinen Kapitalstock mit Billiglöhnen zu kombinieren, diesmal im Inland statt im Niedriglohnland?

Lohnanpassung nach unten: keine Lösung für das Hochlohnland ...

Durch die Außer-Kraft-Setzung des Bestimmungslandprinzips und die Einführung eines Herkunftslandprinzips – die zuwandernden Arbeitskräfte werden zu einem Lohn bezahlt, wie er in ihrem Herkunftsland üblich ist (vgl. die europäische Dienstleistungsrichtlinie vom Dezember 2006) – verdrängen die Zuwanderer einheimische Arbeitskräfte. Diese werden entweder arbeitslos und müssen über die sozialen Sicherungssysteme finanziert werden – ein für die Gesellschaft kaum akzeptabler und auf Dauer finanzierbarer Zustand –, oder sie passen ihre Löhne nach unten an die der Zuwanderer an.

... und keine Lösung für das Niedriglohnland

Gerät auf diesem Wege das Lohnniveau des Hochlohnlandes insgesamt ins Rutschen, treten die oben bereits erwähnten negativen Folgen ein: Nachfrageausfall im Inland, dadurch sinkende Gewinne der Unternehmen und verschenkte Wachstums- und Wohlstandsmöglichkeiten, verstärkter Verdrängungswettbewerb auf den Weltmärkten und/oder Aufwertung der heimischen Währung. Das heißt übrigens auch, dass die Herkunftsländer der Zuwanderer durch die von ihnen ausgelöste Lohnsenkung geschädigt werden. Zwar wird ihr Arbeitsmarkt möglicherweise unmittelbar entlastet, aber durch die Wanderung wird kein zusätzlicher Kapitalstock im Niedriglohnland aufgebaut, wie das im Fall der Kapitalwanderung geschieht. Die zurückbleibende Bevölkerung profitiert nicht von den Abwandernden (höchstens in Form von Überweisungen, die diese den Daheimgebliebenen zukommen lassen), das durchschnittliche Produktivitätsniveau steigt nicht und damit auch nicht das durchschnittliche Lohnniveau: Es findet kein Aufholprozess statt. Vielmehr sehen sich die Anbieter aus dem Niedriglohnland noch wettbewerbsfähigeren Anbietern auf dem Weltmarkt gegenüber. Denn die Lohnsenkung im Hochlohnland schafft Raum für Weltmarktanteilsgewinne der dortigen Unternehmer mittels Preissenkung. Zwar wird eine Aufwertung der Währung des Hochlohnlandes am Ende diesen Gewinn wieder zunichte machen, aber die Folgeschäden sind in der Regel enorm. Zudem reißt das Lohndumping im Hochlohnland all die Länder mit in die Abwärtsspirale, die mit dem Hochlohnland zusammen Mitglied einer

Währungsunion sind oder aus sonstigen Gründen ihren Wechselkurs gegenüber dem Hochlohnland fixieren. Sind darüber hinaus auch noch gerade die fähigsten und flexibelsten Arbeitskräfte die Wanderungswilligen, findet durch die Abwanderung ein »brain drain«, eine Art personelles Ausbluten, des Niedriglohnlandes statt, was ebenfalls ein Schaden ist.

Bestimmungslandprinzip ohne Wenn und Aber

Nur die konsequente Anwendung des Bestimmungslandprinzips *auch bei hoher Arbeitslosigkeit* im Hochlohnland kann diesen alle schädigenden Teufelskreis verhindern. Das bedeutet, dass in Deutschland kein ungebremster Strom von Zuwanderern verkraftet werden kann und – im ureigensten Interesse der Niedriglohnländer – auch nicht verkraftet werden darf. Für jede einzelne Volkswirtschaft oder jeden Raum der gleichen Entwicklungsstufe, d. h. ähnlicher Kapitalausstattung, muss das »law of one price« gelten, der Grundsatz des gleichen Lohns für gleiche Arbeit also. Wird dieser Grundsatz durchlöchert, dann werden Mittel zur Behebung der Krise empfohlen, die eine Abwärtsspirale erst richtig in Gang setzen.

Zugleich ist der Staat finanziell völlig überfordert, die sozialen Sicherungssysteme wirken zu lassen, die ja in der Tat nicht für dauerhaftes Versagen der Wirtschaftspolitik geschaffen wurden, sondern zur temporären Abfederung des intertemporalen wie des internationalen Strukturwandels. Die falsche Analyse findet hier sofort den nächsten Schuldigen für unsere Misere: Der Staat insgesamt müsse radikal in seine Schranken gewiesen werden, wolle man die Herausforderung der globalisierten Märkte annehmen. Wen wundert es da noch, dass die Bevölkerung sich zunehmend vor der Globalisierung fürchtet und Fremdenfeindlichkeit auf dem Vormarsch ist? Wer die gesamte Gesellschaft in ihren Grundfesten in Frage stellt, sollte sich nicht nur über die wirtschaftlichen sondern auch die politischen Folgen seiner Ratschläge im Klaren sein. Die Parallelen zwischen den heute empfohlenen Strategien zur Krisenbekämpfung und denen, die man während der Weltwirtschaftskrise gegen Ende der zwanziger und Anfang der dreißiger Jahre des letzten Jahrhunderts umgesetzt hat, sind erschreckend (vgl. Butterwegge, 2005).

Noch einmal: Ja zum Mindestlohn

Schon bei der Diskussion, inwieweit die Lohnstruktur Ursache unserer Massenarbeitslosigkeit sein könnte (vgl. Kapitel 3.2), haben wir den Mindestlohn als gesellschaftsnotwendige und ökonomisch unbedenkliche Institution verteidigt. Im Zusammenhang mit der Arbeitskräftekonkurrenz aus Niedriglohnländern taucht er automatisch wieder auf und erhält eine weitere Rechtfertigung. Denn kommt es bei vergleichsweise hohem Bildungsniveau der heimischen Arbeitnehmer zu Zuwanderung aus einem Niedriglohnland, entsteht in der Tat ein schwerwiegender wirtschaftspolitischer Konflikt.

Um ein Beispiel zu konstruieren: Nehmen wir an, ein Unternehmen entschließe sich bei vollkommener internationaler Mobilität von Arbeit, statt eine Fabrik in Bangla Desh zu bauen, alle Arbeiter, die er in dieser Fabrik braucht, zu einem real höheren Lohn als in ihrem Heimatland, aber einem wesentlich niedrigeren als in Deutschland, aus Bangla Desh nach Deutschland zu bringen. Wie lange könnte man vermeiden, dass – mit hoher Berechtigung – von moderner Sklaverei gesprochen würde, weil die Arbeiter aus Bangla Desh es in diesem fiktiven Beispiel nur ihrer Herkunft, nicht aber ihrer Leistung oder der Marktsituation schulden, dass sie weit weniger Lohn als deutsche Arbeitnehmer erhielten?

In Bangla Desh ist das offenbar anders. Wenn der gleiche Unternehmer dort eine Fabrik baut, ist es offenbar vollkommen unproblematisch, wenn er – trotz westdeutscher Produktivität – permanent den in Bangla Desh üblichen Lohn bezahlt, der sich auch nur nach Maßgabe des durchschnittlichen Produktivitätsfortschritts in Bangla Desh erhöht. Der in Bangla Desh übliche Lohn ist zwar absolut gesehen extrem niedrig, solange aber die souveränen Nationalstaaten dieser Welt und die von ihnen geschaffenen internationalen Institutionen bereit sind, immense Einkommensabstände zwischen Ländern zu tolerieren, ist dieser Strukturwandel zur Ausnutzung der mit den Lohndifferenzen verbundenen Gewinnchancen nicht unmoralisch, sondern eine Chance zu schnellerem wirtschaftlichen Aufholen der ärmeren Länder.

Dagegen wird sich die reiche Gesellschaft bei einer Einwanderung in der Tat fragen, ob sie bereit ist, durch die Hinnahme von extrem niedrigen Löhnen bei Einwanderern und der sich daraus ergebenden allgemeinen Lohnsenkung ihre Bildungsinvestitionen entwerten zu lassen. Lässt sie zu, dass die Unternehmen den durch die Zuwanderung anschwellenden Angebotsüberschuss am Arbeitsmarkt für eine massive allgemeine Lohnsenkung nutzen mit allen negativen Wachstumsfolgen, muss sie den bisherigen heimischen Arbeitnehmern sagen, dass die Investition in ihre Bildung an Wert verloren hat, weil die Löhne in Ländern, die weniger entwickelt sind, niedriger sind. Oder soll die Gesellschaft die Bildung einer zweiten Klasse armer Zuwanderer zulassen, die zwar im Inland arbeiten, aber dauerhaft zu Bedingungen entlohnt werden, die ihnen eine Teilhabe an dieser Gesellschaft nicht erlauben?

Die primitive »Lösung« der herrschenden Meinung, die Dinge laufen zu lassen und unter dem Druck der Umstände die aus ihrer Sicht ohnehin schädlichen heimischen sozialen Errungenschaften abzubauen, ist absurd. Wenn die hoch entwickelte Gesellschaft in ihrer Lohnstruktur das gesamte Spektrum vom Niedriglohnland zum Hochlohnland abdeckte, also bezahlte Tätigkeiten aufwiese, die direkt mit vergleichbaren Tätigkeiten in Niedriglohnländern konkurrieren, wäre das für die Niedriglohnländer der wirtschaftliche Ruin, weil es eine unüberwindbare Konkurrenz schüfe, die weit schlimmer als Protektionismus wäre. Daraus folgt, der Mindestlohn ist ein Muss; ohne Mindestlohn gibt es weder eine funktionierende internationale Arbeitsteilung noch eine menschenwürdige Gesellschaft. Ob der Staat dafür sorgt oder die Gewerkschaften, ist zweitrangig. Es ist aber damit zu rechnen, dass bei einem Ende der Massenarbeitslosigkeit die Gewerkschaften in Deutschland wieder in der Lage sein werden, einen angemessenen Mindestlohn durchzusetzen.

Teil II:
Das Versagen der Wirtschaftspolitik

Warum kämpfen wir seit über 25 Jahren so erfolglos gegen die Arbeitslosigkeit in unserem Land? Warum gelangen wir seit den 1970er Jahren am Ende eines Konjunkturzyklus nie zum Niveau der Arbeitslosigkeit zurück, das an seinem Beginn herrschte? Wir haben bis zu dieser Stelle nach dem Ausschlussverfahren vorgeführt, woran es nicht gelegen hat: nicht am technischen Fortschritt, nicht an übermäßigen Lohnsteigerungen oder mangelnder Lohndifferenzierung, nicht einmal an der Globalisierung. Nun endlich können wir die Spur aufnehmen, die zu des Rätsels Lösung führt. Es liegt aber noch eine ordentliche Wegstrecke vor uns. Sie führt vorbei an einigen grandiosen Ruinen der Volkswirtschaftslehre, die in den letzten drei Jahrzehnten gebaut worden und inzwischen wieder verfallen sind. Die Strecke führt auch stetig bergan, was von denen, die mit hinaufsteigen wollen, erhebliche Kraft und Geduld verlangt. Der Weg ist aber nie langweilig. Er bietet Ausblicke auf eine weite Landschaft der Volkswirtschaftslehre und Einblicke in einige Seitentäler, deren Bedeutung es lohnt, für einen Moment zu verweilen. Schließlich aber, und das ist das Wichtigste, führt der Weg geradewegs zum Gipfel der Volkswirtschaftslehre, der Frage nämlich, wie es überhaupt in einer auf Arbeitsteilung und Anonymität angelegten Wirtschaft gelingen kann, genügend Kräfte zu mobilisieren, die bereit sind, hohe persönliche Risiken zu übernehmen, um in eine vollkommen unbekannte Zukunft zu investieren, obwohl andere zugleich vieles tun, um sie davon abzuhalten.

Wenn wir nach vielen Mühen den Gipfel erreicht haben, werden wir allerdings feststellen, dass andere schon vor uns da waren. Es finden sich große Gedenktafeln zur Erinnerung an Joseph Alois Schumpeter, an John Maynard Keynes und einige andere, nicht zu vergessen an den einzigen frühen deutschen Gipfelstürmer, Wilhelm Lautenbach. Sie alle haben es uns Heutigen eigentlich leicht gemacht, den richtigen Weg zu gehen, aber viele wollen nicht aus Erfahrung lernen. So klangvolle Namen wie Adam Smith, David Ricardo oder Leon Walras finden wir übrigens da oben nicht. Auch Milton Friedman hat es nicht geschafft, er ist viel zu früh abgebogen und hat mit seinen falschen Hinweisen viele Gutgläubige in die Irre geführt. Zu unserer Überraschung ist auch von Ludwig Erhard nicht verbürgt, dass er es jemals versucht hat, dort oben anzukommen, oder gar jemals angekommen wäre.

1 Die Legende vom deutschen Wirtschaftswunder

Fast jeder Deutsche ist mit dem Wissen aufgewachsen, dass wir es Ludwig Erhard zu verdanken haben, dass sich die deutsche Wirtschaft aus der Nachkriegsdepression befreien konnte. Ludwig Erhard, der von 1949 bis 1963 erster Wirtschaftsminister der jungen Bundesrepublik und anschließend drei Jahre lang ihr Bundeskanzler war. Er setzte Deutschland – so die Geschichtskenntnisse des Durchschnittsdeutschen – durch seine marktwirtschaftlichen Reformen auf die Schiene Richtung Wirtschaftswunder. Das ist eine schöne Legende. Wie alle Legenden ist sie aber der Unfähigkeit und der Unwilligkeit der Menschen geschuldet, eine komplexe Wirklichkeit verstehen zu wollen. Nichts, was Ludwig Erhard gemacht hat, war so außergewöhnlich, wenn man Deutschland mit anderen Ländern unmittelbar nach dem Zweiten Weltkrieg vergleicht, dass es taugte, ihm oder Deutschland in Sachen Wirtschaft einen Sonderplatz im Buch der internationalen Geschichte zu reservieren – wenn ihm sicher auch ein dankbares Andenken zusteht, die wirtschaftlichen Geschicke der Bundesrepublik vernünftig mitgelenkt zu haben. Aber seine Wirtschaftspolitik war weder wesentlich anders als die anderer Länder, noch war sein Erfolg wesentlich größer als anderswo.

Dass das innerhalb Deutschlands anders gesehen wurde, ist verständlich: Die Freude und Erleichterung, sich wie Phönix – auch hart erarbeitet – wieder aus der Asche erheben zu können, die die Deutschen mit dem Dritten Reich selbst produziert und mit der sie sechs Jahre lang den Kontinent überzogen hatten, war so groß, dass man nur allzu gern bereit war, ihr den Namen »Deutsches Wirtschaftswunder« zu verleihen und sie mit einem unbescholtenen Gesicht zu personifizieren, eben mit Ludwig Erhard. Eine Verbesserung der wirtschaftlichen Situation war damals nicht nur überlebensnotwendig, sondern eine intensive Beschäftigung mit diesem Gebiet und allen dort errungenen Erfolgen schien auch zu ermöglichen, eine Aufarbeitung der politischen Vergangenheit hinausschieben, wenn nicht gar verdrängen zu können. Wichtig für unser Thema hier ist, dass diese deutsche Nabelschau, die bis heute im Geschichtsverständnis vererbt wird, verhindert hat, einen sachlicheren und das heißt vor allem: internationaler orientierten Blick auf die damalige wirtschaftliche Entwicklung zu werfen. Dabei wäre das dringend notwendig für das Verständnis, warum es uns damals in Sachen Arbeitsmarkt zwei Jahrzehnte lang so fundamental besser ging als heute, besser gesagt: als seit Mitte der 1970er Jahre bis heute.

1.1 Wirtschaftswunder auch anderswo

Vergleicht man die Wachstumsraten Deutschlands mit denen ähnlich großer europäischer Länder, also mit denen Frankreichs, Italiens und Großbritanniens in den ersten 20 Jahren nach dem Krieg, bleibt zwar etwas, das man durchaus als Wirtschaftswunder bezeichnen kann (vgl. Abbildung 11). Die Hypothese von einer besonderen deutschen Leistung durch besondere deutsche Politik initiiert von besonderen deutschen Politikern fällt jedoch wie ein Kartenhaus in sich zusammen.

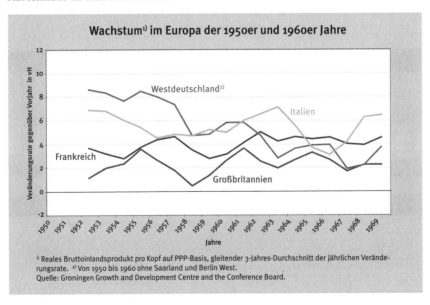

Wachstum[1] im Europa der 1950er und 1960er Jahre   Abb. 11

[1] Reales Bruttoinlandsprodukt pro Kopf auf PPP-Basis, gleitender 3-Jahres-Durchschnitt der jährlichen Veränderungsrate. [2] Von 1950 bis 1960 ohne Saarland und Berlin West.
Quelle: Groningen Growth and Development Centre and the Conference Board.

Italien überholt Deutschland schon in den sechziger Jahren ...

Im Vergleich zu den drei genannten europäischen Ländern war Deutschland nur ein paar Jahre lang herausragend. Schon 1958 holte Italien, das auch zu Beginn der fünfziger Jahre kräftig gewachsen war, Deutschland ein und verzeichnete in den Folgejahren durchweg bessere Ergebnisse als das Wirtschaftswunderland. Dass es trotzdem Ende der sechziger Jahre einen Zustrom von Arbeitnehmern von Italien nach Deutschland gab, lag vor allem an dem damals sehr unterschiedlichen Lohnniveau. Frankreich war in den fünfziger Jahren weniger kräftig gestartet, wuchs aber ab den frühen sechziger Jahren stabiler und schneller als der vom Krieg weit stärker zerstörte Nachbar Deutschland.

... und Japan ist viel besser

Noch weniger beeindruckend ist das deutsche Wirtschaftswunder, wenn man es mit dem Aufholprozess des anderen großen Verlierers des Zweiten Weltkrieges, mit dem Japans, vergleicht. Japan wuchs nicht nur in den fünfziger Jahren annähernd so stark wie die Bundesrepublik, es ließ die deutsche Aufholjagd in den sechziger Jahren wie einen Spaziergang aussehen (vgl. Abbildung 12). Mit

Abb. 12

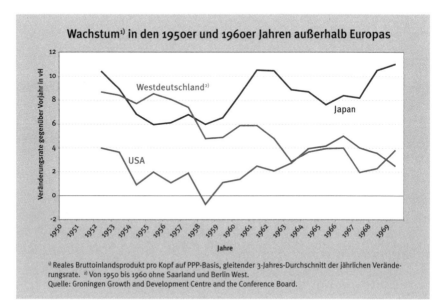

Wachstum[1] in den 1950er und 1960er Jahren außerhalb Europas

[1] Reales Bruttoinlandsprodukt pro Kopf auf PPP-Basis, gleitender 3-Jahres-Durchschnitt der jährlichen Veränderungsrate. [2] Von 1950 bis 1960 ohne Saarland und Berlin West.
Quelle: Groningen Growth and Development Centre and the Conference Board.

Wachstumsraten von durchschnittlich 9,5 Prozent im zweiten Jahrzehnt des Friedens überbot die größte asiatische Volkswirtschaft bei weitem die Leistung aller europäischen Wettbewerber und schickte sich an, rasch zur zweitgrößten Volkswirtschaft der Erde aufzusteigen.

Das deutsche Wunder – und das ist hierzulande sicher prägend für das Verständnis von diesem Prozess gewesen – war vor allem ein Wunder gegenüber den wichtigsten Siegermächten, gegenüber Großbritannien und den USA, von Russland ganz zu schweigen. In der Tat verläuft in den 1950er Jahren in den Vereinigten Staaten und in beiden Jahrzehnten in Großbritannien die wirtschaftliche Entwicklung vergleichsweise enttäuschend. Die Dynamik der englischen Wirtschaft reichte während der gesamten Zeit des Aufholens unter den Bedingungen des herrschenden weltweiten Währungssystems von Bretton Woods, also von 1950 bis 1972, niemals an die der anderen großen Volkswirtschaften, die der übrigen Sieger und die der Verlierer gleichermaßen, heran, und England erwarb sich den Titel des »kranken Mannes in Europa«.

Während in den USA die Überbewertung des US-Dollars und die technologische Spitzenposition ein ähnlich rasantes Wachstum ausschlossen, blieb Großbritannien trotz seines kriegsbedingt niedrigen Ausgangsniveaus beim Kapitalstock bis weit zum Ende des vergangenen Jahrhunderts, genau bis zu den einschneidenden Reformen der »Eisernen Lady« Maggie Thatcher in den 1980er Jahren, der »Modellfall« für gescheiterte Versuche, Staatswirtschaft und Gewerkschaftsmacht mit Marktwirtschaft in Einklang zu bringen.

1.2 Schlüssel zum Erfolg: Bretton Woods ...

Was also erklärt das »Wunder« in so vielen Ländern Europas und Asiens? Für die meisten der aufholenden Länder waren die gesamtwirtschaftlichen Bedingungen in den ersten beiden Jahrzehnten nach dem Krieg in der Tat ideal. Durch das in dem kleinen Ort Bretton Woods in Virginia schon während der Kriegsjahre entworfene neue Weltwährungs- und Handelssystem ergaben sich sowohl hervorragende monetäre wie auch hervorragende währungspolitische Bedingungen, um aus einer Position der Schwäche heraus gegenüber den USA aufholen zu können.

Das Bretton-Woods-System machte nämlich die amerikanische Volkswirtschaft und die amerikanische Wirtschaftspolitik zu dominanten Größen für fast alle Länder der westlichen Welt. Indem der US-Dollar zur Leitwährung erklärt wurde, bestimmte die amerikanische Zentralbank (das Federal Reserve System, die »FED«) für 20 Jahre im Alleingang die Geldpolitik und damit die globalen Investitionsbedingungen. Weil die Währungsrelationen so wichtiger Länder wie Deutschland und Japan fixiert wurden und die Wechselkurse über viele Jahre unterbewertet waren, also unter dem Wert lagen, der die Wettbewerbsfähigkeit der Volkswirtschaften angemessen widergespiegelt hätte, konnten auch die Verlierer des Krieges den großen amerikanischen Absatzmarkt erobern und ihre Position als Global Player aufbauen.

... und expansive Geldpolitik

Das heißt, es war nicht allein und in erster Linie die Rückkehr Deutschlands zu marktwirtschaftlichen Verhältnissen nach dem Krieg, die das Wirtschaftswunder auch nur in Ansätzen erklären könnte, sondern es war ein globaler Aufbruch, der durch fixe Wechselkurse stabile Handelsbedingungen erzeugte und diese kombinierte mit einer sehr expansiven Geldpolitik (der amerikanischen) sowie einem hohen Niveau an Wettbewerbsfähigkeit. Letzteres war quasi künstlich erzeugt durch eine massive Unterbewertung der D-Mark, was nur durch die amerikanische Unbekümmertheit hinsichtlich ihrer eigenen Weltmarktchancen erklärt werden kann. Interessant ist, dass die gleiche währungspolitische Konstellation heute dem aufholenden Land China nicht mehr so großzügig zugestanden wird wie uns damals über zwei Jahrzehnte hinweg. Das mag an einer realistischeren Einschätzung der USA hinsichtlich ihrer eigenen derzeitigen Weltmarktchancen liegen. Uns Deutschen steht es aber gerade nach dieser historischen Erfahrung – auch wenn sie wenig beachtet worden sein mag – schlecht zu Gesicht, besonders laut über die Unterbewertung der chinesischen Währung zu klagen, eines Landes, in dem große Teile der Bevölkerung noch immer unter Bedingungen leben müssen, die weit unterhalb unserer Vorstellungen eines Existenzminimums liegen.

Dass auch die direkten Hilfen aus den USA wie der viel gerühmte Marshall-Plan eine Rolle beim Wiederaufbau der Bundesrepublik spielten, muss man nicht bestreiten, wenngleich ihre quantitative Bedeutung weit überschätzt werden dürfte.

Folgen der Legende

Doch die Legende vom Wirtschaftswundermacher Ludwig Erhard, einmal in die Welt gesetzt, war nicht mehr tot zu kriegen. Generationen von Politikern berauschten sich an den einfachen marktwirtschaftlichen Rezepten und eiferten ihrem Idol nach. Man denke nur an Helmut Kohl, der mit Erhard im Herzen die ostdeutsche Wirtschaft mit marktwirtschaftlichen Reformen überzog, ohne auch nur eine Sekunde an seinem durchschlagenden Erfolg zu zweifeln. Als er schließlich kläglich gescheitert war, mussten es die schlechte Marktwirtschaft im Westen und die bösen Gewerkschaften sein, die verhindert hatten, dass die Reformen im Osten den erwarteten Erfolg brachten. Folglich musste man auch den Westen zurück reformieren, sozusagen um Ludwig Erhard zu rehabilitieren. Dass in Ostdeutschland eine der entscheidenden gesamtwirtschaftlichen Bedingungen für Erfolg, nämlich Wettbewerbsfähigkeit der Gesamtwirtschaft, von Anfang an durch den extrem hohen Umtauschkurs und die von der Politik unverstandene und sogar unterstützte Aufholjagd bei den Löhnen zunichte gemacht worden war, fiel in der Euphorie über die Möglichkeit, zu Erhardscher Größe heranzuwachsen, niemandem auf.

Weil dieses entscheidende Kapitel deutscher Wirtschaftsgeschichte bisher unaufgearbeitet geblieben ist, trägt auch die erste ostdeutsche Kanzlerin, Angela Merkel, Ludwig Erhard wie eine Monstranz vor sich her und hat ihre Regierungszeit unter das Motto »mehr Freiheit wagen« gestellt, was einfach heißt: mehr von demselbem, weil das Kohlsche Scheitern in ihren Augen ja nur gezeigt hat, dass die Bedingungen für eine Wiedergeburt der Erhardschen Rezepterfolge noch nicht gegeben sind.

So geht es also gemessen an der Arbeitslosigkeit seit Mitte der 1970er Jahre, gemessen am Pro-Kopf-Einkommen seit Anfang der 1980er Jahre im Vergleich zu den USA bergab. Weil Deutschland in Europa schon früh den Ton angab, gilt das für das gesamte kontinentale Kerneuropa – interessanterweise sogar noch stärker. Dieses Ende der Aufholjagd und der Beginn einer schubweise anwachsenden Sockelarbeitslosigkeit fallen mit dem Ende des Bretton-Woods-Systems und mit dem Beginn der wirtschaftspolitischen Unabhängigkeit Kerneuropas zusammen. Das ist kein Zufall.

Abb. 13

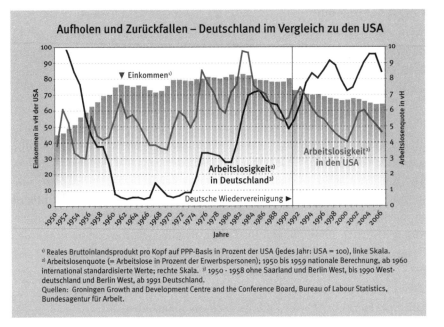

Aufholen und Zurückfallen – Deutschland im Vergleich zu den USA

Jahre

1) Reales Bruttoinlandsprodukt pro Kopf auf PPP-Basis in Prozent der USA (jedes Jahr: USA = 100), linke Skala.
2) Arbeitslosenquote (= Arbeitslose in Prozent der Erwerbspersonen); 1950 bis 1959 nationale Berechnung, ab 1960 international standardisierte Werte; rechte Skala. 3) 1950 - 1958 ohne Saarland und Berlin West, bis 1990 Westdeutschland und Berlin West, ab 1991 Deutschland.
Quellen: Groningen Growth and Development Centre and the Conference Board, Bureau of Labour Statistics, Bundesagentur für Arbeit.

Der Rückgang der Pro-Kopf-Einkommen im Vergleich zu den USA hat – worauf in akademischen Untersuchungen häufig verwiesen wird – auch seinen Grund darin, dass sich Europa in dieser Zeit entschieden hat, die Löhne etwas weniger stark zu erhöhen, um dafür mehr Freizeit genießen zu können. Die durchschnittliche Wochenarbeitszeit sank in Deutschland von 42 auf unter 40 Stunden, die Zahl der Urlaubstage nahm zu. Eine solche Aufteilung des erarbeiteten Zuwachses an Wohlstand mindert zwar rein rechnerisch die in Geldeinheiten gemessene Steigerung des Pro-Kopf-Einkommens, aber nicht den ökonomischen Wohlstand insgesamt, der aus beiden Komponenten (Güter und Freizeit) besteht. Dass das aber höchstens die Hälfte des Zurückfallens Deutschlands bzw. Kerneuropas gegenüber den USA beim Pro-Kopf-Einkommen erklärt, kann man am Vergleich der Entwicklung der Arbeitslosigkeit ablesen, weil sie unfreiwillige Einkommenseinbußen widerspiegelt. Seit Mitte der 1980er Jahre liegt Deutschland quasi gleichauf mit der amerikanischen Arbeitslosenquote und seit der deutschen Wiedervereinigung hat sich der Abstand der Quoten auf die Größenordnung der 1960er Jahre erhöht, nur mit dem Unterschied, dass heute Deutschland den USA den traurigen Rang

bei der Erwerbslosenstatistik abläuft und nicht die USA uns. In Europa war
die Arbeitslosigkeit sogar seit Mitte der 1970er Jahre wesentlich höher als die
der USA.

2 Geldpolitik in nationaler Verantwortung

Warum ging das Erhardsche Wirtschaftswunder zu Ende? Waren die marktwirtschaftlichen Grundbedingungen seit den 1970er Jahren abgeschafft oder
zumindest verwässert worden? Viele glauben im Rückblick, dass es so gewesen
sein muss, dass beispielsweise die Ausweitung von Sozialversicherungsleistungen und tarifvertragliche Errungenschaften wie der Kündigungsschutz oder
betriebliche Mitbestimmungsrechte, ja der Flächentarifvertrag und die Lohnhöhe selbst wesentliche Gründe dafür waren, dass die Rezessionen im Gefolge
der Ölkrisen 1973 und 1979 nicht schneller und besser überwunden werden
konnten. Denn woran sollte es sonst gelegen haben? Man stellte sich das vor
wie die Reusen eines Fischernetzes: In die eine Richtung (beim Aufschwung)
stören sozialpolitische und tarifvertragliche Errungenschaften nicht, sind sie
finanzierbar, aber in die andere Richtung (beim Abschwung) stellen sie sich
sozusagen quer und führen zu einer Verhärtung der Arbeitslosigkeit. Man
bemühte sogar Vergleiche aus der Physik für diese Idee, nannte die nicht
abbaubar erscheinende, mit jeder Rezession steigende Sockelarbeitslosigkeit
ein Hysteresis-Phänomen, bezeugte damit (ungewollt) die wirtschaftspolitische Hilflosigkeit der Ökonomen und hoffte, durch jahrelanges Abweichen
nach unten von der lohnpolitischen Spielregel wieder zu den Erhardschen
Erfolgszeiten zurückkehren zu können. Doch obwohl das reale Arbeitseinkommen pro Kopf der Beschäftigten von 1973 bis 2006 jahresdurchschnittlich
nur um 1,5 Prozent stieg, während die gesamtwirtschaftliche Produktivität im
gleichen Zeitraum um jährlich 2 Prozent zunahm, wollte die Arbeitslosigkeit
nicht wieder auf die Ausgangswerte der 1960er Jahre schrumpfen. In Teil I
dieses Buches wurde erklärt, warum das nicht funktionieren konnte und bis
heute nicht funktioniert hat.

2.1 Der Anfang vom Ende erfolgreicher Wirtschaftspolitik

Dass es einen viel naheliegenderen Grund für die wirtschaftlichen Probleme des einstigen Wirtschaftswunderlandes nach dem Ende des Bretton-Woods-Systems gab, kam und kommt bis heute kaum jemandem in den Sinn. Gemeint ist die Auflösung dieses Systems selbst, seine Ersetzung durch eine formale geldpolitische Autonomie Deutschlands, die sich durch die Abschaffung des festen Wechselkurses zur Leitwährung US-Dollar einstellte, und die restriktive Grundausrichtung dieser autonomen Geldpolitik in den folgenden dreißig Jahren. Warum auf einem vom Arbeitsmarkt scheinbar so fern gelegenen Gebiet, dem der Geldpolitik, die eigentliche Ursache für unsere Massenarbeitslosigkeit zu suchen ist, wird in diesem zweiten Teil des Buches empirisch vorgeführt und historisch erläutert und in Teil III ausführlich theoretisch hergeleitet.

Bretton Woods – Knebel deutscher Geldpolitik?

In Kapitel 4.2 von Teil I hatten wir bereits auf das Wechselkursventil hingewiesen als Instrument, die unterschiedliche Entwicklung der Wettbewerbsfähigkeit von Volkswirtschaften auszugleichen, die miteinander in Handelsbeziehungen stehen, wenn sich die Länder nicht an die lohnpolitische Spielregel halten. Dieses Ventil war durch das Bretton-Woods-System reguliert, es wurde dosiert von Zeit zu Zeit eingesetzt, aber nicht dem freien Spiel der Marktkräfte überlassen. Das hatte aber notwendigerweise zur Folge, dass man sich in allen Ländern, deren Währungen dem Bretton-Woods-System angehörten, der amerikanischen Geldpolitik unterordnen musste. Der Zinssatz, der, wie noch erklärt werden wird, das zentrale Steuerungsinstrument der Investitions- und damit Wachstumsbedingungen in monetären Marktwirtschaften ist, stand der deutschen Geldpolitik während des Bretton-Woods-Systems nicht frei zur Verfügung. Erst mit der Beseitigung dieses Wechselkurssystems hatte die Deutsche Bundesbank die Hände zumindest formal frei, dieses Instrument nach ihrem Gutdünken einzusetzen.

Die Möglichkeit, dass durch diese Freiheit bzw. deren fehlerhafte Nutzung das Ende des Wirtschaftswunders besiegelt wurde, wurde (und wird bis heute) deshalb kaum je ernsthaft auch nur in Erwägung gezogen, weil für fast alle fachkundigen Beobachter eine formale geldpolitische Unabhängigkeit von den USA von vornherein etwas Gutes, einen Fortschritt darstellte. Die Deutsche Bundesbank, als ab 1973 eigenständige nationale Hüterin des Geldwertes, würde, so die feste Erwartung, eine bessere Politik machen, weniger »schleichende Inflation« zulassen und eine für Deutschland maßgeschneiderte Liquiditätsversorgung sichern.

Das deutsche Trauma der Hyperinflation ...

Hintergrund dieser weit verbreiteten Überzeugung dürften die historischen Erfahrungen mit Hyperinflationen sein, die bereits zweimal (1914–1923 und in Form zurück gestauter Geldentwertung 1939–1948) der Kriegsfinanzierung gedient hatten und auf die 1923 und 1948 jeweils Währungsreformen gefolgt waren. Daran schien die expansive amerikanische Geldpolitik während der 1960er Jahre zu erinnern, so dass die Leitwährung US-Dollar – zu Unrecht – in Misskredit geriet. Die Goldreserven, mit denen jeder im Ausland befindliche US-Dollar abgesichert sein sollte, waren ursprünglich eine beruhigende Idee für den kleinen Mann auf Europas Straßen gewesen, der nichts von einem monetären Kreditsystem verstand, aber am eigenen Leib die Folgen von Hyperinflation deutlich zu spüren bekommen hatte. Als diese handfeste, so gut vorstellbare und psychologisch offenbar notwendige »Gold-Absicherung« des Geldes, diese angebliche Garantie gegen eine überbordende Inflation dank der expansiven amerikanischen Geldpolitik ins Wanken geriet, schwand das Vertrauen in das Bretton-Woods-System. Kein Ökonom erklärte den Menschen, dass es nicht darauf ankommt, ob für jedes Geldstück sozusagen ein Goldstück in irgendeinem Keller irgendeiner großen Zentralbank lagert, sondern darauf, ob die Zunahme der in Umlauf befindlichen Geldmenge mit der Zunahme der Menge produzierter Güter in einem ausgewogenen Verhältnis steht.

Wegen des wirtschaftlichen Aufholens der europäischen Länder, darunter auch Deutschland, hatte sich die lange Jahre gewollte und für die Aufholjagd genutzte Unterbewertung der D-Mark Ende der 1960er Jahre in gewisser Weise überlebt. Das wollten zwar die deutschen Unternehmer nicht wahr haben – sie lehnten eine weitere schrittweise Aufwertung der D-Mark, wie sie seit 1948 immer wieder vorgenommen worden war, ab. Aber die Stabilitätsapostel setzten sich dennoch durch. Mit dem Vorwurf, die amerikanische Geldpolitik nehme zu viel Inflation in Kauf, wurde das erfolgreiche Währungssystem sturmreif geschossen. Als die Devisenmärkte dann nach vielen Wirrungen den Wechselkurs frei bestimmen konnten, wertete die D-Mark übrigens noch wesentlich stärker auf (1972 lag der Kurs im Jahresdurchschnitt noch bei 3,20 DM/US-$, 1973 dann bei 2,60 DM/US-$), als es den deutschen Exporteuren lieb sein konnte.

... und die falschen Lehren daraus

Aber war es wegen des Drucks auf die Wechselkurse notwendig und sinnvoll, generell das System fixer Wechselkurse aufzugeben? Wäre man nicht mit einer regelmäßigen Neubewertung der Währungsrelationen ausgekommen? Musste es zwangsläufig auf die völlige Freigabe der Wechselkurse hinauslaufen? Die interessante Frage ist, welche gedankliche Alternative es zum Bretton-Woods-System und damit zur Dominanz amerikanischer Geldpolitik bei festen Wechselkursen gab und ob sie berechtigterweise als so brauchbar angesehen werden durfte, dass zu hoffen war, mit ihr eine noch erfolgreichere oder wenigstens ebenso gute Geldpolitik betreiben zu können.

Die Alternative, die die Ökonomen vorschlugen, hieß: unabhängige nationale Geldpolitik bei flexiblen Wechselkursen. Merkwürdig war, dass man vorab nur wenige und größtenteils schlechte Erfahrungen mit dieser Alternative besaß. Kanada war das einzige Land, das nach dem Zweiten Weltkrieg über einen längeren Zeitraum flexible Wechselkurse aufgewiesen hatte mit durchaus gemischten Erfahrungen, so weit man überhaupt die Erfahrungen eines einzelnen Landes, das darüber hinaus nur ein ökonomisches Satellitendasein gegenüber einer wirtschaftlichen Supermacht fristete, zu Rate ziehen konnte. Außerdem gab es eine Zwischenkriegsphase, in der einige europäische Länder wirklich flexible, im Sinne von marktbestimmten Wechselkursen getestet hatten – mit desaströsem Ergebnis. Abwertungswettläufe und Rezessionen wichtiger europäischer Staaten kennzeichneten diese Phase, deren Ergebnisse so katastrophal waren, dass man sich schon während des Krieges entschloss, in einer weltweit ihresgleichen suchenden Kraftanstrengung ein neues globales und »geordnetes« System zu gründen, eben das von Bretton Woods (vgl. das klassische Werk von Ragnar Nurkse [1944] im Auftrag der League of Nations, das zu einem vernichtenden Urteil über die Erfahrungen mit flexiblen Wechselkursen gelangt).

Doch das hielt die Politiker Anfang der 1970er Jahre offenbar nicht ab, die Welt noch einmal in das Abenteuer »flexible Wechselkurse« zu stürzen, zu groß war das Bedürfnis nach geldpolitischer Unabhängigkeit von den Amerikanern. Dass das weit reichende und lang anhaltende Folgen für den Arbeitsmarkt hierzulande haben könnte, schien undenkbar. Als man aber endlich das zentrale Wachstumsinstrument, den Zinssatz, in der Hand hatte, wusste die Deutsche Bundesbank damit bei weitem nicht so souverän und erfolgreich umzugehen wie die amerikanische Notenbank. Wie ist das zu erklären? Wie kann einerseits eine so eindringliche globale Erfahrung wie die der Unterlegenheit eines Systems rein marktbestimmter Wechselkurse innerhalb nur weniger Jahre vollständig aus den Augen verloren werden, und wie kann ein Fach, das sich für eine Wissenschaft hält, so radikal mit der Empirie als letzter Instanz der wissenschaftlichen Wahrheitssuche brechen? Wie kann sich andererseits ein ökonomisches Weltbild durchsetzen und Jahrzehnte lang in führender Position halten, das zu einer systematischen Fehlsteuerung einer Marktwirtschaft führt?

2.2 Die Fiktion vom stabilen Devisenmarkt und von der Freiheit der Geldpolitik

Es begann alles mit dem Aufsatz »The Case for Flexible Exchange Rates« von Milton Friedman in den 1950er Jahren (vgl. Friedman, 1962). Friedman argumentierte paradoxerweise, dass John Maynard Keynes in seiner wissenschaftlichen Revolution in den 1930er Jahren gezeigt habe, dass Preise und Löhne zu inflexibel seien, um Gleichgewicht in den internationalen Handelsbeziehungen herzustellen, also in etwa die lohnpolitische Spielregel durchzusetzen, die wir in Kapitel 4 von Teil I beschrieben haben. Daher gäbe es nur ein Instrument, um störungsfrei internationalen Handel miteinander treiben zu können: den flexiblen Wechselkurs.

Stabilisiert Spekulation den Wechselkurs?

Das damals schon gängige zentrale Gegenargument, die mögliche Instabilität des Wechselkurses wegen allfälliger Spekulation, »widerlegte« Friedman mit leichter Hand. Man übersehe in der Regel, dass Spekulanten nicht systematisch Verluste machen könnten, weil sie sonst aus dem Markt ausscheiden müssten. Erfolgreich aber sei ihre Spekulation nur dann, wenn sie den dem Markt innewohnenden, durch die Realwirtschaft bedingten Trend richtig voraussähen. Folglich hätten Spekulationen eine stabilisierende Wirkung auf den Wechselkurs, nähmen den Trend allenfalls vorweg, arbeiteten aber nie dauerhaft gegen die realwirtschaftlichen Kräfte. Spekulationen führten daher höchstens zu leichten Abweichungen rund um den sich stabil entwickelnden Wechselkurstrend. Niemals sei daher mit einer starken Über- oder Unterbewertung einer Währung zu rechnen, die einen eigenständigen Einfluss auf die realwirtschaftlichen Beziehungen zwischen zwei Ländern ausüben könne.

Warum ist Friedmans Widerlegung falsch? Warum hat die Befürchtung durchaus ihre Berechtigung, der Wechselkurs könne durch Spekulationen Schwankungen unterworfen sein, die zwar keine realwirtschaftlichen Ursachen haben, sehr wohl aber realwirtschaftliche Folgen zeitigen? Folgen, die über die Gütermärkte auch die Arbeitsmärkte betreffen? Diese Skepsis klingt wie ein Generalangriff auf das marktwirtschaftliche Prinzip, nämlich auf das funktionstüchtige Zusammenspiel von Angebot und Nachfrage. Wer aber wie wir die monetären Bedingungen für die erfolgreiche Entwicklung einer Marktwirtschaft für zentral hält, muss die Frage klar beantworten, unter welchen Voraussetzungen sich die monetären Prozesse nicht verselbstständigen, sondern den realwirtschaftlichen Vorgängen optimal dienen.

Zeithorizont und Informationsverarbeitung

Es gibt zwei wesentliche Unterschiede zwischen realwirtschaftlichen Vorgängen, die einer Finanzierung bedürfen und insofern eine monetäre Seite aufweisen, und rein monetären Vorgängen. Der eine betrifft den Zeithorizont: Eine Fabrikhalle kann man nicht innerhalb weniger Tage planen und errichten, selbst wenn man die dafür notwendigen Finanzmittel unmittelbar zur Verfügung hat. Ein Devisenspekulationsgeschäft lässt sich hingegen innerhalb weniger Minuten an einem PC ausführen.

Der andere Unterschied besteht in der Verteilung der Informationen, die Grundlage der Entscheidungen über realwirtschaftliche Transaktionen bzw. über rein monetäre Transaktionen sind. Über z. B. eine Sachinvestition weiß am besten der sie planende Unternehmer Bescheid, darüber hinaus haben ggf. noch ein paar Fremdkapitalgeber einen gewissen Einblick. Der Kreis der Wirtschaftssubjekte, die Informationen zu einem konkreten Sachinvestitionsprojekt verarbeiten, ist also eher klein gemessen an der Zahl der Marktteilnehmer, die auf den von dem Projekt betroffenen Märkten agieren. Ganz anders im Falle rein monetärer Transaktionen: Alle Teilnehmer auf Finanzmärkten (seien es Devisen-, Aktien- oder andere Kapitalmärkte) verarbeiten dieselben Informationen mehr oder weniger zum selben Zeitpunkt und reagieren darauf mehr oder weniger zeitgleich – von (verbotenen) Insidergeschäften einmal abgesehen. Das führt bei relativ gleichartiger Wertung der Informationen durch die Marktteilnehmer zu einer Massenbewegung. Alle folgen, drastisch formuliert, einem Herdentrieb, verhalten sich wie die Lemminge, tun exakt das Gleiche. Die Folgen dieses massenhaften Parallelverhaltens für den Marktpreis auf dem betrachteten Finanzmarkt sind ähnlich denen auf einem Schiff, wenn auf einen Schlag alle Passagiere von der einen Seite auf die andere rennen: Das Schiff bekommt Schlagseite. Der Marktpreis schießt in die Höhe oder fällt drastisch.

Sofern es sich bei den Finanzmarktakteuren nur um Spekulanten handelt, wären solche potenziell übermäßigen Marktpreisschwankungen unproblematisch, weil es sich dann um eine Art Roulette, also um ein Nullsummenspiel handelte (sieht man einmal von etwaigen Transaktionskosten der Marktteilnahme ab). Wer immer schlecht spielt, geht pleite und scheidet aus – da hat Friedman durchaus recht. Aber der Devisenmarkt ist eben kein reines Roulettespiel. An ihm müssen zwangsläufig all die Wirtschaftssubjekte direkt oder indirekt teilnehmen, die international Handel mit Gütern treiben wollen, weil sie zum Austausch der Waren in den Geldeinheiten rechnen und bezahlen müssen, die es im Produktionsland der Güter und im Empfängerland der Güter gibt. Und an dieser Stelle kommt der längere Zeithorizont ins Spiel, den realwirtschaftlich tätige Wirtschaftssubjekte im Vergleich zu reinen Finanzjongleuren im Blick haben müssen. Dieser unterschiedliche Zeithorizont benachteiligt die Sachinvestoren gegenüber den Devisenmarktspekulanten in einem Regime flexibler Wechselkurse, weil die Kapitalmärkte quasi entkoppelt werden von den Gütermärkten.

Um das zu begreifen, muss man sich den Ablauf einer Spekulation vorstellen: Der Erfolg einer Spekulation besteht darin, die Richtung, in die sich der Preis auf einem Markt bewegt, korrekt vorauszusehen und die eigenen Geschäfte gemäß dieser Vorausschau vorteilhaft zu ordnen. Für den Devisenmarkt heißt das, dass man sich beispielsweise bei der Erwartung, der Wechselkurs einer Währung A gegenüber einer Währung B müsse demnächst steigen (die Währung A werde also gemessen in Einheiten der Währung B teurer), mit der Währung A eindeckt. Wenn dann der Kurs der Währung A tatsächlich gestiegen ist, kann man die Währung A wieder verkaufen zu dem dann höheren Kurs und macht einen Gewinn.

Dieses Verhalten, wird es nur von hinreichend vielen Marktteilnehmern mehr oder weniger gleichzeitig ausgeübt – und hierfür spricht der zweite oben genannte Aspekt, nämlich die Art der Informationsverarbeitung –, zeitigt zunächst ein die Erwartung bestätigendes Ergebnis: Der Wechselkurs steigt schon allein wegen der zunehmenden Nachfrage durch die Spekulanten, selbst wenn sonst keine realwirtschaftlichen Gründe für eine Kurssteigerung bestünden. Ursache könnte mit anderen Worten ein einfaches Gerücht sein. Dieser möglicherweise allein durch die Spekulation erzeugte Trend macht den Einstieg in die Spekulation für noch mehr Marktteilnehmer attraktiv. Es handelt sich dann obendrein um eine sich selbst erfüllende Prognose. Zwar wird der Wechselkurs wieder zu fallen beginnen, sobald die ersten Spekulanten anfangen, ihre »gehortete« Währung A wieder zu verkaufen, wenn es denn keine realwirtschaftlichen Gründe für den vermuteten Trend gab oder der Wechselkurs bereits über den realwirtschaftlich fundierten Trend hinausgeschossen ist. Wer da zuerst verkauft, ist auf der glücklichen Gewinnerseite, wer den Wendepunkt verpasst, hat das Nachsehen.

Nicht-Spekulanten zahlen die Zeche

Realwirtschaftlich aktive Wirtschaftssubjekte können sich der Teilnahme an Finanzmärkten nicht beliebig entziehen: International Handel treibende Unternehmer sind nun einmal auf die Devisenmärkte angewiesen und können sich gegen Wechselkursrisiken nicht kostenlos und nicht über längere Fristen absichern. Sie können vor allem nicht beliebig mit ihren Transaktionen warten, bis der Wechselkurs einen für sie günstigen Wert hat oder (wieder) dem Wert entspricht, der Grundlage ihrer Kalkulation zu Beginn ihrer geplanten Geschäfte war. Das heißt aber, dass diese im eigentlichen Sinne wirtschaftlich Aktiven im Falle flexibler Wechselkurse nicht davor geschützt sind, die finanzielle Abwicklung ihrer Geschäfte im Bereich des internationalen Handels zufällig genau zu einem solchen Zeitpunkt vornehmen zu müssen, an dem der Wechselkurs besonders ungünstig für sie steht im Vergleich zu ihrer vorherigen Planung. Ist das der Fall, bezahlen sie die Zeche der Spekulanten, zumindest teilweise. Unternehmer, die auf Märkten außerhalb des eigenen Währungsgebietes tätig sind, tragen dann außer dem ohnehin vorhandenen Absatzrisiko noch das Wechselkursrisiko. Bei flexiblen Wechselkursen ist dieses deutlich höher als bei einer von Zeit zu Zeit vorgenommenen Anpassung der Währungsrelationen gemäß der unterschiedlichen Entwicklung der Wettbewerbsfähigkeit der Länder.

Doch selbst wenn der einzelne Unternehmer ein konkretes Geschäft gegen das Wechselkursrisiko mit entsprechenden Kosten abgesichert hat, was nützt ihm das, wenn ihm sein Markt im Ausland auf Dauer wegbricht, weil dort eine spekulationsbedingte Fehlbewertung der Währung die gesamtwirtschaftliche Nachfrage dämpft? Wenn also das Wechselkursrisiko das Absatzrisiko erhöht? Dann muss die Realwirtschaft die spekulativen Blasen der monetären Sphäre doppelt ausbaden.

Dass Devisen- und Aktienmärkte nicht auf die gleiche Weise wie »normale« Märkte funktionieren, war zwar schon in den 1930er Jahren im Zusammenhang mit der Aufarbeitung der Ereignisse an der New Yorker Aktienbörse, die die Weltwirtschaftskrise von 1929 mit auslösten, weitgehend nachgewiesen worden. Eine intensive Auseinandersetzung mit der Art und Weise, wie verschiedene Märkte Informationen verarbeiten, fand aber in der Diskussion um feste versus flexible Wechselkurse nicht statt, obwohl mit F. A. von Hayek gerade der später prominenteste Vertreter des radikalen Liberalismus schon in den 1930er Jahren flexible Wechselkurse heftig kritisiert und als ein für Marktwirtschaften völlig ungeeignetes Anpassungsinstrument bezeichnet hatte (vgl. Hayek, 1937).

Man ging also im Lager der Befürworter flexibler Wechselkurse von der Fiktion eines langfristig stabilen Gleichgewichts am Devisenmarkt aus, um das herum es nur kleinere und damit für die Realwirtschaft, die Güter- und Arbeitsmärkte, unwesentliche Abweichungen gäbe, und verwies auf weitere Vorteile, die ein System flexibler Wechselkurse habe (vgl. dazu den folgenden Abschnitt). Dass das ein grandioser Irrtum war, haben die Finanzkrisen in Asien, Lateinamerika und Osteuropa hinlänglich gezeigt (vgl. Flassbeck, 1988 und 2001).

Vor diesem Hintergrund ist die Sorglosigkeit, mit der das Bretton-Woods-System abgeschafft wurde, das für zwei Jahrzehnte wirtschaftlicher Prosperität in Europa gesorgt hatte, mehr als erstaunlich. Sie lässt sich nur damit erklären, dass man die Bedeutung dieses Systems für die Wirtschaftswunderzeiten komplett verkannte und für letztere lieber einen deutschen »Vater«, Ludwig Erhard, verantwortlich wissen wollte.

Monetäre Abschottung unmöglich

Auf der Annahme eines stabilen Gleichgewichts am Devisenmarkt baute die Vorstellung auf von der Freiheit der nationalen Geldpolitik, bei flexiblen Wechselkursen autonom, d. h. unabhängig vom jeweiligen Rest der Welt agieren zu können. In Deutschland insbesondere hatte sich der Eindruck verfestigt, das Diktat des Bretton-Woods-Systems hinsichtlich der globalen Inflationsentwicklung habe unerwünschte Folgen für die deutsche Wirtschaftspolitik, die sich eine geringere Inflationsrate zum Ziel gesetzt hatte, als sie in den USA, der monetären Hegemonialmacht, vorherrschte.

Und in der Tat ist nicht zu bestreiten, dass sich in einem hegemonial aufgebauten monetären System alle Mitglieder dem Diktat der Leitwährungsnotenbank beugen müssen, während diese als einzige eine auf nationale Gegebenheiten ausgerichtete Politik verfolgen kann. Daraus folgt aber nicht, dass rein nationale Geldpolitik in jedem einzelnen Land bei flexiblen Wechselkursen die geeignete Alternative ist, sondern daraus folgt, was Keynes schon in die Verhandlungen von Bretton Woods eingebracht hatte: Ein funktionierendes internationales Währungssystem braucht eine internationale Zentralbank, eine Zentralbank, die sich den realwirtschaftlichen Gegebenheiten *aller* Mitglieder ihres Währungsgebietes verpflichtet fühlt.

Die Fiktion der stabilisierenden Spekulation bei flexiblen Wechselkursen verdeckte diese Lösung vollständig. Zu Anfang der 1970er Jahre hoffte man, eine nationale Geldpolitik sei schon dann vollständig autonom, wenn sie nicht mehr gezwungen sei, am Devisenmarkt zu intervenieren, wie dies formal bei flexiblen Wechselkursen ja auch der Fall ist. Dass man sich auf diesem Wege nicht wirklich monetär abschotten kann gegenüber dem Rest der Welt, mit dem man Handelsbeziehungen pflegt, war den meisten Befürwortern flexibler Wechselkurse nicht klar. Vor einer Seuche mag man sich durch eine entsprechende Impfung schützen können. Dennoch bekommt man die Auswirkungen der Krankheit, wenn sie denn auftritt, zu spüren, weil z. B. das gesamte öffentliche Leben zusammenbricht, sollten nicht große Bevölkerungsteile ebenfalls geimpft sein. Sind so gut wie alle geimpft, dürften in der Tat keine großartig spürbaren Folgen der Krankheit für die Geimpften auftreten. Überträgt man diesen Vergleich auf die Diskussion um die Autonomie der Geldpolitik bei flexiblen Wechselkursen, bedeutet das, dass Fehlbewertungen von Währungen (sozusagen die Seuche) um so seltener auftreten und daher die formale Autonomie der Geldpolitik umso eher eine faktische ist, je strenger sich die Volkswirtschaften an die lohnpolitische Spielregel (die Impfung) halten. Sind aber alle geimpft und bleiben sie dies, tritt auch die Seuche nicht mehr auf. Genau dann kann man aber auf flexible Wechselkurse verzichten.

Die formale Autonomie der Geldpolitik sollte genutzt werden, um den so genannten Geldmantel für die nationale wirtschaftliche Entwicklung und die national gewünschte Inflationsrate maß zu schneidern. Alle Determinanten der Geldmenge waren formal in der Hand der autonomen Notenbank. Der Monetarismus, eine Theorierichtung in der Volkswirtschaftslehre, die unter der geistigen Führung von Milton Friedman als Gegenströmung zum Keynesianismus in den 1950er Jahren entstanden war, hatte den Entwurf geliefert, mit dem sich scheinbar die optimale Geldmenge bestimmen ließ, also die Geldmenge, die eine wachsende Marktwirtschaft braucht, um eine bestimmte Zielinflationsrate einzuhalten. Die grundlegende Idee war die automatische Stabilisierung von Mengen und Preisen im Konjunkturverlauf durch eine rasche antizyklische und wiederum automatische Reaktion der kurzfristigen

Zinsen. Dieser Wundermechanismus sollte durch die Vorgabe einer allein von der unabhängigen Zentralbank bestimmten Geldmenge möglich werden.

2.3 Die Fiktion von der richtigen Geldmenge

Das große Problem des Monetarismus aber war und ist die fundamentale Logik seiner Argumentation: Wer nämlich davon spricht, dass ein Mehr an Geld oder »zu viel« Geld zur Inflation führt, der muss sagen können, was genau »zu viel« Geld ist, wenn er die höchst langweilige Aussage vermeiden will, dass man an der Inflation ja sehen könne, wohin ein »Zuviel« an Geld führe. Zieht man die Möglichkeit in Betracht, dass durch Investitionskredite und Sachinvestitionen reales Wachstum geschaffen oder stimuliert werden kann, ist es möglich, dass am Ende des Prozesses der anfänglichen Geldmengensteigerung eine Produktionsausweitung gegenüber steht. In diesem Fall träte keine Preissteigerung in Höhe der ursprünglichen Geldmengenzunahme ein, sondern eine geringere, im besten Falle sogar überhaupt keine. Im Vergleich zu einer Situation ohne kreditbedingte Geldmengenzunahme stünde man also in Sachen Inflation gleich gut da, in Sachen Wachstum aber besser.

Ist die Inflation die richtige Messlatte für die Geldpolitik?

Die spannende Frage ist also, unter welchen Bedingungen ein Mehr an Geld zu mehr realem Wachstum führt und nicht allein in den Preisen landet. Eine Betrachtung im Nachhinein (ex post) kann zwar anhand der empirischen Inflationsrate herausfiltern, wann ein Mehr an Geld offenbar »zu viel« war, sie kann aber nicht sagen, ob immer dann, wenn sich die Inflationsrate im gewünschten Rahmen bewegt hat, ein Mehr an Geld nicht doch mehr reales Wachstum ermöglicht hätte. Denn im Gegensatz zu einem Inflationsziel kennt eine Marktwirtschaft keine Wachstumszielmarke, an der gemessen die tatsächliche Entwicklung im Nachhinein als »gut« oder »ungenügend« eingestuft werden könnte. Außer man zieht die Arbeitslosenrate zu Hilfe als Maßstab für die Angemessenheit der Geldversorgung einer Wirtschaft.

Doch diesen Maßstab für die Geldpolitik lehnen die Monetaristen strikt ab. Die Geldpolitik sei nun einmal für die Preisniveauentwicklung einer Volkswirtschaft zuständig, nicht für die Entwicklung des Arbeitsmarktes. Für den zeichneten die Tarifvertragsparteien verantwortlich. Zwar würden diese über die Lohnabschlüsse nicht nur auf die Zahl der Beschäftigten Einfluss nehmen, sondern auch auf die Inflationsrate. Das bedeute für die Geldpolitik aber nur, dass sie auf übermäßiges Lohnwachstum mit einer Geldverknappung, sprich: Zinserhöhung reagieren müsse. Was sie dadurch noch bewirke, sei nicht Gegenstand ihres Verantwortungsbereiches, weil die Tarifpartner ja von vornherein ein restriktives Eingreifen der Geldpolitik durch eine vernünftige, d. h. zurückhaltende Lohnpolitik hätten verhindern können.

Rückwärts gerichtete Geldpolitik knebelt Wachstum

Das klingt logisch, ist es aber nicht. Man stelle sich folgendes Szenario vor: Wegen übermäßiger Lohnabschlüsse sieht sich die Geldpolitik zu einem restriktiven Kurs gezwungen. Auf die Zinserhöhung reagiert die Wirtschaft mit einem Investitionseinbruch und Entlassungen. Daraufhin kehrt die Lohnpolitik zu Abschlüssen zurück, die der lohnpolitischen Spielregel entsprechen oder sogar unterhalb der Produktivitätssteigerung plus Zielinflationsrate liegen. Wegen der daraufhin schwachen Konsumnachfrage bleibt auch die Investitionsbereitschaft verhalten. Wie reagiert nun eine monetaristisch inspirierte Geldpolitik? Sie berechnet das vergangene Potenzialwachstum, bildet daraus ihre Erwartung bezüglich des zukünftigen Potenzialwachstums, zählt ihre Zielinflationsrate hinzu und versucht, die daraus abgeleitete optimale Geldversorgung der Wirtschaft durch den von ihr bestimmten kurzfristigen Zinssatz möglichst genau zu erreichen.

Der Einfluss, den die Zinspolitik der Zentralbank auf die Investitionen hat, findet also seinen Niederschlag im Wachstum des Kapitalstocks und damit automatisch im Wachstum des Produktionspotenzials. Wurde die Investitionstätigkeit wegen maßloser Lohnpolitik geldpolitisch gestutzt, sinkt auch das Potenzialwachstum. Wird dieser geringere Zuwachs anschließend mit zur Grundlage zukünftiger Geldpolitik gemacht, auch wenn die Lohnpolitik mittlerweile zu vertretbaren Lohnabschlüssen zurückgekehrt ist, wird das geringere Potenzialwachstum zementiert: Der Kapitalstock wächst dank relativ restriktiver Geldpolitik langsamer und die Zahl der Arbeitsplätze nimmt entsprechend weniger oder gar nicht zu im Vergleich zu einer Situation, in der sich die Geldpolitik nicht am vergangenen Investitionseinbruch orientiert. Am Ende der Periode angekommen klopft sich die Geldpolitik auf die

Schulter, weil ihr Inflationsziel nicht überschritten wurde (sie vergisst in der Regel, den Tarifpartnern dafür zu danken; denn im Erfolgsfall, also bei niedriger Preissteigerung, ist die Zentralbank lieber selbst für dieses Ergebnis verantwortlich und verweist auf die Korrektheit ihrer Geldmengensteuerung), bedauert die strukturell bedingt schlechten Wachstumsmöglichkeiten der Wirtschaft und fordert die Politik zu Reformen sowie die Tarifpartner zu mehr Lohnzurückhaltung auf.

Der Zirkelschluss monetaristischer Geldpolitik

Déja vu? An was fühlen Sie sich erinnert? Genau, an den Zirkelschluss der Lohnsenkungsexperten. Und in der Tat, es handelt sich um das gleiche logische Problem. In den Beweis einer Behauptung darf die Behauptung selbst nie einfließen, sonst dreht man sich logisch im Kreis. Angewendet auf die Geldpolitik heißt das folgendes: Wenn das Potenzialwachstum trotz seiner Zinsabhängigkeit zur Grundlage der Geldpolitik gemacht wird, kann man zwar ex post feststellen, dass das vorhergesagte Potenzialwachstum auch tatsächlich eingetreten ist, man kann damit aber nicht beweisen, dass nur dieses und kein anderes Potenzialwachstum möglich gewesen wäre. Denn man hat ja auch nur das eine mittels erwartetem Potenzial und Zielinflationsrate berechnete Geldmengenwachstum zugelassen und kein anderes (z. B. höheres) ausprobiert. Nur weil Monetaristen allein an der Inflationsrate als Maßstab für den Erfolg der Geldpolitik interessiert sind und nicht an den Auswirkungen der Geldpolitik auf das Potenzialwachstum und die Arbeitslosigkeit, sind sie nicht berechtigt, die tatsächlichen Folgen dieser Politik für das Potenzial zu ignorieren, selbst wenn sie diese Folgen nicht beabsichtigt haben.

Der Ausweg der Monetaristen aus diesem logischen Dilemma ist zu behaupten, die Geldpolitik übe eben keinen Einfluss auf das Potenzialwachstum aus, sondern sei letzten Endes neutral. Diese Behauptung ist aber eine Sackgasse und kein Ausweg. Denn wer sagt, dass die Geldpolitik überhaupt keinen Einfluss auf die Investitionen (und damit auf das Potenzialwachstum) oder allgemeiner: auf die Nachfrage nehme, erklärt sie für völlig überflüssig wegen Wirkungslosigkeit. Denn einen anderen Wirkungskanal als mittels Zinsen die Nachfrage zu steuern, gibt es für die Geldpolitik nicht, sieht man einmal von den Lehrbuchmodellen ab, in denen ein Helikopter Geldscheine über dem Land abwirft.

Wer die Behauptung der Neutralität der Geldmenge nur für die lange Frist aufstellt und zugesteht, dass die Geldpolitik immerhin kurzfristig Einfluss auf die Nachfrage nehme, der muss erklären, warum ein zinsbedingt kurzfristig eintretender Investitionseinbruch zwar kurzfristig den Kapitalstock und das Potenzial verringert oder zumindest langsamer wachsen lässt, aber langfristig – ohne Änderung der monetären Rahmenbedingungen, d. h. von allein! – irgendwie wieder aufgeholt wird. Denn so muss es ja sein, wenn sich eine geringere Investitionstätigkeit langfristig nicht mehr im Kapitalstock und im Wachstumspotenzial bemerkbar macht, die Geldpolitik also auf lange Sicht angeblich neutral, d. h. ohne Einfluss auf die Wachstumsmöglichkeiten der Wirtschaft ist. Dass das nicht zu erklären ist, weil es schlicht unsinnig ist, sollte für Ökonomen einen hinreichend großen Anreiz darstellen, sich lieber der Mühe zu unterziehen, konjunkturelle Phänomene zu untersuchen, als hauptsächlich über defizitäre Strukturen in unserer Wirtschaft zu philosophieren.

An den Gewinnen scheiden sich die Geister

Wie bei der Lohnpolitik wird auch hier das Kernstück der Schumpeter'schen Theorie zur wirtschaftlichen Entwicklung ignoriert, der Gewinn der Unternehmen, den es weder im neoklassischen Modell noch im Monetarismus gibt. Liegt die Rendite von Sachinvestitionen über dem Zinssatz der Kapitalmärkte, lässt sich mit Sachinvestitionen mehr verdienen als dadurch, sein Einkommen auf die Bank zu bringen bzw. keine Kredite aufzunehmen. Dieses Mehr ist der (Pionier-)Gewinn. Er hängt selbstverständlich nicht allein vom Zinssatz ab, aber der Zinssatz ist die Messlatte, die darüber entscheidet, ob eine Sachinvestition so rentabel ist, dass sie durchgeführt wird oder eben nicht.

Die Wirkung des Zinssatzes geht aber über diesen »Messlatteneffekt« weit hinaus: Sinkt der Zinssatz, nehmen nicht nur einige Sachinvestitionsprojekte gemäß ihrer ursprünglichen Kalkulation jetzt die Hürde besser, sondern die ursprüngliche Kalkulation selbst ändert sich und zwar für alle Projekte, die noch in Planung befindlichen *und die bereits realisierten*. Denn das erste nun zusätzlich durchgeführte Projekt steigert die Gesamtnachfrage (wenn auch nur marginal), so dass sich die Absatzmöglichkeiten insgesamt bessern. Mit anderen Worten: Bei sinkendem Zinssatz ändert sich der Abstand zur durchschnittlichen Sachkapitalrendite um mehr als die Zinssenkung, weil die Sachkapitalrendite selbst gleichzeitig steigt. Umgekehrt verringert ein steigender Zinssatz den Abstand zur Sachkapitalrendite um mehr als die Zinsanhebung selbst, weil die Sachkapitalrendite gleichzeitig sinkt. Dieser Nachfrageeffekt von Zinsänderungen wird häufig übersehen.

Aus diesen beiden Gründen (Messlatteneffekt und Nachfrageeffekt) nimmt der Zinssatz über die Sachinvestitionstätigkeit massiv Einfluss auf das Produktionspotenzial. Deshalb ist die von der Zentralbank zur Verfügung gestellte »Geldmenge« – besser gesagt: ihre Zinsvorgabe –mitnichten neutral in Bezug auf die realwirtschaftliche Entwicklung, auch langfristig nicht. Wird ein Investitionsprozess durch die Geldpolitik vorfinanziert, liefert die mit der Investition ausgelöste Produktivitätssteigerung im Erfolgsfall Gewinne, die obendrein als Finanzierungsquelle für neue Investitionen zur Verfügung stehen.

Wer wie die neoklassisch argumentierenden Ökonomen die Existenz eines über die Kapitalkosten hinausgehenden Gewinnes von vornherein nicht zur Kenntnis nimmt, der kann einen solchen Zusammenhang nicht nachvollziehen. Denn für den richten sich ja dank vollkommenen Wettbewerbs in Verbindung mit der neoklassischen Produktionsfunktion alle Unternehmer permanent und gleichzeitig auf die rentabelste Technologie ein, so dass niemand Pioniergewinne oder Verluste macht und die Sachkapitalrendite mit dem Zinssatz immer oder wenigstens langfristig identisch ist. In einer solchen gewinnlosen Welt gibt es keine echten, mit Risiken behafteten Investitionsprozesse und folglich auch keine in den Investitionsprozessen selbst verankerten Finanzierungsquellen, die durch die Geldpolitik angeregt werden könnten. Dort bestimmt die Sparwilligkeit der Bevölkerung das Kapitalangebot, das investiert werden kann.

Das bedeutet aber, dass in dieser Modellwelt die Wachstumsrate der Volkswirtschaft von der Sparfreudigkeit der privaten Haushalte abhängt. Diese Sparfreudigkeit beeinträchtigt nach Ansicht der Neoklassiker (die häufig gleichzeitig Monetaristen sind) die Investitionstätigkeit keinesfalls, weil die durch die Spartätigkeit entfallende Güternachfrage als Kapitalangebot wieder auftaucht. Da es keine Gewinne gibt, können auch keine Gewinne durch rückläufigen Absatz schrumpfen und als Finanzierungsquelle am Kapitalmarkt ausfallen. Im »Gleichgewicht« stellt sich ein Zinssatz ein, der die Sparaktivitäten (das Kapitalangebot) mit der Investitionstätigkeit (der Kapitalnachfrage) in Einklang bringt. So sorgt z. B. eine steigende Spartätigkeit durch ihre Zins senkende Wirkung dafür, dass die sparbedingten Einbußen beim Güterabsatz mehr als ausgeglichen werden: Die Rentabilität der bisher geplanten Sachinvestitionen sinkt langsamer als der Marktzins, so dass sogar mehr investiert wird, bis via sinkender Grenzproduktivität des Sachkapitals Sachkapitalrendite und Marktzins wieder übereinstimmen. Auf diese Weise katapultieren die Sparer ihre Volkswirtschaft auf einen höheren Wachstumspfad.

In dieser Modellwelt ist Geld neutral, weil die Geldpolitik entweder gar keinen dauerhaften Einfluss auf die Sparneigung der Bevölkerung hat oder bestenfalls den, durch eine dauerhaft niedrige Inflationsrate für eine hohe Sparfreudigkeit zu sorgen. Denn wenn, so die Grundidee, die Inflation stabil und gering sei, könne sie systematisch korrekt in den langfristigen Zins einkalkuliert werden, so dass das Vertrauen der Sparer und damit ihre Sparbereitschaft gestärkt werde. Da die Geldpolitik sonst keinen Einfluss auf die realwirtschaftliche Entwicklung habe, komme ihr nur die Aufgabe zu, eine Geldmenge bereitzustellen, die das von der sparwilligen Bevölkerung selbst bestimmte langfristige Wachstum der Wirtschaft so unterfüttere, dass es maximal zu einer Preissteigerung in Höhe der Zielinflationsrate komme.

Mit dieser Neutralität des Geldes bewegt man sich gedanklich auf einem Stern, auf dem es mangels Gewinnen keine monetäre Marktwirtschaft gibt. Da die Arbeitslosigkeit aber durch irgendetwas zu erklären und zu beseitigen sein muss, bleiben dem ohne Unternehmergewinne laborierenden Ökonomen einerseits nur der Lohn als Ursache und als konkrete Verursacher diejenigen, die Lohnsteigerungen fordern und durchsetzen, die Gewerkschaften also oder die Arbeitnehmer allgemein, andererseits die »Strukturen« bzw. deren »Verkrustungen«.

Umgekehrt liefert der Gewinn die Begründung dafür, weshalb nach der lohnpolitischen Spielregel festgesetzte Löhne nicht die Beschäftigung steuern. Der normale Unternehmer versucht, die Produktivität seines Betriebes durch Investitionen zu steigern, um seine Absatzmöglichkeiten und damit seinen Gewinn zu verbessern. Für ihn genau wie für alle seine Konkurrenten sind die Löhne eine gegebene Größe. Die relative Position zur Konkurrenz auf seinem Absatzmarkt verändert sich nicht mit der Lohnhöhe, weil das »law of one price« (wenn es denn nicht durch eine aberwitzige Wirtschaftspolitik außer Kraft gesetzt wird!) dafür sorgt, dass alle Unternehmen für gleich qualifizierte Arbeitskräfte den gleichen Lohn zahlen müssen. *Das Investitionsmotiv, sich an* die Spitze des jeweiligen Marktes zu setzen bzw., wenn man dort schon ist, sich dort zu behaupten, um seinen Gewinn auszubauen oder zu halten, *ist unabhängig von der Lohnhöhe.* Wie gut Investitionen in der Gesamtwirtschaft zum Erfolg geführt werden können, hängt in der Tat von der Lohnentwicklung ab – und zwar wiederum für alle Konkurrenten gleich. Übermäßige Lohnabschlüsse bergen die Gefahr einer geldpolitischen Restriktion in sich, zu schwache Lohnabschlüsse dämpfen die Investitionsbereitschaft wegen schwacher Nachfrage und geringer Kapazitätsauslastung.

Daraus ergibt sich eine Gratwanderung, die auf dem Doppelcharakter der Löhne – Kosten hier, Einkommen da – beruht. Diese kann nur durch die allgemeine lohnpolitische Spielregel gemeistert werden. Werden Gewinne nicht systematisch ausgeblendet, ergibt sich der Produktivitätszuwachs aus der gewinngetriebenen Investitionstätigkeit. Man kann sich dann von der Erklärung, dass der »Lohndruck« die Unternehmer in die Rationalisierung und zu Entlassungen zwänge, verabschieden und muss nicht mit dem Widerspruch leben, dass Beschäftigung immer genau dann entsteht, wenn die Investitionen anspringen.

2.4 Das Ende von Bretton Woods

Zurück zum Beginn nationaler Geldpolitik 1973: Nachdem die nationale Geldpolitik formale Unabhängigkeit gegenüber externen Einflüssen gewonnen hatte, begannen die »unabhängigen« Zentralbanken und allen voran die Deutsche Bundesbank, die Regeln des Spiels auf ihre eigene Art zu definieren. Zunächst übernahm die Deutsche Bundesbank weitgehend die monetaristische Regel, wonach eine Ausweitung der Geldmenge anzustreben sei, die die gesamte nominale Expansion auf die aus der Vergangenheit abgeleitete Wachstumsrate des Produktionspotenzials und die unvermeidliche bzw. eine Zielinflationsrate begrenzte. Weil dieses Konzept dazu gedacht war, zu einer automatischen Stabilisierung der realen Entwicklung beizutragen und Reste keynesianischen Denkens noch immer vorhanden waren, trug dies nicht unmittelbar dazu bei, die Geldpolitik von jeder Verantwortung für die reale Entwicklung zu entbinden.

Im Gegenteil, in dem von der Bundesbank proklamierten Geldmengenkonzept war trotz der Problematik der Festlegung der Zuwachsrate des Produktionspotenzials eine antizyklische Geldpolitik selbstverständlich. Gäbe es dieses Konzept nämlich in einer reinen Form, also in Form eines von der Zentralbank tatsächlich exogen vorgegebenen Geldangebots, ergäben sich Zinssenkungen und Zinserhöhungen am kurzen Ende des Marktes automatisch, sobald die tatsächliche Inflationsrate von der Zielinflationsrate nach unten oder das aktuelle Wachstum vom unterstellten Potenzialpfad nach oben abweichen. Bei konsequenter Anwendung dieses Konzepts folgt der von der Zentralbank festgelegte kurzfristige Zins dem Verlauf der Konjunktur und gibt damit einem sich abflachenden Wachstum automatisch neue Impulse und dämpft ein überbordendes.

Der Beginn des Monetarismus ...

Nun gibt es allerdings kein reines Geldmengenkonzept, weil es unmöglich ist, ein Geldangebot von außen (exogen) sozusagen vorzugeben. Denn in welchem Maße Kredite bei einem vorgegebenen Zinssatz in Anspruch genommen werden, hängt vom konjunkturellen Umfeld ab. Befindet sich die Wirtschaft gerade in einem kräftigen Aufschwung, kann ein kurzfristiger Zinssatz von z. B. 3 Prozent mit einer regen Kreditnachfrage einhergehen. Derselbe Zinssatz mag mit einer deutlich geringeren Kreditnachfrage verbunden sein, wenn sich die Wirtschaft gerade in einer Flaute befindet. Die Hilfskonstruktion über die Orientierung an einer (endogenen) Geldmenge kann konsequenterweise nur dazu führen, eine Geldpolitik zu betreiben, »als ob« es ein exogenes Geldangebot gäbe, also den Kerngedanken der monetaristischen Stabilisierungsidee beizubehalten.

Doch bereitete der Sachverständigenrat mit seinen Jahresgutachten Ende der 1970er Jahre – übrigens ohne jede stringente theoretische Begründung – der Angebotspolitik den Weg, einem Ansatz in der Wirtschaftspolitik, der lediglich die Angebotsseite der Volkswirtschaft als Zielgröße der Wirtschaftspolitik ansieht, nicht aber die Nachfrageseite (vgl. Flassbeck [1982] und Kapitel 1.3 »Unbegrenzte Bedürfnisse – begrenzte Nachfrage« in Teil I mit der dortigen Erläuterung der Missinterpretation von Say's Law). Mit dem Vordringen der Angebotspolitik gelang es auch der Deutschen Bundesbank und schließlich der Europäischen Zentralbank in immer stärkerem Maße, jede Verantwortung für die reale Entwicklung, d. h. das Produktionswachstum abzulehnen und Zinssenkungen und Zinssteigerungen nur noch von der aktuellen bzw. der von der Zentralbank erwarteten Preisentwicklung abhängig zu machen.

Zu einer schweren Auseinandersetzung mit der Wirtschaftspolitik wegen dieses »Konzeptes« kam es beispielsweise, als im Herbst 1998 die gerade neu gewählte Bundesregierung und vor allem deren Finanzminister Lafontaine Zinssenkungen vor dem Hintergrund der Asienkrise und einer sich deutlich abflachenden Weltkonjunktur verlangten. Die Zentralbank, unterstützt von der europäischen Kommission, weigerte sich, die reale Entwicklung zu stabilisieren und griff erst sehr viel später als die amerikanische Zentralbank mit Zinssenkungen ein. Das war ein glatter Widerspruch zu einem vernünftig interpretierten Geldmengenkonzept. Aber darum ging es gar nicht, die Zentralbank musste einfach demonstrieren, dass sie sich von der Politik keine Ratschläge geben lässt, nicht mal einleuchtende.

... und die Ölkrise 1973 ...

Die Zeitenwende in der Wirtschaftspolitik hin zum Angebotsansatz wurde von einem Ereignis eingeleitet, das mit dem Monetarismus gar nichts zu tun hatte. Die längste und kräftigste Aufwärtsentwicklung der Weltwirtschaft, fast ununterbrochen von Beginn der 1960er Jahre an bis in die 1970er Jahre hinein, wurde zunächst von einem ganz neuen Phänomen gestoppt. Mit dem enormen Tempo der Mobilisierung der Gesellschaft durch Individualverkehr war die Nachfrage nach Erdöl über Jahre enorm gestiegen und hatte riesige Profite in die Taschen der wichtigsten Ölproduzenten im Persischen Golf geschwemmt. Als in der zweiten großen Konfrontation um Palästina die israelische Seite erneut ihre militärische Überlegenheit ausspielte, wurde der Preis für Öl temporär zur Waffe in den Händen der arabischen Welt. Die Öl produzierenden Staaten, ohnehin schon lose in einem Kartell, der OPEC, zusammengeschlossen, reduzierten das Angebot für Erdöl auf dem Weltmarkt, und sein Preis schoss in die Höhe. Die erste Ölpreisexplosion war geboren und legte die Unfähigkeit der Wirtschaftspolitik in der ganzen Welt, mit einem relativ komplexen Phänomen umzugehen, gnadenlos bloß.

Der Anstieg des Ölpreises hatte in der Tat nichts mit den klassischen konjunkturellen Abschwächungen zu tun, wie sie auch Deutschland einmal Mitte der 1960er Jahre erlebt hatte. Die Ölpreisexplosion war ein Angebotsschock. Der Schock führte dazu, dass sich die relativen Preise, also der Ölpreis im Verhältnis zu anderen Güterpreisen, änderten und die Ölkonsumenten mehr von ihrem Realeinkommen für Öl aufbringen mussten. Weil aber Öl ein wichtiges Vorleistungsgut im Warenkorb aller westlichen Länder war, stieg im Gefolge des Ölpreisanstiegs auch das gesamte Preisniveau aller Öl verbrauchenden Länder. Das sah zwar aus wie Inflation, war es aber *zunächst* nicht, weil der einmalige Anstieg – wie bei einer einmaligen Erhöhung der Mehrwertsteuer zum Beispiel – nach einem Jahr wieder aus der Inflationsrate verschwindet, denn die misst ja nur, was sich von Jahr zu Jahr ändert.

... lösen Stagflation aus ...

Diese abrupte Preissteigerung wurde nun aber von den Gewerkschaften aller Länder – bei Vollbeschäftigung – zum Anlass genommen, höhere Lohnforderungen zu stellen, um die Kaufkraftverluste auszugleichen. In Deutschland kam es zu der berühmten Kluncker-Runde im öffentlichen Dienst mit Forderungen von 14 Prozent und einem Abschluss um die 11 Prozent. In anderen Ländern aber war es noch viel schlimmer. Lohnsteigerungen von mehr als 20 Prozent waren eher die Regel als die Ausnahme (vgl. Abbildung 14).

Abb. 14

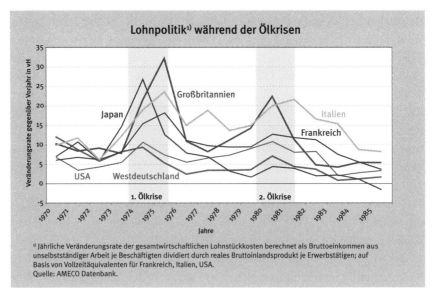

Lohnpolitik[1] während der Ölkrisen

[1] Jährliche Veränderungsrate der gesamtwirtschaftlichen Lohnstückkosten berechnet als Bruttoeinkommen aus unselbstständiger Arbeit je Beschäftigten dividiert durch reales Bruttoinlandsprodukt je Erwerbstätigen; auf Basis von Vollzeitäquivalenten für Frankreich, Italien, USA.
Quelle: AMECO Datenbank.

Dadurch erst, durch diese Zweitrundeneffekte bei den Löhnen, kam es zu einer allgemeinen Inflationsbeschleunigung in den westlichen Volkswirtschaften, weil es den Unternehmen gelang, einen erheblichen Teil der durch die Löhne verursachten Koststeigerung in den Preisen weiterzugeben. Das war die Stunde der Notenbanken. Politisch unabhängig und monetaristisch inspiriert wie die meisten waren, reagierten sie auf die Inflationsbeschleunigung mit bis dahin ungekannter Härte.

Die Zinsen stiegen auf Rekordwerte: Die Investitionstätigkeit der Unternehmen und mit ihr die gesamte Konjunktur brachen weltweit ein. Die Arbeitslosigkeit explodierte überall und erreichte zum ersten Mal in Deutschland die Millionengrenze. Da die Löhne und mit ihnen die Inflation nicht sofort auf den Anstieg der Arbeitslosigkeit reagierten, war eine neue und bis dahin unbekannte Konstellation der Weltwirtschaft geboren: die Stagflation. Die Vorhersagen der Monetaristen, dass Inflation das größte aller wirtschaftlichen Übel sei und langfristig auch Arbeitslosigkeit hervorrufe, schien – über Nacht sozusagen – bestätigt. Die alte keynesianische Hoffnung, dass man mit ein wenig Inflation auch die Arbeitslosigkeit noch weiter senken könne – Phillips-Kurve war diese Beziehung seit den fünfziger Jahren genannt worden – war gleichzeitig zusammengebrochen.

... und beenden die keynesianische Wirtschaftspolitik

Das Denken in langen Fristen triumphierte. Jeder, der wie der damalige Bundeskanzler Helmut Schmidt (»mir sind 5 Prozent Inflation lieber als 5 Prozent Arbeitslosigkeit«) auch nur andeutete, er glaube weiter an eine positive Beziehung zwischen Konjunktur bzw. der von ihr beförderten Inflation und dem Abbau von Arbeitslosigkeit, war ein unbelehrbarer Gestriger, ein Inflationist, ein aktivistischer Makroökonom, den man nie mehr an die Schalthebel der Wirtschaftspolitik lassen dürfe. Als sich das Spiel mit Ölpreisen, Löhnen, Zinsen und Stagflation Anfang der 1980er Jahre in der zweiten Ölpreisexplosion auf fast unveränderte Weise, wenn auch mit wesentlich vernünftigerem Gewerkschaftsverhalten in Deutschland, wiederholte (vgl. Abbildung 14), war die keynesianische Nachfragepolitik mausetot, und das, was Angebotspolitik genannt wurde, kam zusammen mit dem Monetarismus zu Ehren. (Auf seinen www.nachdenkseiten.de weist übrigens Albrecht Müller seit langem auf diesen Bruch der Wirtschaftspolitik in den 1980er Jahren hin.)

Unverstandener Angebotsschock

Die Ökonomen brauchten Jahrzehnte, um die Zusammenhänge auch nur annähernd zu verstehen. Ganz verstanden haben sie sie bis heute nicht, wie die globale Furcht vor einem Einbruch der Weltkonjunktur durch steigende Ölpreise in den vergangenen Jahren gezeigt hat (vgl. UNCTAD, 2005, Chapter I).

Natürlich war der Ölpreisanstieg ein Angebotsschock. Kein vernünftiger Mensch würde das bestreiten. Selbstverständlich war die Lohnreaktion darauf unsinnig und nutzlos, weil es ja nicht mehr intern zu verteilen gab, sondern weniger. Kein Zweifel, dass weltweit die Geldpolitik gefordert war, gegen eine dauernd höhere Inflationsrate vorzugehen, weil sie ja auch den Lohnbeziehern nichts brachte außer andauernden neuen Verteilungskonflikten. Auch der erste Anstieg der Arbeitslosigkeit war unvermeidbar, weil sonst die Gewerkschaften in der Welt und in Deutschland niemals begriffen hätten, dass es Zeit war, zur Vernunft zurückzukehren.

Das alles zuzugestehen, bedeutet nicht zuzugestehen, dass von Stund' an jeder Aufschwung von der Geldpolitik frühzeitig abgewürgt werden muss. Es bedeutet auch nicht, in jedem Anstieg der Inflationsrate von 1,9 auf 2,1 Prozent ein Alarmsignal ersten Ranges zu sehen, das die Geldpolitiker unter Handlungsdruck setzen und die Wirtschaftspolitik veranlassen sollte, auf dem Absatz kehrt zu machen, ganz unabhängig davon, wo man gerade steht. Noch viel weniger bedeutet die Erkenntnis, dass man Keynesianismus in Form von Nachfragestimulierung nicht in jeder Lage einsetzen muss oder kann oder sollte, dass man von nun an jeder konjunkturellen Steuerung der Gesamtwirtschaft abschwören müsse und sich nur noch den »strukturellen Problemen« zu widmen habe. Auch dass der Staat keine aktive Rolle im Wirtschaftsleben mehr übernehmen solle, folgt daraus nicht.

Entsprechend hat das Abschwören vom Keynesianismus und gesamtwirtschaftlich ausgerichteter Wirtschaftspolitik in den meisten Ländern der Erde nicht lange angehalten. Die USA legten schon Mitte der 1980er Jahre den Monetarismus ad acta und führten, ohne groß darüber zu reden, den Keynesianismus und damit kurzfristiges Fine Tuning (also Feinarbeit an der Einstellung der Wirtschaftspolitik) von der Nachfrage- und Geldseite her als wirtschaftspolitische Leitlinie für Notenbank und Regierung wieder ein, andere brauchten etwas länger. Nur in Deutschland und damit am Ende in der Europäischen Währungsunion blieben die orthodoxe monetaristische Doktrin und die Staatsverteufelung im Allgemeinen an der Macht.

3 Systematische Fehler der deutschen Geldpolitik

Nun, werden Sie fragen, kann man nachweisen, dass die USA nach dem Ende von Bretton Woods und nach Überwindung der Ölkrisen in Sachen Geldpolitik und allgemeiner Wirtschaftspolitik weitgehend auf ihrer alten Linie geblieben sind, während Europa unter deutscher Führung eine grundlegende Kehrtwende vollzogen hat? Man kann. Man kann zeigen, dass die USA und auch Großbritannien mit dem Monetarismus nur kurz geflirtet haben, um es einmal so auszudrücken, während Europa sich auf eine langwierige und folgenreiche Partnerschaft eingelassen hat.

3.1 Zins drosselt Wachstum langfristig

Wir haben in den folgenden Abbildungen jeweils den kurzfristigen Realzins (also grob den von der Notenbank festgelegten Nominalzins abzüglich der Inflationsrate) der Wachstumsrate des realen Bruttoinlandsprodukts (also des ebenfalls preisbereinigten Einkommens) gegenübergestellt. Man hätte ebenso gut den kurzfristigen nominalen (also nicht inflationsbereinigten) Zins und das nominale Wachstum des Bruttoinlandsprodukts betrachten können. Der kurzfristige Nominalzins wäre authentischer hinsichtlich der Politikabsicht der Notenbank, denn diesen Zins legt sie ja unmittelbar fest. Das reale Wachstum ist jedoch anschaulicher als das nominale, weil es zeigt, welche zusätzliche Güter*menge* in einer Volkswirtschaft tatsächlich realisiert wurde. Mit dem realen Wachstum kann man aber sinnvoll nur den Realzins vergleichen, weil der Nominalzins alle Bewegungen des Preisniveaus mehr oder weniger enthält.

Weder Nominalzins noch Realzins als solche, ganz gleich, ob kurz- oder langfristig, sagen etwas über die Wirkung der Geldpolitik oder die monetären Bedingungen im Allgemeinen aus. Ein Realzins von 3 Prozent kann hoch sein für eine Wirtschaft, deren Wachstumsdynamik deutlich unter 3 Prozent liegt. Der gleiche Realzins aber kann niedrig sein für eine hochdynamische aufholende Wirtschaft mit Wachstumsraten von 6 Prozent. Folglich sind historische wie internationale Zinsvergleiche immer dann problematisch, ja sogar sinnlos, wenn die Wachstumsdynamik der Regionen oder in den betrachteten Zeiträumen sehr unterschiedlich ist bzw. nicht mit einbezogen wird.

Damit greifen wir einen Gedanken auf, der gerade von der Wissenschaft wiederentdeckt wird. Vor fast 100 Jahren argumentierte Knut Wicksell, dass das Verhältnis von natürlichem Zins (der Zins, den die Investoren in Sachanlagen verdienen) und Geldzins (der Zins, den die Geldpolitik festlegt) die Wirtschaft mehr als alles andere in Richtung Wachstum oder Niedergang bzw. Inflation oder Deflation steuert (vgl. etwa Wicksell, 1922). Da der Zusammenhang zwischen der Wachstumsrate der Volkswirtschaft und der Sachkapitalrendite der Unternehmen eng ist, hat die Geldpolitik enorme Wirkung. Wenn sie autonom und ohne Rücksicht auf die Wachstumschancen den Zins festlegt, baut sie eine für die Unternehmen fixe Sperre in den wirtschaftlichen Kreislauf ein. Nur diejenigen Unternehmen können die Sperre überwinden, deren Kapitalrendite unter Berücksichtigung des Risikos angesichts der Natur ihres Projektes höher liegt als diese von der Geldpolitik unumstößlich vorgegebene Sperre oder Messlatte. Bleibt die Sperre lange sehr hoch, wie das in Deutschland der Fall war, wird unweigerlich auch langfristig das Wachstum der Volkswirtschaft sehr gering sein. Die Geldpolitik hat dann, anders als die Mehrheit der Wissenschaft vermutet, nicht nur kurzfristige Auswirkungen auf die Volkswirtschaft, sondern langfristige. Nur weil die monetaristisch inspirierte Volkswirtschaftslehre von vornherein unterstellt, Geld sei neutral, hat sie keinerlei Zugang zu diesem Problem.

In Abbildung 15 und 16 haben wir Wachstum und Realzins für Deutschland und die USA im Zeitraum von 1960 bis 2006 dargestellt. Um die zentrale Erkenntnis für den Laien leichter erkennbar zu machen, haben wir in beiden Abbildungen (wie auch in den vier Abbildungen im Anhang) die Zeitreihen geglättet. Im Text beschreiben wir aber, wenn es um konkrete Jahreszahlen geht, die ungeglätteten Zeitreihen.

Das Ergebnis ist von überragender Bedeutung für die Wirtschaftspolitik. Es ist zwar im Lichte unserer bisherigen Überlegungen nicht überraschend, stellt aber die herrschende Lehre von der Neutralität des Geldes bzw. dem

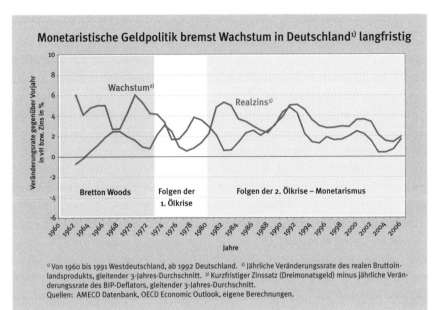

Monetaristische Geldpolitik bremst Wachstum in Deutschland¹⁾ langfristig Abb. 15

¹⁾ Von 1960 bis 1991 Westdeutschland, ab 1992 Deutschland. ²⁾ Jährliche Veränderungssrate des realen Bruttoin-landsprodukts, gleitender 3-Jahres-Durchschnitt. ³⁾ Kurzfristiger Zinssatz (Dreimonatsgeld) minus jährliche Verän-derungssrate des BIP-Deflators, gleitender 3-Jahres-Durchschnitt.
Quellen: AMECO Datenbank, OECD Economic Outlook, eigene Berechnungen.

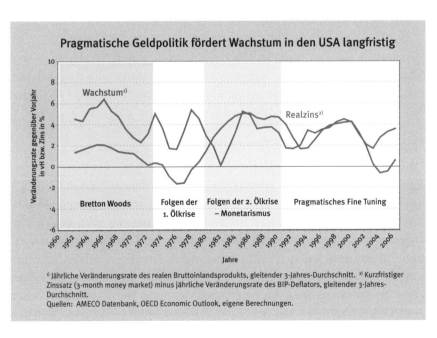

Pragmatische Geldpolitik fördert Wachstum in den USA langfristig Abb. 16

¹⁾ Jährliche Veränderungsrate des realen Bruttoinlandsprodukts, gleitender 3-Jahres-Durchschnitt. ²⁾ Kurzfristiger Zinssatz (3-month money market) minus jährliche Veränderungsrate des BIP-Deflators, gleitender 3-Jahres-Durchschnitt.
Quellen: AMECO Datenbank, OECD Economic Outlook, eigene Berechnungen.

179

nur kurzfristigen Einfluss der Geldpolitik auf die wirtschaftliche Entwicklung fundamental in Frage. Während Deutschland und die USA in den 1960er Jahren einen weitgehend gleichförmigen Einfluss der Zinsen auf das Wachstum verzeichnen, ändert sich das Bild nach dem Ende von Bretton Woods Anfang der 1970er Jahre grundlegend.

In den (hier nicht dargestellten) 1950er Jahren, den 1960er Jahren und Anfang der 1970er lag der Realzins in beiden Ländern um durchschnittlich 3 Prozentpunkte unter der Wachstumsrate; nur während der kurzen Rezessionsphase 1966/67 hatte sich das Verhältnis in Deutschland kurzzeitig umgedreht. Im Zuge der ersten Ölpreisexplosion näherte sich der Realzins in Deutschland aufgrund der monetären Restriktionspolitik rasch der nun sinkenden Wachstumsrate an. Zwar wurde die deutsche Geldpolitik von 1976 bis 1979 noch einmal kurzzeitig expansiv. Aber die Beschleunigung der Inflation im Gefolge der zweiten Ölpreisexplosion sah die Zentralbank offenbar als gravierend an und vollzog von da an einen klaren Regimewechsel in Deutschland. Seit 1980 lag der Realzins nie mehr spürbar geschweige denn längere Zeit unter der Wachstumsrate, vielmehr übertraf er sie von 1980 bis 1989 um durchschnittlich 1,8 Prozentpunkte und seit der deutschen Wiedervereinigung 1991 bis heute beträgt der Abstand immerhin 1,3 Prozentpunkte.

Der Monetarismus bzw. die Interpretation desselben durch die Deutsche Bundesbank hatte Anfang der 1980er Jahre gesiegt und hat die deutschen Wachstumchancen für die nächsten beiden Jahrzehnte radikal vermindert. Seit 1983 hat es Deutschland auf ein durchschnittliches jährliches Wachstum von 2 Prozent gebracht, die USA sind mit 3,3 Prozent klar vorbeigezogen.

FED betreibt erfolgreiches Fine Tuning

Ganz anders als in Deutschland blieb in den USA der Monetarismus nur eine Episode. Das Regime einer großzügigen, das Wachstum anregenden Geldpolitik wurde in den USA noch während der 1970er Jahre weitgehend bewahrt. Erst im Zuge einer merklichen Inflationsbeschleunigung nach der zweiten Ölpreisexplosion sah sich auch die amerikanische Zentralbank gezwungen, hart durchzugreifen und 1981 die kurzfristigen Zinsen auf ein Rekordniveau von 14 Prozent anzuheben. Doch schon in der zweiten Hälfte der 1980er Jahre, als Alan Greenspan von Paul Volcker das Ruder bei der amerikanischen Zentralbank übernahm, war der Monetarismus aus der Mode gekommen und

Pragmatismus angesagt. Zwar lag der Realzins zwischen 1983 und 1989 mit durchschnittlich 0,7 Prozentpunkten *über* der Wachstumsrate, aber diese betrug damals – auch angesichts extrem expansiver Finanzpolitik – durchschnittlich satte 4,3 Prozent und damit deutlich mehr als in Deutschland (2,6 Prozent), wo man sich im selben Zeitraum einen Abstand zwischen Zins und Wachstum von immerhin 0,5 Prozentpunkten leisten zu können glaubte.

Die amerikanische Notenbank war in dieser Phase bereit, eine um durchschnittlich 1 Prozentpunkt höhere Inflationsrate (3,3 Prozent statt wie in Deutschland 2,3 Prozent) zu tolerieren. Für die FED war und ist nämlich die Begrenzung der Inflationsrate kein Selbstzweck, sondern Preisstabilität ist immer nur ein Mittel, das vom Staat zur Verfügung gestellte Geld so funktionstüchtig zu halten, dass dabei ein möglichst großer realer Wohlstandsgewinn für die Volkswirtschaft, sprich: Wachstum und hoher Beschäftigungsstand erreicht werden können.

Seit dem Aufschwung ab 1992, der neun Jahre dauerte, hohes Wachstum (im Schnitt 3,7 Prozent), einen ausgeglichenen Staatshaushalt und gut 21 Millionen neuer Arbeitsplätze (fast +2 Prozent) mit sich brachte, lag der kurzfristige Zins niemals mehr merklich über der Wachstumsrate. Nach der aggressiven Expansionspolitik Anfang des neuen Jahrhunderts ist in den USA sogar der alte Zustand einer deutlich positiven Relation von Wachstum und Zins wie in den 1960er Jahren fast wiederhergestellt. Die amerikanische Wirtschaft dankt das ihrer Notenbank mit einem Wachstum von über 3 Prozent im Schnitt der Jahre 2003 bis 2006 und fast 8 Millionen neuen Arbeitsplätzen.

Kritiker der amerikanischen Geldpolitik oder solche, die keinerlei Zusammenhang zwischen der amerikanischen Geldpolitik und dem amerikanischen Wachstum wahrhaben wollen und daher auch keine Notwendigkeit sehen, in Europa einen ähnlichen Versuch zur Verlängerung von Aufschwungphasen zu starten, werden an dieser Stelle einwenden, dass das amerikanische Wachstum auf tönernen Füßen stehe, weil es auf einer starken Konsumneigung der privaten Haushalte und spiegelbildlich dazu einer äußerst geringen Sparbereitschaft beruhe, was sich in einer horrenden Auslandsverschuldung niederschlage. Diese sei so nicht länger durchhaltbar und folglich stünde ein Einbruch der amerikanischen Konjunktur bevor, den auch die expansivste Geldpolitik der Welt nicht aufzuhalten in der Lage sei.

Diesem Einwand ist entgegenzuhalten, dass es spiegelbildlich zu einer Defizitposition immer auch eine Überschussposition geben muss. Wer profitiert denn seit Jahren vom amerikanischen Wachstum? Doch wir Deutsche im Verein mit den Japanern. Wir benutzen die USA permanent als Konjunkturlokomotive und bauen mit unserer Strategie des Lohndumpings enorme Überschüsse auf. (Dass China einen Anteil am amerikanischen Defizit hat, ist unbestreitbar und – wie in anderen asiatischen Ländern – auf Unterbewertung nach einem Abwertungsschock Anfang der 1990er Jahre zurückzuführen. Aber anders als in Europa wird sich diese Unterbewertung angesichts der kräftigen, über den Produktivitätsanstieg hinausgehenden chinesischen Lohnsteigerungen mittelfristig von selbst erledigen.) Mit anderen Worten: Die Amerikaner können eine so sinnvolle Konjunkturpolitik betreiben wie sie wollen, wenn die Eurozone und Japan sie dauernd torpedieren, können die Amerikaner die Geschicke der Weltwirtschaft nicht sinnvoll lenken, dafür ist das Gewicht der EWU und Japans zu groß und die Weltwirtschaft zu globalisiert. Auch hier gilt wieder: monetäre Abschottung von den Handelspartnern ist in einer globalisierten Welt nicht möglich, geistige hingegen offenbar schon.

Deutsche Bundesbank praktiziert erfolglos dogmatischen Monetarismus

Die deutsche und europäische Geldpolitik wurde und wird am Erfolg bei der Inflationsbekämpfung gemessen. Die schwarze Kurve in Abbildung 17 belegt für Deutschland, dass die Preissteigerungsraten seit 1983, den Wiedervereinigungsboom ausgenommen, unter 3 Prozent und im Durchschnitt (einschließlich der ersten Hälfte der 1990er Jahre) sogar unter 2 Prozent gelegen haben. Seit zwölf Jahren bewegt sich die Inflation sogar durchgehend und eklatant unterhalb der Zielinflationsrate. Selbst wenn man den Deflator des Bruttoinlandsprodukts nicht als Maßstab für die Inflation heranziehen, sondern sich lieber auf den Verbraucherpreisindex stützen möchte, spricht der mit einem durchschnittlichen Wert von 1,6 Prozent zwischen 1995 und 2006 die gleiche deutliche Sprache.

Aber heißt das automatisch auch, dass die deutsche Geldpolitik angemessen war und die europäische es heute ist? Dass der Dämpfer, den die Zentralbank der deutschen Wirtschaft in der ersten Hälfte der 1970er Jahre verpasste, notwendig war, wurde bereits geschildert. War aber auch der zweite Dämpfer

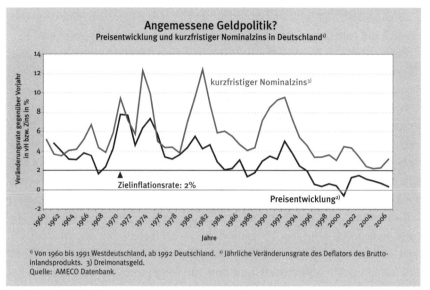

Abb. 17

Angemessene Geldpolitik?
Preisentwicklung und kurzfristiger Nominalzins in Deutschland[1]

kurzfristiger Nominalzins[3]

Zielinflationsrate: 2%

Preisentwicklung[2]

Jahre

[1] Von 1960 bis 1991 Westdeutschland, ab 1992 Deutschland. [2] Jährliche Veränderunsgrate des Deflators des Bruttoinlandsprodukts. 3) Dreimonatsgeld.
Quelle: AMECO Datenbank.

Anfang der 1980er Jahre in diesem enormen Umfang – der Zins erreichte dieselben Spitzenwerte wie 1973, obwohl das für die Inflationsrate nicht zutraf – notwendig?

Wen oder was schädigte die mit der deutschen Wiedervereinigung gestiegene Inflation, die noch dazu größtenteils auf das Konto absurder ostdeutscher Lohnabschlüsse zurückzuführen war und wegen des durch sie verursachten Wegfalls eines großen Teils der ostdeutschen Arbeitsplätze keine langfristig ernst zu nehmende Gefahr für die gesamtdeutsche Preisentwicklung darstellte? Selbst wenn man für die Zeit der Wiedervereinigung eine Verunsicherung der Geldpolitik über die zukünftige Entwicklung zugesteht und damit akzeptiert, dass sie in dieser Phase besonders auf ihre Glaubwürdigkeit pochte, warum konnte sie diesen Kurs nicht wenigstens ab 1995 verlassen, als die Inflationsgefahr eindeutig gebannt war?

Stattdessen lag sie weiterhin 2,5 Prozentpunkte über der Inflation wie beispielsweise 1979 zu Beginn der zweiten Ölkrise. Wen oder was wollte die Zentralbank ab 1995 bekämpfen? Die Beschäftigung? Warum sollen wir von den USA – von hire-and-fire-Politik, minimalem sozialen Sicherheitsnetz, Niedriglöhnen und kurzfristiger Gewinnmaximierung – alles, aber auch alles lernen, nur das eine nicht, dass nämlich eine Inflationsrate von 3 Prozent keinen Weltuntergang bedeutet und die Glaubwürdigkeit einer Notenbank nicht zerstört, die sich ein Inflationsziel von 2 Prozent auf die Fahnen geschrieben hat? Betrachtet man Frankreich oder Großbritannien (vgl. Abbildungen 22 und 23 im Anhang), sieht man in beiden Ländern ebenfalls einen krassen Wechsel des geldpolitischen Regimes seit Beginn der 1980er Jahre hin zu deutlicher Restriktion. Dieser Regimewechsel aber war in Großbritannien Anfang der 1990er Jahre zu Ende, als das Land aus dem europäischen Währungsverbund ausschied und sich wie die USA auf eine pragmatische, im Zweifel expansive Geldpolitik einließ. Zwar blieb auch für Großbritannien die Differenz zwischen Wachstum und Zins von 1994 bis 2001 bei gut einem halben Prozentpunkt zunächst negativ, aber längst nicht so stark wie in Deutschland (über 1 Prozentpunkt im gleichen Zeitraum) und vor allem vor dem Hintergrund einer wesentlich höheren Wachstumsrate (3,2 Prozent statt wie in Deutschland nur 2 Prozent). Seit 2002 hat Großbritannien wieder einen positiven Spielraum zwischen Wachstum und Zins von 0,8 Prozentpunkten erreicht bei einem durchschnittlichen Wachstum von 2,5 Prozent.

Frankreich, das im Währungsverbund seit 1987 eng an Deutschland angelehnt war, hatte in den 1990er Jahren vor der Einführung des Euro zu einer solchen Abkoppelung von der deutschen Geldpolitik keine Chance. Es konnte sich erst mit dem Beginn der Währungsunion 1999 trotz vollkommen einheitlicher Zinsen mit einer vernünftigen Lohnpolitik einen kleinen Wachstumsspielraum erarbeiten, weil es sich eine etwas höhere Inflation leistete und dadurch der Realzins weniger hoch als in Deutschland war. Doch dafür hat es in Form des Verlustes an internationaler Wettbewerbsfähigkeit einen hohen Preis zu zahlen.

Ein ganz ähnliches Bild ergibt sich für Italien, während Japan wegen seiner über viele Jahre deflationären Politik noch schlechter dasteht (vgl. Abbildungen 24 und 25 im Anhang).

Es ist mehr als erstaunlich, dass in Deutschland trotz aller realen Misserfolge und trotz permanent hoher Preisstabilität konsequent am ungeeigneten Modell festgehalten wurde und wird. Ist es das alte Hyperinflationstrauma und die daher stammende Sorge um die Unabhängigkeit der Bundesbank, die jede Kritik im Keim erstickt? Oder ist es die Unfähigkeit der übrigen Wirtschaftspolitiker, die überragende Bedeutung der monetären Rahmenbedingungen für Wachstum und Konjunktur zu erkennen? Fakt ist jedenfalls, dass es zum ersten Mal im Gefolge des gewaltigen Exportbooms 2006 gelungen ist, die Wachstumsrate in die Nähe des Realzinses zu bringen. Das aber wiederum nur auf Kosten einer Entwicklung in der Europäischen Währungsunion, die, als Spiegelbild der Entwicklung in Frankreich, den Keim der Zerstörung dieser Union in sich trägt.

3.2 Die kurzfristige Konjunktur macht das langfristige Wachstum

Es ist also nicht schwer zu verstehen, warum die wirtschaftliche Entwicklung in der Welt seit dem Ende von Bretton Woods tief gespalten ist. Die Gewinner wie die USA und Großbritannien haben lang anhaltende und kräftige Aufschwünge zum Abbau der Arbeitslosigkeit genutzt, während bei den Verlierern wie Japan, Deutschland und einer Reihe anderer kontinentaleuropäischer Länder nicht nur das Wachstum weit hinter dem der Gewinner hinterherhinkte, sondern auch die Arbeitslosigkeit auf hohem Niveau verharrte bzw. von Sockel zu Sockel stieg. Hätte man zu Beginn der 1990er Jahre eine Rangfolge der in Zukunft erfolgreichen Nationen aufzustellen versucht, das Zurückfallen Deutschlands und Japans und der Aufstieg der USA und Großbritanniens wären wohl nicht vorhersehbar gewesen. Denn wer hätte ahnen können, dass die deutsche und in ihrem Gefolge die europäische Geldpolitik so lang auf einem falschen Konzept beharren würden, ja es sogar auszubauen in der Lage wären dank des Vordringens des Angebotsansatzes in den Wirtschaftswissenschaften?

Wir haben gesehen, was der entscheidende Grund dafür ist, dass Länder oder Regionen zuweilen wie Phönix aus der Asche zu einem Höhenflug ansetzen, während andere, deren Potenzial groß erschien, am Boden bleiben: der monetäre Rahmen. Warum aber tun sich die Ökonomen mit diesem Phänomen so schwer? Warum sucht die Mehrheit der Fachleute fast immer in Leerformeln wie den berühmten »tiefgreifenden strukturellen Defiziten« Zuflucht, wenn die Dinge einmal über eine gewisse Zeit schief gelaufen sind? Die Lösung ist naheliegend, aber für den Laien gleichwohl schwer verständlich: Die große Mehrheit der Ökonomen »glaubt« in der Makroökonomie an ein Lehrbuchmodell der Wirtschaft, das sorgfältig zwischen kurzer und langer Frist unterscheidet. Die konkrete wirtschaftliche Entwicklung in einem bestimmten Zeitraum oder die »Konjunktur« spielen in diesem Modell bestenfalls für die Auslastung der vorhandenen Produktionskapazitäten eine Rolle. Das Wachstum der Kapazitäten jedoch, die Investitionstätigkeit, ist allein von den »strukturellen« Faktoren abhängig. Folglich kann in einem solchen Modell Konjunktur- oder Nachfragepolitik an der Situation der Wirtschaft im Grunde nichts ändern.

Was aber, wenn das Modell fundamental falsch ist? Wenn in Wirklichkeit die Unternehmen zu jedem Zeitpunkt mit Blick auf die tatsächliche und von ihnen kurzfristig erwartete Gesamtsituation ihres Betriebes über neue Investitionen in Arbeit und in Kapital entschieden? Können die Unternehmen nur wenige Monate in die Zukunft sehen – das ifo-Institut verlangt ihnen in seinen Umfragen ganze sechs Monate Vorausschau ab –, sieht die Welt anders aus als in einem Modell mit weitgehender Voraussicht. Dann spielen für die konkreten Entscheidungen der Investoren nicht langfristig wirkende strukturelle Faktoren die Hauptrolle sondern die aktuelle Lage. Eine Wirtschaftspolitik, die sich darauf beschränkt, die ordnungs- oder angebotspolitischen Rahmenbedingungen zuverlässig und berechenbar festzulegen, vermindert zwar die Zahl der unsicheren Faktoren und dadurch das unternehmerische Risiko, auf das sich jeder Investor einlassen muss, beseitigen kann Ordnungs- und Angebotspolitik das Risiko freilich nicht.

Für den Unternehmer steht die Konjunktur im Vordergrund

»Konjunktur« gewinnt dadurch ihre zentrale Bedeutung. Der einzelne Investor mag sich relativ sicher über den Erfolg eines neuen Produktes oder eines besseren Produktionsverfahrens sein. Eine breite Bewegung der Investoren wird daraus nur, wenn die Lage insgesamt so gut ist, dass auch andere, weniger von einer neuen Idee oder einem neuen Produkt begünstigte Unternehmen frischen Wind spüren, daraufhin Mut fassen und investieren. Kommt Wind auf, z. B. weil die Politik einen konjunkturellen Impuls gesetzt hat, entsteht schließlich Wachstum in Feldern, die niemand vorhergesehen hat, und insgesamt weit jenseits dessen, was die Experten der Wirtschaft zugetraut haben, weil sich der Prozess – ohne neue massive Störungen von außen – über die Schaffung von Einkommen bei den Produzenten und den Konsumenten selbst verstärkt.

Die Wirtschaftspolitik muss diesen Prozess anstoßen und Störungen fernhalten, wie das die amerikanische Zentralbank im letzten Jahrzehnt vorgeführt hat. Permanent eingreifen muss sie nicht. Es genügt jedoch auf keinen Fall, dass sich die Wirtschaftspolitik zur Überwindung einer Schwächephase auf »strukturelle« Einzelmaßnahmen beschränkt. Die Auguren der Angebotspolitik haben der Wirtschaftspolitik in den vergangenen zwanzig Jahren genau das Gegenteil suggeriert, und Kontinentaleuropa hat sich bis zuletzt als gelehriger Schüler erwiesen. Angebotspolitik zielt darauf ab, durch viele Einzelmaßnahmen am Ende eine effiziente Wirtschaft zu schaffen, die sich wie Münchhausen am eigenen Schopf aus dem Sumpf ziehen kann und deren Wachstum sich dann selbst trägt.

Wirtschaftswissenschaft und Wirtschaftspolitik – Hüter der langen Frist?

Im Gefolge dieser Lehre hat es in Deutschland massive angebotspolitische Verbesserungen in den letzten 25 Jahren gegeben. Diese hatten zwar keine erkennbare Wirkung, aber die Lehre von der Angebotssteuerung hat das überlebt, weil es angesichts der konjunkturpolitischen Verweigerung der Geldpolitik keine Alternative für die gewählten Politiker zu geben schien. So ist bis zuletzt die gesamte Wirtschaftspolitik reduziert auf immer wieder neue Steuerreformen. Die Senkung des Grenzsteuersatzes oder die Abschaffung der Vermögenssteuer müssen aber ohne die erwartete Wirkung auf die Investitionstätigkeit bleiben, wenn an anderer Stelle durch Ausgabenkürzung oder Einnahmesteigerung die Gewinne der Unternehmen wieder geschmälert werden.

Hier liegt der entscheidende Unterschied zwischen Angebots- und Nachfragepolitik: Während erstere auf »mittelfristig greifende, strukturelle« Wirkungen ohne Berücksichtigung der akuten Gesamtsituation hofft, setzt Nachfragepolitik auf die Verbesserung der Gesamtbedingungen, unter denen die Unternehmen in dem von ihnen zu überschauenden Zeitrahmen agieren. Dieser ist in der Tat »kurzfristig«. In der realen Welt gibt es aber keinen anderen Zeitrahmen für den Unternehmer. Das, was die Angebotspolitiker »mittelfristig« nennen, hat mit Zeit gar nichts zu tun. Eine mittelfristig wirkende Maßnahme meint nur: Wenn sonst alles gut geht, wird diese Maßnahme das Gesamtergebnis noch etwas verbessern. Ob alles gut geht, darüber kann die

Angebotspolitik jedoch nichts sagen. Sie ist vielmehr darauf angewiesen, dass alles gut geht, die Impulse also von woanders kommen.

Die Angebotstheoretiker haben sich Regelbindungen für die wichtigsten Akteure ausgedacht, die das System stabilisieren sollen, um eine minimale Vorsorge auch für die kurze Frist zu treffen. Vor allem die Geldpolitik soll nur so viel reales Wachstum finanzieren, wie ohne Beeinträchtigung der Preisstabilität möglich erscheint, und – auf der Basis von Berechnungen über »Wachstumspotenziale« – automatisch auf Schocks reagieren. Wie hoch aber ist das mögliche reale Wachstum? Woher wissen wir in einer Marktwirtschaft und in einer offenen Gesellschaft, wie viele Investoren unter günstigen Bedingungen wie viel investieren werden, wie viele Ideen sie verwirklichen können, wie viel Wachstum sich daraus ergibt? Wir wissen es nicht. Wir haben auch keine Anhaltspunkte dafür, dass die Geldpolitik bei Schocks tatsächlich automatisch reagieren will und kann. Außerdem wissen wir nicht, welcher Art von Schocks unsere Wirtschaft in den nächsten Wochen und Monaten ausgesetzt sein wird. Niemand hat die Finanzkrisen in Asien vorhergesehen, niemand sieht die nächsten Krisen vorher.

Wirtschaftspolitik muss Konjunkturpolitik sein

Geld- und Finanzpolitik müssen folglich reaktionsfähig und reaktionswillig sein, weil es einen vorausberechenbaren Pfad in die Zukunft nicht gibt. Das gilt insbesondere für die Geldpolitik, die mit dem Zins das gesamtwirtschaftlich zentrale Instrument zur Abwehr von Schocks in Händen hält. Die amerikanische Geldpolitik hat das verstanden und im größten Teil der 1990er Jahre »fine tuning« im allerbesten Sinne betrieben. Sie hat die Wirtschaft zunächst kräftig angestoßen, dann auf Sicht gesteuert und ihre Irrtümer, nämlich Unterschätzung der Wachstumsmöglichkeiten, rasch erkannt und korrigiert.

Was lernen wir daraus für die Wirtschaftspolitik? Die zentrale Botschaft lautet: Es gibt keine Trennung von Zyklus und Trend. Nur über den Aufschwung entsteht Wachstum und über den Abschwung geht Wachstum verloren. Eine Wirtschaftspolitik, die sich auf die Angebotsbedingungen und die berühmten »tiefgreifenden Strukturreformen« konzentriert und damit scheinbar die mittlere Frist anvisiert, kann nicht systematisch, sondern nur mit viel Glück und zufällig einmal erfolgreich sein.

4 Europäische Geldpolitik nach gleichem Muster

Die ganz große Aufregung um den Euro hat sich gelegt. War es noch vor ein paar Jahren Tagesgespräch, wie die neue Währung Europa verändert, ob alles teurer geworden ist, um wie viel besser doch die D-Mark war oder welche wirtschaftlichen Chancen der Euro bietet, haben sich inzwischen die Gemüter beruhigt. Der Euro ist Normalität geworden – allerdings im Guten wie im Schlechten. Man kann – wie wir – durchaus ein Anhänger der Idee einer gemeinsamen Währung für Europa sein und trotzdem finden, dass die Dinge in der Europäischen Währungsunion nicht so gelaufen sind, wie man das erwartet hatte und wie es hätte sein können. Das meiste davon ist allerdings nicht der gemeinsamen Währung zuzuschreiben, sondern vielmehr den ungeeigneten Konzepten, die die Europäische Zentralbank von der Deutschen Bundesbank übernommen hat, und einem Alleingang Deutschlands in Sachen Lohnpolitik.

4.1 Vom monetären Chaos zum Euro

Das Ergebnis von dreißig Jahren nationaler und unabhängiger Geldpolitik in Europa ist nur katastrophal zu nennen. Die Träume der Ökonomen sind zu realen Albträumen geworden. Die internationalen Finanzbeziehungen sind nach dem Ende von Bretton Woods von einer Krise in die nächste geschlittert. Die Vorstellung, die ganze Welt sei ein einziger eng verflochtener Markt, auf dem sich Güter und Kapital vollkommen frei bewegen und der Wohlstand aller Menschen permanent steigt, war nicht vereinbar mit dem Traum, die nationalen Regierungen und Notenbanken in dieser heilen marktwirtschaftlichen Welt seien autonom in ihren wirtschaftspolitischen Entscheidungen, müssten also keinerlei Rücksicht nehmen auf außenwirtschaftliche Entwicklungen und die Entscheidungen anderer Regierungen. Die Wunderwaffe flexibler Wechselkurs hat versagt. Gibt man dem Markt die Möglichkeit, die Währungsrelationen im tagtäglichen Prozess des Ausgleichs von Angebot und Nachfrage am Devisenmarkt festzulegen, sorgt dieser gerade nicht dafür, dass *jederzeit* die relevanten Unterschiede zwischen den beteiligten Volkswirtschaften ausgeglichen werden.

Wie hätte das auch anders sein sollen? Wie sollte die schlichte Änderung des Außenwerts einer Währung, also die Änderung des äußeren Geldwertes, Störungen und Schocks auf Dauer abfedern können? Der Traum der Ökonomen von der wirtschaftspolitischen Isolierung ohne staatliche Eingriffe bot der Politik einen scheinbar leicht zugänglichen Fluchtweg aus der Verantwortung. Solange auf die Frage, ob überhaupt und in welcher Weise der Wechselkurs als Instrument der Wirtschaftspolitik Verwendung finden kann, keine befriedigende Antwort von Seite der Ökonomen gegeben wird, sind die Politiker nicht unter Handlungsdruck und können das Feld den Devisenmärkten überlassen.

Leitwährung oder Währungsunion?

Umso erstaunlicher ist es, dass die Gründung einer Europäischen Währungsunion gelungen ist, in der man den Wechselkurs als wirtschaftspolitisches Instrument ein für alle mal abgeschafft hat. Viele Ökonomen, die früher Befürworter flexibler Wechselkurse waren, akzeptierten für dieses Experiment allerdings nur »politische« Gründe. Glaubt man ihnen, dann waren es, neben ein paar ökonomischen Kinkerlitzchen, politische Gründe, die für die Geburt der neuen Währung verantwortlich sind. Geht es nach der überlieferten Fama des politischen Geschehens zu Anfang der 1990er Jahre, ist es vor allem der Druck Frankreichs gewesen, das der monetären Hegemonie Deutschlands nach der deutschen Wiedervereinigung entkommen wollte, welcher den Weg zur Schaffung des Euro ebnete. Wirtschaftlich scheint es nur darum gegangen zu sein, uns an der Grenze das lästige Geldtauschen zu ersparen und den Unternehmen das Wechselkursrisiko zu nehmen. Manch einer wird noch in hinreichender Allgemeinheit einwerfen, zu einem europäischen Binnenmarkt gehöre nun mal eine eigene Währung. Fragte man heute die verantwortlichen Personen in der Europäischen Zentralbank (EZB) und im Rat der europäischen Finanzminister, kämen wohl kaum andere Antworten zustande – zumindest wenn man ihre offiziellen Statements zum Maßstab ihrer Ansichten und ihres Wissens macht.

Alle diese Standardargumente sind jedoch im Grunde lächerlich. All das, was in diesen Argumenten vorgebracht wird, hätte mit einem System fester Wechselkurse in Europa ebenso gut oder besser erreicht werden können, ohne dass man den Menschen das Abenteuer und die Kosten einer Währungsumstellung zumuten musste. Warum konnte die Deutsche Bundesbank nicht weiterhin die Leitwährungsnotenbank in Europa sein, an der sich die anderen so gut wie möglich orientieren? Hat die Bundesbank ihre Sache nicht gut gemacht, die Preise stabil gehalten und den Handelspartnern eine Angleichung ihrer Inflationsraten durch feste Wechselkurse erlaubt? Sind nicht doch die Deutschen die einzigen, die wirklich etwas aufgegeben haben mit dem Übergang zum Euro, nämlich die Souveränität ihrer Geldpolitik, während die anderen ja ohnehin keine Souveränität besaßen und daher nichts zu verlieren hatten? Erklärt und rechtfertigt das nicht in hinreichendem Maße die deutsche Skepsis?

Warum also der Euro? Das System vor dem Euro, das Europäische Währungssystem EWS, war – ebenso wie das berühmte System von Bretton Woods nach dem Zweiten Weltkrieg – ein Leitwährungssystem, und zwar statt mit dem US-Dollar mit der D-Mark als Leitwährung oder Anker. Wer seinen Wechselkurs an den eines anderen Landes bindet, muss bereit sein, die Geldpolitik des anderen Landes mitzumachen, was in der Regel heißt, dessen Zinspolitik weitgehend zu kopieren, wenn auch in der Realität von Bretton Woods erhebliche Abweichungen möglich waren, weil damals die Kapitalmärkte doch in bedeutendem Maße staatlich kontrolliert und reguliert wurden. Wer bei einem großen und stabilen Land vor Anker geht, hat den Vorteil, dass er nicht allen spekulativen Wellen der internationalen Kapitalmärkte ausgeliefert ist und der Wettbewerbsdruck des großen Ankerlandes häufig im Innern dafür sorgt, dass inflationäre Übersteigerungen vermieden werden. Das funktioniert aber nur, wenn der Ankernde in Sachen internationaler Wettbewerbsfähigkeit mithält, was vor allem heißt, dass die Lohnzuwächse nicht stärker über den Produktivitätsfortschritt hinausgehen dürfen als im Ankerland.

Solche Leitwährungssysteme sind eine gute Notlösung, wenn es eine große Konvergenz der Inflationsraten gibt und der Wechselkurs, also der äußere Wert einer Währung, in einem eng verflochtenen Wirtschaftsraum nicht dem Markt mit seinen irrationalen Schwankungen überlassen werden soll. Leitwährungssysteme sind aber immer nur Notlösungen, weil sie einen entscheidenden Defekt aufweisen: In Leitwährungssystemen macht die Notenbank des Ankerlandes die Geldpolitik zwar praktisch für alle Teilnehmer, die Leitwährungs-Notenbank orientiert sich dabei aber nur an den Bedingungen ihres

Landes. Auf diese Weise hat die amerikanische Notenbank im System von Bretton-Woods ihre Geldpolitik dem Rest der Welt aufoktroyiert. Das war zwar, wie wir oben gezeigt haben, per Saldo nicht schlecht und hat der Welt zwei Jahrzehnte lang enormes Wachstum nach dem Krieg ermöglicht. Doch gerade Deutschland wollte schon früh aussteigen, weil es um die heimische Preisstabilität fürchtete. In gleicher Weise war die Geldpolitik der Bundesbank maßgebend für weite Teile Europas. Für Europa aber war das nur durch Zufall richtige, in der Regel jedoch falsche Geldpolitik, weil in Europa insgesamt ganz andere Bedingungen herrschten als in der Bundesrepublik allein. Besonders deutlich wurde das 1992 im Zuge des von der deutschen Wiedervereinigung ausgelösten Booms, als die deutsche Geldpolitik trotz einer europäischen Rezession die Zinsen erhöhte. Ein Vergleich der deutschen und der französischen Realzinsen Anfang der 1990er Jahre zeigt das Problem (vgl. Abbildungen 15 und 22). Die Bundesbank durfte sich allerdings gemäß ihres Gesetzes gar nicht an der Entwicklung des gesamten europäischen Raumes orientieren, wie das für gute europäische Geldpolitik notwendig gewesen wäre.

Zeichnen sich die an einem Festkurssystem beteiligten Länder durch eine hohe und stabile Konvergenz der Inflationsentwicklungen aus sowie durch die gemeinsame Überzeugung, dass die Inflationsraten auf Dauer auf einem einheitlichen Niveau gehalten werden können, ist eine Währungsunion nicht nur die politische, sondern die logische Konsequenz. In einer solchen Situation wäre die Fortsetzung des Leitwährungssystems und die Geldpolitik des Ankerlandes fortdauernder Kritik der ankernden Länder ausgesetzt und könnte nur scheitern. Die Folge wäre eine Rückkehr zu flexiblen Wechselkursen und eine Desintegration des gesamten Raumes, die alle erreichten Fortschritte im Hinblick auf die innere und äußere Stabilisierung des Geldwertes hinfällig machen würde. Nur in einer Währungsunion sind alle Regionen im Prinzip angemessen repräsentiert und können Mitsprache bei der Formulierung der für alle Teilnehmer gültigen Geldpolitik verlangen.

Daraus folgt unmittelbar, dass Europa durch die Schaffung der Währungsunion zum ersten Mal die Chance hat, eine den USA vergleichbare kohärente und im Sinne von Wachstum und Beschäftigung erfolgreiche Geldpolitik zu betreiben. Nur, man muss das auch wollen. Wer wie die leitenden Angestellten der EZB und der nationalen Zentralbanken gebetsmühlenartig wiederholt, der beste Beitrag der Geldpolitik für Wachstum und Beschäftigung sei die Herstellung von Preisstabilität – auf welchem Wege auch immer –, für den ist die Bedeutung der Währungsunion im wahrsten Sinne des Wortes unbegreiflich. Würde die Veränderung des Zinssatzes durch die Notenbank auf direktem Wege allein Auswirkungen auf die Inflationsrate haben, ohne die reale Wirtschaft zu berühren, dann wäre es gleichgültig, ob dieser Effekt von der Zentralbank eines Ankerlandes oder einer nationalen Zentralbank ausgelöst wird. Falsche oder ungeeignete Geldpolitik kann es ja definitionsgemäß nicht geben, weil jede Aktion zur Dämpfung der Inflation nach diesem Verständnis von Geldpolitik von vornherein richtig ist. Die neue Währung in Europa allein löst folglich kein Problem, sondern sie schafft viele neue, wenn die zentralen Chancen, die eine einheitliche europäische Währung bietet, nicht konsequent genutzt werden.

Deutsche Lohnpolitik als Risiko Nr. 1

Entscheidend für das reibungslose Funktionieren eines Währungssystems mit absolut festen Wechselkursen und relativ geringer Mobilität der Arbeitskräfte, wie es das Euro-System darstellt, ist, wie im Globalisierungsteil beschrieben, ein flexibler Ausgleich der Wettbewerbsfähigkeit zwischen den Volkswirtschaften. Das geht nur mit Hilfe der Anpassung der Löhne, weil es das Wechselkursventil nicht mehr gibt. Was im Falle der Währungsunion zwischen West- und Ostdeutschland gründlich schief gegangen war, hätte in Europa nicht schief gehen sollen. Genau das ist aber passiert.

Konkret: Die nationalen Lohnsteigerungen sind dem nationalen Produktivitätsfortschritt nicht überall so angepasst worden wie bei den Handelspartnern. Diese Regel ist universal, sie gilt für arme wie für reiche Länder, die sich einem Währungsregime ohne Wechselkursänderungen unterwerfen. Um ein Beispiel zu geben: Wenn in einem technologisch aufholenden Land wie Portugal die Produktivität jedes Jahr um 5 Prozent zulegt, in einem sich an der Spitze des technischen Fortschritts bewegenden Land wie Deutschland die Produktivität aber nur noch um 3 Prozent zu steigern ist, dann können die ausbezahlten Löhne in Portugal um 7 Prozent steigen, ohne die Wettbewerbssituation zu beeinträchtigen, in Deutschland aber nur um 5 Prozent. Die Lohnstückkosten würden dann in beiden Ländern um 2 Prozent pro Jahr zunehmen (7 minus 5 bzw. 5 minus 3), und die Unternehmen müssten genau diese Kostensteigerung in den Preisen weitergeben, um auch die Gewinne in den vollen Genuss der Produktivitätszunahme kommen zu lassen.

Da die Lohnstückkosten die mit Abstand wichtigste Kostenkomponente für die gesamte Volkswirtschaft sind, stiegen die Preise unter diesen Bedingungen am Ende überall um 2 Prozent und auch die Europäische Zentralbank könnte nicht klagen. Real gerechnet würde das ärmere Portugal aufholen, denn die Reallöhne nähmen genauso schnell zu wie die Produktivität, ohne dass es beim Handel, wo nominal gerechnet wird, zwischen den Ländern zu dauerhaften Verzerrungen käme.

Abb. 18

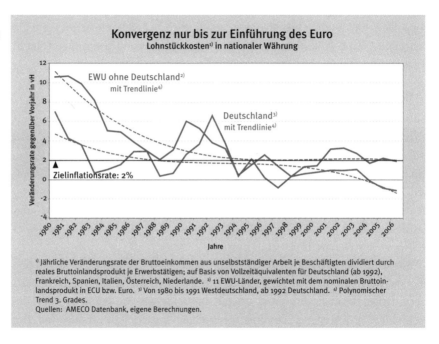

Konvergenz nur bis zur Einführung des Euro
Lohnstückkosten[1] in nationaler Währung

[1] Jährliche Veränderungsrate der Bruttoeinkommen aus unselbstständiger Arbeit je Beschäftigten dividiert durch reales Bruttoinlandsprodukt je Erwerbstätigen; auf Basis von Vollzeitäquivalenten für Deutschland (ab 1992), Frankreich, Spanien, Italien, Österreich, Niederlande. [2] 11 EWU-Länder, gewichtet mit dem nominalen Bruttoinlandsprodukt in ECU bzw. Euro. [3] Von 1980 bis 1991 Westdeutschland, ab 1992 Deutschland. [4] Polynomischer Trend 3. Grades.
Quellen: AMECO Datenbank, eigene Berechnungen.

Deutschland hatte, wie Abbildung 18 zeigt, schon Mitte der 1980er Jahre die Preissteigerungsnorm von 2 Prozent erreicht, die bis heute in der Währungsunion gültig ist. Nur einmal noch, im Zuge der deutschen Wiedervereinigung, wurde diese Norm für kurze Zeit überschritten, vor allem, weil die Löhne in Ostdeutschland ohne jeden Kontakt zur dortigen Produktivität rasch an das Westniveau angeglichen werden sollten. Für Westdeutschland gab es in dieser Periode angesichts boomender Beschäftigung und sinkender

Arbeitslosigkeit zwar auch eine leichte Abweichung nach oben, ein Verlust an Wettbewerbsfähigkeit gegenüber den anderen EWU-Partnern dürfte hier aber nicht oder nicht in nennenswertem Umfang eingetreten sein.

Aus diesem Befund folgt, dass Deutschland – übrigens schon seit dem Ende des Zweiten Weltkriegs – bis zum Übergang in die EWU niemals ein von der Lohnpolitik ausgelöstes Problem mit seiner Wettbewerbsfähigkeit hatte. Bis zum Ende des Bretton-Woods-Systems am Anfang der 1970er Jahre ist das ohnehin evident und unbestritten. Aber auch danach war Westdeutschland immer das klassische Hartwährungsland in Europa und in der Welt, das heißt das Land, das die Maßstäbe in Sachen Lohndisziplin und Stabilitätskultur für die anderen setzte. Das galt sogar für die Phase einer ausgesprochen aggressiven Lohnpolitik Mitte der 1970er Jahre. Damals stiegen im Rest der Welt Löhne und Lohnstückkosten noch weit stärker als in Deutschland (vgl. Abbildung 14 in Teil II, Kapitel 2.4). Wenn einmal ein Problem mit der internationalen Wettbewerbsfähigkeit auftrat, dann war das einer überschießenden nominalen Aufwertung der D-Mark geschuldet, nicht aber einer aus dem Ruder geratenen Lohnpolitik.

Mit der Vorbereitung auf die EWU hat sich aber die Rolle der Lohnpolitik in Deutschland fundamental gewandelt. Nachdem ein von der Politik initiiertes »Bündnis für Arbeit« im Jahre 1999 beschlossen hatte, die »Produktivität für die Beschäftigung zu reservieren«, war die Zeit der Lohnpolitik als deutscher und europäischer Stabilitätsanker beendet (vgl. Flassbeck, 2000). Abbildung 18 zeigt, wie die deutschen Lohnstückkosten schon vor 1999 unter die Norm von 2 Prozent tauchten; besonders dramatisch aber wird die Entwicklung mit dem eigentlichen Beginn der Währungsunion im Jahre 1999. Die übrigen Länder in der Union bewegen sich im Durchschnitt nur geringfügig über der Ziellinie von 2 Prozent, nämlich im Durchschnitt der Jahre 1999 bis 2006 um 0,2 Prozentpunkte. Deutschland hingegen weicht von der Zielinflationsrate im gleichen Zeitraum um durchschnittlich fast 2 Prozentpunkte nach unten ab, ist in den Jahren 2005 und 2006 sogar in die absolute Lohndeflation gefallen. Dass es einen entscheidenden Unterschied macht, ob dieses Auseinanderdriften stattfindet, solange Wechselkurse als Anpassungsinstrument noch zur Verfügung stehen, oder ob es innerhalb einer Währungsunion geschieht, lässt sich der Index-Darstellung der Lohnstückkosten in Abbildung 19 entnehmen.

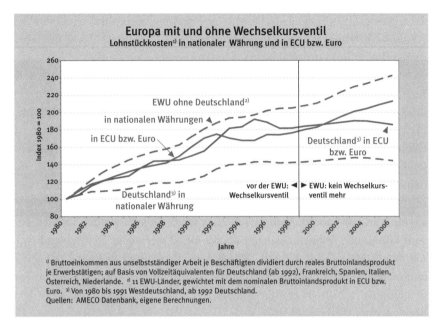

Abb. 19

Europa mit und ohne Wechselkursventil
Lohnstückkosten[1] in nationaler Währung und in ECU bzw. Euro

[1] Bruttoeinkommen aus unselbstständiger Arbeit je Beschäftigten dividiert durch reales Bruttoinlandsprodukt je Erwerbstätigen; auf Basis von Vollzeitäquivalenten für Deutschland (ab 1992), Frankreich, Spanien, Italien, Österreich, Niederlande. [2] 11 EWU-Länder, gewichtet mit dem nominalen Bruttoinlandsprodukt in ECU bzw. Euro. [3] Von 1980 bis 1991 Westdeutschland, ab 1992 Deutschland.
Quellen: AMECO Datenbank, eigene Berechnungen.

Während früher jegliche Vorsprünge Deutschlands bei den Lohnstückkosten über kurz oder lang vom Wechselkurs geschluckt wurden, bleiben heute divergente Entwicklungen der Lohnstückkosten erhalten. Die gestrichelten Kurven stellen die Entwicklung der Lohnstückkosten in der jeweiligen nationalen Währung dar, einmal für Deutschland (blau) und einmal für alle übrigen Länder der EWU (rot). Um diese Länder in einem Index zusammenfassen zu können, wurde die jeweilige nationale Entwicklung mit dem Gewicht im Gesamtindex berücksichtigt, das das Land am gesamten Bruttoinlandsprodukt der Gruppe gemessen in ECU bzw. Euro hat. Die Kurven bewegen sich aufeinander zu (durchgezogene blaue bzw. rote Linie), wenn man die Lohnstückkosten in einheitlicher Währung, also unter Einbeziehung der Wechselkurse, berechnet. Die Übereinstimmung ist auf kurze Sicht nicht perfekt, weil, wie schon erklärt, Devisenmärkte zu überschießenden Reaktionen neigen (vgl. die Box in Kapitel 2.2 von Teil II). Aber auf längere Sicht ist die Anpassung leidlich gewährleistet. Das gilt bis zum Beginn der EWU 1999. Ab da findet mangels Wechselkursen zwischen den Mitgliedsländern kein Ausgleich mehr statt. Selbst wenn man aus der nicht perfekten Übereinstimmung der Indizes im Jahr 1999 eine

Fehl-, nämlich Überbewertung der D-Mark zum damaligen Zeitpunkt ableitet und entsprechend schlussfolgert, dass der Umstellungskurs der D-Mark auf den Euro die Wettbewerbsfähigkeit unserer Volkswirtschaft gegenüber unseren europäischen Handelspartnern nicht korrekt, nämlich zu positiv widergespiegelt hat, muss man feststellen, dass davon spätestens seit 2001 nicht mehr die Rede sein kann (Schnittpunkt beider Kurven). Spätestens ab dann nämlich hinken die deutschen Lohnstückkosten dem Anstieg in der restlichen EWU gnadenlos hinterher. Das Argument, je nach Basisjahr könnten ganz beliebige Ergebnisse konstruiert werden, wird durch die Devisenmärkte eindeutig widerlegt: Die hätten sich dann nämlich über einen Zeitraum von zwanzig Jahren irren müssen.

Warum hat Deutschland gerade zu dem Zeitpunkt die Rolle als stabilitätspolitischer Anker aufgegeben, wo sie nötiger denn je gewesen wäre? Eine europäische Währungsunion, die sich ein Inflationsziel von knapp unter zwei Prozent gesetzt hat, kann nicht funktionieren, wenn im größten und wettbewerbsstärksten Mitgliedsland die Lohnstückkosten stagnieren oder gar fallen. Das ist angesichts der Evidenz des Zusammenhangs von Lohnstückkosten und Inflation unbestreitbar. Dennoch wird dieser schlichte Zusammenhang ignoriert, weil seine explizite Anerkennung viele herkömmliche Vorurteile über den Haufen werfen würde. Im Jahresgutachten 1999/2000 des Sachverständigenrates wurde dieses Problem vollkommen richtig analysiert, allerdings nur von einem Mitglied, Jürgen Kromphardt, der sich mit seiner Minderheitsmeinung nicht durchsetzen konnte.

Währungsunion mit Standortwettbewerb geht nicht

Vertrackt wird die Geschichte dadurch, dass es bei festen Wechselkursen sehr schwer ist, ein einmal verlorenes Terrain wieder zurückzugewinnen. Solange in Deutschland die Lohnstückkosten nahezu konstant bleiben oder sogar sinken wie in den vergangenen Jahren, müssten z. B. in Spanien und Italien die Lohnstückkosten für einige Jahre in erheblichem Maße absolut sinken, um sich der deutschen Kurve anzunähern. Aber selbst wenn es gelänge, auf den deutschen Pfad einzuschwenken, würden diese Länder zwar keine weiteren Marktanteile verlieren. Aber den einmal verzeichneten Marktanteilsverlust durch die starke reale Aufwertung vorher hätten sie damit noch nicht wettgemacht. Das ließe sich nur durch eine tiefe Depression und eine Deflation bewerkstelligen, die –

wie der Fall Argentiniens zeigt – am Ende mehr Schaden anrichtete, als durch die Verbesserung der Wettbewerbsfähigkeit zu gewinnen wäre.

Kleine Länder mit hohem Exportanteil können in dieser Welt systematisch die großen »ausbeuten«, indem sie ihre Lohnsteigerungen bewusst unterhalb des oben beschriebenen wettbewerbsneutralen Pfades halten. Das haben etwa die Niederlande und Irland über lange Zeit getan und sind damit gut gefahren, weil die großen Länder zunächst auf diese aggressive Konkurrenz nicht mit eigenem Gürtel-enger-Schnallen reagiert haben. Erst als in Deutschland unter dem massiven Einfluss aller wichtigen wirtschaftspolitischen Berater Lohndumping einsetzte und begonnen wurde, die Methoden der kleinen Länder zu kopieren, zeigte sich, wie problematisch ein Festkurssystem werden kann, wenn die Wirtschaftspolitik die innere Logik dieses Systems nicht begreift und ihre Koordinationsaufgabe nicht wahrnimmt.

Bei einer vor allem an der internationalen Wettbewerbsfähigkeit der nationalen Volkswirtschaften ausgerichteten Wirtschaftspolitik in den großen Ländern droht das gesamte Modell der Währungsunion in eine deflationäre Falle zu laufen. Standortwettbewerb, ob über Steuersenkung oder die Löhne, läuft darauf hinaus, dass jeder versucht, den anderen zu unterbieten. Da das logischerweise nicht gelingen kann, ist die Folge der Anstrengungen jedes Landes in diese Richtung eine Spirale nach unten bei den Preisen und den Mengen. Verstärkt wird das noch durch die Neigung, auch in anderen Bereichen, vor allem bei den Sozialkosten, nach unten zu konkurrieren.

Realzins oder realer Wechselkurs: Wer ist stärker?

Wie oben beschrieben: Eine Währungsunion, die eine Inflationsrate von 2 Prozent anstrebt, kann auf Dauer nur funktionieren, wenn im Durchschnitt der gesamten Union die Steigerungsraten der Nominallöhne in der gesamten Wirtschaft Jahr für Jahr nicht um mehr als 2 Prozent über dem Produktivitätszuwachs liegen. Jedes einzelne Mitglied muss also mit seinen Löhnen immer genau zwei Prozent über seiner eigenen Produktivitätsrate bleiben, wie groß die auch immer sein mag, dann wird die Wettbewerbsfähigkeit jeder einzelnen Volkswirtschaft gerade erhalten und kein einzelnes Land kann in die Bredouille geraten. Wer nach oben von den 2 Prozent abweicht, verliert Wettbewerbsfähigkeit und Marktanteile, wer nach unten abweicht, gewinnt beides. Wer einmal nach oben abgewichen ist, muss später in genau dem gleichen

Maße nach unten. Gelingt ihm das nicht, verliert er auf alle Zeiten Marktanteile gegen den, der kostengünstiger produziert.

Nun ist es Mode in Deutschland geworden, laut über Italien zu klagen, dem viele unterstellen, es sei notorisch unfähig, die notwendige Disziplin zu wahren, und bräuchte daher immer wieder Abwertungen seiner Währung. Wer aber hat sich wirklich danebenbenommen, die Italiener oder die Deutschen? Nach Berechnungen der EU Kommission liegt Deutschlands Zuwachs bei den Lohnstückkosten von 1999 bis 2006 bei jährlich 0,1 Prozent, der italienische bei 2,7 Prozent. Italien ist folglich von der Norm um 0,7 nach oben, Deutschland um 1,9 Prozentpunkte nach unten abgewichen. Italien hat inflationär gesündigt, Deutschland deflationär. Selbst wenn man, wie es die europäische Zentralbank anstrebt, mit der Inflationsrate etwas unter zwei Prozent bleiben will, führt jedoch kein Weg an der Erkenntnis vorbei, dass Deutschland der größere Sünder ist. Da hilft auch die übliche Ausrede nicht, Deutschland habe an Wettbewerbsfähigkeit nur aufgeholt, was es im Zuge der Vereinigung verloren hat. Wenn das so wäre, würde nicht Deutschland seine Exporterfolge feiern und Italien über mangelnde Wettbewerbsfähigkeit klagen.

Das politisch beeindruckende Phänomen ist, dass in der europäischen Währungsunion im Moment in dramatischem Tempo genau das Gleiche passiert wie in der deutsch-deutschen Währungsunion von 1990. Aber die Experten wiegeln ab. Deutschland senke zwar seine Löhne im Verhältnis zu seiner Produktivität und im Verhältnis zu vielen Partnerländern und gewinne dadurch massiv Marktanteile im Außenhandel, akkumuliere riesige Überschüsse und treibe die Partner ins Leistungsbilanzdefizit. Doch das sei ohne weiteres hinnehmbar. Denn was die Partner im Außenhandel durch die Verbesserung der deutschen Wettbewerbsfähigkeit, das heißt die reale Abwertung Deutschlands verlören, so die Argumentation, würden sie in ihren jeweiligen Binnenmärkten gewinnen, weil dort die Realzinsen wesentlich niedriger seien. Weil die Inflation in Spanien, Italien oder Portugal höher ist als in Deutschland, wirke der für die gesamte Währungsunion einheitliche Nominalzins dort weniger restriktiv oder noch expansiver als in Deutschland. Denn hierzulande ist die Inflationsrate wegen niedriger Lohnsteigerungen geringer. Da sich die Veränderung des realen Wechselkurses im Zeitablauf kumuliert, so die Mehrheit des Sachverständigenrates in ihrem Jahresgutachten 2005, sei der »Wettbewerbskanal langfristig ein wirksamer Anpassungsmechanismus, der eine Destabilisierung der Währungsunion in Folge bestehender Inflationsdifferenzen verhindert« (Ziffer 599). Die gleiche Ansicht vertritt der Bundesbankpräsident Axel Weber (vgl. Weber, 2005).

Hier aber steht die Welt auf dem Kopf, wie man seit der deutschen Währungsunion wissen sollte. Betrachten wir ein einfaches Beispiel: Ein Mitgliedsland der Währungsunion weiche genau ein Jahr lang mit seinen Nominallöhnen vom Lohndurchschnitt der anderen nach oben ab, verhalte sich aber anschließend wieder genau wie die anderen, so dass seine Inflationsrate wieder auf das Niveau der Zielrate fallen kann. Dann sind die Produkte des Landes im ersten Jahr teurer als die der Konkurrenten, die Wettbewerbsfähigkeit sinkt, und das Land verliert Marktanteile. Gleichzeitig wirkt aber der vergleichsweise niedrigere Realzins für ein Jahr stimulierend. Im nächsten Jahr steigen die Produktpreise des Landes genau so stark wie die der Konkurrenzländer, jedoch ausgehend von einem höheren Niveau – erneut bietet das Land also teurer an als die Handelspartner in der Währungsunion und verliert wiederum Marktanteile. Gleichzeitig kann es aber nicht von einem günstigeren Realzins profitieren, weil es jetzt die gleiche Inflation aufweist wie die anderen Länder. Ein zusätzlicher Wachstumsimpuls bleibt aus.

Mit anderen Worten: Der Realzinseffekt kann ein lohnpolitisches Überschießen, egal wie kurz es dauert, nie ausgleichen, weil er den Preis*niveau*unterschied nicht beseitigen kann, der durch die einmal zu stark gestiegenen Löhne entstanden ist. Das Preisniveau ist aber die entscheidende Größe beim Kampf um die Marktanteile innerhalb einer Währungsunion, nicht dessen Veränderungsrate. Der Käufer interessiert sich nicht dafür, ob das teurere Produkt um den gleichen Prozentsatz teurer geworden ist wie das billigere, er interessiert sich für den absoluten Preis.

Das heißt aber, dass der Verlust an Marktanteilen nur gestoppt und wieder ausgeglichen werden kann, wenn das Land sein lohnpolitisches Fehlverhalten komplett korrigiert und so lange unterhalb der Lohnwachstumsrate der Partner bleibt, bis sein Preisniveau wieder das der Wettbewerber erreicht hat. Anderenfalls ist ein dauernder Verlust von Marktanteilen und letztlich – wie in Deutschland im Verhältnis West zu Ost – der Marsch in eine von hohen Transfers gekennzeichnete Union unvermeidlich, ganz gleich welche Rolle der Realzinseffekt für die Wachstumsrate spielt. Die Mehrheit des Sachverständigenrates und der Bundesbankpräsident glauben, dass der Wechselkurseffekt den Realzinseffekt ausgleichen könne, weil er sich kumuliert. Es ist aber genau umgekehrt: Weil sich der Wechselkurseffekt kumuliert, kann der Realzinseffekt ihn niemals ausgleichen.

Immerhin, in ihrem Monatsbericht vom Juni 2007 geht die Deutsche Bundesbank vorsichtig auf Distanz zur Position ihres Chefs und der des Sachverständigenrates, wenn sie schreibt, »dass die Ausweitung der Leistungsbilanzpositionen nicht allein als Begleiterscheinung eines realwirtschaftlichen Konvergenzprozesses in Europa interpretiert werden kann« (Seite 53). Im gleichen Bericht heißt es an anderer Stelle etwas verklausuliert, dass »theoretische Erwägungen sowie die überwiegend gleichgerichtete Entwicklung von Leistungsbilanz- und Wettbewerbsposition einzelner EWU-Länder einen Zusammenhang zwischen beiden Variablen nahe(legen)« (Seite 52). Zugleich nennt die Bundesbank als »mögliche Gründe« (Seite 51) für Divergenzen der preislichen Wettbewerbsfähigkeit innerhalb der EWU die »nationalen Lohnpolitiken«: »So weist die Lohnentwicklung bereinigt um die Arbeitsproduktivität merkliche Diskrepanzen zwischen den EWU-Ländern auf, die sich über die Zeit akkumulieren« (Seite 52). Genau, diese Diskrepanzen akkumulieren sich, schlagen sich deshalb Jahr für Jahr in Leistungsbilanzungleichgewichten nieder und stellen somit einen realwirtschaftlichen Divergenzprozess dar. Das ist das Problem, vor dem die EZB steht. Wenn etwas aus der deutschen Währungsunion zu lernen war, dann die Tatsache, dass langfristig ein Verlust an Wettbewerbsfähigkeit durch nichts auszugleichen ist und dauerhafte Transfers des Gewinners an den Verlierer unumgänglich macht. Die politischen Folgen einer Transferunion sind schon in Deutschland dramatisch, für Europa wären sie katastrophal.

4.2   Verfehlte institutionelle Grundlagen

Die EZB hat den falschen Auftrag

Die Konstruktion der Europäischen Währungsunion ist grundlegend falsch, weil sie dem gescheiterten Modell der Deutschen Bundesbank weitgehend nachempfunden ist. Die EZB hat mit der weitgehenden Konzentration auf das Inflationsziel schlicht den falschen Auftrag. Das führt zur dauernden Abwehr von Forderungen nach aktiver Mitwirkung an der Wirtschaftspolitik und zu nur noch absurd zu nennenden Rechtfertigungen der Zentralbank für ihre Untätigkeit. Der EZB-Rat, sagen z. B. viele seiner Mitglieder, habe nicht den Auftrag, die Konjunktur zu steuern, sondern lediglich den Geldwert zu stabilisieren. Genau so verteidigte schon 1995 der Sachverständigenrat die zögerliche Haltung der Deutschen Bundesbank, die Zinsen rascher den konjunkturellen Gegebenheiten anzupassen. Im damaligen Jahresgutachten heißt es wörtlich:»Die Bundesbank hat nicht primär die Aufgabe, für niedrige Zinsen zu sorgen, sondern sie hat die Geldwertstabilität zu garantieren.« (Ziffer 408) Verweist man auf die US-Notenbank, so bestätigen die europäischen Zentralbanker, dass diese einen Auftrag habe, der auch das Wachstums- und Beschäftigungsziel einschließt. Wer aber kann sagen, dass der Auftrag der EZB der richtige ist? Stellen wir uns einmal vor, Wirtschaft funktioniere in Europa ganz genauso wie in den USA. Dann haben wir jenseits des Atlantiks eine mächtige Institution, die sowohl für Preisstabilität sorgt, als auch dafür, dass die Wirtschaft floriert und zudem vielfach bewiesen hat, dass sich das gut miteinander vereinbaren lässt. Hierzulande verzichten wir auf diese Institution, weil wir darauf verzichtet haben. Mit anderen Worten, Amerika hat ein Auto mit Gaspedal und Bremse, wir haben eines mit Bremse und einem gut versteckten, kaum erreichbaren Gaspedal. Den Auftrag, ein Auto quasi ohne Gaspedal zu bauen, haben die europäischen Autobauer erfüllt. Nur, was hilft uns das?

Begründet wird das europäische Automodell damit, dass die Möglichkeiten, konjunkturell Gas zu geben, überschätzt und die Verzögerungen beim Gas geben und beim Bremsen unterschätzt würden. Das mag sein. Um mit dem Auto und seinen Verzögerungen umgehen zu lernen, kann man allerdings einen Führerschein machen. Ein triftiger Grund, auf das Autofahren ganz zu verzichten, sind die verschiedenen Kräfte, die bei Bewegung nun mal auftreten, nicht. Verzögerung als Begründung für ein Auto ohne erreichbares Gaspedal fände jeder ziemlich lächerlich. Schlimm ist, dass die EZB zwar am Ende doch das versteckte Gaspedal findet, dessen sinnvollen Einsatz sie vehement bestreitet, aber immer viel später als die anderen und regelmäßig zu spät, um einen größeren Unfall zu verhindern. Wer den falschen Auftrag hat, macht eben vieles falsch, selbst wenn er seinen Auftrag pflichtgemäß erfüllt.

Die europäische Zentralbank weigert sich folglich beharrlich, einen einfachen physikalischen Zusammenhang anzuerkennen: Eine Bremse braucht nur, wer ein Gaspedal hat. Und ein Gaspedal braucht man, wenn man eine bestimmte Geschwindigkeit halten oder erreichen will. Wenn, wie häufig in den letzten Jahren, die europäische Wirtschaft von außen gebremst wird, muss sie selbst Gas geben, um das Tempo zu halten. Die EZB aber bestreitet zunächst monatelang, dass es ein Abbremsen gibt, fordert dann die anderen, die das Gaspedal überhaupt nicht erreichen können, auf, gefälligst Gas zu geben, und betätigt erst kurz vor dem Stillstand ganz zaghaft selbst das Gaspedal.

Die europäische Zentralbank ist nicht nur unabhängig, sondern auch unzugänglich. Sie hat nicht nur den falschen Auftrag, sie hat zur Verteidigung dieses Auftrages eine vollkommen unangemessene Weltsicht angenommen. Sie unterstellt nämlich, Mengen und Preise seien in einer Marktwirtschaft getrennte Phänomene. Die EZB könne zwar ihren Auftrag erfüllen und die Preise stabilisieren, habe aber keinen Einfluss auf die umgesetzten Mengen. Das aber ist Unfug. Preise und Mengen lassen sich in einem Marktsystem so wenig trennen wie die Strecke und das Ziel beim Autofahren. Die EZB aber behauptet implizit – und weitgehend unwidersprochen von der Mehrzahl der Ökonomen in Deutschland –, sie könne die Inflation niedrig halten, ohne die reale Wirtschaft zu beeinflussen, also mit dem Auto ein entferntes Ziel erreichen, ohne eine Strecke zurückzulegen. Mit heftiger internationaler Kritik an dieser Pseudo-Wirtschaftswissenschaft konfrontiert, relativiert die EZB üblicherweise ihre übernatürlichen Kräfte und behauptet »nur« noch, ihr bester Beitrag zu mehr Wachstum und Beschäftigung seien eben stabile Preise, was immer sonst auch geschieht. In ihrem Monatsbericht vom Juni 2007 heißt es etwa als Kommentar zur jüngsten Zinserhöhung: »Dieses Zinsniveau wird weiterhin dazu beitragen, sicherzustellen, dass die mittel- bis längerfristigen Inflationserwartungen im Euro-Währungsgebiet fest auf einem Niveau verankert bleiben, das mit Preisstabilität im Einklang steht. Eine solche Verankerung ist eine Voraussetzung dafür, dass die Geldpolitik nach wie vor einen Beitrag zur Förderung eines nachhaltigen Wirtschaftswachstums und zur Schaffung von Arbeitsplätzen im Euroraum leisten kann.« (S. 5)

Übertragen auf's Autofahren: Selbst wenn sie eine Strecke zurücklegen müsse, ihr Weg sei immer der richtige, weil sie ja am Ende das Ziel erreiche. Dieser Satz zeigt eines in aller Klarheit: Das zentrale Problem ist nicht, dass auch unabhängige Institutionen Fehler machen und Irrlehren aufsitzen können. Das Problem ist die Tatsache, dass die Vertreter dieser Institution angesichts offener Kritik an ihren Entscheidungen dazu neigen zu behaupten, sie könnten gar keine Fehler machen, Fehler machten immer nur alle anderen. Solche Behauptungen mögen in manchen Religionen hingenommen werden, bei Schicksalsfragen der demokratischen Staaten, bei der Entscheidung über Wohlstand und Beschäftigung von Millionen Menschen haben sie nichts verloren.

Wirtschaftspolitik ohne Koordination?

Dokumentiert hat die EZB ihre politische Unzugänglichkeit ganz offiziell in ihrem Monatsbericht vom November 2001: »Da die EZB Teil des wirtschaftspolitischen Gesamtrahmens ist, sind angemessene Kanäle für einen strukturierten Informations- und Meinungsaustausch mit anderen politischen Entscheidungsträgern geschaffen worden. Dies entspricht der bewährten Praxis in modernen nationalen Strukturen, in denen eine unabhängige Zentralbank und das Finanzministerium informelle Kontakte zum Austausch von Informationen über wirtschaftliche Entwicklungen und Aussichten pflegen und sich gegenseitig Einsicht in ihre Analysen und Einschätzungen der künftigen wirtschaftspolitischen Herausforderungen gewähren. Diese Verbindungen dürfen keinesfalls als Ex-ante-Koordinierung der geld- und finanzpolitischen Linie missverstanden werden. Entsprechend schließt der regelmäßige und strukturierte Dialog zwischen der EZB und den Mitgliedstaaten klar jede Form einer Ex-ante-Abstimmung der Geldpolitik oder gemeinsame Vereinbarungen zur Erreichung eines vorgegebenen Policy-Mix aus. In voller Anerkennung der Unabhängigkeit der EZB finden diese Kontakte in Form von unverbindlichen wirtschaftspolitischen Dialogen innerhalb der Organe und Einrichtungen der Gemeinschaft statt.« (S. 73)

Das muss man sich vorstellen: Der wichtigste Part der Wirtschaftspolitik in Europa ist mit einer Institution besetzt, die die Grundlagen jedes vernünftigen menschlichen Verhaltens, der Abstimmung und Zusammenarbeit nämlich, für Null und nichtig erklärt. An einem konkreten Beispiel: Die Tarifpartner beschließen, wie sie das im Jahr 2000 in Deutschland getan haben, niedrige Lohnabschlüsse mit einer Laufzeit von zwei Jahren in der Hoffnung und Erwartung, die EZB werde den durch diese Kostenentlastung bei der Inflationsvermeidung geschaffenen Rückhalt nutzen, um die Konjunktur anzuregen und gegen allfällige Einflüsse von außen so gut wie möglich zu schützen. Ein solcher impliziter Kontrakt könnte durchaus vernünftig sein, wenn tatsächlich Sorge dafür getragen wird, dass es wegen der Lohnzurückhaltung nicht zu einem Nachfrageausfall kommt, wie das in den 1990er Jahren mehrfach der Fall war. Die Sorge um den Nachfrageausfall könnte die EZB durch eine expansive Geldpolitik weitgehend abpuffern. Sie müsste aber deutlich sagen, dass sie bereit ist, eine solche Rolle zu übernehmen, weil sonst die Lohnzurückhaltung von vornherein sinnlos ist. Lehnt die EZB jede Verantwortung ab, ist eben auch Lohnzurückhaltung nicht vernünftig.

Alles in allem: Der Übergang zum Euro als Währung verlief ziemlich problemlos. Wurde der Übergang zur Europäischen Währungsunion den Bürgern Europas Anfang der 1990er Jahre allerdings noch als die entscheidende Maßnahme zur Vollendung des Binnenmarktes und als Wachstumsschub ersten Ranges verkauft, spricht davon heute keiner mehr. Zeitgleich mit der körperlichen Einführung des Euro ist Europa in eine konjunkturelle Schwächephase geraten, die trotz boomender Weltkonjunktur nur zögerlich überwunden werden konnte. Gleichzeitig ist die Eurozone wegen des deutschen Alleingangs bei den Löhnen mit gewaltigen externen Ungleichgewichten konfrontiert, deren politische Langzeitfolgen noch gar nicht abzusehen sind. Noch ist das ganze Ausmaß des Debakels nur für wenige sichtbar. Doch den Spieß umzudrehen, mit dem die Politiker und die Europäische Kommission für den Euro geworben haben, dürfte für antieuropäische Bewegungen nicht allzu schwer sein, sobald der derzeitige Aufschwung zu Ende ist.

Teil III:
Die Reform des Denkens ist die wichtigste

Es fehlen nur noch wenige Schritte, um zu verstehen, was eine Marktwirtschaft bewegt, was sie vorwärts drängen lässt und was sie zum Absturz bringen kann. Wir sind vorgedrungen bis zu dem zentralen Problem, das die größten Köpfe der Volkswirtschaftslehre mehr als alles andere beschäftigt hat und das doch nur für wenige begreiflich geworden ist. Warum investieren Menschen in eine unsichere Zukunft? Warum sparen andere, ohne wissen zu können, ob ihr Erspartes sicher in die Zukunft transportiert wird? Wie hängt das zusammen? Muss immer einer sparen, damit ein anderer investieren kann? Oder muss einer investieren, damit der andere sparen kann? Ist nicht automatisch das Sparen immer genau gleich dem Investieren, womit sich die ganze Diskussion um die Beeinflussung des Investierens der Unternehmen durch die Wirtschaftspolitik erledigt? Um all diese ungelösten Fragen geht es in diesem dritten und entscheidenden Teil des Buches.

Wenn wir nicht zu begreifen beginnen, dass nur eine grundlegende Reform unseres Denkens den Durchbruch bringt, dann werden unsere Politiker noch am Sanktnimmerleinstag reformieren und sich fragen, warum es ihnen niemals gelingt, der Massenarbeitslosigkeit Herr zu werden. Und, noch wichtiger, die Ökonomen müssen zu begreifen beginnen, dass man nicht fortfahren kann mit dem Verfahren der letzten dreißig Jahre, Lösungsansätze aus ganz unterschiedlichen Modellwelten gleichberechtigt zu behandeln mit dem Argument, der eine wie der andere habe seine Berechtigung und Meriten je nach konkreter wirtschaftlicher Situation. Dann haben die Politiker keine Chance, es besser zu machen.

In der Tat, man muss sich als Wissenschaftler entscheiden, ob man auf der einen oder der anderen Seite steht. Beides zugleich geht nicht. Man muss in der Volkswirtschaftslehre von vornherein sagen, ob man eine Welt analysieren will, in der es echte Gewinne der Unternehmen gibt oder nicht. Tut man ersteres, ist man in einer keynesianischen Welt und muss folgerichtig darin bleiben. Tut man letzteres, bewegt man sich in der Welt des allgemeinen Gleichgewichts, in der es keine Unternehmen im Schumpeterschen Sinne gibt, und muss auch darin bleiben. Denn sonst werden alle Aussagen beliebig, weil man aus einem Widerspruch – hier: der Anwendung mal des einen, mal des anderen Modells – jede beliebige Aussage, aber nicht eine einzige zwingende herleiten kann, die für die Wirtschaftspolitik geeignet wäre.

Man kann nicht, wie das die Ökonomen mit Vorliebe tun, aus der Wühlkiste möglicher Hilfsmittel und Instrumente mal das eine, mal das andere vorschlagen, ohne in Widersprüchlichkeit und Beliebigkeit unterzugehen. Sich eine konsistente Argumentation zu sparen, ist eine bequeme Methode des Austausches zwischen Akademikern, weil man sich nicht mehr ernsthaft über die theoretische Basis zu streiten braucht und alle Auseinandersetzung auf das Niveau der empirischen Diagnose verlagern kann. Hinzu kommt, sollte einmal das empfohlene Mittel in der Realität nicht die gewünschte Wirkung entfaltet haben, kann man darauf verweisen, man vertrete selbstverständlich auch andere Positionen. Am deutlichsten hat sich dieses unsinnige und unwissenschaftliche Vorgehen in der lange Jahre die wissenschaftliche Diskussion dominierenden Auffassung niedergeschlagen, es gäbe »Synthesen« oder man könne – je nach »Regime« – einmal klassische und einmal keynesianische Arbeitslosigkeit diagnostizieren, je nachdem, ob man glaubt, dass es gerade an Nachfrage mangelt, oder dass die Löhne zu hoch sind. Dieser Auffassung ist beispielsweise der Sachverständigenrat (vgl. Jahresgutachten 2004/2005, Kasten 37). Wenn jedoch das eine »Regime« eine Welt mit Unternehmen und Gewinnen voraussetzt, das andere »Regime« aber genau eine Welt ohne Unternehmen und ohne Gewinne, kann man nicht nach der empirischen Datenlage entscheiden, in welchem »Regime« man gerade steckt. Denn die Empirie stammt immer aus ein und derselben realen Welt.

Vor dem gleichen Problem der Beliebigkeit steht man, wenn man versucht, den Keynesianismus in ein Modell rationaler Erwartungen derart einzubinden, dass allein der Glaube der Wirtschaftssubjekte an die Richtigkeit eines Modells mit Lohn- und Preisrigiditäten zur logischen Widerspruchsfreiheit und empirischen Bestätigung dieser Rigiditäten führt (vgl. Horn, 2005, S. 107 ff). Dann dreht man sich im Kreis, obwohl diese Sicht im Gegensatz zur Neoklassik die Empirie auf ihrer Seite zu haben scheint. Aber auch hier fehlt die eigenständige Erklärung der wirtschaftlichen Zusammenhänge, weil nur die Annahme, alle Wirtschaftssubjekte glaubten an das von Seiten des Wissenschaftlers unterstellte Modell, zur logischen Widerspruchsfreiheit führt. Widerspruchsfreiheit kann aber die Suche nach Kausalität nicht ersetzen, weil das Verständnis kausaler Zusammenhänge Voraussetzung einer rationalen Wirtschaftspolitik ist.

Wohlgemerkt, bei dieser Kritik geht es nicht um die Richtigkeit von Modellannahmen, nicht um Fehler bei theoretischen Herleitungen oder empirischen Überprüfungen. Diese sind so alt wie die Wissenschaft selbst. Es geht darum, dass die Wirtschaftswissenschaften durch den Mangel an theoretischer Entschiedenheit auf das Niveau eines Gemischtwarenladens zu sinken drohen, aus dem sich jeder »Berater« nach Gutdünken bedienen kann. Dass auf diese Weise kein »Experte« mehr Gefahr läuft, für die Folgen seiner Ratschläge zumindest im Wissenschaftsbetrieb einstehen zu müssen, macht diese Entwicklung des Faches Volkswirtschaftslehre leider für viele Ökonomen attraktiv und dadurch stabil. Für die Wirtschaftspolitik, die sich gutgläubig eines wissenschaftlichen Sachverstandes zu bedienen versucht, sind die Folgen dieser Beliebigkeit katastrophal.

1 Das ungelöste Problem: Investieren und Sparen

Wie groß das Unverständnis hinsichtlich des zentralen Zusammenhangs von Investieren und Sparen ist, kann man ohne weiteres daran ablesen, dass heutzutage jedes ordentliche Lehrbuch dem Studenten der Volkswirtschaftslehre erklärt, dass die Gleichheit von Sparen (S) und Investieren (I) einer der wichtigsten und jederzeit gültigen Sätze der Wirtschaftswissenschaft ist. I = S, wie das üblicherweise abgekürzt wird, wird nicht anders behandelt als Angebot gleich Nachfrage auf jedem beliebigen Markt, weil es ja auch hier einen Preis gibt, der scheinbar jederzeit für den Ausgleich sorgt, den Zins. Dass dieser Preis von einer dem Markt fremden Institution, der Zentralbank, gesteuert oder zumindest massiv beeinflusst wird, um Preisstabilität herzustellen, haben die meisten Ökonomen kurzerhand mit dem Verweis auf den langfristigen Zins und dessen zentrale Rolle beiseite gewischt. So, als gäbe es keinen Zusammenhang zwischen kurz- und langfristigem Zins bzw. als könne der kurzfristige nur die Bewegungen des langfristigen wie an einer Hundeleine nachvollziehen.

Das deckt sich voll und ganz mit dem Dogma der Neutralität des Geldes, also der langfristigen Wirkungslosigkeit der Geldpolitik.

Auch die zweite große Frage, wie der Akt des Sparens, also der Akt einer Verminderung der Nachfrage, unmittelbar auf den Akt des Investierens wirkt, wenn Unternehmen Gewinne und Verluste machen können, hat nur bei wenigen Ökonomen die Aufmerksamkeit gefunden, die sie verdient hat. Geht man hier mit der nötigen Sorgfalt vor, findet man, dass von der üblicherweise behaupteten Selbststabilisierung des marktwirtschaftlichen Systems nicht die Rede sein kann. Nichts ist instabiler als eine sich selbst überlassene unternehmerische Wirtschaft. Am Ende unserer Überlegungen wird es keine Übertreibung sein zu sagen, dass der für die reale Wirtschaft relevante Zusammenhang darauf hinausläuft, dass das Sparen niemals gleich dem Investieren ist.[*]

Um alles Fachchinesisch zu vermeiden, das sich um das Investieren und seine Finanzierung rankt, befassen wir uns mit einem simplen Beispiel und Variationen desselben, die einen möglichst einfachen Zugang zum Thema ermöglichen sollen. Quasi nebenbei geben wir einige Hinweise, warum die Vorstellung, nur Gespartes könne investiert werden, so fest in uns verankert ist, dass sie auch in weiten Teilen der Volkswirtschaftslehre ein unumstößliches Dogma zu sein scheint.

1.1 Robinsons Autarkie-Wirtschaft

Die meisten Menschen stellen sich den Investitionsprozess in einer monetären Marktwirtschaft vor wie bei Robinson Crusoe auf seiner einsamen Insel. Dieser um sein Überleben kämpfende literarische Held lebt nicht nur allein, er arbeitet vor allen Dingen nicht arbeitsteilig, tauscht daher auch nicht und

---

[*] Keynes hat sehr früh konsequenterweise die Formel $I = S$ durch die Formel $Q = I - S$ ersetzt, wobei Q für die ungleichgewichtigen Gewinne steht, die wir als Schumpeterianische Gewinne bezeichnen. Vgl. zu einer ausführlicheren Darstellung auch UNCTAD (2006), S. 32–38. Es ist schon mehr als paradox, dass unmittelbar nach dem Erscheinen von Keynes' »Allgemeiner Theorie« ein gewisser Herr Hicks den Keynesianismus in ein IS-LM Schema steckte, das bis heute zum Synonym für Keynesianismus in allen Lehrbüchern geworden ist. Das Schema baut auf einer IS-Kurve auf, die alle Punkte einer Volkswirtschaft beschreiben soll, wo I gleich S ist. Dass es in einer Wirklichkeit mit Unsicherheit über die Zukunft nicht einen einzigen solchen Punkt gibt, ist kaum jemandem in den Sinn gekommen, weil es ja so bequem war, die neue Lehre gleich in einem Schema zu präsentieren, das dem der alten Lehre sehr ähnelte. Von da zu den so genannten Synthesen zwischen Klassik und Keynesianismus und den allseits beliebten Gemischtwarenläden war es nicht weit.

benötigt infolgedessen auch kein Geld, weder als Zahlungsmittel noch als Kreditmittel.

Erst sparen, dann investieren

Seinen Wunsch, die Fische, von denen er sich ernährt, nicht täglich mühsam mit der Hand fangen zu müssen, sondern eine Angel für den Fischfang zu besitzen, d. h. produktiver zu sein und durch diese höhere Produktivität einen höheren Wohlstand zu erreichen, kann er sich nur erfüllen, wenn er zuerst spart. Er muss sich einen Teil seiner mit der Hand gefangenen Fische an einem Tag buchstäblich vom Munde absparen, um einen Essensvorrat für den nächsten Tag zu haben, an dem er sich dem Bau einer Angel widmen will, an dem er also keine oder weniger Zeit für den Fischfang per Hand hat. Dieses Gürtel-enger-Schnallen heute ermöglicht die Investition in den technischen Fortschritt – die Angel –, aus der dann morgen oder übermorgen die höhere Produktivität – mehr Fische pro aufgewendeter Fangstunde – folgt. So sieht es in einer Autarkiewirtschaft aus: erst sparen, dann investieren, dann mehr konsumieren.

1.2 Robinsons Tauschwirtschaft

Wie verhält es sich in einer Tauschwirtschaft, also in einer Ökonomie, in der arbeitsteilig produziert wird und Waren zwischen den Produzenten getauscht werden? Wieder soll der Investitionsvorgang anhand des Robinson-Beispiels erläutert werden. Die Ausgangslage in einer Robinson-Tauschwirtschaft sehe folgendermaßen aus: Man stelle sich eine Art Arbeitsteilung zwischen dem doch nicht völlig einsamen Robinson und seinem Gehilfen Freitag vor. Robinson fängt Fische mit der Hand, und Freitag, der zwar auch Fische fangen kann, in dieser Disziplin aber schlechtere Ergebnisse erzielt als Robinson, besorgt Brennholz, damit die Fische gebraten werden können. Für das Brennholz erhält Freitag etwas mehr Fische von Robinson, als er selbst in der Zeit hätte fangen können, die er für die Brennholzsuche benötigt. Für beide Inselbewohner ist diese Art der Arbeitsteilung vorteilhaft: Freitag erhält mehr Fisch, noch dazu schmackhafter zubereitet. Denn an Brennholzsammeln wäre für ihn, müsste er denn allein klar kommen, gar nicht zu denken wegen seines geringeren

Fischfangerfolgs. Robinson kann ebenfalls schmackhaftere Fische essen dank Zubereitung über einem Feuer. Müsste er sich sein Brennholz allein besorgen, hätte er weniger Zeit zum Fischen und daher weniger Fisch zur Verfügung. Denn annahmegemäß muss er Freitag im Tausch für dessen Brennholz weniger Fisch geben, als er selbst in der entsprechenden Zeit fängt. Der Tausch »Brennholz gegen Fisch« funktioniert, die Arbeitsteilung ist erfolgreich im Sinne einer Wohlstandssteigerung.

Erst absprechen und sparen, dann investieren

Das soll der Hintergrund sein, vor dem nun das Investitionsvorhaben »Angel« gestartet wird: Robinson erklärt Freitag eines Tages, dass er sparen, d. h. einen Tag lang weniger Fisch essen will, um sich eine Angel bauen zu können. Daher braucht Robinson an dem »Spartag« weniger Brennholz. Später allerdings, so Robinson zu Freitag, könne er sogar mehr Brennholz gebrauchen, da er dann dank seiner Produktivitätssteigerung mehr Fisch fangen werde und zubereiten respektive durch Räuchern haltbar machen müsse. Freitag ist mit diesem Plan einverstanden. Er sammelt trotz der aktuell sinkenden Nachfrage am »Spartag« die gleiche Menge Brennholz wie sonst, tauscht aber weniger Holz gegen Fisch. Für die kleinere Menge Brennholz, die er Robinson gibt, erhält Freitag auch eine kleinere Menge Fisch. Zugleich legt er einen kleinen Vorrat an Brennholz an, d. h. auch er spart. Robinson weiß, dass Freitag nicht weniger Fisch nachfragt, weil er ab sofort dauerhaft weniger essen möchte, sondern weil er sich an dem Sparprozess beteiligt. Wüsste Robinson das nicht, kämen ihm möglicherweise Zweifel am Sinn seines Investitionsvorhabens.

Beide Inselbewohner schnallen also den Gürtel enger. Trotzdem arbeitet Freitag unvermindert hart, weil er ja weiß, dass Robinson nur deshalb weniger Brennholz an dem einen »Spartag« eintauscht, weil er mit seiner Angel-Investition beschäftigt ist. An den folgenden Tagen wird Robinson – so Freitags Informationsstand – mindestens die gleiche Brennholzmenge, wenn nicht sogar mehr bei Freitag nachfragen, eben je nachdem, wie erfolgreich Robinsons Fischfang mittels Angel sein wird. Kein Grund also für Freitag, Robinsons einmaligen Nachfragerückgang als Signal zu werten, dass sein, Freitags, Produkt, das Brennholz, auch übermorgen weniger gefragt sein könnte.

Am Tag nach dem »Spartag« fischt Robinson dank seiner Angel erfolgreicher, d. h. mehr Fische als sonst und braucht entsprechend mehr Brennholz von Freitag. Der kann diese gestiegene Nachfrage auch bedienen, weil er ja Vorräte am »Spartag« angelegt hat. Vielleicht sammelt er auch noch fleißiger Brennholz (steigert seine Produktivität), weil er ja weiß, dass sich seine Absatzaussichten dank Robinsons Investition verbessern. Dafür erhält Freitag auch mehr Fisch, und beiden Inselbewohnern geht es nun aufgrund der durch Ersparnis ermöglichten Investition besser.

Hier heißt die Devise also klar: Erst sparen, dann investieren. Auf diesen simplen Zusammenhang lässt sich die Vorstellung all jener zurückführen, die davon überzeugt sind, dass einem Investitions- und Wachstumsprozess immer erst das Sparen vorauszugehen habe. Erst wenn etwas auf die hohe Kante gelegt wurde unter Verzicht auf gegenwärtigen Konsum, kann daraus eine Investition gemacht oder »finanziert« werden, die anschließend zu einer höheren Arbeitsproduktivität führt und so die zukünftigen Konsummöglichkeiten steigert.

Bei Anonymität: Erst sparen, dann scheitern

Dabei wird regelmäßig übersehen, dass dieses einfache Modell einer arbeitsteiligen Tauschwirtschaft mindestens zwei für die Realität unserer Marktwirtschaft zentrale Punkte nicht abbildet. Der eine besteht darin, dass wir uns in der Realität in keiner Tauschwirtschaft, sondern in einer Geldwirtschaft befinden. Dazu weiter unten (Kapitel 1.3). Der andere besteht in der Anonymität der Märkte. Die Reihenfolge »sparen, um zu investieren« führt nämlich nur dann zum Erfolg, wenn Robinson seinen Spar- und Investitionsplan mit Freitag vorher bespricht. Findet diese Besprechung nicht statt, sondern tauschen die beiden Inselbewohner nur sozusagen wortlos, also anonym miteinander, erhält Freitag eines Tages das für ihn überraschende Signal, dass Robinson weniger Brennholz nachfragt. Wie soll er auf sinkende Brennholznachfrage reagieren? Er fragt selbstverständlich weniger Fisch bei Robinson nach, denn sein »Zahlungsmittel« Brennholz scheint ja an Attraktivität für Robinson, sprich: an Kaufkraft verloren zu haben. Außerdem sammelt Freitag ab sofort weniger Brennholz, denn er setzt ja nicht nur weniger Brennholz bei Robinson ab, sondern braucht auch selbst weniger, weil er sich ja weniger Fisch leisten kann und daher auch weniger Fisch für sich brät. Robinson seinerseits zweifelt daraufhin am Sinn seines Investitionsprojektes: Warum soll er deutlich mehr

Fische fangen, als er selbst verbraucht und Freitag bislang nachgefragt hat, wenn Freitag auf einmal sogar weniger davon haben zu wollen scheint?

Das Ganze endet in einem Produktions- und Konsumrückgang: Robinson gibt sein Investitionsvorhaben aufgrund fehlender Absatzaussichten auf und fängt weiterhin Fische per Hand, obendrein weniger, weil er ja weniger absetzen kann. Er erhält weniger Brennholz und brät seine Fische notgedrungen nur halbgar. Ein Ausweg bietet sich ihm in der Form, dass er die fehlende Brennholzmenge nun selbst sammelt, da er ja auch mehr Zeit hat wegen der rückläufigen Fischnachfrage. Die Arbeitsteilung geht demzufolge zurück und mit ihr die Produktivität. Freitag muss sich mit einer geringeren, wenn auch gut gegarten Fischmenge begnügen oder auch seinerseits wieder zu fischen beginnen. Aus dem geplanten kurzfristigen Gürtel-enger-Schnallen Robinsons in Hinblick auf ein Investitionsvorhaben wird ein langfristiges Gürtel-enger-Schnallen für beide Inselbewohner ohne Realisieren der geplanten Investition. Der Sparversuch hat den Wohlstand vermindert.

Fristen lösen das Anonymitätsproblem der Märkte nicht

Der Einwand, ein kurzfristiger Nachfrageausfall seitens Robinson müsse doch Freitag nicht sofort irritieren, der könne immerhin für einen Tag auf Halde produzieren, also einen Lagerbestand an Brennholz aufbauen (wie ja im Fall einer vorherigen Absprache auch), führt nicht aus der Sackgasse, weil er das Anonymitätsproblem dadurch zu beseitigen versucht, dass er es in ein Fristenproblem umdefiniert. Das trägt aber nicht weit, weil die Fristen für Investitionsprojekte in der Realität den Zeitraum leicht übersteigen, den ein Produzent Lageraufbau tolerieren (sprich: finanzieren) kann und will. Im Allgemeinen signalisiert ein Lageraufbau dem Unternehmer Absatzprobleme und nicht eine verstärkte Investitionsbereitschaft anderswo in der Wirtschaft, die ihm irgendwann einmal zugute kommen und einen Abbau des Lagers ermöglichen wird.

In einer arbeitsteiligen Wirtschaft mit vielen Wirtschaftssubjekten gibt es keine Absprachen über gegenwärtiges und zukünftiges Konsum- und Investitionsverhalten, es gibt nur Signale durch das Kaufverhalten der einzelnen Akteure: Was wird wann und in welcher Menge und zu welchem Preis nachgefragt, ist die entscheidende Frage für das Engagement eines Unternehmers. Selbstverständlich beeinflussen die Produzenten durch Werbung die Nachfrage, natürlich spielen die Produktionskosten eine Rolle. Das sind jedoch Faktoren, die die Produzenten kennen bzw. kontrollieren können. Das Nachfrageverhalten ist für sie hingegen eine unsichere Angelegenheit, über die sie lediglich Erfahrungen in der Vergangenheit gesammelt haben, das sie aber letzten Endes doch immer wieder überraschen kann. Daher darf der Signalcharakter, der dem aktuellen Nachfrageverhalten in Hinblick auf die zukünftige Entwicklung eben dieses Nachfrageverhaltens anhaftet bzw. beigemessen wird in einer anonymen arbeitsteiligen Wirtschaft, nicht unterschätzt werden. Er hat zur Folge, dass aus Sparbemühungen, die eigentlich einem geplanten Investitionsprojekt zugute kommen sollen, gesamtwirtschaftlich keine Spar- und Investitionserfolge werden. Ganz im Gegenteil führen die Sparbemühungen der einzelnen, seien sie auch noch so sehr von einem Investitionsmotiv gespeist, gesamtwirtschaftlich zu einem Einkommensrückgang.

Jeder Sparer braucht Schuldner

Dieses Thema ist uns schon aus Teil I Kapitel 4.2 geläufig und genau um dasselbe geht es hier wie dort: Man kann nur sparen, wenn sich jemand verschuldet, denn sonst wird der bereits beschriebene Mechanismus der Einkommenssenkung aufgrund negativer Nachfragesignale in Gang gesetzt. Wer zuerst eine gewisse Summe für ein Investitionsvorhaben – sei es die Anschaffung eines langlebigen Konsumgutes, sei es ein produktivitätssteigerndes Investitionsprojekt im engeren Sinne – »anspart«, könnte das nicht, wenn nicht gleichzeitig andere da wären, die in der Zwischenzeit mit seiner Ersparnis produktiv umgingen. Das liegt nicht nur daran, dass der Sparer ohne die produktiven Aktivitäten der Schuldner keinen Zins erhielte, sich also so stellte, als wenn er das Ersparte in den berühmten Sparstrumpf unters Kopfkissen steckte. Noch wichtiger ist, dass das Einkommen des Sparers sänke, wenn es keine Schuldner gäbe. Denn wenn der Sparer nicht alles ausgibt, was er verdient hat (was also andere tatsächlich bei ihm nachgefragt haben), entfällt anderswo Nachfrage (werden andere ihr Angebot nicht in dem von ihnen geplanten Umfang los. Say's Law lässt wie schon in Teil I Kapitel 1.3 grüßen). Das würde die Einkommensmöglichkeiten anderer reduzieren, gäbe es nicht Schuldner, die mit dem vom Sparer nicht ausgegebenen Verdienst ihrerseits Nachfrage »auf Pump« entfalteten. Ohne die Schuldner ginge das Einkommen des Sparers und damit auch die absolute Summe seiner Ersparnis zurück. Alle zusammen wollten und könnten dann nämlich nicht in gleichem Umfang wie zuvor geplant beim Sparer einkaufen, also dessen Produkte (oder Arbeitszeit) in der Menge nachfragen, die sich der Sparer ursprünglich vorgestellt hat.

Das Sparen und Verschulden ist also ein gegenseitiges Ausleihen von Einkommen und damit Nachfrage zwischen einzelnen Wirtschaftssubjekten innerhalb derselben Periode. Für den einzelnen sieht es so aus, als ob er seine Konsummöglichkeiten in die Zukunft verschiebt (Sparer) bzw. in die Gegenwart vorverlegt (Schuldner). Gesamtwirtschaftlich spielt sich aber alles in der Gegenwart ab. Das bedeutet übrigens auch, dass gesamtwirtschaftlich nichts für die Zukunft gespart werden kann, dass es gesamtwirtschaftlich keine hohe Kante gibt, auf die etwas gelegt werden könnte, wovon man in Zukunft leben könnte. Die einzige Form der »Vorsorge«, also Konsummöglichkeiten für die Zukunft zu schaffen, ist, einen physischen Kapitalstock aufzubauen, der in Verbindung mit zukünftiger Arbeitsleistung zukünftig Konsumgüter produziert. Das ist aber ganz klar ein Investitionsprozess mit Ausgaben in Form von Investitionsgüternachfrage. Es wird gesamtwirtschaftlich nicht ein Teil des bisherigen Einkommens für Investitionen reserviert, d. h. dem Konsum entzogen und gespart. Fände das in der Summe über alle Verbraucher bzw. Sparer statt, sänke die Kapazitätsauslastung auf breiter Front und mit ihr bräche die Konjunktur ein. Gespart würde dann nicht mehr, sondern weniger, weil das Einkommen fiele. Erst im Verlauf bzw. am Ende eines erfolgreichen Investitionsprozesses, der das gesamtwirtschaftliche Einkommen erhöht, wird mehr gespart, und zwar automatisch.

1.3 Robinsons Geldwirtschaft

Wie ist der Aufbau eines Kapitalstocks möglich, ohne dass durch irgendein »Ansparen« zuvor ein Nachfrageausfall stattfindet, der die Investition unrentabel erscheinen lässt und sie damit verhindert? An dieser Stelle müssen wir die reine arbeitsteilige Tauschwirtschaft verlassen und – endlich – zur Geldwirtschaft kommen. Das Anonymitätsproblem bilden wir in der Weise ab, dass wir die Insel mit vielen Fischern und Holzfällern bevölkern. Mit Geldwirtschaft ist nicht nur gemeint, dass Robinson und alle Fischerkollegen ihre Fische und Freitag und alle Holzfällerkollegen ihre Holzfuhren z. B. in Muscheleinheiten ausdrücken und Muscheln als Währung verwenden, um den realwirtschaftlichen Tauschbetrieb zu erleichtern. Mit Geldwirtschaft ist vor allem gemeint, dass es eine Bank gibt, die die Anzahl der in Umlauf befindlichen Muscheln (des Geldes) kontrollieren und Kredite vergeben kann. Wie hat man sich das vorzustellen?

Robinson nimmt einen Kredit auf

Robinson geht eines Tages zu der Bank und erklärt sein Investitionsvorhaben: Er will nicht mehr wie alle seine Fischerkollegen Fische mit einer Angel fangen, er will sich lieber ein Netz knüpfen und ein Boot bauen, um produktiver zu werden beim Fischfang. Dafür braucht er einen Kredit, der es ihm ermöglicht, soundso viele Tage auf den Fischfang per Angel zu verzichten und sich dem Netzknüpfen und dem Bootbauen zu widmen, ohne zu verhungern. Möglicherweise braucht er sogar einige Fischer oder Holzfäller, die ihm bei dem Investitionsvorhaben zur Hand gehen, die er folglich entlohnen muss, damit auch sie nicht verhungern, sondern zur Mitarbeit bereit sind. Was tut die Bank? Wenn ihr der Plan sinnvoll und Robinson vertrauenswürdig erscheint, gibt sie Robinson den Kredit, also zusätzliche Muscheln. Mit diesen kann Robinson Fische für sich kaufen, Löhne an Mitarbeiter zahlen und Materialkosten wie z. B. das Holz für das Boot finanzieren.

Die Nachfrage steigt ...

Was geschieht »gesamtwirtschaftlich« durch diese Aufstockung der Muschelmenge (der Geldmenge), hinter der ja noch keinerlei zusätzliche Warenmenge – seien es zusätzliche Fische, sei es mehr Holz oder gar ein Netz oder Boot – steht? Schlimmer noch, die Warenmenge (die angebotene Menge an Fisch) bleibt nicht einmal gleich, ganz im Gegenteil, sie verringert sich sogar, weil Robinson seine Fischerei vorübergehend einstellt und mit ihm womöglich auch noch andere Fischer, nämlich alle, die er zum Bootsbau abzieht. Auch die angebotene Holzmenge könnte etwas sinken, wenn Robinson bislang als Holzfäller tätige Leute nun als Bootsbauer beschäftigt. Hinzu kommt, dass die Nachfrage nach Holz steigt, weil ja für den Bootsbau zusätzlich Holz benötigt wird.

... und mit ihr Preise und Auslastung ...

Infolge der steigenden Nachfrage und des rückläufigen Angebots steigen die Preise für Fisch und Holz. Doch sofern nicht alle Inselbewohner bislang an der Grenze ihrer physischen Kraft geschuftet haben, wird diese Preissteigerung ihre Bereitschaft, das Angebot an Fischen und Holz zu erhöhen, beleben. Denn zunächst erhalten sie auf ihrem anonymen Absatzmarkt das Signal, dass der Absatz bestens läuft, ohne dass sie wissen, ob die insgesamt angebotene Menge gesunken ist, oder ob jemand auf dem jeweils anderen Markt so viel produktiver geworden ist, dass er sein Einkommen und damit seine Nachfrage steigern konnte, oder ob jemand einfach nur einen Kredit bei der Bank erhalten hat. Auf dem jeweiligen Markt, auf dem sie nicht als Anbieter, sondern als Nachfrager auftreten, spüren die Inselbewohner die Preissteigerung umgekehrt: Sie merken, dass ihr Einkommen weniger wert ist, dass ihre Kaufkraft gesunken ist. Das erhöht für sie die Notwendigkeit, vermehrt zu arbeiten. Sie nutzen die Gunst der Stunde und steigern ihre Kapazitätsauslastung, d. h. fischen fleißiger (wenn auch immer noch mit Angeln) und suchen und fällen fleißiger Holz. Je nachdem, wie schlecht sie zuvor ausgelastet waren, reicht diese Ausdehnung ihrer Aktivitäten, dass die zusätzliche Nachfrage (und das verringerte Angebot) so kompensiert werden können, dass die Preise am Ende nicht oder nur sehr wenig steigen. Dadurch steht hinter der zusätzlichen Muschelmenge, die Robinson als Kredit erhalten hat, schon jetzt (vor der Inbetriebnahme der Investition) eine größere Gütermenge, ohne dass diese zusätzliche Gütermenge vorher von irgendjemandem »angespart« oder sonst wie auf die hohe Kante gelegt worden wäre. Diese zusätzliche Gütermenge ist erst im Zuge des Verschuldungsprozesses entstanden.

Sollten die Inselbewohner bereits in der Ausgangslage total ausgelastet gewesen sein, führt die gestiegene Nachfrage und das gesunkene Angebot nur zu Preissteigerungen bei beiden Produkten. Die Höhe der durch den Kredit ausgelösten Preissteigerung hängt also vom Grad der Kapazitätsauslastung im Ausgangszeitpunkt ab. Doch auch bei Vollauslastung und entsprechend großer, durch den Kredit ausgelöster Preissteigerung ist das Investitionsprojekt nicht zum Scheitern verurteilt.

... und die Kapazitäten

Denn nun kommt es erst zu der produktivitätssteigernden und kapazitätserweiternden Wirkung der Investition: Robinson hat nach einiger Zeit mit seinen Mitarbeitern ein Netz hergestellt und ein Boot gebaut. Er geht fischen und ist nun produktiver als die übrigen Fischer, die mit Angeln fischen. Die Investition steigert die Fischfangkapazitäten. Robinson erhöht das Fischangebot, der Fischpreis sinkt (wieder). Damit steht der erhöhten Geldmenge durch die erfolgreiche Investition auch eine größere Gütermenge gegenüber. Die Fischpreissenkung finden sowohl Robinsons Angestellte als auch die Holzfäller prima, weil das ihr Realeinkommen erhöht: Sie können sich für ihren Lohn in Muscheleinheiten bzw. für ihr Holz mehr Fisch leisten. Was sagen die anderen Fischer dazu? Einerseits bekommen sie die Preissenkung bei den Fischen zu spüren: Ihr Stückgewinn sinkt. Andererseits nimmt die Nachfrage der Holzfäller, Netzproduzenten und Bootsbauer zu, so dass ihr Gesamtgewinn entweder gar nicht oder nicht so stark negativ betroffen ist wie ihr Stückgewinn. Robinson aber zahlt aus seinem deutlich gestiegenen Einkommen, seinem unternehmerischen Gewinn, den Kredit (einschließlich Zinsen) an die Bank zurück.

In dem Maße, in dem nun andere Fischer den von Robinson eingeführten technischen Fortschritt zu kopieren versuchen und ihrerseits Kredite aufnehmen, wächst das Fischangebot erneut und der Fischpreis fällt, zumindest relativ zum Holzpreis weiter. Das mag einige Arbeitsplätze unter den Fischern kosten, dafür entstehen aber neue in der Netzproduktion und beim Bootsbau. Insgesamt sind die Produktivität und die Produktion gestiegen und hinter den zusätzlich von der Bank in Umlauf gebrachten Muscheleinheiten, den Krediten, steht tatsächlich zusätzliche Ware. Das Einkommen ist also real gestiegen. Um wie viel dabei auch das gesamte Preisniveau zugelegt hat, hängt, wie bereits erwähnt, von der Ausgangslage bei der Kapazitätsauslastung ab.

Investitionen schaffen Ersparnis

Ohne das Beispiel in allen seinen Preis-, Kapazitäts- und Verteilungseffekten weiter ausführen zu wollen, sollen die beiden zentralen Erkenntnisse noch einmal festgehalten werden, die sich hier gewinnen lassen: Erstens: Eine Geldwirtschaft funktioniert fundamental anders als eine Tauschwirtschaft, weil Kredite bei unterausgelasteten Kapazitäten die Nachfrage beleben und bei ausgelasteten Kapazitäten mittels Preissteigerungen Produktionsfaktoren in produktivere Verwendungsmöglichkeiten umlenken können. Das kann es in einer anonymen Tauschwirtschaft niemals geben, weil jeder nur gerade so viel Nachfrage entfalten kann, wie er mit dem vorhandenen Kapitalstock Einkommen erzielt. Muss er infolgedessen zuvor ansparen, was er zu investieren wünscht, scheitert die Investition am sparbedingten Nachfrageausfall. In einer Geldwirtschaft hingegen ermöglichen Kredite Investitionen, die einerseits die gegenwärtigen Einkommen erhöhen, andererseits den Kapitalstock vergrößern, so dass die zukünftigen Konsummöglichkeiten steigen. Die Erhöhung des Kapitalstocks, also die Investition, stellt dann eine Art Ersparnis, eben eine Vorsorge für die zukünftigen Konsummöglichkeiten, dar.

Zweitens: Es kommt bei der Vergabe von Krediten nicht darauf an, dass der potenzielle Investor einen Sparer findet, der ihm durch den Verzicht auf irgendwie angesparte Ressourcen die Verschuldung und damit die Investition ermöglicht, sondern darauf, dass er einen Gläubiger findet, der ihm im wahrsten Sinne des Wortes glaubt, dass er ein produktivitätssteigerndes und/oder kapazitätserweiterndes Projekt erfolgreich durchführen kann. Denn die für die Investition benötigten Ressourcen entstehen entweder im Zuge des schuldenbedingten Nachfrageprozesses durch eine Steigerung der Kapazitätsauslastung selbst. Oder sie werden mittels reiner Preissteigerungen aus Teilen der bisherigen Verwendungsmöglichkeiten abgezogen und umgeleitet in eben diese neuen, produktiveren Verwendungsmöglichkeiten. In beiden Fällen hat es keinerlei Sparprozess *im Vorfeld* der Investition gegeben. Im Nachhinein freilich ergibt sich rein rechnerisch die Gleichheit von Ersparnis und Investition. Denn aus dem gegenwärtig und in späteren Perioden zusätzlich entstandenen Einkommen wird ja die Investition, der Kredit, finanziert. Das taucht dann als Ersparnis in der volkswirtschaftlichen Gesamtrechnung wieder auf.

Es ist erstaunlich, um nicht zu sagen erschreckend, dass dieser für eine monetäre Marktwirtschaft so grundlegende Zusammenhang unter deutschen Ökonomen nahezu unbekannt ist und die hiesigen Wirtschaftswissenschaftler von dem exakten Gegenteil überzeugt sind, dass nämlich das Sparen dem Investieren vorausgehe. Um die vielleicht prominentesten Vertreter des ökonomischen Sachverstands in Deutschland, den Sachverständigenrat, zu zitieren: »Ersparnisse werden jedoch von den Kapitalmärkten regelmäßig in private und staatliche Nachfrage transformiert. Dieser funktionstüchtige Mechanismus kennzeichnet seit jeher die Wirtschaftsaktivität entwickelter Volkswirtschaften, vielleicht von Ausnahmen etwa im Zuge schwerer Rezessionen einmal abgesehen.« (Jahresgutachten 2003/2004, Ziffer 648) Dass man sich zu diesem »funktionstüchtigen Mechanismus« nur zwei Zeilen lang äußert, aber viele Seiten z. B. zum Thema Steuern füllt, zeigt, wie felsenfest der Sachverständigenrat von der Richtigkeit seines theoretischen Fundaments überzeugt ist und wie sehr er die Bedeutung dieser Grundüberzeugung für alle wirtschaftspolitischen Empfehlungen unterschätzt. Sinnvolle wirtschaftspolitische Ratschläge kann man auf der Basis einer solchen theoretischen Grundüberzeugung schlicht nicht geben.

1.4 Kredit und Sparen

Das Verständnis des gesamtwirtschaftlichen Investitions- und Sparprozesses in einer monetären Marktwirtschaft, bei dem das Investieren klar dem Sparen vorausgeht, scheint die Dinge auf den Kopf zu stellen, es widerspricht jedenfalls fundamental der Alltagserfahrung jedes Verbrauchers. Jedes Kind in unserem Land wächst mit einer Sparbüchse auf und bekommt beigebracht, dass es warten und Taschengeld auf die hohe Kante legen muss, bevor es sich einen größeren Wunsch erfüllen kann. Jeder Bausparer macht die Erfahrung, dass er erst ansparen muss, bevor er einen für sein Traumhaus hinreichend großen Kredit gewährt bekommt. Doch dieses einzelwirtschaftliche Verhalten ist nicht das Spiegelbild dessen, was sich gesamtwirtschaftlich abspielt beim Investieren und Sparen. Wieder einmal verstellt die einzelwirtschaftliche Sicht den Blick für die gesamtwirtschaftlichen Zusammenhänge. Die Unterscheidung zwischen Krediten für konsumtive Zwecke und solchen für echte, d. h. produktivitätssteigernde Investitionen liefert einen wichtigen Baustein zur Erklärung, warum die meisten Menschen davon überzeugt sind, erst müsse gespart werden und dann erst könne investiert werden.

Der Konsumentenkredit funktioniert ganz anders …

Wer einen Konsumentenkredit von seiner Bank oder einem anderen Gläubiger bekommen möchte, muss seine Kreditwürdigkeit nachweisen, also glaubhaft machen, dass er die Zinsen für den Kredit regelmäßig zahlen und den Kredit vertragsgemäß tilgen wird. Die Kreditwürdigkeit wird in aller Regel daran gemessen, welches (Arbeits-)Einkommen der Kreditsuchende in Zukunft voraussichtlich erzielen kann (und welche Kredithistorie ihm möglicherweise anhaftet). Geht es wie bei einem Hausbau um einen großen Kredit, also einen, dessen Zinszahlungen und Tilgung einen erheblichen Teil des zukünftigen Einkommens des Kreditsuchenden beanspruchen wird, muss der Verschuldungswillige zusätzlich zum erwarteten Einkommen auch noch glaubwürdig belegen, dass er in der Lage ist, Teile seines laufenden Einkommens nicht für Konsum zu verwenden. Bester »Beweis« dieser Fähigkeit ist, dass er bereits in der Vergangenheit auf einen Teil seiner Konsummöglichkeiten verzichtet hat, sprich: aus seinem laufenden Einkommen schon Ersparnisse gebildet hat. Das ist das Prinzip, das z. B. in jedem Bausparvertrag zum Tragen kommt.

Sparen ist im Fall des Konsumentenkredits also der Lackmustest für die Kreditwürdigkeit eines Schuldners. Es ist nicht deshalb erforderlich, weil – wie in Robinsons Autarkiewirtschaft – durch Vom-Munde-Absparen erst die Ressourcen bereitgestellt werden müssen, die man für die Schaffung zukünftiger Konsummöglichkeiten benötigt. Das einzelwirtschaftliche Sparen ist im Fall von Konsumentenkrediten in einer anonymen, arbeitsteiligen Geldwirtschaft einzig und allein notwendig als Beleg dafür, dass der Kreditsuchende ein vertrauenswürdiger Schuldner ist, dem andere Leute Teile ihres erzielten Einkommens guten Gewissens ausleihen können, um Teile ihrer eigenen Konsumansprüche erst in einer späteren Periode geltend zu machen. Ob man die anfallenden Zinsen als Belohnung für den gegenwärtigen Konsumverzicht der Gläubiger ansieht oder als Risikoprämie für das mögliche Ausbleiben der Tilgung, spielt keine Rolle. Die Zinsen werden ebenso wie die Tilgung aus dem zukünftigen Arbeitseinkommen bezahlt, das sich durch die vorgezogenen Konsumausgaben nicht verändert. Selbst wenn es sich um den Kauf eines langlebigen Konsumgutes bzw. den Bau eines Hauses (das man als Investitionsgut im weiteren Sinne ansehen mag) handelt, ist diese gegenwärtige Ausgabe nicht mit einer Produktivitätssteigerung verbunden.

... als der Investitionskredit

Ganz anders verhält es sich beim Investitionskredit. Im Gegensatz zum Konsumentenkredit muss ein potenzieller Investor seine potenziellen Gläubiger davon überzeugen, dass sich sein Investitionsprojekt lohnt. Er kann also nicht (oder nicht in erster Linie) auf zukünftig anfallende, einigermaßen sichere Einnahmen verweisen. Vielmehr werden Zins und Tilgung des Investitionskredits aus einer neuen, vom Entscheidungszeitpunkt aus gesehen unsicheren Einkommensquelle gespeist, nämlich aus dem Erfolg des Investitionsprojektes, dem Pioniergewinn. Denn der Unternehmer hat definitionsgemäß kein vertraglich fest vereinbartes Arbeitseinkommen wie seine Arbeitnehmer, die auf diese Sicherheit (abzüglich des Arbeitsplatzrisikos) gegenüber ihren Konsumentenkredit-Gläubigern verweisen können. Sein Unternehmereinkommen fällt ja erst am Ende einer Wirtschaftsperiode als Residuum an. Der Gewinn am Ende der Wirtschaftsperiode bzw. am Ende des Zeitraums, über den hinweg die Investition abgeschrieben wird, sich also »rechnen« soll, stellt dann die »Ersparnis« des Unternehmers dar, aus der die Investitionsausgaben finanziert werden.

Das ist ein fundamental anderer Zusammenhang als beim Konsumentenkredit, weil hier etwas Neues geschaffen wird. Die Zinsen auf den Investitionskredit können nur aus der Produktivitätssteigerung bezahlt werden, die mit der Investition erreicht wird. Die Tilgung entspricht bestenfalls dem Wert der in der Investition gebundenen Produktionsfaktoren. Dieser Wert kann sogar durch den Verbrauch der Produktionsfaktoren bei der Herstellung des Investitionsgutes gesunken sein, weil die Herstellung nicht einfach wieder rückgängig gemacht werden kann. Um es plastisch auszudrücken: Aus der Deckenkonstruktion einer neuen Werkshalle kann man nicht kostenlos wieder Rohstahl machen. So betrachtet wird sogar die Tilgung aus den mit der Investition anfallenden Gewinnen bezahlt, nämlich in dem Maße, wie sich beim potenziellen Scheitern des Projekts durch einen Verkauf des Investitionsgutes nicht mehr die ursprünglichen Anschaffungskosten decken lassen. Auf jeden Fall kann der Kredit nur aus einem echten Gewinn bedient und getilgt werden, den die Investition abwirft. Daher sind alle ökonomischen Modelle – und das sind die meisten –, in denen es definitionsgemäß keine Unternehmensgewinne gibt, ungeeignet, den Investitions- und Wachstumsprozess einer Volkswirtschaft zu beschreiben und zu erklären.

Natürlich steigert es die Kreditwürdigkeit des Investors, wenn er auf erfolgreiche Investitionsprojekte in der Vergangenheit verweisen kann, was sich ganz konkret in seiner Eigenkapitalausstattung widerspiegelt. War der Unternehmer in der Vergangenheit erfolgreich, kann er außerdem die anfallenden Pioniergewinne, die Zins und Tilgung alter Kredite übersteigen, zur Finanzierung neuer Projekte einsetzen und muss nicht in jedem Fall bzw. vollem Umfang Fremdkapital aufnehmen, d. h. Fremde von der Rentabilität seiner neuen Vorhaben überzeugen. Die Informationsasymmetrie zwischen Investor und Gläubiger hinsichtlich der Erfolgschancen eines Investitionsprojektes lassen sich zwar nicht durch Eigenkapital beseitigen, aber die Überzeugungskraft des Investors nimmt erheblich zu, wenn er eigenes Geld einzusetzen bereit ist. Den Prozess der Kapitalbildung durch erfolgreiche Investitionen mag man Ersparnis des Unternehmers nennen. Auch sie ist eine Folge vorausgegangener Investitionen, nicht deren Ursprung. Dieses durch Investitionserfolge neu geschaffene Kapital erleichtert zwar neue Investitionen, ist aber wie im Fall des Konsumentenkredits nicht notwendige Voraussetzung im Sinne eines Vom-Munde-Absparens wie in Robinsons Autarkie-Wirtschaft.

Zinsen – Verzichtsbelohnung oder Steuerungsinstrument?

Warum müssen dann aber auf Konsumentenkredite auch Zinsen bezahlt werden, obwohl sie im Laufe der Zeit mit keinen Produktivitätssteigerungen verbunden sind? Sollen mit diesen Zinsen die Schuldner bestraft werden, die nicht bis morgen auf den Konsum warten wollen, den ihnen ihr zukünftiges Arbeitseinkommen ermöglicht? Sollen im Gegenzug die Sparer belohnt werden, die ihre heutigen Konsumbedürfnisse zurückstellen können und anderen ihr Einkommen ausleihen? Wie der einzelne Akteur am Kapitalmarkt die Zinsen für sich selbst interpretiert, bleibt ihm überlassen.

Die interessante Frage ist, woraus die Zinsen für Konsumentenkredite bezahlt werden. Sie rührt an den Kern des Unterschieds zwischen einer Tausch- und einer Geldwirtschaft. Historisch gesehen existierte in den Tauschwirtschaften, auch wenn sie mit Geld als Rechen- und Tauschmittel arbeiteten, ein Zinsverbot, weil es keine nennenswerten Produktivitätssteigerungen durch Investitionen gab. Erst im Zuge der industriellen Revolution, erst mit dem Entstehen des Kapitalismus – daher ja der Name – kam der Geldwirtschaft im eigentlichen Sinne durch ihre Kreditmöglichkeiten der zentrale Stellenwert zu, den sie für die Durchsetzung des technischen Fortschritts hat. Der technische Fortschritt ermöglicht Produktivitätssprünge, die einer Vorfinanzierung bedürfen, um sie realisieren zu können. Sonst könnte kein Investor die für seine Investition notwendigen Produktionsfaktoren kaufen und auf seine Verwendungsidee umleiten, weg von anderen, möglicherweise weniger produktiven Nachfragern, die er auf diese Weise verdrängt. Die realisierten Produktivitätssprünge ermöglichen dann im Nachhinein, für die Produktionsfaktoren mehr zu bezahlen, als sie im ursprünglichen Zeitpunkt wert waren, eben den Zins. Er ist der Preis für die Verdrängung anderer Nachfrager nach Produktionsfaktoren. Der Zins steuert damit, welche Investitionen realisiert werden, denn nur die Projekte, deren Rentabilität für die Zinszahlungen ausreicht, erhalten die Kreditfinanzierung. Ob es sich dabei um eine Fremd- oder Eigenkapitalfinanzierung handelt, spielt dabei nur in Hinsicht auf die Signalisierung der Kreditwürdigkeit des Investors eine Rolle.

Da nun der Kapitalmarkt nicht ernsthaft in einen für Konsumentenkredite und einen für Investitionskredite getrennt werden kann, um den einen zinslos und den anderen mit Zinsen ablaufen zu lassen, müssen auch die Nachfrager nach Konsumentenkrediten Zinsen bezahlen. Sie erhielten sonst schlicht keinen Kredit. Schließlich binden auch sie Produktionsfaktoren durch ihre Konsumnachfrage, die anderen Nachfragern dann nicht mehr zur Verfügung stehen. Dass sie die Zinsen auch bezahlen können und es kein mittelalterliches Zinsverbot mehr gibt, liegt an dem Wohlstandsgewinn, den die eigentlichen Investitionen durch ihre Produktivitätssteigerungen für die gesamte Volkswirtschaft schaffen. Denn letzten Endes schlägt sich die Produktivitätssteigerung durch Investitionen auch in den Arbeitseinkommen derjenigen nieder, die Konsumentenkredite aufnehmen, vorausgesetzt die Arbeitseinkommen dieser Konsumenten werden an der durchschnittlichen Produktivitätssteigerung beteiligt. Findet diese Beteiligung über Jahre hinweg nicht oder nur in sehr geringem Umfang statt, wie das bei der Strategie der Lohnmoderation bzw. der Reservierung der Produktivität für die Beschäftigung der Fall ist, trauen sich die Konsumenten auch bei vergleichsweise niedrigen Zinsen die Rückzahlung von Krediten vollkommen zu Recht weniger oder gar nicht mehr zu und drosseln entsprechend ihre Kreditnachfrage. Zu welchen Ergebnissen das in der Gesamtwirtschaft führt, kann man am Beispiel Japans studieren.

1.5   Die Volkswirtschaft kann nicht sparen

Nun wird derjenige, der vom Ansparen als Voraussetzung für das Investieren weiterhin überzeugt ist, einwenden, dass z. B. der Bausparer nur deswegen vorzeitig, also bevor er die gesamte Baukostensumme angespart hat, mit dem Bauen beginnen könne, weil mittlerweile andere Bauwillige in die Rolle des Sparers einträten. Die Ersparnis des einen sei notwendig für den anderen, der investieren will. Derjenige, der spart, verzichtet – so diese Auffassung vom Spar- und Investitionsprozess – auf bereits erwirtschaftete Ressourcen, die ein anderer dann zum Investieren verwenden kann. Ohne den vorherigen Verzicht stünden gar keine Mittel für die Investition zur Verfügung.

Das ist gesamtwirtschaftlich falsch, denn durch den Tausch von gegenwärtigen Konsumansprüchen zwischen den Gläubigern (den »Sparern«) und den Schuldnern entsteht keinerlei Ersparnis. Die Summe der gegenwärtigen Konsumansprüche ist exakt gleich der Summe des erwirtschafteten Einkommens aller Personen und exakt gleich der Summe der produzierten Güter. Ob die Menschen sich untereinander Konsumansprüche ausleihen, ist für die Volkswirtschaft als ganzes sowohl in der Gegenwart als auch in zukünftigen Perioden belanglos. Lediglich die Eigentumsrechte haben sich verschoben: Die Schuldner erwerben heute Eigentum an Konsumgütern, die Gläubiger erwerben dafür Eigentum an zukünftigen Konsumgütern, *die es noch gar nicht gibt.*

Wollte die Volkswirtschaft sozusagen netto sparen, d. h. nicht nur einen Verschiebebahnhof von gegenwärtigen und zukünftigen Eigentumsrechten zwischen Sparern und Schuldnern darstellen, sondern nach Abzug aller Schulden etwas zusätzlich übrig behalten, sprich: sparen, was sie dann als Investition in die Zukunft transferieren könnte, ginge die Rechnung nicht auf. Denn dann bliebe in der gegenwärtigen Periode jemand auf seinem Angebot sitzen und hätte entsprechend weniger Einkommen, weil die Summe der Einnahmen aller Wirtschaftssubjekte (ihre Einkommen) gleich der Summe der Ausgaben aller Wirtschaftssubjekte (ihre Nachfrage) ist. Diese Logik ist uns schon in Kapitel 4.2 von Teil I begegnet in dem Satz, dass das Geldvermögen in der Weltwirtschaft immer Null ist. Werden Ausgaben über alle Wirtschaftssubjekte hinweg gerechnet nicht getätigt, man könnte auch sagen: gespart, fallen in gleicher Höhe Einnahmen, sprich: Einkommen weg. Eine Volkswirtschaft kann eben nicht sparen wie ein einzelnes Wirtschaftssubjekt. Während ein einzelner versuchen kann, sich durch Konsumverzicht heute Konsumansprüche von morgen zu kaufen, können das nicht alle zusammen gleichzeitig tun. Denn dann gäbe es nur Leute auf der einen Seite des Marktes, auf dem gegenwärtige und zukünftige Konsumansprüche gehandelt werden, es gäbe dann nämlich nur Nachfrager nach zukünftigen Konsumansprüchen und Anbieter von gegenwärtigen Konsumansprüchen, aber umgekehrt keine Nachfrager nach gegenwärtigen Konsumansprüchen, die dafür zukünftige Konsumansprüche zu verkaufen bereit sind. Wie man es auch dreht und wendet: Jeder Sparer braucht Schuldner, weil sonst sein Einkommen sinkt.

Das lässt sich anhand eines Beispieles gut zeigen. Man denke an die Möglichkeiten, Zeit zu sparen, z. B. mit Hilfe von Küchengeräten, Waschmaschinen, Autos und ähnlichen Maschinen. Kann man die gesparte Zeit in die Zukunft mitnehmen? Nein, man muss sie verwenden. Man kann sie selbstverständlich auf sehr unterschiedliche Art und Weise verwenden: Man kann sie z. B. vertrödeln, man kann sie mit Fernsehkonsum verbringen, man kann sich ausruhen, die gewonnene Zeit mit sportlichen Aktivitäten zubringen oder auch in die eigene Weiterbildung stecken. Je nachdem, wie man die eingesparte Zeit verwendet, sorgt man unterschiedlich für die eigene Zukunft vor. Mit Trödeln und Fernsehen verbessert man die eigenen zukünftigen Möglichkeiten kaum, mit Ausruhen oder Sport investiert man eventuell in die eigene Gesundheit, mit Weiterbildung möglicherweise in die eigenen zukünftigen Arbeitsmarktchancen. Die Art der Verwendung der gesparten Zeit hat also Einfluss auf die Zukunft.

Dieses Beispiel übertragen auf die Volkswirtschaft bedeutet, dass das erwirtschaftete Einkommen einer Periode so oder so verwendet werden muss. Nutzt man es für Investitionen, beeinflusst man die zukünftigen Konsummöglichkeiten positiv. Sparen im Sinne von Nichtverwenden kann man es nicht.

Jeder Schuldner braucht Gläubiger, nicht unbedingt Sparer

Braucht aber auch jeder Schuldner Sparer? Nein, jeder Schuldner braucht Gläubiger. Worin besteht da der Unterschied? Ein einzelnes Wirtschaftssubjekt kann nur Gläubiger werden, wenn es auch Sparer ist, weil es von sich aus keine andere Möglichkeit hat Kredite zu schaffen, sprich: Nachfrage auszuleihen. Es darf ja kein Geld drucken oder, um es im Robinson-Beispiel auszudrücken, zusätzliches Muschelgeld in Umlauf bringen. Das kann und darf nur der Bankensektor und dies auch nicht beliebig, sondern nur in dem Maße, wie es die Zentralbank durch ihre Refinanzierungsvorschriften zulässt. Die Zentralbank und mit ihr die Privatbanken können aber tatsächlich mehr Geld ausleihen, als sie Einlagen (Ersparnisse ihrer Spar-Kunden) haben.

Das geht so lange gut, wie nicht alle Sparer gleichzeitig ihre Anrechte auf zukünftigen Konsum in Anrechte auf gegenwärtigen Konsum (zurück-) verwandeln wollen, d. h. einen »Run« auf die Banken starten. Das hätte nämlich zur Folge, dass die dadurch entstehende Nachfrage nach gegenwärtigen Konsumgütern die vorhandenen Kapazitäten überforderte, auf diese Weise einen Inflationsschub auslöste und die Ersparnisse entwertete. Zu einer solchen Instabilität kommt es jedoch nicht, wenn die Sparer keinen Grund für einen solchen »Run« auf die Banken haben, d. h. wenn sie keine Inflationsängste plagen. Das kann die Zentralbank dadurch erreichen, dass sie bei drohender Überschreitung der von ihr geforderten gesamtwirtschaftlichen Zielinflationsrate die Zinsen anhebt. Denn dann sinkt die Kreditnachfrage und mit ihr die Nachfrage nach heute vorhandenen Gütern. Die Sparer nehmen davon Abstand, ihre Guthaben auf einen Schlag zurückzufordern, was ebenfalls verhindert, dass die gegenwärtige Nachfrage weiter angeheizt wird.

Dass es immer Sparer, also Interessenten geben wird, die gegenwärtige Konsumansprüche gegen zukünftige tauschen wollen, liegt größtenteils am altersbedingt unterschiedlichen Zeithorizont der einzelnen Generationen: Die Menschen wissen, dass sie im Alter nicht mehr in der Lage sein werden, ihren Lebensunterhalt durch Arbeit zu verdienen, und wollen genau für diesen Fall vorsorgen. (Was diese Erkenntnis konkret für die Rentendiskussion bedeutet, wird in Kapitel 3.1 dieses Teils ausgeführt.) Im Übrigen spielt das Signalisieren von Kreditwürdigkeit und der Wunsch des Vererbens eine Rolle. Warum das Gewähren von sozusagen nicht im Voraus gedeckten Krediten realwirtschaftlich sinnvoll ist, wurde bereits am Beispiel von Robinsons Geldwirtschaft angedeutet: Der Kreditsuchende erhält durch die Gewährung des Kredits die Möglichkeit, Nachfrage zu entfalten (z. B. nach Investitionsgütern) und dadurch im Falle unterausgelasteter Kapazitäten ein zusätzliches reales Angebot hervorzulocken. Nichts davon muss zuvor schon existiert haben respektive angespart worden sein, um jetzt nachgefragt werden zu können. Im Falle stark ausgelasteter Kapazitäten kann nur ein Teil der insgesamt (also einschließlich der zusätzlichen Kreditvergabe) entfalteten Nachfrage bedient werden. Die wegen der kreditbedingt größeren nominalen Nachfrage dann nämlich eintretenden Preissteigerungen sorgen dafür, dass diejenigen Kaufwilligen leer ausgehen, deren Zahlungsbereitschaft und Zahlungsfähigkeit nicht ausreicht, die gestiegenen Preise zu bezahlen. Ob am Ende des kreditfinanzierten Nachfrageschubs das reale Einkommen dauerhaft gestiegen ist, hängt davon ab, ob mit Hilfe der Kredite die Produktivität gesteigert werden konnte.

Dieser Mechanismus steht in keinerlei Widerspruch zu der Logik, dass die Summe aller Ersparnisse immer gleich der Summe aller Schulden (in der Weltwirtschaft oder in einer geschlossenen Volkswirtschaft oder in einer weder im Ausland verschuldeten noch im Ausland Vermögen besitzenden Volkswirtschaft) ist, und zwar erstens zu jedem beliebigen Zeitpunkt und zweitens nominal wie real. Denn wenn durch Kredite die nominale Schuldensumme quasi aufgebläht wird (und spiegelbildlich dazu die nominalen Ansprüche des Bankensektors) und die dadurch entfaltete Nachfrage die Kapazitätsauslastung und/oder die Produktivität steigert, sind auch die reale Gütermenge und mit ihr die realen Ansprüche wie Leistungspflichten gestiegen, damit aber auch automatisch die realen Ersparnisse. Ist die Kapazitätsauslastung und/oder die Produktivität nicht gestiegen, weil etwa das Investitionsprojekt ein Misserfolg war oder der Konsumentenkredit auf total ausgelastete Kapazitäten traf, so dass lediglich eine Preissteigerung hervorgerufen wurde, bleiben reale Schulden und reale Ersparnisse gleich: die Preissteigerung entwertet nämlich die nominalen Schulden und Ersparnisse. Dass die Entwertung durch Preissteigerung alle Vermögensbesitzer trifft (und alle übrigen Akteure in der Volkswirtschaft) und nicht allein den erfolglosen Investor geschweige denn den auf Pump lebenden Konsumenten, ist der »Preis« für den Entwicklungsmotor namens »Kredite« in einer monetären Marktwirtschaft. Die Vermögensbesitzer sichern sich dagegen mit Zinszahlungen ab, die die erwartete Preissteigerung beinhalten. Im Erfolgsfall der Kreditvergabe (also einer realen Steigerung der Gütermenge) profitieren übrigens alle von dem Entwicklungsmotor, wenn die lohnpolitische Spielregel eingehalten wird.

Kredite als Münchhausen-Rezept?

Das heißt aber nichts anderes, als dass die zukünftigen Konsummöglichkeiten einer Volkswirtschaft von Periode zu Periode steigen können, ohne dass gesamtwirtschaftlich zuerst gespart wird. Die zukünftigen Konsummöglichkeiten einer Volkswirtschaft stecken nämlich in ihrem Kapitalstock, unabhängig davon, wem dieser gehört. Wird er durch Investitionen erhöht, erhöhen sich auch die zukünftigen Konsummöglichkeiten. Das mag man dann Ersparnis nennen, wichtiger ist, dass zunächst Investitionen dafür erforderlich sind, also Ausgaben für bzw. Nachfrage nach Produktionsfaktoren zur Herstellung der Investitionsgüter. Schrumpft der Kapitalstock mangels Investitionen, nehmen die zukünftigen Konsummöglichkeiten ab. Das mag man dann Entsparen nennen. Diesem Entsparen gehen aber gerade nicht Ausgaben voraus, wie das Wort suggerieren könnte, sondern ein Mangel an Ausgaben, nämlich fehlende Nachfrage nach Investitionsgütern.

Trotzdem mag dieser Vorgang vielen wie ein Münchhausen-Rezept erscheinen: Wenn alles daniederliegt, nimm nur einen Kredit auf, und schon wird alles gut werden? So einfach ist die Sache natürlich nicht. Denn wer z. B. Konsumnachfrage kreditfinanziert entfaltet, muss diesen Kredit durch spätere Arbeitsleistung abzahlen. Wenn demjenigen dank anhaltend schlechter Konjunktur dazu die Arbeitsmöglichkeiten und somit die Einkommensquellen wegbrechen, rutscht nicht nur er in die Zahlungsunfähigkeit, sondern leidet möglicherweise die Glaubwürdigkeit des gesamten Kreditsystems. Geht es nämlich vielen Schuldnern so, steckt die Zentralbank in einem Dilemma: Sie muss einerseits durch hohe Zinsen die um ihre Einlagen bangenden Sparer bei der Stange zu halten versuchen, andererseits bräuchte die Wirtschaft eher billigere Kredite, um wieder in Gang zu kommen. Es kommt also darauf an, dass eine kreditfinanzierte Konsumnachfrage die Investitionsbereitschaft so anregt, dass der Kapitalstock wächst und mit ihm die zukünftigen Einkommens- und Beschäftigungschancen. Nur dann lässt sich das beschriebene Dilemma der Geldpolitik vermeiden.

Auch der Erfolg kreditfinanzierter Investitionen ist nicht automatisch garantiert. Eine Innovation kann sich schließlich auch als technologischer Flop oder als nicht marktgängiges Produkt entpuppen. Dieses unternehmerische Risiko kann auch die expansivste Geldpolitik nicht beseitigen. Es kommt darauf an, dass in der Summe über alle Investitionsprojekte in einer Volkswirtschaft hinweg der Erfolg größer ist als der Misserfolg. Und das hängt ganz wesentlich von den gesamtwirtschaftlichen Bedingungen ab, unter denen investiert wird. Sie sollten von den Vertretern der Gesamtwirtschaft, also den Politikern und den Zentralbankern, so stabil wie möglich gestaltet werden. Denn sie bestimmen letzten Endes, ob insgesamt gute Absatzchancen bestehen und ob Misserfolge einzelner Projekte durch die Überschüsse aus erfolgreichen Investitionen mehr als ausgeglichen werden können.

Einzelwirtschaftlich rationales Verhalten ...

Die beiden spannenden Fragen im Zusammenhang mit Krediten in einer Geldwirtschaft sind also, wie hoch der gegenwärtige Auslastungsgrad des Kapitalstocks der Volkswirtschaft ist und wofür die Kredite verwendet werden. Ist der Auslastungsgrad hoch, verschärfen Konsumentenkredite die Produktionsengpässe, weil sie Nachfrage entstehen lassen, ohne für höhere Produktivität und größere Produktionskapazitäten zu sorgen. Das wirkt preistreibend und ist unerwünscht, falls die Preissteigerungsrate die Zielinflationsrate der Zentralbank übersteigt. Die Zentralbank wird in einem solchen Fall die Zinsen erhöhen, um Kredite unattraktiver zu machen und das Nachfragewachstum auf diesem Wege zu dämpfen.

Werden bei hohem Auslastungsgrad Kredite für Investitionen verwendet, wirkt diese Nachfrage zwar zunächst auch preistreibend, zugleich mindern die Investitionen aber in der nächsten Periode die Produktionsengpässe, weil sie zusätzliche Kapazitäten schaffen und in aller Regel die Produktivität erhöhen. Dann wirken sie schließlich preissenkend oder zumindest preisstabilisierend. In der ersten Periode sorgt der Preisanstieg bei den Investitionsgütern für eine Verdrängung weniger rentabler Investitionsvorhaben. Nur die Erfolg versprechendsten, profitabelsten Investitionsprojekte sind der Erhöhung der Anschaffungskosten bzw. der Kostensteigerung der Produktionsfaktoren gewachsen und rechnen sich noch, anderes muss zurückstehen. Das ist gesamtwirtschaftlich betrachtet unproblematisch.

Einzelwirtschaftlich betrachtet sind sowohl Konsumenten- als auch Investitionskredite bei guter bis starker Kapazitätsauslastung besonders attraktiv. Banken vergeben Kredite gern an Konsumenten, deren Arbeitsplätze sicher zu sein scheinen und deren Arbeitseinkommen tendenziell steigt, wie in Boomphasen normalerweise der Fall. Auch Investoren haben es im Boom deutlich leichter, Gläubiger zu finden, können sie doch auf die gute Kapazitätsauslastung und entsprechend sprudelnde Umsätze und Gewinne verweisen. Das bedeutet, dass prozyklisches Verhalten von Banken, Konsumenten und Investoren wahrscheinlich ist.

Bei schlechter Kapazitätsauslastung sieht es genau umgekehrt aus. Arbeitnehmer bangen um ihren Arbeitsplatz oder müssen sich zumindest mit mageren Lohnsteigerungen, wenn nicht sogar Lohnkürzungen abfinden. Ihre Verschuldungsbereitschaft sinkt, ihr Sparwille nimmt zu, da sie für schlechte Zeiten vorsorgen möchten. Die Banken sind aus den gleichen Gründen wesentlich vorsichtiger bei der Vergabe von Konsumentenkrediten. Doch auch an Investitionskredite legen sie strengere Maßstäbe an, da das Risiko des Kreditausfalls bei ohnehin geringer Auslastung der vorhandenen Kapazitäten zunimmt. Wegen der Nachfrageschwäche finden sich obendrein weniger Investitionswillige. Wieder ist prozyklisches Verhalten jedes einzelnen naheliegend, weil es einzelwirtschaftlich rational ist.

... kann gesamtwirtschaftlich problematisch sein

Das alles wirkt preisdämpfend, im schlimmsten Fall deflationär. Die Zentralbank kann unter solchen Umständen zwar die Zinsen senken und so die Attraktivität von Krediten zu steigern suchen. Aber einer einmal einsetzenden Deflation kann sie kaum mehr beikommen, weil die untere Grenze für Nominalzinsen naturgemäß Null ist, ein gesamtwirtschaftlicher Preisverfall aber zu positiven Realzinsen führt. Wenn man in wirtschaftlich schlechten Zeiten durch reines Herumsitzen und Abwarten den Wert seines Geldvermögens steigern kann, weil die Preise dauernd sinken, ist es äußerst schwierig, Investoren in Sachkapital zu finden. Dann spätestens ist die Fiskalpolitik als Stabilisator gefragt. Der Staat muss sich in einer solchen Situation verschulden und Nachfrage entfalten, um die schlechte Kapazitätsauslastung wieder anzuheben und dadurch die Perspektiven der Sachinvestoren zu verbessern.

Antizyklisch und damit gesamtwirtschaftlich rational kann sich nur der verhalten, der die Gesamtwirtschaft vertritt bzw. qua Amt vertreten sollte, und das sind die für die Fiskalpolitik zuständigen Politiker und die für die Geldpolitik verantwortlichen Zentralbanker. Von niemandem sonst kann ein antizyklisches Verhalten erwartet, ja verlangt werden, denn es ist einzelwirtschaftlich irrational. Dass die gesamtwirtschaftlich stabilisierenden Effekte eines antizyklischen Verhaltens allen Wirtschaftssubjekten zugute kommen (man spricht auch von positiven externen Effekten), macht dieses Verhalten für den einzelnen nicht attraktiver.

Sparen senkt Zinsen nicht

In einer monetären Marktwirtschaft gilt immer: Erst Kredit aufnehmen und investieren, dann wachsen und sparen. Die Vorstellung, dass zuerst gespart werden müsse, um zu investieren, übersieht den durch Sparversuche ausgelösten Nachfrageausfall, der wegen der Anonymität der Märkte diese Strategie zum Scheitern verurteilt. Oft wird behauptet, dass zusätzliche Sparanstrengungen der privaten Haushalte oder des Staates das Kapitalangebot so stark erhöhten und auf diese Weise eine Zins senkende Wirkung entfalteten, dass die negative Wirkung des Nachfrageausfalls auf die Investitionen mindestens ausgeglichen, wenn nicht gar überkompensiert würde. Dieses Argument übersieht dank des Fehlens von Gewinnen im ihm zugrunde liegenden neoklassischen Modell, dass zusätzliche Sparanstrengungen der privaten Haushalte oder des Staates automatisch die Gewinne aus den bereits getätigten Investitionsprojekten reduziert. Das ist dann nicht nur ein negatives Signal für die Investitionsbereitschaft der Unternehmer, es vermindert auch im gleichen Augenblick die oben bereits aus Gründen der Kreditwürdigkeit als hilfreich bezeichnete Eigenkapitalbasis, aus der heraus neue Investitionsprojekte finanziert werden können. Das Kapitalangebot, das für Investitionen unternehmensintern bereit steht, schrumpft im gleichen Ausmaß, wie die Ersparnisse der privaten Haushalte und/oder des Staates zunehmen. In der Summe hat sich das Kapitalangebot nicht verändert, die Zinsen sinken folglich nicht. Dafür bleibt das negative Absatzsignal für die Unternehmer und das Problem, dass sie, wollen sie dennoch mehr investieren, wieder vermehrt Fremdkapitalgeber von der Sinnhaftigkeit ihres Investitionsvorhabens überzeugen müssen, weil ihre interne Finanzierungsquelle schwächer sprudelt.

Der spiegelbildliche Versuch, in der Summe über alle Wirtschaftssubjekte hinweg sich zu verschulden, also mehr ausgeben als einnehmen zu wollen, ist dagegen erfolgreich, wenn er entweder auf eine schwache Kapazitätsauslastung trifft oder produktivitätssteigernden und kapazitätserweiternden Investitionen dient. Im Falle schwacher Kapazitätsauslastung liegt der Wirkungsmechanismus auf der Hand, weil ein Anschieben der Nachfrage die Einkommen und mit ihnen die Investitionsbereitschaft erhöht. Im Falle stark ausgelasteter

Kapazitäten gelingt es durch die Kapazitätserweiterung, dem kreditbedingten Inflationspotenzial den Wind aus den Segeln zu nehmen, und durch die Produktivitätssteigerung, der Verschuldung eine reale Basis zu ihrer Finanzierung zu verschaffen.

Es ist also in gewissen Grenzen möglich, dass der Bankensektor mehr Geld zur Verfügung stellt, als im Augenblick der Kreditvergabe an Gütern zu den gegebenen Preisen vorhanden ist. Ein solches Mehr an Geld führt nicht automatisch und ausschließlich zu einer Anpassung der Preise nach oben, es führt zuerst zu einer Ausweitung der Güter*mengen*, sofern die Kapazitäten nicht voll ausgelastet sind. Erst bei Vollauslastung kommt es zu Preissteigerungen. Und auch diese sind kein Selbstläufer: Sobald die Kapazitäten der durch die Kreditvergabe gestiegenen (nominalen) Nachfrage angepasst worden sind, klettern die Preise nicht weiter, fallen möglicherweise sogar wieder dank erhöhter Produktivität. Die anfängliche Preissteigerung kommt also zumindest wieder zum Stillstand, die Inflationsrate sinkt auf Null. Das höhere Preisniveau schädigt niemanden, sofern die lohnpolitische Spielregel eingehalten wurde. Denn sie sorgt dafür, dass *alle* Wirtschaftssubjekte an der durch Kredite ermöglichten Produktivitätssteigerung teilhaben und daher auch alle eine ggf. eintretende Preissteigerung mittragen können. So wird sogar bei ausgelasteten Kapazitäten aus Krediten ein Mehr an Gütern und nicht nur ein Mehr an Preisen. Das bedeutet aber, dass *die Kreditvergabe* jenseits des Verschiebebahnhofs von Eigentumsrechten an gegenwärtigen und zukünftigen Konsumgütern zwischen einzelnen Wirtschaftssubjekten *eine realwirtschaftliche Wirkung hat. Und genau das ist der zentrale Punkt des Ablaufs einer sich dynamisch entwickelnden Geldwirtschaft.*

Zeitpräferenzrate als Motor der wirtschaftlichen Entwicklung?

Wer wie neoklassisch und monetaristisch orientierte Ökonomen nur in realwirtschaftlichen Kategorien denkt und Geld lediglich als Schleier über den wirtschaftlichen Zusammenhängen begreift, kann diesen monetären Mechanismus, den es nur in einer Geldwirtschaft in Verbindung mit technischem Fortschritt gibt, nicht nachvollziehen. Er versteht weder die Signal- noch die Lenkungswirkung von Preisen im Zusammenspiel von Krediten, Nachfrage und Investitionen. Ihm muss das Sparen *und damit auch das Investieren* ein ewiges Rätsel der Sparneigung der Konsumenten bleiben, die sich in deren so genannter Zeitpräferenzrate, dem Herzstück neoklassischer Wirtschaftstheorie, ausdrückt.

Worum geht es? Im Mittelpunkt dieses Konzepts steht ein Nutzen maximierendes

Wirtschaftssubjekt, das seinen Nutzen aus Konsumgütern und Freizeit zieht, indem es seine Arbeitskraft zeitweise anbietet und den erzielbaren Arbeitseinkommensstrom durch Ersparnisbildung und Entsparen so glättet, dass Konsum und Freizeit über die gesamte Lebenszeit hinweg möglichst gleichmäßig verteilt sind. Das Wirtschaftssubjekt hat eine Vorliebe für gegenwärtigen anstelle zukünftigen Konsums. Diese Präferenz kann es in einer Zahl ausdrücken, der Zeitpräferenzrate, die angibt, um wie viele Einheiten höher zukünftiger Konsum sein muss, wenn es auf eine Einheit heutigen Konsums verzichten soll. Das ist eine Art Zinssatz, der den Konsumverzicht heute mit mehr Konsum morgen belohnt. Aus dem vorhersehbaren, durch das eigene Arbeitsangebot steuerbaren Einkommensstrom und der individuellen Zeitpräferenzrate ergibt sich dann ein optimaler Sparplan des Wirtschaftssubjektes.

Überträgt man diese mikroökonomischen Gedanken, wie das in der herrschenden Volkswirtschaftslehre gemacht wird, auf die Gesamtwirtschaft, erhält man unter Berücksichtigung des Altersaufbaus der Gesellschaft die gesamtwirtschaftliche Ersparnis, also die Größe, von der nach Meinung der neoklassisch ausgerichteten Ökonomen die Investitionen abhängen. Mit dieser Ersparnis werden alle Investitionsprojekte durchgeführt, deren Rentabilität mindestens so hoch ist wie die Zeitpräferenzrate, weil sie den langfristigen Marktzinssatz darstellt. Ist die Zeitpräferenzrate im Durchschnitt niedrig, sind die Ersparnisse hoch, denn die Wirtschaftssubjekte tun sich nicht so schwer mit dem Warten auf Konsum. Entsprechend hoch ist dann die Investitionstätigkeit. Daraus folgt, dass solche Länder wirtschaftlich besonders erfolgreich sind, deren Bevölkerung besonders sparfreudig ist, weil dort dank hohen Kapitalangebots und entsprechend niedriger Zinsen besonders viel investiert wird. Unternehmerische Risiken gibt es ebenso wenig wie Gewinne.

Zwar beeinflusst die Investitionstätigkeit den Arbeitseinkommensstrom jedes einzelnen. Doch ist dies von vornherein nicht nur theoretisch bekannt, es wird auch gleich praktisch eingebaut in die optimierenden Überlegungen: Spart man viel, steigen nicht nur die zukünftigen Konsummöglichkeiten aus dem angesparten Vermögen, sondern auch das zukünftige Arbeitseinkommen dank investitionsbedingter Produktivitätssteigerungen. Es gibt einen optimalen Punkt, an dem sich zusätzliches Sparen genau wie zusätzliches Arbeiten für das Wirtschaftssubjekt nicht mehr lohnen. Wird dieser Rechenvorgang von allen Wirtschaftssubjekten wiederholt vorgenommen, findet sich eine optimale gleichgewichtige Lösung, die den Wachstumspfad der Volkswirtschaft beschreibt. Nicht die Unternehmer lenken in diesem Modell die Geschicke der Wirtschaft, sondern die Sparer.

Nicht erklären kann dieses Modell, wie es zu ausgeprägten Schwankungen im Auslastungsgrad des Kapitalstocks einer Volkswirtschaft kommt, warum Investitionen ein so volatiles Aggregat sind, warum es unfreiwillige Massenarbeitslosigkeit gibt und wieso es überhaupt einer Geldpolitik bedarf, da doch allein die Sparentscheidungen der Individuen das Kapitalangebot bestimmen. Das heißt aber, dass dieses Modell nichts zur Lösung der aktuellen wirtschaftlichen Probleme unseres Landes beisteuern kann. Trotzdem wird es als gedankliche Grundlage in vielen Studien herangezogen, z. B. zur Berechnung der Folgen des demografischen Wandels für das Rentensystem oder die Gesundheitspolitik. Als Begründung wird meist angeführt, dass sich dieses Modell bewusst nicht mit kurzfristigen wirtschaftlichen Schwankungen auseinandersetze, sondern die langfristigen Entwicklungen abzubilden versuche.

Die Investitionsschwankungen und Zinsbewegungen in der Realität widersprechen zwar eklatant der Modellannahme, die durchschnittliche Zeitpräferenzrate bestimme das Kapitalangebot und den Zins – denn so volatil können die Präferenzen der Menschen wohl nicht sein, wenn sie wirtschaftliche Prozesse sinnvoll erklären sollen. Sonst müsste man behaupten, die Menschen seien eben mal ein paar Jahre bereit, auf gegenwärtigen Konsum zu verzichten und zu arbeiten, mal wollten sie lieber arbeitslos sein und sofort in großem Umfang konsumieren. Dieser Einwand wird mit leichter Hand vom Tisch gefegt: Das Auf und Ab der Konjunktur sei durch exogene Schocks und deren wegen rigider Preise, Löhne und sonstiger verkrusteter Strukturen unzureichende Verarbeitung erklärlich. Würden diese Rigiditäten beseitigt, stünde einem gleichmäßigen, von der Sparneigung der Bevölkerung getriebenen Wachstum nichts im Wege.

Für einen Ökonomen, der an die Relevanz der Zeitpräferenzrate für eine Marktwirtschaft glaubt, liegt es in der Tat nahe, den Großteil unserer Arbeitslosigkeit als »strukturell« zu bezeichnen. Er hat nämlich keine theoretische Basis, mit der er Schwächephasen der Investitionen und daher konjunkturell bedingte Arbeitslosigkeit erklären könnte. Entstünde Arbeitslosigkeit also vor allem aus konjunkturellen Gründen, wäre er bei dem drängendsten wirtschaftspolitischen Thema nicht zuständig und daher auch nicht mit von der Beratungspartie. Es ist mehr als erstaunlich, dass der enge Zusammenhang von Investitionen und Beschäftigung so wenig im öffentlichen Bewusstsein verankert ist, dass Wirtschaftsexperten stundenlang über die strukturellen Probleme unseres Arbeitsmarktes philosophieren können, ohne mit diesem Zusammenhang von Kommentatoren, Interviewern oder einfach interessierten Bürgern konfrontiert zu werden. Selbst in Zeiten, in denen die Beschäftigung geradezu perfekt, nämlich positiv auf den Konjunkturaufschwung reagiert wie derzeit, wird sofort davor gewarnt, die »strukturellen Defizite« unseres Arbeitsmarktes aus den Augen zu verlieren. Reformen seien weiterhin dringend angesagt, um denjenigen zu helfen, an denen der Aufschwung wie schon so oft auch dieses Mal spurlos vorüberzugehen drohe.

Dass man genau mit solchen »Reformen« jeden Aufschwung kaputt macht bzw. so verkürzt und klein hält, dass er tatsächlich nicht die Kraft entwickeln kann, den am Arbeitsmarkt am meisten benachteiligten Gruppen zugute zu kommen, wird dabei nicht in Betracht gezogen. Dabei müsste sich jeder unvoreingenommene Betrachter nach all den Jahren des Gejammers über die strukturellen Verhärtungen, unter denen unser inflexibler Arbeitsmarkt angeblich leidet, verwundert die Augen darüber reiben, wie prompt und flexibel eben dieser deutsche Arbeitsmarkt auf den Konjunkturaufschwung 2006/2007 reagiert.

Wem hingegen unsere Ausführungen zum Investitionsprozess mittels Krediten in einer monetären Marktwirtschaft mehr einleuchten als die weit verbreitete Ansicht über das Sparen als Voraussetzung für Investitionen, der hat nun das Handwerkszeug beisammen, die Entstehung unserer Massenarbeitslosigkeit zu erklären und einen langfristig tragfähigen und bereits kurzfristig wirksamen Ausweg aus ihr zu finden.

2 Beschäftigungsmotor Investitionen

Zu Beginn dieses Buches wurde ausführlich diskutiert, warum der technische Fortschritt keinen Verlust von Arbeitsplätzen mit sich bringt. Produktivitätssteigerungen – so das Argument – ziehen immer Einkommenssteigerungen nach sich, die dafür sorgen, dass die Nachfrage insgesamt in dem Maße wächst, wie es zur Verwendung der durch Rationalisierung frei gewordenen Arbeitszeit notwendig ist. Einzige Ausnahme: Der Wohlstandsgewinn durch technischen Fortschritt wird bewusst für mehr Freizeit eingesetzt und nicht für mehr Einkommen in Form von Gütern. Dann ist aber auch die geringere Beschäftigung erwünscht – ein Phänomen, von dem wir in unserem Land derzeit meilenweit entfernt sind, wie eingangs bereits betont wurde.

2.1 Technischer Fortschritt ist beschäftigungsneutral, Investitionen sind es nicht

Warum und wie können Investitionen eine Zunahme der Beschäftigung bewirken, wenn jeder technische Fortschritt beschäftigungsneutral, aber an Investitionen gebunden ist? Wie kommt es zu dem empirisch in der Tat sehr engen Zusammenhang von Beschäftigung und Investitionen? Es kommt dazu, weil Investitionen heute schon Nachfrage darstellen, bevor sie morgen produktivitätssteigernd wirken und die Kapazitäten erweitern. Diesen Effekt haben wir in Kapitel 1.2 nicht detailliert behandelt. Dort wurde eine quasi vom Himmel gefallene Produktivitätssteigerung unterstellt, um die Wirkung des technischen Fortschritts isoliert untersuchen und mit dem Märchen aufräumen zu können, er koste in jedem Fall Arbeitsplätze.

Investitionen schaffen Nachfrage ...

In der Realität fällt der technische Fortschritt nicht vom Himmel, sondern die Umsetzung einer Innovation durch eine Investition löst in der Regel immer auch sofort Nachfrage aus, nämlich die nach dem Investitionsgut bzw. den Produktionsfaktoren, die zur Herstellung des Investitionsgutes erforderlich sind. Das ist die eine für den Arbeitsmarkt relevante Seite der Investitionen, die andere behandeln wir im übernächsten Abschnitt. Im Robinson-Beispiel einer anonymen Geldwirtschaft zeigte sich der Nachfragecharakter des Investitionsvorhabens an der Verknappung des Fischangebots und an der gestiegenen Holznachfrage. In einer modernen Geldwirtschaft, in der es eine Investitionsgüterindustrie gibt, zeigt er sich ganz unmittelbar am Auslastungsgrad dieser Industrie.

Abb. 20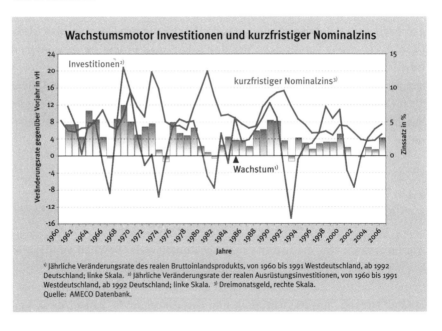

Die zyklische Bewegung der Investitionen kommt in Abbildung 20 klar zum Ausdruck. Die Phasen geringen Wachstums (Balken werden klein oder sogar negativ) sind von ausgeprägter Investitionsschwäche (blaue Kurve durchstößt die Null-Linie nach unten) gekennzeichnet. Umgekehrt verlaufen Investitionsboom (blaue Kurve schießt nach oben) und Phasen stärkeren Wirtschaftswachstums (Balken werden größer) parallel – und das, obwohl die hier dargestellten Ausrüstungsinvestitionen nur einen Anteil von rund 7 Prozent am Bruttoinlandsprodukt ausmachen, also rein quantitativ gesehen wesentlich unbedeutender sind als etwa der private Verbrauch mit über 50 Prozent. Die Investitionen sind ganz eindeutig der Motor des Wirtschaftswachstums. Läuft er schwach oder gar im Rückwärtsgang, geht es auch in Sachen Wachstum bergab.

... und reagieren auf die Geldpolitik

Welchen Einfluss nimmt nun die Geldpolitik auf die Investitionen und damit das Wirtschaftswachstum? Der Zins – hier der kurzfristige Nominalzins, der von der Notenbank bestimmt wird (rote Kurve) – steigt im Verlauf eines Aufschwungs und erreicht Spitzenwerte, kurz bevor die Investitionen einbrechen. Hintergrund ist jedes Mal das Bemühen der Zentralbank, die tatsächlich eingetretene oder vermeintlich drohende Beschleunigung der Preissteigerung zu unterbinden. Entscheidend dafür, wie lang ein Abschwung dauert, und damit, wie groß die Verluste an Realeinkommen und Beschäftigung sind, ist, wie hoch der Zins steigt und wie lang die Hochzinsphase anhält. Umgekehrt im Aufschwung: Gelingt es der Geldpolitik, die Aufschwungphase zu verlängern, ohne dass die Inflationsgefahr zunimmt, erreicht die Volkswirtschaft über den Konjunkturzyklus hinweg gerechnet ein höheres Wachstum und mehr Beschäftigung.

Anhand von Abbildung 20 lassen sich die Folgen der beiden Ölkrisen in den 1970er und 1980er Jahren klar erkennen: Die Geldpolitik erzwang durch hohe Zinsen einen Investitionseinbruch, der das Wachstum drosselte und die Preisentwicklung wieder auf ein Normalmaß zurücksinken ließ. Das kostete Arbeitsplätze. Im Zuge des Aufschwungs in der zweiten Hälfte der 1980er Jahre und des folgenden Booms durch die deutsche Wiedervereinigung befürchtete die Deutsche Bundesbank ähnliche Inflationsgefahren und reagierte entsprechend scharf.

Was macht den Unterschied seit den 1980er Jahren bis heute gegenüber den 1960er und 1970er Jahren aus? Wir haben es schon einmal in Kapitel 3 von Teil II dieses Buches gesehen (vgl. Abbildungen 15 und 16). Hier nun soll der enge zeitliche Zusammenhang zwischen Geldpolitik und Konjunkturverlauf, sprich: Reaktion der Investitionen betont werden. Daher ziehen wir an dieser Stelle den kurzfristigen Nominalzins heran und nicht, wie in Abbildung 15, den um die Inflation bereinigten und geglätteten Realzins. Bis Anfang der 1980er Jahre entschloss sich die Geldpolitik, jeweils relativ zügig das hohe Zinsniveau wieder zu verlassen und das Wachstum erneut anzuregen. Vor allem aber verlor sie nicht vollständig das Augenmaß für die durchschnittliche Höhe des kurzfristigen Zinses *im Vergleich zur Preissteigerungsrate und im Vergleich zum Wirtschaftswachstum selbst.* Wie man anhand von Abbildung 20 sehen kann, ist das Niveau des kurzfristigen Zinses an den unteren Wendepunkten der Zinskurve am aktuellen Rand nur unwesentlich geringer als zu Beginn der 1960er Jahre. Die Wachstumsraten der letzten zehn Jahre liegen jedoch erheblich unter dem Niveau der 1960er Jahre. Mit den Preissteigerungsraten verhält es sich hingegen genau umgekehrt: damals deutlich höher als heute (vgl. Abbildung 8 auf Seite 69).

Die Argumentation, die Preissteigerung hätte sich in den vergangenen 20 Jahren eben nicht so moderat entwickelt, wenn die Geldpolitik nicht ganz deutlich ihren restriktiven Kurs gefahren hätte, hat wenig Fakten und noch weniger Theorie aufzubieten. Denn erstens ist eine niedrige Inflationsrate nicht das einzig anzustrebende Ziel der Wirtschaftspolitik, sondern dieses muss sich auch an den Nebenwirkungen messen lassen, die sein Durchsetzen bei anderen Zielgrößen wie vor allem dem Beschäftigungsstand zeitigt. Zweitens aber – und das ist das wichtigere Gegenargument – fehlt der Beweis, dass eine einigermaßen moderate Preissteigerungsrate nicht möglich gewesen wäre bei einer weniger auf Restriktion bedachten Geldpolitik. Die USA haben uns das Gegenteil eindrucksvoll vorgeführt (vgl. Kapitel 3.1 in Teil II).

Nehmen wir einmal an, die Wachstumsrate der Volkswirtschaft spiegele in etwa das wieder, was sich im Durchschnitt aus dem gesamten (privaten wie öffentlichen) Sach-Kapitalstock der Volkswirtschaft an Rendite ziehen lässt. Wie steht dann ein Sachinvestor heute im Vergleich zu den 1960er Jahren da und wie ein Finanzinvestor? Der Sachinvestor verzeichnet offenbar eine schlechtere Verzinsung seiner Sachinvestition, denn die (realen) Wachstumsraten sind gesunken. Der Finanzinvestor, also der, der sein Geld kurzfristig anlegt, steht heute besser da als damals, weil er sich beim fast gleichen Zinsniveau einer niedrigeren Inflationsrate gegenüber sieht. Selbst wenn die Geldpolitik keinen Einfluss auf die realen Wachstumsraten bzw. die Sachinvestitionsrendite hätte, kann man allein aus diesem Vergleich ableiten, dass das von der Geldpolitik festgelegte Niveau der kurzfristigen Zinsen die Sachinvestitionsbereitschaft heute mit Sicherheit weniger fördert als damals. Wenn wir uns denn einem säkularen, nicht von der Wirtschaftspolitik verursachten Trend geringerer Sachinvestitionsrenditen bzw. Wachstumsraten gegenüber sähen, sollten wir uns die Möglichkeit, wenigstens diese geringeren Renditen zu verdienen, nicht noch durch eine unangemessen restriktive Geldpolitik erschweren.

Wie wir in Kapitel 3 von Teil II erläutert haben, spricht aber vieles dafür, dass wir es nicht mit einem quasi unbeeinflussbaren Trend sinkender Renditen zu tun haben, sondern mit einer hausgemachten, d. h. von der Geldpolitik verschuldeten und von den Bereichen Finanz- und Lohnpolitik unglücklich unterstützten Entwicklung. Umso dringender und Erfolg versprechender ist ein Kurswechsel der Wirtschaftspolitik, der durch eine enge Koordination von expansiver Geld- und regelgebundener Lohnpolitik sowie nicht prozyklisch handelnder Finanzpolitik endlich wieder höhere Wachstumsraten zulässt.

Investitionen schaffen Beschäftigung

Und damit kommen wir zur anderen für den Arbeitsmarkt relevanten Seite der Investitionen, nämlich zu ihrer kapazitätserweiternden Wirkung. Sie besteht darin, dass im Gegensatz zur Produktivitätssteigerung, durch die in einer einzelnen Arbeitsstunde mehr Güter produziert werden können, mehr Arbeitsstunden benötigt werden, um die neu geschaffenen Kapazitäten so auszulasten wie die bereits vorhandenen. Dass der Investor eine möglichst hohe Auslastung seiner neu geschaffenen Kapazitäten wünscht, versteht sich von selbst, denn sonst hätte er das Investitionsprojekt gar nicht gestartet. Damit es sich überhaupt rechnet, hat er ja in der Planungsphase eine bestimmte Mindestauslastung unterstellt. Ob er diese Mindestauslastung schon mit der Arbeitszeit bewerkstelligen kann, die er durch den Produktivitätsfortschritt einspart, oder ob er mehr Arbeitszeit nachfragt, d. h. neue Arbeitskräfte einstellen muss, hängt vom Investitionsprojekt ab. Natürlich mag der Produktivitätsfortschritt auch so groß sein, dass die eingesparte Arbeitszeit auch bei hoher Auslastung der neuen Maschine nicht mehr vollständig benötigt wird. Aber dann sorgt der in Kapitel 1 bereits beschriebene Mechanismus der produktivitätsbedingten Realeinkommenssteigerung dafür, dass – Anpassungsprobleme bei der Qualifikation einmal ausgeblendet – gesamtwirtschaftlich keine Arbeitslosigkeit entsteht.

Für den Investor ist die einzig spannende Frage, ob er den geplanten Mindestauslastungsgrad seiner neuen Maschine auch erreicht, d. h. ob er die entsprechend anfallende Produktionsmenge zum geplanten Preis auch absetzen kann. Wenn das der Fall ist oder er sogar auf mehr Nachfrage nach dem Produkt, das mit der neuen Maschine produziert wird, trifft, als er erwartet hat, ist sein Investitionsprojekt erfolgreich: Er macht einen Pioniergewinn. Die Arbeitsmarktbilanz braucht den Unternehmer nicht zu interessieren, jedenfalls nicht, solange er nicht händeringend nach Fachpersonal sucht. (In einer Situation mit Engpässen auf dem Arbeitsmarkt kann es im Interesse eines Investors sein, vornehmlich Produktivitätssteigerungen mit seiner Investition zu bewirken, um den knappen Faktor Arbeit durch Einsparung von Arbeitszeit sozusagen selbst zu generieren.) Den Ökonomen interessiert das Ergebnis der Investition für den Arbeitsmarkt in Zeiten hoher Arbeitslosigkeit selbstverständlich weit mehr. Und da lässt sich für die Vergangenheit feststellen, dass Investitionsschübe immer zu Beschäftigungsaufbau geführt haben. Abbildung 21 zeigt das in aller Klarheit.

Abb. 21

Investitionen und Beschäftigung im Konjunkturverlauf[1]

1) Farbig markierte Flächen stellen Abschwungphasen dar gemessen an der saisonbereinigten Entwicklung des realen Bruttoinlandsprodukts. Von 1960 bis 1991 Westdeutschland, ab 1992 Deutschland. *2)* Jährliche Veränderungsrate der realen Ausrüstungsinvestitionen, linke Skala. *3)* Jährliche Veränderungsrate der abhängig Beschäftigten, rechte Skala.
Quellen: AMECO Datenbank, Statistisches Bundesamt, DIW Berlin.

Ein Aufschwung bei den Investitionen ist verbunden mit einer Zunahme der Beschäftigung. Offenbar überwiegt im Hinblick auf die Beschäftigung der direkte Nachfrageeffekt von Investitionen zusammen mit ihrer kapazitätserweiternden Wirkung den der reinen Produktivitätssteigerung, die ja für sich genommen mit keiner Beschäftigungsausweitung verbunden wäre. Dafür spricht auch, dass eine hohe Produktivitätssteigerung mit hohem Wachstum einhergeht und eine schwächere mit niedrigem (vgl. Abbildungen 2 und 3 in Kapitel 1.3 von Teil I).

2.2 Investitionseinbruch erzeugt Arbeitslosigkeit ...

Umgekehrt gilt, dass ein Einbruch der Investitionen regelmäßig auch die Beschäftigung einbrechen und die Arbeitslosigkeit ansteigen lässt. Auch das wird in Abbildung 21 deutlich: Angefangen mit der Rezession von 1967 über die beiden Abschwünge im Gefolge der Ölpreisexplosionen, die deutsch-deutsche Rezession 1992 bis hin zur letzten konjunkturellen Talfahrt 2002/2003 ist der Zusammenhang eng.

So beschäftigungsneutral der technische Fortschritt für sich allein genommen ist, so beschäftigungsneutral ist wie bereits erläutert auch eine Produktivitätsbremse, von der mancher Ökonom und Gewerkschafter träumt (vgl. den Abschnitt »Können wir die Produktivität bremsen?« in Kapitel 2.3 von Teil I). Um zu verstehen, warum das Ausbleiben von Investitionen beschäftigungsvernichtend ist, muss man die obige Argumentation nur umdrehen: Wird weniger investiert (aus welchem Grund zunächst auch immer), sinkt die Investitionsgüternachfrage und damit die Auslastung der Investitionsgüterindustrie. Das führt zu einem Einkommensrückgang dort mit allen Folgen für die gesamtwirtschaftliche Nachfrage. Das macht sich am Arbeitsmarkt bemerkbar, wenn auch nicht sofort, da Kündigungsschutz, Kurzarbeit, Abbummeln von im Aufschwung gut gefüllten Arbeitszeitkonten, erfolgsabhängige Lohnkomponenten etc. eine gewisse Verzögerung auf der Beschäftigungsseite mit sich bringen. Auch das schlichte Kalkül der Unternehmer, dass sich eine hire-and-fire-Politik bei gut ausgebildeten und zuverlässigen Arbeitskräften, in deren Kenntnisse sie womöglich selbst jahrelang investiert haben, mittelfristig nicht auszahlt, mag dazu beitragen, dass eine Investitionsabschwächung nicht sofort zu Entlassungen führt. Hält der Abwärtstrend jedoch länger an, steigt die Arbeitslosigkeit schließlich und dadurch gewinnt der Abschwung an Fahrt. Die in Deutschland regelmäßig zu beobachtende leichte Verzögerung in der Reaktion der Beschäftigung auf die Abschwächung oder den Anstieg der Investitionen (außer 1990, als die Beschäftigung in Ostdeutschland schon einbrach, während die Investitionstätigkeit in Westdeutschland noch boomte) ist in der Tat auch auf den Kündigungsschutz zurückzuführen, der von vielen als die zentrale Bremse am deutschen Arbeitsmarkt angesehen wird. Tatsächlich, das geht aus Abbildung 21 unmissverständlich hervor, ist dessen Bedeutung für den Arbeitsmarkt jedoch gering. Jenseits der sichtbaren Verzögerung, die, wie oben erwähnt, durchaus auch gute betriebliche Gründe haben kann, hindert der Kündigungsschutz die Unternehmen nicht daran, auf die konjunkturelle Situation flexibel zu reagieren, sowohl mit Einstellungen als auch mit Entlassungen.

Das Produktivitätswachstum schwächt sich im Zuge einer konjunkturellen Talfahrt zusammen mit den Investitionen ab, da es an sie gebunden ist. Das verringert automatisch das Einkommenswachstum und überträgt die Investitionsschwäche auf die Konsumgütermärkte, selbst wenn die Beschäftigung im Investitionsgütersektor noch nicht spürbar zurückgegangen ist. Die abnehmende Auslastung in der Konsumgüterindustrie löst dort den gleichen Prozess aus wie in der Investitionsgüterindustrie.

Wie verhält es sich mit den Kapazitäten? Sie wachsen langsamer oder schrumpfen sogar, wenn die (Brutto-)Investitionen die Abschreibungen (Ersatzinvestitionen) unterschreiten. Dieser Mechanismus soll, so die Vorstellung derer, die von der Stabilität des privaten Sektors einer Marktwirtschaft überzeugt sind, dazu führen, dass die Kapazitäten irgendwann der verbliebenen Nachfrage wieder entsprechen, der Auslastungsgrad also nicht weiter sinkt und damit das Motiv für eine weitere Drosselung der Investitionen entfällt. Stabilisierend auf die Investitionen wirke dabei vor allem, dass eine verringerte Inanspruchnahme des Kapitalangebots der Sparer den Zins senke.

... und es gibt keine automatische Stabilisierung

Nichts hat die ökonomische Diskussion nach dem Erscheinen von Keynes' »General Theory of Employment, Interest and Money« im Jahre 1936 mehr beschäftigt als die Frage, ob und wie sich das marktwirtschaftliche System selbst stabilisieren kann, wenn es einmal aus dem Tritt geraten ist. Man hat sich überboten in der Suche nach allerlei »Effekten«, durch die das System wieder zu Vollbeschäftigung zurückkehren kann, wenn es einmal in eine Situation der unfreiwilligen Unterbeschäftigung gekommen ist – also z. B. eine Schocksituation aufgrund gesunkener Nachfrage –, die nicht von zu hohen Lohnsteigerungen gekennzeichnet ist. Ob es ein Gleichgewicht bei Unterbeschäftigung geben könne, war die zentrale Frage. Im Lichte unserer Überlegungen ist diese Frage übrigens auch deswegen belanglos, weil es in einer sich dynamisch entwickelnden Wirtschaft niemals ein Gleichgewicht gibt, zu dem sich eine Rückkehr lohnte. Die Wirtschaft, wie das Leben der Menschen, kennt nur die Richtung nach vorn, in eine unbekannte Zukunft. »Pigou-Effekt«, »Keynes-Effekt« oder die »Theorie rationaler Erwartungen« waren darauf ausgerichtet darzustellen, welche Konstanten es in marktwirtschaftlichen Systemen gibt, die dafür sorgen, dass ein allgemeiner Rückgang der Preise am Ende zu einer Zinssenkung führt, die ihrerseits über eine Investitionsbelebung die Arbeitslosigkeit wieder beseitigen würde. Außer richtiger Wirtschaftspolitik gibt es aber keine Konstante, die in einem Abschwung dafür sorgt, dass der Zins ausreichend stark sinkt, um den unabänderlichen Rückgang der Gewinne auszugleichen.

Aktive Geldpolitik ist unverzichtbar

Damit ist aktive Geldpolitik im Konjunkturverlauf unverzichtbar. Nur eine Zentralbank, die sozusagen Tag für Tag am Markt präsent und bereit ist, jederzeit zur Konjunktursteuerung und Beschäftigungsstabilisierung einzugreifen, macht erfolgreiche Wirtschaftspolitik möglich. Solche im besten Sinne antizyklische Politik verlängert Aufschwünge und verkürzt Abschwünge mit dem Ziel, Einkommen und Beschäftigung über den Zyklus hinweg zu maximieren, ohne das Ziel der Preisstabilität aus dem Auge zu verlieren. Sie wird am besten unterstützt von der Lohnpolitik, wenn diese – über den gesamten Konjunkturzyklus hinweg – Jahr für Jahr einen strikt produktivitätsorientierten Kurs fährt, die Nominallöhne also so steigen wie die Summe aus Produktivitätszuwachs (bzw. dessen Durchschnitt über einige Jahre) und der Zielinflationsrate der Notenbank. Dass eine solche Politik möglich ist, lehrt das Beispiel USA.

Zins und Investitionsrendite bestimmen Konjunktur und Wachstum

Bleibt die Frage, wann und wie es zu einem Investitionsaufschwung kommt, wenn sich die Volkswirtschaft in einer konjunkturellen Schwächephase befindet, und ob dieser Aufschwung von Seiten der Wirtschaftspolitik herbeigeführt werden kann. Und umgekehrt: Wann und warum geht ein Aufschwung zu Ende, wird weniger investiert? Kann der Staat den Wendepunkt verhindern oder wenigstens hinauszögern? Auf Zahl und Qualität der innovativen Ideen, die potenziellen Investoren zur Verfügung stehen, kann die Fiskalpolitik durch die Finanzierung einer guten Bildungspolitik und die Bereitstellung günstiger Rahmenbedingungen für Forschung und Entwicklung positiv einwirken. Die Umsetzung von Innovationen in erfolgreiche Investitionen kann der Staat damit nicht erzwingen. Die Geldpolitik kann dafür sorgen, dass die finanzielle Hürde, die Investitionsprojekte nehmen müssen, um realisiert werden zu können, niedrig ist: Je niedriger der Zinssatz für Kredite, desto eher liegt die Rentabilität einer Sachinvestition darüber und wird derjenige belohnt, der bereit ist, das Risiko einer Sachinvestition auf sich zu nehmen.

Doch ob eine Investition tatsächlich getätigt wird und wie hoch ihre Rentabilität wirklich ist, hängt in erster Linie von den Absatzbedingungen ab, auf die der Investor trifft. Zu deren Verbesserung kann die Geldpolitik aber ebenfalls durch niedrige Zinsen bis zu einem gewissen Grad beitragen, weil sie neben der Investitionsnachfrage auch die Konsumnachfrage mittels günstiger Kreditkonditionen anzuregen versuchen kann. Was aber, wenn, wie Karl Schiller in Anlehnung an ein Wort von Keynes zu sagen pflegte, man die Pferde zwar zur Tränke führen, sie aber nicht zwingen kann zu saufen, oder wenn bereits eine Deflation ins Haus steht, bei deren Bekämpfung der Zentralbank die Hände gebunden sind, weil sie niemanden für das Horten von Geld bestrafen kann?

Dann kann und muss die Fiskalpolitik eingreifen. Sie kann via Verschuldung zusätzliche Nachfrage entfalten, die die Kapazitätsauslastung erhöht und so die Rentabilität privater Investitionen steigert. Die Sorge, die zusätzliche Kapitalnachfrage des Staates wirke Zins erhöhend, ist unbegründet in einer Situation, in der die Geldpolitik die private Kreditnachfrage nicht anzuregen vermag. Ganz im Gegenteil: Sobald die Kapazitätsauslastung durch steigende Nachfrage der öffentlichen Hand zunimmt, sorgen die dadurch entstehenden Gewinne des Unternehmenssektors automatisch für eine zusätzliche Finanzierungsquelle am Kapitalmarkt. Dass es sinnvoll ist, die zusätzlichen Ausgaben der Fiskalpolitik in Bereichen zu tätigen, die zukunftsträchtig erscheinen, also stärker investiven als konsumtiven Charakter haben, versteht sich von selbst. So mag eine kreditfinanzierte Rentenerhöhung, auch wenn sie der Auslastung der Konsumgüterindustrie zugute kommt, weniger nützlich sein als der kreditfinanzierte Bau eines Schulzentrums.

Es ist darüber hinaus selbstverständlich, dass die Geldpolitik eingreifen kann und muss, wenn ein Überschießen der Konjunktur und eine dauerhafte Beschleunigung der Preissteigerung drohen. Kein vernünftiger Mensch käme auf die Idee zu sagen, eine dauernde Inflationierung der Preise und der Löhne trüge in irgendeiner Weise zu erfolgreichem Wirtschaften bei. Das Gegenteil ist sicher richtig. Änderungen des Geldwertes in Zeit und/oder Raum verzerren die Preise und sind bei starkem Anstieg oder starkem Rückgang geeignet, das gesamte Wirtschaftsleben zum Erliegen zu bringen. Wobei innerhalb der Grenzen von sagen wir null bis 10 Prozent die Gefahren von Deflation eindeutig größer sind als die einer stabilen Inflationsrate. Die Geldpolitik muss deshalb zumindest in vollkommen symmetrischer Weise Inflation und Deflation bekämpfen. Die in Deutschland und zuletzt in Kontinentaleuropa zu beobachtende asymmetrische Konzentration auf Inflation ist durch nichts zu rechtfertigen.

3 Investitionen und Verschuldung

Das Denken in Sachen Investitionen, Kredite und Sparen zu reformieren, ist kein beliebiger Wettstreit unter Akademikern, keine beliebige Kunstübung, der sich unterziehen mag, wer gerade Zeit, Lust und Interesse aufbringt. Nein, hier handelt es sich um den zentralen ökonomischen Zusammenhang, der drei der wichtigsten wirtschaftspolitischen Zankäpfel der Gegenwart im Kern berührt: die Rente, die Staatsverschuldung und die Leistungsbilanzungleichgewichte zwischen Volkswirtschaften. Einerseits wird die Notwendigkeit vieler bereits erfolgter und noch vor uns liegender Reformen genau mit diesen drei Zankäpfeln begründet. Andererseits trägt die Art der Reformen selbst zu unserem wirtschaftspolitischen Problem Nr. 1, der Arbeitslosigkeit, erheblich bei.

Diesen Zusammenhang wollen wir hier erläutern und erklären, wie ein anderes Verständnis des Themas Verschuldung zu einer Lösung der drei genannten zentralen Felder der ökonomischen Auseinandersetzung beitragen und damit auch in Hinblick auf den Abbau unserer Massenarbeitslosigkeit einen Durchbruch bringen kann.

Dabei geht es nicht nur um die Tatsache, dass man langfristig angelegte, weit in die Zukunft reichende Probleme wie z. B. die Alterung unserer Gesellschaft nicht lösen bzw. abfedern kann, ohne gleichzeitig gegenwärtige Schwierigkeiten wie die Massenarbeitslosigkeit zu überwinden. Das ist zwar ein wichtiges Argument, es dringt aber nicht zum Kern des Problems vor. Es geht vor allem darum zu zeigen, wie sich beide Problembereiche gegenseitig bedingen. Um es konkret zu sagen: Wenn wir fortfahren, die Finanzierung der Renten durch Erhöhung der privaten Ersparnis sichern, die Staatsverschuldung in Hinblick auf zukünftige Generationen reduzieren oder unsere Guthaben im Ausland zur Absicherung der Zukunft weiter steigern zu wollen, dann werden wir weder den damit angestrebten Zielen näher kommen noch die Massenarbeitslosigkeit beseitigen.

3.1 Private Verschuldung zwischen den Generationen

Ein einzelnes Wirtschaftssubjekt kann sparen. Es kann sein Einkommen dafür verwenden, Ansprüche auf Konsumgüter in der Zukunft zu erwerben. Dazu tauscht es sein Einkommen, das ja Ansprüche auf Konsumgüter in der Gegenwart verkörpert, gegen Ansprüche auf zukünftige Güter mit jemandem, der genau das umgekehrte vorhat. Ein Schuldner will in der Gegenwart mehr konsumieren, als er in der Gegenwart an Einkommen erzielt. Deshalb leiht er sich Einkommen vom Sparer und verspricht dem Sparer im Gegenzug dafür, einen Teil seines zukünftigen Einkommens an ihn, den Sparer, abzutreten. Das ist ein Handel mit Eigentumsrechten. Die Summe der in der Gegenwart bereits vorhandenen Güter, das gesamte gegenwärtige Einkommen also, bleibt davon unberührt. Ebenso ändert sich an der Summe der zukünftig vorhandenen Güter durch den Rechtehandel allein nichts.

Grundlage dieses Marktes, auf dem Eigentumsrechte an gegenwärtigen und zukünftigen Gütern gehandelt werden, sind nicht allein die unterschiedlichen

Vorlieben der Wirtschaftssubjekte für gegenwärtigen und zukünftigen Konsum, sondern vor allem der altersbedingt unterschiedliche Zeithorizont der Wirtschaftssubjekte. Wer heute arbeitet, sorgt für sein Alter vor, in dem er voraussichtlich nicht mehr in der Lage sein wird, seinen Lebensunterhalt durch tägliche Arbeit zu verdienen. Menschen, die ihr Arbeitsleben bereits beendet haben, entsparen, d. h. sie machen früher erworbene Eigentumsrechte heute geltend. Oder sie vererben oder verschenken diese Rechte an ihre Nachkommen, indem sie ihnen Vermögen zukommen lassen. Junge Leute müssen erst in ihre Qualifikation (ihr »Humankapital«) investieren, d. h. zur Schule gehen, eine Ausbildung machen, einen Beruf erlernen, bevor sie Arbeitseinkommen erzielen können. In dieser Zeit leben sie vom Einkommen der Eltern und/oder von staatlichen Zuwendungen (Stichwort BAFöG), manchmal nehmen auch sie Kredite auf.

Alterung der Gesellschaft erfordert stärkeres Wachstum des Kapitalstocks

Durch die demografisch bedingte Alterung unserer Gesellschaft verschieben sich die Kräfteverhältnisse auf dem Markt für Eigentumsrechte an gegenwärtigen und zukünftigen Gütern. Während heute die Anzahl derjenigen, die ihren Konsum im Alter absichern müssen, relativ groß ist und die Anzahl derjenigen, die heute entsparen oder sich heute verschulden wollen, eher klein, sieht es in circa 30 Jahren spiegelbildlich dazu aus: Dann ist die Anzahl derjenigen relativ groß, die ihre Ersparnisse auflösen wollen (die dann »Alten«), und die Anzahl derjenigen klein, die Ersparnisse bilden wollen (die dann »Jungen«). Diese Konstellation wird von der wirtschaftlichen Entwicklung unseres Landes nicht beeinflusst. Auch die Empfehlung, mehr zu sparen, ändert an der Verschiebung der Anzahl Marktteilnehmer auf der Anbieter- bzw. Nachfragerseite dieses Marktes nichts.

Unabhängig davon, ob eine Gesellschaft die Anrechte auf Konsumgüter im Alter durch ein Umlageverfahren oder ein Kapitaldeckungsverfahren organisiert hat, bereitet die demografisch bedingte Kräfteverschiebung Probleme. Denn immer muss der Konsum der Rentner aus der jeweiligen Produktionsmenge einer Wirtschaftsperiode gedeckt werden, egal wer was in welchem System bezahlt. (Wieder begegnet uns die Logik der Saldenmechanik, auf die wir schon in Kapitel 1.5 dieses Teils gestoßen waren.) Und diese Produktionsmenge aus demografischen Gründen mit immer weniger Arbeitskräften herzustellen, wird immer schwieriger – wieder völlig unabhängig davon, wer was finanziert. Zum Glück bietet der technische Fortschritt die Möglichkeit, menschliche Arbeitskraft einzusparen. Das ist der entscheidende Schlüssel, das Rentenproblem einer alternden Gesellschaft zu lösen: Wenn der Kapitalstock zügig wächst, ist es auch mit weniger Arbeitskräften möglich, alle Alten und Jungen mit Gütern zu versorgen, weil die Steigerung der Arbeitsproduktivität das Schrumpfen des Arbeitsangebots wettmacht. Sogar mehr als wettmacht, wenn es gut läuft. Steigt die Arbeitsproduktivität nämlich schneller als das Arbeitsangebot sinkt, kann in jeder Periode trotz Alterung mehr produziert werden pro Kopf als in der Vorperiode. Dann kann der Wohlstand der Gesellschaft trotz Alterung zunehmen. Dann, das ist offensichtlich, kann die Gesellschaft auch andere Formen der Reduktion des Arbeitsangebots hinnehmen, ohne ärmer zu werden. In der Vergangenheit gehörten dazu etwa der Verzicht auf Kinderarbeit oder freiwillige Arbeitszeitverkürzung. So gesehen ist das nichts Neues. Über Jahrhunderte hinweg hat der technische Fortschritt immer dafür gesorgt, dass mit weniger aktiven Arbeitsstunden immer mehr inaktive, zur Freizeit zu nutzende Stunden finanziert werden konnten.

Die entscheidende Frage in puncto Rentensicherheit lautet also: Wie schaffen wir es, den Kapitalstock zügig wachsen zu lassen? Erst in zweiter Linie muss dann diskutiert werden, wie der Verteilungsschlüssel bei den mit dem Kapitalstock produzierten Gütern aussehen soll zwischen Alt und Jung. Natürlich beeinflusst der Verteilungsschlüssel auch die Bereitschaft der Wirtschaftssubjekte, sich für die Steigerung des Kapitalstocks und die Herstellung der Güter mittels dieses Kapitalstocks einzusetzen. Trotzdem sollte man die beiden Themen zunächst nacheinander behandeln. Denn wenn man sich durch den Verteilungsstreit von vornherein den Weg verbaut, den Kapitalstock zügig wachsen zu lassen, ist keinem der Streitenden geholfen.

Mehr sparen für mehr Kapitalstock?

Für das Kapitalstockwachstum spielt selbstverständlich der Investitionsprozess die wesentliche Rolle. Die meisten Politiker – instruiert von der herrschenden Lehre der Ökonomen – empfehlen, die private Ersparnis zu erhöhen, um das Kapitalangebot zu steigern, dadurch die Zinsen zu senken und so die Investitionen anzuregen. Oder einfacher ausgedrückt: Alles, was wir heute nicht konsumierten, stünde uns morgen zur Verfügung, lasst uns also auf diesem Wege für die Zukunft vorsorgen. Damit die Menschen das auch tatsächlich tun, wird noch eine steuerliche Förderung der privaten Vorsorge fürs Alter ins Leben gerufen. Dabei kommt es zu erheblichen Mitnahmeeffekten, weil jeder seine Sparabsichten an die staatliche Förderung so anpassen kann, dass in der Summe nicht mehr gespart wird von den privaten Hauhalten als vorher, dafür aber mehr Steuergelder fließen. Doch wollen wir uns mit diesem Mitnahmeeffekt nicht weiter aufhalten. Die Idee hinter der Empfehlung, die Ersparnisse zu erhöhen, ist, dass sich größere Sparanstrengungen automatisch in ein Mehr an Kapitalstock verwandelten, mit dem in Zukunft mehr Güter produziert werden können. Außerdem erwirbt jeder, der privat spart, Eigentum am Kapitalstock – daher ja der Wunsch, auf ein Kapitaldeckungsverfahren umzusteigen. Dadurch stünden dem heutigen Sparer im Alter die Renditen dieses Kapitalstocks zu, aus denen er seinen Konsum finanzieren könne. Obendrein habe er die Möglichkeit, im Alter das Eigentum am Kapitalstock zu verkaufen – eine weitere Finanzierungsquelle für seinen Alterskonsum.

Aber funktioniert es wirklich so, dass wir nur die privaten Ersparnisse erhöhen müssen, um unsere Renten in der Zukunft abzusichern? Wir haben oben (vgl. Kapitel 1.5 in diesem Teil) bereits erklärt, warum eine Volkswirtschaft insgesamt im Gegensatz zum einzelnen Wirtschaftssubjekt nicht sparen, sondern für die Zukunft nur durch Investitionen vorsorgen kann. Sie kann mit sich selbst keine Geschäfte machen, kann nicht Eigentumsrechte an gegenwärtigen und zukünftigen Gütern mit sich selbst tauschen. Das können nur einzelne Wirtschaftssubjekte untereinander. Sollen die privaten Haushalte insgesamt mehr sparen, muss sich auch insgesamt mehr verschuldet werden, z. B. von Seiten der Unternehmen oder des Staates. Anderenfalls führen, wie schon mehrfach erläutert, zusätzliche Sparanstrengungen nur zu einem Rückgang des gesamten Einkommens der Volkswirtschaft, so dass die Summe der Ersparnisse bestenfalls gleich bleibt, höchstwahrscheinlich aber sogar sinkt.

Wie motiviert man die Unternehmen sich mehr zu verschulden? Sicher nicht durch eine Zurückhaltung beim privaten Konsum. Denn dann rechnen sich ihre bereits getätigten Investitionen dank sinkender Gewinne deutlich schlechter, die Rendite des vorhandenen Kapitalstocks sinkt, ebenso seine

Auslastung – alles Gründe, die Investitionen zurückzufahren statt zu erhöhen. Von der Zinsseite ist, wie ebenfalls schon erläutert, keine Entlastung durch vermehrte private Sparanstrengungen zu erwarten, weil die unternehmensinterne Finanzierungsquelle der Gewinne eben wegen der zusätzlichen Sparversuche schwächer sprudelt. Selbst wenn es dem Staat also gelingt, die Spar*quote*, also den Anteil der Ersparnisse am Einkommen der privaten Haushalte, zu erhöhen, hat er damit nicht die Erhöhung des Kapitalstocks erreicht im Vergleich zu einer Situation ohne staatliche Sparförderung. Mit anderen Worten: *Alle Reformbemühungen bei der Rentenfinanzierung, die auf eine Erhöhung der privaten Ersparnis zielen, sind kontraproduktiv. Und schlimmer noch: Weil sie die Investitionsdynamik behindern, helfen sie auch noch, die Massenarbeitslosigkeit zu zementieren.*

Das ist ein Gesichtspunkt, der in der Rentendiskussion kaum auftaucht. Jedem leuchtet ein, dass die Verminderung der Massenarbeitslosigkeit die Einnahmen der Rentenversicherung verbessert und dass die Verlängerung der Lebensarbeitszeit überhaupt erst dann als Mittel zur Einnahmensteigerung und Ausgabensenkung tatsächlich zur Verfügung steht, wenn sich die Beschäftigungssituation dramatisch verbessert. Konkret: Wer die Verlängerung der Lebensarbeitszeit auf ein Alter von 67 oder 70 Jahren vorschlägt, kann das als ernsthaften Beitrag zur Lösung des Alterungsproblems unserer Gesellschaft nur dann ansehen, wenn die Beschäftigungschancen aller und besonders der älteren Arbeitnehmer deutlich besser sind als derzeit. Anderenfalls erweist sich dieser Vorschlag als reine Bemäntelung einer Rentenkürzung. So naheliegend dieser Zusammenhang auch ist, so wichtig ist es doch zu verstehen, dass wir umgekehrt ein Ende unsinniger, weil den Investitionsprozess behindernder Rentenreformen benötigen, um die Massenarbeitslosigkeit nicht durch staatlich geförderte Konsumzurückhaltung zu zementieren. Das ist den wenigsten klar. Dabei sollten wir eigentlich froh sein, dass sich die Lösungen beider Probleme nicht gegenseitig behindern oder gar ausschließen, sondern bestens ineinandergreifen.

Will der Staat dennoch Einfluss nehmen auf die Art der Verwendung des erwirtschafteten Einkommens der privaten Haushalte, sollte er allenfalls die Aktivitäten, sprich: *Ausgaben* steuerlich fördern, die er für zukunftsträchtig hält, also z. B. private Investitionen in die Bildung seiner Bürger. Ob das notwendig ist, kann im Rahmen dieses Buches nicht diskutiert werden. Es muss aber darauf hingewiesen werden, dass ein stärkeres Engagement des Staates im Bildungsbereich dringend erforderlich ist statt eines Zurückfahrens seiner eigenen Ausgaben in diesem Aufgabenfeld. Dass die Einschränkung der Staatsausgaben für Bildung obendrein mit dem demografischen Wandel begründet wird nach dem Motto »Wir brauchen weniger Lehrer wegen der sinkenden Zahl an Kindern«, kann man nur als widersinnig bezeichnen. Diese wenigen Kinder sind nämlich die einzigen, die später einmal den Kapitalstock werden bedienen können, um aus ihm die zukünftigen Konsumgüter für Jung und Alt herauszuholen. Wir täten also gut daran, diese wenigen jungen Leute bestens auszubilden, damit ihre Arbeitsproduktivität so hoch wie möglich ist, um später alle »satt« zu bekommen.

Verursacht das Umlageverfahren Arbeitslosigkeit?

Es liegt auf der Hand, dass Arbeitslosigkeit zu Einnahmeausfällen bei einer nach dem Umlageverfahren organisierten Rentenversicherung führt und dadurch zu den Finanzierungsproblemen dieses Sozialversicherungszweiges erheblich beiträgt. Die umgekehrte Ansicht, dass die Art der Finanzierung unserer Renten, sprich: der Beitragssatz auf die Einkommen der abhängig Beschäftigten, zur Arbeitslosigkeit beiträgt – jedenfalls wenn er über das von der Regierung Schröder zum Dogma erklärte Niveau von etwa 20 Prozent steigt –, entbehrt dagegen jeder stichhaltigen Begründung. In Kapitel 2 von Teil I konnten wir bereits zeigen, dass ein »zu hoher« Lohn in unserem Land nicht für die Arbeitslosigkeit verantwortlich gemacht werden kann. Das heißt aber automatisch, dass auch die Höhe eines Teils dieses Lohns, eben die berühmten Lohnnebenkosten, nicht dafür verantwortlich sein kann.

Die Befürchtung, dass eine hohe bzw. steigende Abgabenbelastung der Arbeitseinkommen Schwarzarbeit fördert und Arbeitsteilung unattraktiver macht – nach dem Motto »Mein Badezimmer fliese ich lieber selbst anstatt den teuren Fachmann zu beschäftigen« –, ist bis zu einem gewissen Grad gerechtfertigt. (Versucht man, Teile der für die Renten benötigten Mittel durch Staatszuschüsse steuer- statt beitragsfinanziert zu erhalten, ergeben sich aber ähnliche Ineffizienzen. Denn die Vermeidung, z. B. einer hohen Umsatzsteuer, stellt immer einen Anreiz dar, schwarz zu arbeiten.) Insofern sollte der Rentenbeitragssatz nicht beliebig steigen. Aber das Alterungsproblem ist nun einmal nicht wegzudiskutieren. Die Alternative, bei mehr oder weniger gleich bleibendem Beitragssatz und zunehmender Alterung der Bevölkerung das Rentenniveau abzusenken, verlagert die Lasten einseitig auf die Rentner der geburtenstarken Jahrgänge. Beide Seiten, Jung und Alt, werden hier aufeinander zugehen müssen: mit steigenden Beitragssätzen einerseits und sinkendem Rentenniveau andererseits, beides in seinen sozialen Auswirkungen abgemildert durch steigende Einkommen. Will man beides vermeiden, gibt es nur die Lösung, die Zahl der für Arbeit zur Verfügung stehenden Stunden zu erhöhen. Das geht über eine verlängerte Lebensarbeitszeit oder vermehrte Erwerbsbeteiligung der Frauen oder zunehmende Zuwanderung. Damit all diese Maßnahmen aber greifen können, ist es zwingend, dass die Massenarbeitslosigkeit verschwindet.

Wer jedoch glaubt, dass es eine Strategie des Sparens gäbe, mit der das Rentenproblem entschärft oder gar beseitigt werden könnte, liegt schlicht falsch. Wer den heutigen Arbeitskräften verspricht, dass sie mit einer Erhöhung ihrer privaten Ersparnis der zu erwartenden Abwertung ihrer Rentenansprüche aus dem Umlageverfahren entgehen, streut ihnen Sand in die Augen. Diese Sparer werden sich wundern, wie wenig ihre Ersparnis wert sein wird, wenn sie sie auflösen wollen. Denn die oben angesprochene Verschiebung der Kräfteverhältnisse auf dem Markt für Eigentumsrechte an gegenwärtigen und zukünftigen Gütern lässt die Rendite von Ersparnissen nicht unberührt. Das Kapitaldeckungsverfahren, auf das mit privaten Ersparnissen zur Alterssicherung gesetzt wird, ist nämlich ebenso wenig demografiefest wie das Umlageverfahren – eine seit langem bekannte, aber in der Rentendiskussion wenig beachtete Tatsache. Schlimmer als die Täuschung der Sparer aber ist, dass, wer die Lösung des Rentenproblems durch erhöhte Sparanstrengungen verspricht und dies durch steuerliche Förderung zu erreichen versucht, die Lage zusätzlich verschärft, weil er die Investitionsdynamik und mit ihr die gesamte wirtschaftliche Entwicklung bremst. Die zukünftig zur Verfügung stehenden Gütermengen, aus denen die Ansprüche aller Wirtschaftssubjekte befriedigt werden müssen, werden auf diesem Wege reduziert.

Ersparnisse im »jungen« Ausland anlegen?

Manch einer glaubt, die zur Sicherung unserer Renten zu erhöhenden privaten Ersparnisse müssten nur im Rahmen eines Kapitaldeckungsverfahrens im

»jüngeren« Ausland angelegt werden, um keinen Nachfrageausfall hierzulande hervorzurufen (das Ausland soll sich also bei uns verschulden) und gute Renditen zu erwirtschaften. Das wäre ein bedenkenswerter Einwand, wenn man im Ausland auf eine entgegengesetzte Altersstruktur träfe und zugleich die wirtschaftliche Leistungsfähigkeit dieses Auslands der gegenwärtigen hier in den nächsten dreißig Jahren mindestens entspräche. Die Stichhaltigkeit des Arguments setzt aber des Weiteren voraus, dass von Inländern im Ausland gehaltenes Kapital nicht anderen Risiken ausgesetzt ist, die zu einer gleich wahrscheinlichen Entwertung führen können. Denn dann hätte man ja das demografisch bedingte Risiko der Kapitalentwertung im Inland nur durch ein anderes Entwertungsrisiko im Ausland getauscht.

Um die Risiken einer Auslandsanlage realistisch einschätzen zu können, muss man sich ein Bild von der Stabilität der wirtschaftlichen Entwicklung in den »jüngeren« Volkswirtschaften machen, von der die Kapitalrendite wesentlich abhängt. Darüber hinaus ist eine Antwort auf die Frage zu finden, welche Länder überhaupt bereit sind, sich für 30 Jahre und länger zunehmend bei uns zu verschulden. Werden auf eine langfristig zunehmende Verschuldung nicht die Wechselkurse reagieren und zwar früher, als die Rentenzahlungen hierzulande benötigt werden, sprich: die Guthaben im Ausland wieder abgebaut werden? Konkret: Wird der Euro nicht so stark aufwerten, dass die Verzinsung des im Ausland gehaltenen Kapitals kaum die demografisch bedingte Einbuße bei der Rendite im Inland ausgleicht? Was hätten dann die Sparer gewonnen?

Und was geschieht mit den Renten, wenn die Devisenmärkte wegen langfristiger Leistungsbilanzungleichgewichte (was gleich bedeutend ist mit Verschuldung zwischen Staaten) Kurskorrekturen produzieren, die über ihr Ziel weit hinausschießen? Warum dies Überschießen eine durchaus reale Gefahr darstellt, wurde bereits in Teil II Kapitel 2.2 erklärt. Wer zu einem solchen Zeitpunkt gerade Rentner ist, kann sich nicht mit dem Gedanken trösten, dass die Devisenmärkte irgendwann wieder zu einer »richtigen« Bewertung der Währungen zurückkehren werden, weil er nämlich mit seinem Konsum nicht warten kann. Er muss dann die Zeche überschießender Wechselkurse mitbezahlen, d. h. eine wechselkursbedingt schlechte Verzinsung seiner Ersparnisse in Kauf nehmen. Es ist sehr merkwürdig, dass gerade die Befürworter des Kapitaldeckungsverfahrens, die auf die Möglichkeit der Kapitalanlage im Ausland verweisen, oft auch im Kreis der Befürworter flexibler, allein auf freien Devisenmärkten gebildeter Wechselkurse zu finden sind. Nur ein undifferenzierter, dafür aber unerschütterlicher Glaube an die absolute Fehlerlosigkeit des Marktes kann dies erklären.

Wer verdient mehr Vertrauen: der Staat oder die Kapitalmärkte?

Den angeblich objektiven, politischer Einflussnahme unzugänglichen Marktkräften am Kapitalmarkt wird – das ist der ideologische Hintergrund der Sparstrategie – viel mehr Vertrauen entgegengebracht als dem Umlagesystem, das mehr oder weniger dem politischen Tagesgeschäft ausgesetzt ist. Das ist zwar verständlich, wenn man die Erfolglosigkeit der Wirtschaftspolitik in den letzten 25 Jahren und die Konstanz, mit der alle paar Jahre so genannte Jahrhundertreformen ins Werk gesetzt werden, zum Maßstab ihrer Glaubwürdigkeit macht. Aber sieht es mit der Vertrauenswürdigkeit der Kapitalmärkte wirklich besser aus? Wer spricht seit dem dot.com-Crash am Aktienmarkt um die Jahrhundertwende noch davon, dass wir ein Volk von Aktionären werden müssten, wie das der damalige Bundeskanzler Schröder gerade in Hinblick auf die Alterssicherung propagierte? Wer moniert nicht die Kurzsichtigkeit so genannter Finanzinvestoren, denen die kurzfristig hohe Eigenkapitalrendite eines Unternehmens viel wichtiger ist als seine langfristige Gewinnträchtigkeit? Wer klagt nicht über »Heuschrecken«, die mittels Entlassungen (was in den meisten Fällen einer Zerstörung eines »Humankapitalstocks« gleichkommt) und reduzierter Sachinvestitionen Unternehmen in Grund und Boden »sanieren«? Und wie steht es mit der Stabilität der Devisenmärkte, die für unsere ach so exportorientierte Volkswirtschaft von größter Bedeutung sind? In der jüngsten Vergangenheit traten Finanzkrisen in Asien und Lateinamerika auf, die erheblichen Einfluss auf die Weltkonjunktur nahmen. Derzeit zittern die Finanzmärkte bereits vor dem Gewitter, das sich dank der horrenden Auslandsverschuldung der USA über dem US-Dollar zusammenbraut. Wie man es auch dreht und wendet, mit der Stabilität der Kapitalmärkte ist es nicht so weit her, dass man guten Gewissens empfehlen kann, allein ihnen den Verteilungsschlüssel der Alterssicherung zwischen Jung und Alt zu überlassen. Dass umgekehrt auch dem politischen Zugriff auf das Rentensystem nicht blind vertraut werden kann, steht außer Frage. (Wirtschafts-) Politikern, die den Grundmechanismus einer monetären Marktwirtschaft, den Investitionsprozess nämlich, nicht verstehen, ist in der Tat nicht viel Weitblick für unsere ökonomischen Geschicke zuzutrauen.

3.2 Öffentliche Verschuldung zwischen den Generationen?

Auch beim Thema Staatsschulden scheiden sich die Geister, und zwar, wenn man genau hinsieht, wiederum wegen der unterschiedlichen Auffassung in Bezug auf den Investitionsprozess. Die Mehrheit der Ökonomen und Wirtschaftspolitiker sind der Meinung, dass sich der Staat nicht weiter verschulden dürfe mit Rücksicht auf die kommenden Generationen und darüber hinaus seinen Schuldenberg abtragen solle. Begründet wird diese Ansicht damit, dass die Zinsen auf die Staatsschulden mit den zukünftigen Steuereinnahmen finanziert werden müssen. Je höher die Schulden – so die Überlegung –, desto größer der Anteil der Steuereinnahmen, der für die Zinszahlungen verbraucht werde und den dann Regierenden nicht mehr frei zur Verfügung stünde. Oder man müsse die Steuereinnahmen in Zukunft insgesamt erhöhen, um der Politik einen finanziellen Spielraum für ihre Aktivitäten zu erhalten, was aber den zukünftigen Steuerzahlern nicht zuzumuten sei, weil ja bereits die heutige Steuerlast die eigentlich mögliche wirtschaftliche Dynamik der Privatwirtschaft knebele. Aus diesem Grund arbeitet man ja auch schon wieder an einer Unternehmenssteuerreform, die den Unternehmenssektor spürbar entlasten und so die private Investitionstätigkeit anregen soll.

Die Gläubiger der Staatsschulden sind wir

Aus der Erkenntnis, dass die Summe aller Schulden immer identisch ist mit der Summe aller Ersparnisse (vgl. Kapitel 1.5 in Teil III), ergibt sich, dass dem verschuldeten Staat Gläubiger gegenüberstehen müssen. Diese sind notwendigerweise im Inland ansässig, weil unsere Volkswirtschaft insgesamt im Ausland Guthaben und keine Schulden hat. All diejenigen also, die Wertpapiere der öffentlichen Hand in ihrem Vermögensbestand halten, sind Gläubiger des Staates. Diese Gläubiger erhalten Jahr für Jahr Zinsen vom Staat, die dieser aus seinen Steuereinnahmen finanziert. Die Verteilung der Steuerlast einerseits und der Zinseinnahmen aus öffentlichen Schuldtiteln andererseits auf die einzelnen Bürger dürfte nicht identisch sein, so dass es »Nettozahler« bei dieser Rechnung gibt und »Nettoempfänger«. Das gilt aber auch für alle übrigen Einnahmen und Ausgaben des Staates, nicht nur für die staatlichen Zinszahlungen, was die Verteilung von Nutzen und Lasten der Staatsaktivitäten, darunter der Staatsschulden, im wahrsten Sinne des Wortes unberechenbar macht. Der eine erhält beispielsweise einen staatlich subventionierten Studienplatz, der andere einen vom Staat bezuschussten Sitzplatz in der Oper, ein dritter bekommt eine kostenlose Umschulung, ein vierter kassiert Stilllegungsprämien, weil er seine Wiese nur noch zweimal jährlich mäht, wieder andere nutzen das Verkehrsnetz unterschiedlich intensiv. Das heißt, die Verteilung des privaten Nutzens aus den öffentlichen Gütern ist alles andere als gleichmäßig. Eines ist jedoch sicher: Die Zinszahlungen verschwinden nirgendwo, sondern sie kommen den (im Falle Deutschlands: inländischen) Gläubigern zugute.

Staatsschulden gegenüber Inländern sind keine Belastung für zukünftige Generationen

Das Binnenverhältnis zwischen den heute lebenden Bürgern, wer wegen der Staatsverschuldung »Netto(steuer)zahler« und wer »Netto(zins)empfänger« ist, bestimmt die Lastenverteilung der öffentlichen Verschuldung. Sind die Staatsschulden hoch, dürfte die Umverteilung zwischen den Bürgern entsprechend hoch sein. Mit einer Verschuldung des Landes insgesamt gegenüber der Zukunft hat das nichts zu tun. *Eine Verschuldung gegenüber zukünftigen Generationen gibt es für ein nicht im Ausland verschuldetes Land nicht.* So wie eine Volkswirtschaft nicht sparen kann (vgl. Kapitel 1.5 in diesem Teil), kann sie sich auch nicht bei sich selbst verschulden. Sie kann zwar (privat bzw. öffentlich) investieren und so für die Zukunft vorsorgen oder den (privaten bzw. öffentlichen) Kapitalstock mangels Ersatzinvestitionen gegen Null fahren und auf diese Weise die Basis für die Zukunft zerstören. Unter Null aber kann sie den Kapitalstock nicht drücken. Außer man stuft die Zerstörung der natürlichen Ressourcen wie saubere Luft, sauberes Wasser, unverseuchte Böden oder die Anhäufung von Müll und radioaktivem Material etc. als negativen Kapitalstock ein, was eine durchaus legitime Betrachtungsweise ist. Ebenso kann man den demografischen Trend Richtung Überalterung der Gesellschaft als implizite Verschuldung des Staates ansehen.

Die Staatsschulden haben mit der zukünftigen Generation nur insoweit etwas zu tun, als die nächste Generation mit dem Erbe der privat gehaltenen öffentlichen Schuldtitel die Verteilung der Lasten zwischen den Bürgern untereinander übernimmt. Vergessen wird dabei übrigens leicht, dass die nächste Generation quasi spiegelbildlich zum monetären Schuldenstand auch das reale öffentliche Vermögen – Infrastruktur, Bildungs- und Gesundheitswesen, öffentliche Rechts- und Verwaltungseinrichtungen etc. – erbt. Sollte die nächste Generation dank des technischen Fortschritts und des Vorhandenseins eines öffentlichen Kapitalstocks im Schnitt »reicher« sein als die vorherige, wie das seit der industriellen Revolution – von den Kriegszeiten abgesehen – immer der Fall war, ist es aus Gerechtigkeitsgründen nicht einzusehen, weshalb sie diesen öffentlichen Kapitalstock sozusagen geschenkt bekommen, also ohne Zinsendienst, d. h. ohne Umverteilungslast zwischen den Bürgern übernehmen sollte. Denn dann müsste die gegenwärtige Generation ein besonders hohes Steueraufkommen aufbringen, um die privaten Halter öffentlicher Schuldtitel auszubezahlen, während die zukünftige Generation ihr gesamtes Steueraufkommen zur freien Verfügung hätte und damit mehr öffentliche Güter bereitstellen und/oder die Steuersätze senken könnte. Die zukünftige Generation könnte also von einem Umverteilungszustand von Null starten. Das würde den Wohlstand gegenüber der vorherigen Generation nochmals in dem Maße erhöhen, als Umverteilung mit Ineffizienzen verbunden ist.

Abbau inländischer Staatsschulden belastet in der Regel zukünftige Generationen

Dass es der gegenwärtigen Generation aber, selbst wenn sie das wollte, gar nicht möglich ist, die Staatsschulden nennenswert zu reduzieren, ohne den Kapitalstock, namentlich den privaten, langsamer wachsen zu lassen als ohne Schuldentilgung, ist der eigentliche Kritikpunkt am Versuch der Politik, die Staatsschulden abzubauen. Die Vorstellung, der Staat solle bei der Bereitstellung der öffentlichen Güter, auch wenn sie langlebig sein und investiven Charakter haben mögen, möglichst schuldenfrei existieren, erinnert an den Familienvater, der alles daran setzt, sein Kredit finanziertes Haus möglichst zu Lebzeiten abzubezahlen und schuldenfrei an seine Kinder zu vererben. Dieses einzelwirtschaftliche Verständnis blockiert wie so oft den Blick für den gesamtwirtschaftlichen Zusammenhang. Wer verstanden hat, dass in einer monetären Marktwirtschaft aus Krediten ein Nachfrageprozess in Gang gesetzt werden kann, der seine realwirtschaftliche Basis selbst erzeugt, so dass letzten Endes mehr als nur Preissteigerungen dabei herauskommen, der versteht auch, dass dieser Vorgang nicht generell auf private Kredite beschränkt ist, sondern sich auch bei Krediten für die öffentliche Hand abspielen kann.

Vor allem aber versteht man dann, dass eine Umkehrung des Prozesses, sprich: eine Reduktion von Schulden, also auch der Staatsschulden, kontraproduktiv wirkt, wenn sie nicht in Zeiten der Überauslastung der Kapazitäten vorgenommen wird, sondern in Zeiten einer sich erst erholenden oder gar einer unter den »Normalwert« sinkenden Auslastung. Denn die Verwendung von Steuermitteln zur Schuldentilgung stellt immer eine Reduktion der ansonsten möglichen Staatsnachfrage dar, die die Gewinne der Unternehmen reduziert. Das wirkt dämpfend auf die private Investitionsneigung und wird wegen der Gewinnreduktion nicht durch ein steigendes Kapitalangebot mit Zins senkender Wirkung kompensiert. Im Falle einer unter den »Normalwert« sinkenden Kapazitätsauslastung wird dadurch die Abwärtsentwicklung beschleunigt, im Falle einer sich gerade erholenden Konjunktur der Aufschwung abgewürgt. Beides hinterlässt Spuren bei den privaten Investitionen und damit beim privaten Kapitalstock, so dass für die nächste Generation nicht nur nichts gewonnen wird, sondern vielmehr einiges verloren geht. Jeder durch Tilgungsversuche bei der Staatsschuld verlorene Wachstumsprozentpunkt senkt das ansonsten mögliche Wohlstandsniveau in der Zukunft. Der Wachstumspfad verläuft dann flacher. Und unsere Massenarbeitslosigkeit wird wie durch eine falsche Rentenpolitik so auch durch eine falsche Staatsentschuldungspolitik erneut zementiert.

Sicher kann man sich über die für die Gesamtwirtschaft förderlichste Mischung an privaten und öffentlichen Gütern streiten. Der optimale Mix mag sich auch im Laufe der Zeit mit den Präferenzen der Bürger und dem technischen Fortschritt selbst ändern. Zur Zeit scheint die Möglichkeit, dass öffentliche Armut bei privatem Wohlstand die Wachstumsmöglichkeiten unserer Volkswirtschaft begrenzen könnte, in der (wirtschafts-) politischen Diskussion eher keine Rolle zu spielen. Das ist z. B. angesichts der Bildungssituation in unserem Land und ihrer langfristigen Folgen erstaunlich. Dass eine Anpassung der staatlichen Umverteilungspolitik immer wieder nötig werden kann, ist durchaus denkbar. Aber wie und vor allem wann, also zu welchem

Zeitpunkt im Konjunkturzyklus man eine solche Anpassung vornehmen kann, ohne sich selbst in Sachen Wachstum und damit den zukünftigen Generationen zu schaden, ist eine Frage, die ohne das Verständnis des Investitionsprozesses in einer monetären Marktwirtschaft nur unzureichend beantwortet werden kann. Wer den Konjunkturzyklus nicht als Grundlage des Wachstumsprozesses begreift, betreibt bestenfalls zufällig die richtige Fiskalpolitik, in der Regel jedoch die falsche.

Geldpolitik beeinflusst Fiskalpolitik

Wie schon beim Thema Rente gilt auch beim Thema Staatsschulden, dass eine Geldpolitik, die den Investitionsprozess anzuregen vermag, mehrere Probleme gleichzeitig zu lösen hilft. Es liegt auf der Hand, dass die Steuerquote auch bei zunehmender Staatsverschuldung konstant bleiben kann, wenn die Staatsschulden höchstens so schnell wachsen wie die Wirtschaft insgesamt, weil dann die Zinslast aus der staatlichen Teilhabe am Wachstum finanziert werden kann. Wachsen die Schulden langsamer, ergibt sich sogar ein Spielraum zur Senkung der Steuerquote. Auf jeden Fall verschafft ein stärkeres Wirtschaftswachstum der Fiskalpolitik mehr Gestaltungsfreiheiten. Darüber hinaus wirkt aber eine expansive Geldpolitik auch direkt entlastend auf den Staatshaushalt, weil die Zinszahlungen des Staates geringer ausfallen, je niedriger der von der Geldpolitik gesteuerte Zinssatz ist.

Der Sachverständigenrat zur Begutachtung der gesamtwirtschaftlichen Entwicklung hat ein Gutachten zur Staatsverschuldung vorgelegt, in dem es heißt »Die Relation von Zinssatz und Wachstumsrate ist von zentraler Bedeutung für die Beurteilung der Staatsverschuldung« (Sachverständigenrat 2007, Ziffer 55). Für die USA konstatieren die Sachverständigen, dass der Zinssatz über lange Zeiträume in der Nachkriegszeit unterhalb der Wachstumsrate lag. Für Deutschland aber stelle sich die »Situation völlig anders da«, wie anhand einer Abbildung illustriert wird, die eng mit der zusammenhängt, die wir in unserer Diagnose einer geldpolitisch verursachten Arbeitslosigkeit angeführt haben (vgl. Abbildungen 15 und 16). In Deutschland lag die Rendite für öffentliche Schuldtitel seit Anfang der 1980er Jahre mit Ausnahme einer kurzen Periode im deutschen Vereinigungsboom tatsächlich immer oberhalb der Wachstumsrate. Daraus folgert die Mehrheit des Sachverständigenrats, dass, weil in Deutschland der Zins systematisch höher als in den USA ist, der deutsche Staat weit zurückhaltender mit seiner Schuldenpolitik sein müsse als der amerikanische.

Selbst wenn man die Gründe für die Höhe des Zinsniveaus anders beurteilt als wir, macht man einen kapitalen Fehler und seine eigene Analyse wertlos, wenn man, wie die Mehrheit des Sachverständigenrats, den Zins als gegebene, quasi vom Himmel gefallene Größe ansieht und daher ad acta legt. Grund dafür mag die Scheu sein, das heiße Eisen Geldpolitik anzufassen, weil man dafür schnell Prügel bezieht, man stelle mit derlei Überlegungen generell die Unabhängigkeit der Zentralbank zur Disposition. Diese Scheu teilen wir nicht.

Warum aber ist der Zins in Deutschland – im Verhältnis zum Wachstum – viel höher als in den USA? Einfache Antwort, die aber die Mehrheit des Rates weit von sich weisen wird: In Deutschland war die Geldpolitik nach dem Ende von Bretton Woods Anfang der 1970er Jahre systematisch und dauerhaft viel restriktiver als in den USA, und das hat auch den langfristigen Zins nach oben gezogen. Die gleiche Relation wie für den langfristigen Zins zwischen Deutschland und den USA gilt nämlich auch für den kurzfristigen. Wer aber glaubt, das Sparen käme vor dem Investieren und daher hänge die durchschnittliche Sachkapitalrendite und mit ihr der »gleichgewichtige« langfristige Zinssatz von der Zeitpräferenzrate der Bevölkerung ab, die auch von einer expansiven Geldpolitik nicht erhöht werden könne, der stellt an diesem Punkt sicherheitshalber keine Fragen mehr. Er müsste sich dann nämlich mit dem Widerspruch auseinandersetzen, warum in den USA bei einer dort höheren Konsumquote und entsprechend geringerer Ersparnisbildung die langfristigen Zinsen seit Jahrzehnten niedriger sind als im sparfreudigen Deutschland.

3.3   Verschuldung zwischen Volkswirtschaften

Auch der dritte große Bereich beim Thema Verschuldung, nämlich die Verschuldung zwischen Staaten, gewinnt eine andere Bedeutung, wenn man ihn mit unserem Verständnis des Investitionsprozesses betrachtet. Dieser Bereich ist dann nämlich genauso wenig wegzudenken oder separat zu behandeln wie die Rentenpolitik oder die Staatsverschuldung, wenn es um die Lösung des Problems Arbeitslosigkeit geht. Bisher wurde die zwischenstaatliche Ver-

schuldung an drei Stellen in diesem Buch angesprochen: bei der lohnpolitischen Spielregel, dass jedes Land gemäß seinen Verhältnissen leben soll; bei
der Diskussion um die Stabilität der Devisenmärkte, die auf eine langfristige
Schulden- bzw. Gläubigerposition eines Landes reagieren, und zwar möglicherweise überschießend; und bei der Idee, das demografisch bedingte Rentenproblem durch Auslandsguthaben abfedern zu wollen (vgl. Teil I Kapitel 4.2,
Teil II Kapitel 2.2 und Teil III Kapitel 3.1).

Wie entstehen Schulden zwischen Staaten?

An dieser Stelle wollen wir die Frage, wie es zu zwischenstaatlicher Verschuldung kommt und was sie für die Arbeitslosigkeit bedeutet, von einer anderen
Seite her beleuchten. Für den Laien ist es nämlich recht unverständlich, wieso
es zu einer Verschuldung zwischen Staaten kommen kann, die doch keine
eigenständigen Wirtschaftssubjekte sind, sondern sich lediglich aus einer
großen Zahl einzelner Wirtschaftssubjekte zusammensetzen. Es ist in der
Regel ja nicht so, dass die Regierung eines Landes ein anderes Land um Kredit
bittet und auf diese Weise für die Verschuldung des eigenen Landes sorgt oder
umgekehrt eigene Gelder einem anderen Staat anbietet.

Bei voller Umtauschbarkeit (Konvertibilität) der vorhandenen Währungen
tauschen die einzelnen Exporteure als Gegenwert für ihre ausgeführten Waren
Devisen ein, die sie entweder für einige Zeit behalten oder beim heimischen
Bankensektor umtauschen in ihre eigene Währung. Umgekehrt bezahlen die
Importeure die eingeführten Waren mit inländischer Währung, die dann –
vermittelt über den Bankensektor und die Devisenmärkte – in ausländische
umgetauscht wird. Ein Überschuss der Exporte über die Importe, der so
genannte Leistungsbilanzüberschuss (realwirtschaftliche Seite), spiegelt sich
daher immer in einer Zunahme der ausländischen Währungsbestände oder
sonstiger ausländischer Wertpapiere bei Inländern wider (monetäre Seite). Es
wurde eben mehr im Ausland verdient als ausgegeben, könnte man auch einfacher sagen.

Exportüberschuss bei Gütern erfordert Exportüberschuss beim Kapital

Das bedeutet, dass sich das Ausland im Fall eines positiven inländischen Leis-
tungsbilanzüberschusses beim Inland verschuldet hat. Bezahlt ein ausländischer Kunde seine von einem Inländer bezogenen Waren nicht gleich, son-

dern verschuldet er sich, ist die Verschuldungssituation zwischen In- und Ausland ganz offensichtlich. Doch auch wenn die einzelnen ausländischen Nachfrager ihre »Rechnung« sofort beglichen haben, also einzelwirtschaftlich betrachtet gerade nicht verschuldet sind, führt eine nicht ausgeglichene Leistungsbilanz automatisch zu einer Schuldnerposition bei dem einen Land und einer Gläubigerposition bei dem anderen. Das liegt daran, dass die Zahlungsmittel eines Landes die monetären Ansprüche auf die realen Güter des Landes verkörpern. Besitzt ein Inländer ausländische Zahlungsmittel, sind das sozusagen seine verbrieften Anrechte auf Teile der ausländischen Produktion. Besitzt er ausländische Wertpapiere, hat er Rechte am ausländischen Kapitalstock erworben und damit Ansprüche auf Teile der zukünftigen Produktion des Auslands. Diese Anrechte in Form von ausländischen Zahlungsmitteln oder Wertpapieren, die häufig als Teil der Ersparnis des Inlands angesehen werden, stellen auf jeden Fall einen Kapital*export* ins verschuldete Ausland dar. Denn dem Ausland wird diese »Ersparnis« zur Verfügung gestellt, indem man sie nicht augenblicklich in Nachfrage nach ausländischen Gütern ummünzt, sondern diese Nachfrage auf einen späteren Zeitpunkt verschiebt. Mit anderen Worten: Es gibt keinen Leistungsbilanzüberschuss ohne einen Kapitalexportüberschuss.

Daraus folgt übrigens, dass ein Land mit hohem Auslandsschuldenstand tatsächlich seine zukünftigen Generationen belastet, weil sie auf die in Zukunft erwirtschaftete Gütermenge nur teilweise Anspruch erheben können. Sie müssen den nicht in ihrem Land ansässigen Gläubigern (den Eigentümern eines Teils des Kapitalstocks ihres Landes) Zinsen (und möglicherweise auch Tilgung) zahlen, also einen Teil der zukünftig erwirtschafteten Güter abtreten.

Wettbewerbsfähigkeit und »Kapitalflucht«

Wie sind vor diesem Hintergrund Aussagen zu verstehen, Deutschland leide unter Kapitalmangel, weil das Kapital vor den hiesigen verkrusteten Strukturen und namentlich den zu hohen Löhnen fliehe, und daher rühre zumindest ein Teil unserer Arbeitslosigkeit? Passt diese Ansicht nicht exakt in den Ruf nach mehr Investitionen zur Beseitigung der Arbeitslosigkeit? Denn mehr Investitionen sind doch das Gegenteil von Kapitalmangel. Die Dinge liegen aber völlig anders. Dass ein güterwirtschaftlicher, realer Export-

überschuss (Leistungsbilanzüberschuss) immer automatisch mit einem geld-
wirtschaftlichen, monetären Kapitalexport verbunden ist, ist unbestreitbar.
Aber selbst wenn man, wie das neoklassisch inspirierte Ökonomen häufig tun,
die Reihenfolge umkehrt, also den Kapitalexport als Voraussetzung für einen
Leistungsbilanzüberschuss ansieht, lässt sich aus der Tatsache des Kapitalexports kein Beweismittel für mangelnde Wettbewerbsfähigkeit herleiten, wie
ihn das Wort »Kapitalflucht« suggeriert. Denn selbst wenn die Unternehmen
bewusst Kapital exportieren wollen, also sich z. B. in Form von Direktinvestitionen im Ausland engagieren, weil ihnen die Gewinnmöglichkeiten dort größer erscheinen als hierzulande, können sie das nur tun, wenn sie dieses Kapital auch tatsächlich haben. Wie gelangen die Unternehmen in den Besitz des
Kapitals? Durch den Erfolg, den sie auf ihren in- und ausländischen Absatzmärkten erzielen. Dieser Erfolg, sprich: der Gewinn und damit das exportier-
bare Kapital können aber nur dann von nennenswertem Umfang sein, wenn
die Unternehmen wettbewerbsfähig sind, und zwar auch und gerade gegenüber der ausländischen Konkurrenz. Wer nicht wettbewerbsfähig ist, erzielt
keine Gewinne und kann daher kein Kapital anhäufen, das er irgendwohin
transferieren könnte.

Nun werden die Verfechter der »Kapitalfluchtthese« einwenden, dass die
Unternehmen Kapitalbestände aus guten alten Zeiten hätten oder in der Lage
seien, Kredite aufzunehmen, also auch bei aktuell schlechter Gewinnsituation
Kapital exportieren könnten. Das sei ja gerade das Motiv der Kapitalflucht,
dass man das wenige verbliebene vor dem »Verzehr« durch den hiesigen hohen
Lohn quasi retten wolle. Aber auch diese Überlegung trägt nicht weit. Denn
wie kann es dann sein, dass in Deutschland der Export wie in den vergangenen Jahren boomt, sich infolgedessen ein Defizit der deutschen Leistungsbilanz (2000: −33 Mrd. Euro) in einen gewaltigen Leistungsbilanzüberschuss
(2006: +108 Mrd. Euro) verwandelt und *daraufhin* die Investitionen *im Inland*
angeregt werden, wenn doch gemäß »Kapitalfluchtthese« das eigentliche Ziel
des Kapitalexports die Verlagerung des inländischen Kapitalstocks ins Ausland sein soll? Dann dürften die Unternehmen doch hierzulande nicht mehr
investieren, wenn sie nicht ihr angeblich eigenes Ziel »Raus aus dem teuren
Deutschland« torpedieren wollen?

Gewinne – Zeichen von Erfolg auf dem jeweiligen Markt

In derlei Widersprüche verheddert man sich nicht, wenn man die Möglichkeit zugesteht, dass im Verlauf eines erfolgreichen Investitionsprozesses, egal wo er sich abspielt, Gewinne entstehen. Entscheidet sich ein Unternehmer für Investitionen im In- oder Ausland und sind diese erfolgreich, entstehen vor Ort Gewinne, die dem inländischen Unternehmen zustehen. Ob das Unternehmen diese Gewinne am Entstehungsort belässt und dort wieder investiert oder anderswo anlegt, sagt in der Tat etwas über die Gewinnchancen aus, die sich das Unternehmen von Geschäften im In- bzw. Ausland verspricht. Es ist durchaus möglich, dass das Unternehmen seine Absatzsituation auf ausländischen Märkten positiver einschätzt als auf inländischen, z. B. weil dort die Nachfrage vergleichsweise stärker wächst. Dass es darauf auch mit einem Aufbau von Produktionsstätten im Ausland reagiert statt alle im Ausland absetzbaren Waren im Inland herzustellen, muss nicht notwendigerweise mit hohen Produktionskosten oder verkrusteten Strukturen im Inland zu tun haben. Genau so ist es möglich, dass verkrustete Strukturen beim internationalen Handel – Zölle, nicht-monetäre Handelsbarrieren wie Qualitätsvorschriften oder Mengenbegrenzungen (so genannte Handelskontingente) oder unberechenbare flexible Wechselkurse – hiesige Unternehmen dazu zwingen, ihre Produktion vor Ort, also im Ausland, vorzunehmen, um auf den ausländischen Märkten überhaupt präsent sein zu können.

So problematisch eine Abwanderung mancher Produzenten ins Ausland für die bisher für deren Produktion im Inland zuständigen Beschäftigten ist, so eindeutig ist das Ergebnis für die Gesamtwirtschaft: Das Land, das per Saldo Kapital exportiert, also einen Nettokapitalexport bzw. Leistungsbilanzüberschuss aufweist, gewinnt selbst bei einer gewissen Verlagerung von Arbeitsplätzen in der Summe immer mehr Arbeitsplätze hinzu als es verliert, weil der Kapitalexport in Form von Direktinvestitionen an ausländischen Standorten nur einen Teil der Arbeitsplatzgewinne ausgleicht, die das Land im Handel mit dem Ausland zuvor erzielt hat. Dass der mit der Produktionsverlagerung einhergehende Strukturwandel nicht ohne Härten für die davon Betroffenen abläuft, steht außer Frage. Um diese Härten angemessen abfedern zu können, müssen wir dafür sorgen, dass unsere Arbeitsmarktprobleme durch eine vorwiegend *vom Inland* getragene Wirtschaftsdynamik gelöst werden.

Relativ gut und absolut unbefriedigend oder relativ befriedigend und absolut gut?

Warum fällt uns diese Sichtweise so schwer? Wir haben offenbar Angst davor, dass das Ausland technologisch zu uns aufschließen könnte und damit unabhängig von uns würde. Wie, wenn es uns dann mit denselben Methoden überzöge, die wir derzeit anwenden? Es ist zu hoffen, dass in einer Welt, in der China und Indien zu den technologischen Pionieren zählen werden, niemand mehr daran glaubt, das Wachstum anderer sei immer nur auf Kosten des Restes möglich. Wenn wir es einmal schaffen würden, unsere Sichtweise zu ändern, uns nicht dauernd bedroht zu fühlen, sondern im Gegenteil bevorzugt, an dieser weltwirtschaftlichen Entwicklung mit großem Erfolg teilhaben zu dürfen, würden wir es vielleicht auch schaffen, anderen Ländern weniger aggressive Motive zu unterstellen.

Es ist leider allzu menschlich, das eigene Wohlbefinden eher vom *relativen Abstand* zu den Mitmenschen abhängig zu machen als vom *absoluten Niveau*. Einsam an der Weltspitze mit großem Abstand zum Rest zu stehen, vermittelt offenbar vielen mehr Glück und Sicherheit, als sich auf einem absolut höheren Niveau mit mehreren zu tummeln. Selbstverständlich ist es schwer, sich durch Innovationen technologisch an der Weltspitze zu halten, jedenfalls viel unbequemer und einzelwirtschaftlich riskanter, als Schwächere durch Lohndumping zu dominieren. Aber wäre es denn wirklich der Untergang des Abendlandes, wenn eines Tages deutsche Unternehmer von erfolgreichen chinesischen Pionierunternehmern lernten und deren technologische Innovationen nachzuahmen versuchten? Steigen nicht die weltweiten (auch umweltverträglichen) Wachstumsmöglichkeiten, wenn der Pool an klugen Köpfen größer wird, aus dem sich die Ideen für Innovationen speisen? Wenn sich alle Länder an die lohnpolitische Spielregel halten, spielt es jedenfalls für den einzelnen deutschen wie chinesischen Arbeitnehmer keine Rolle, ob die Zunahme seines Arbeitseinkommens auf eine durchschnittliche Produktivitätssteigerung zurückzuführen ist, die sich mehr aus chinesischen als deutschen Ideen zusammensetzt oder aus deutschen Ideen, die in China verwirklicht werden, oder umgekehrt.

Auf Seiten der Unternehmer hierzulande mag die Angst vor einem Verlust der Pionierposition das tiefer liegende Motiv sein, weshalb sie eine einzelwirtschaftliche Auseinandersetzung auf technologischem Gebiet mit Unternehmen aus den aufstrebenden Ländern skeptisch beurteilen. Denn ob es sich um einen deutschen oder einen chinesischen Pionier handelt, macht für den betreffenden deutschen bzw. chinesischen Unternehmer einen entscheidenden Unterschied beim Gewinneinkommen. Und für die Nachahmer dürfte die technologische Aufholjagd mit steigender Anzahl technologischer Konkurrenten anstrengender werden. So mag den Unternehmern hierzulande der Weg des Lohndumpings kurzfristig bequemer erscheinen.

Ein solches Motiv, wenn es denn existiert, kann aber nicht als Begründung dafür dienen, die Arbeitnehmer hierzulande und in den aufholenden Ländern gegeneinander auszuspielen. Darüber hinaus sind die deutschen Unternehmer mittelfristig auch schlecht beraten, den Lohndumping-Weg als Einkommensversicherung zumindest für sich selbst anzusehen. Denn welche Vorteile liefert die »Alternative« Lohndumping gegenüber der Strategie, einzelwirtschaftliche Risiken durch unternehmerisches Pionierverhalten zu übernehmen, wirklich? Bietet sie auf Dauer mehr Wohlstand und Sicherheit? Die Risiken, die wir uns durch die Lohndumping-Methode einhandeln, sind für uns alle weitaus größer, und zwar nicht nur wirtschaftlich in Form von Wohlstandsverlusten, sondern vor allem auch politisch. Wer die heute Schwächeren – im Inland die Arbeitslosen und zu Hungerlöhnen Arbeitenden, im Ausland die am Aufholen durch das deutsche Lohndumping Gehinderten – durch ein sie benachteiligendes System von einer Teilhabe am Erfolg abzuhalten versucht, riskiert, dass sie sich morgen gegen dieses System – zu Recht – auflehnen. Bieten wir hingegen durch eine vernünftige Wirtschaftspolitik allen, In- wie Ausländern, eine Chance zur Teilnahme an Wohlstandsgewinnen, wird sich die Marktwirtschaft auch als Vehikel für demokratische und humanistische Werte bewähren.

TEIL IV:
Fünf Schritte in Richtung Vollbeschäftigung

Seit 25 Jahren steht die Wirtschaft in Deutschland Kopf. Es wird höchste Zeit, das zu ändern. In einer monetären Marktwirtschaft gehen die Investitionen der Ersparnis voraus. Daraus ergibt sich, dass die Wirtschaftspolitik den privaten Sektor durch eine aktive Geld- und Fiskalpolitik in Sachen Konjunktur so abfedern muss und kann, dass eine stabile und dynamische wirtschaftliche Entwicklung möglich ist. Damit und nur damit ist der Abbau der Massenarbeitslosigkeit zu bewerkstelligen. Zwar kann selbst die beste (auch international betriebene) Wirtschaftspolitik nicht jede Krise verhindern, aber sie ist in der Lage, dem privaten Sektor durch eine kluge Abstimmung der drei Bereiche Geld-, Fiskal- und Lohnpolitik so unter die Arme zu greifen, dass Arbeitslosigkeit als Massenphänomen verschwindet.

Wann wird man das wieder verstehen? Der Historiker Hans Mommsen schrieb 2002 über die Parallelen zwischen der gegenwärtigen Wirtschaftslage und der großen Depression, die dem Börsenkrach von 1929 folgte: »Die historische Analogie zur Konstellation der Jahre 1930 bis 1932 lässt die Rolle der großagrarischen- und industriellen Interessengruppen in den Blick treten. Seinerzeit verwandten sie sich nachdrücklich für die Fortsetzung der Deflationspolitik auf Kosten der Sozialleistungen, und erst, als ihnen das Wasser bis zum Halse reichte, plädierten sie für Maßnahmen zur Ankurbelung der Konjunktur und zur künstlichen Kreditschöpfung.« (Süddeutsche Zeitung, 27.11.2002, S.13) Wilhelm Lautenbach schrieb 1945: »Es hat des ökonomischen Erdbebens, das 1929 über die ganze wirtschaftliche Welt hereinbrach, bedurft, um wenigstens einige Theoretiker aus dem dogmatischen Schlummer zu wecken, der die ganze ökonomische Wissenschaft fester umfangen hielt als der Zauber, der Dornröschen und seine ganze Umgebung bannte.« (Lautenbach, 1952, S. 16)

Heute wie in den 1920er und 1930er Jahren ist die große Mehrheit der Unternehmer, der Wissenschaftler und der Politiker in Deutschland noch immer fest von der Richtigkeit ihrer Position überzeugt, die im wesentlichen auf dem umgekehrten, der einzelwirtschaftlichen Erfahrung geschuldeten

Zusammenhang beruht, dass das Sparen dem Investieren vorausgehen müsse. Das einzelwirtschaftliche Denken ist immer und überall dominant, wenn die Volkswirtschaftslehre als Wissenschaft nicht ein starkes Gegengewicht dazu schafft. Das tut sie aber in der Regel nicht, weil das Dogma des sich selbst regulierenden Marktes an sich stark ist und dem einzelnen Wissenschaftler quasi jeden Tag in Form des betriebswirtschaftlichen Denkens und der Interessenvertretung der »großindustriellen Interessengruppen« entgegentritt.

Was in Deutschland gebraucht wird, um der Massenarbeitslosigkeit Herr zu werden, ist ein neues Verständnis für makroökonomische Zusammenhänge und Konjunktur in einer monetären Marktwirtschaft. Daraus lassen sich die zentralen Erkenntnisse für eine widerspruchsfreie und erfolgreiche Wirtschaftspolitik der nächsten zehn bis zwanzig Jahre ableiten. Wir fassen sie in fünf Punkten zusammen.

1 Aktive Geldpolitik für hohe Beschäftigung und stabile Preise

Die europäische Geldpolitik muss »amerikanisiert« werden. Wie die amerikanische Notenbank muss die europäische ausdrücklich den Auftrag erhalten, für Preisstabilität und Beschäftigung in gleichberechtigter Weise zuständig zu sein.

Einer vollständigen Reform bedarf der Kern der europäischen Währungsverfassung. Die Europäische Zentralbank (EZB) ist nach dem Vorbild der Deutschen Bundesbank gestaltet, damit der Euro so stabil wie die D-Mark ist und die europäische Volkswirtschaft so erfolgreich wie die deutsche Wirtschaft in den ersten Jahrzehnten nach dem Krieg. Da es auf europäischer Ebene aber einige unsichere Kantonisten in Sachen Inflation gab, machte man die Verfassung noch etwas härter und reduzierte die Aufgaben der EZB fast ausschließlich auf die Bekämpfung der Inflation, während bei der Deutschen Bundesbank die Aufgabe, die Wirtschaftspolitik der Regierung zu unterstützen, doch noch einen gewissen Stellenwert hatte.

Paradoxerweise führt diese hohe formale Unabhängigkeit der EZB nicht zu einer größeren Souveränität der Institution im Umgang mit der Öffentlichkeit und der Politik, sondern provoziert das Gegenteil. Um die formale Unabhängigkeit zu bewahren, sucht die technokratisch geführte Institution nach Wegen, ihre Verantwortung – unter Umständen auch unter Missachtung ihres eigenen theoretischen Konzepts – möglichst weitgehend in den Raum der Politik zu schieben. Technokratisch geführte Organisationen fürchten nichts mehr, als für »handwerkliche« Fehler verantwortlich gemacht zu werden, weil nichts ihre Legitimation als technokratische Organisation unmittelbarer in Frage stellt. Schließlich haben die demokratisch legitimierten Institutionen den Weg hin zu einer nicht-demokratisch legitimierten Form gewählt, weil sie überzeugt davon waren, nur die letztere könne regelmäßig handwerklich »richtige«, da nicht politisch beeinflusste Entscheidungen treffen.

So erweist sich am Ende die Wahl der Organisationsform verantwortlich dafür, dass systematisch falsche Entscheidungen getroffen werden, weil die unabhängige Organisation sich ein Paradigma zulegt, das nicht von der Frage des Wahrheitsgehaltes geleitet ist, sondern von der Frage, wie Verantwortung minimiert und eigene handwerkliche Fehler am besten verschleiert werden können. Gelingt es der »unabhängigen« Zentralbank, bei dieser Suche eine gewisse Unterstützung in der Wissenschaft zu finden – ganz gleich, wie gut abgesichert deren Erkenntnisse sein mögen –, ist es der Politik unmöglich, Einfluss zu nehmen, wiederum ganz gleich, ob ihr Anliegen berechtigt ist oder nicht.

Die EZB vertritt folglich eine Rollenverteilung der Wirtschaftspolitik, bei der die Notenbank nur noch die Rolle des Wächters über die eigentlich verantwortlichen übrigen Teilnehmer übernimmt. Konsequenterweise wird die Außenfront flexiblen Wechselkursen überlassen, so dass die Notenbank bei jedweder Störung der gesamtwirtschaftlichen Entwicklung, selbst bei Inflation, darauf hinweisen kann, die anderen hätten versagt. Die Frage, ob das Weltbild, die Theorie der Notenbank, angemessen ist, wird nicht diskutiert. Nicht einmal die viel näherliegende Frage, ob das Weltbild konsistent ist, kann von der Politik erörtert werden, ohne sich den Vorwurf einzuhandeln, die Unabhängigkeit der Institution und damit scheinbar die »Glaubwürdigkeit« der gesamten Geldordnung in Frage zu stellen.

Ebenfalls nicht bedacht hat man offensichtlich zwei andere entscheidende Punkte, die die Verfassung der neuen Notenbank und ihr konkretes Verhalten entscheidend prägen mussten: Bei der Deutschen Bundesbank bemühten sich die Bundesregierungen jeder Couleur, eine gewisse Parität zwischen Tauben und Falken herzustellen, also zwischen Ratsmitgliedern, die als ganz harte Inflationsgegner galten, und solchen, die die Aufgabe der Bank breiter interpretierten. Bei der EZB aber hatte jede nationale Regierung maximal einen Kandidaten zu stellen plus den nationalen Zentralbankpräsidenten. Natürlich bemühte sich gerade in der Anfangsphase jedes Land, einen besonders profilierten und harten Inflationsbekämpfer nach Frankfurt zu senden, denn die anderen könnten ja weniger stabilitätsbewusst als man selbst sein oder würden die Auswahl eines »weichen« Kandidaten als Signal werten, man führe in Sachen Geldwertstabilität nichts Gutes im Schilde. Folglich traf und trifft sich bei den Ratssitzungen der EZB regelmäßig eine Gruppe von Menschen, die in seltener Eintracht überzeugt davon ist, dass die Aufgabe der unabhängigen Zentralbank in Europa eine ganz andere als etwa die der unabhängigen Zentralbank in den USA ist.

Der zweite gravierende Unterschied zwischen EZB und Deutscher Bundesbank betrifft den Rang der geschriebenen Verfassung und die Rolle der Finanzpolitik. Die Bundesbank war zwar formal ähnlich unabhängig wie die EZB, diese Unabhängigkeit war aber nur durch ein einfaches Bundesgesetz geregelt, das jede Regierung mit einfacher Mehrheit hätte ändern können. Das schaffte bei der technokratisch geführten Institution von vornherein einen erheblichen Druck hin zu der Einsicht, dass es besser sei, mit jeder demokratisch gewählten Regierung zu kooperieren. Zudem war die Finanzpolitik in Deutschland weitgehend frei, ihre Aufgabe zu definieren und wirtschaftspolitisch aktiv zu werden. Ganz anders in Europa: Der Vertrag von Maastricht ist ein völkerrechtlich gültiger Vertrag, der nur im Konsens aller Vertragsstaaten geändert werden kann. Realistisch betrachtet ist es unmöglich, den Vertrag anzupassen. Halbwegs realistisch ist nur, dass einzelne Länder wieder aus der Währungsunion austreten. Hinzu kommt, dass sich die Finanzpolitik in Europa durch den so genannten Stabilitäts- und Wachstumspakt selbst geknebelt und auf die Möglichkeiten einer aktiven Konjunktursteuerung weitgehend verzichtet hat.

Das wäre alles noch hinzunehmen, wenn die handelnden Personen in der EZB ihre Rolle von Anfang an großzügig interpretiert und erkannt hätten, dass gerade bei dieser einmaligen Konstellation hinsichtlich Unabhängigkeit, gefesselter Finanzpolitik und großem Binnenmarkt die Notenbank in Europa eine entscheidende Funktion hat, nämlich genau wie die amerikanische dafür zu sorgen, dass die Wirtschaft bei stabilen Preisen durch vorausschauende Zinspolitik am Laufen gehalten wird und zwar insbesondere dann, wenn sie durch außergewöhnliche Ereignisse aus dem Tritt zu geraten droht. Doch schon 1999 unmittelbar nach Beginn der Währungsunion wehrte sich die EZB mit Händen und Füßen dagegen, dem internationalen Schock im Gefolge der Asienkrise entgegenzutreten. Das wiederholte sich seither fast in jedem Jahr. Erst bestreitet die Zentralbank, dass es überhaupt eine konjunkturelle Gefahr für Europa gebe, wenn das nicht mehr hilft, erklärt sie sich für nicht zuständig. Für dieses Verhalten hat sich zu Recht »too little, too late« als lakonische Beschreibung der EZB-Politik im angelsächsischen Sprachraum eingebürgert. Auch heute stehen wir wieder vor einer für den Arbeitsmarkt zentralen Weichenstellung: Würgt die EZB den nun endlich in Gang gekommenen Aufschwung in Deutschland und Europa wegen angeblicher Inflationstendenzen am fernen Horizont wieder ab oder gibt sie ihm (wie das die amerikanische Notenbank seit Anfang der 1990er Jahre mehrfach vorgemacht hat) Raum, an Schwung und Breite so zu gewinnen, dass endlich auch die am Arbeitsmarkt Schwächsten von ihm profitieren? Gemessen an den jüngsten Zinsentscheidungen und den Äußerungen führender Mitglieder der Zentralbank ist zu befürchten, dass erneut die falsche Richtung eingeschlagen wird.

2 Flankierende Finanzpolitik

Die Finanzpolitik ergänzt und flankiert die Geldpolitik. Über die Verteilung der Aufgaben zwischen Staat und Markt mag man weiter streiten. Mit der Beseitigung der Massenarbeitslosigkeit hat ein solcher Streit nichts zu tun.

Die Finanzpolitik hat nur dann eine konjunkturpolitische Aufgabe, wenn die Geldpolitik nicht mehr wirkt, wenn man sich also in einer deflationären Abwärtsspirale befindet. Nur dann muss der Staat antizyklisch eingreifen und die Nachfrage stabilisieren oder stimulieren. Darüber hinaus hat der Staat vielfältige Aufgaben dort, wo der Markt versagt. Er sollte sie dadurch verwirklichen, dass er sich Ziele für den Pfad der öffentlichen Ausgaben setzt, aber die Defizite entsprechend der konjunkturellen Entwicklung schwanken lässt. Langfristig sollte der Staat eine Entwicklung anstreben, bei der die Staatsschuld im Verhältnis zum laufenden Einkommen, dem Bruttoinlandsprodukt, nicht permanent steigt. Bleibt der Zins bei geeigneter Geldpolitik langfristig unter der Wachstumsrate des Bruttoinlandsprodukts, vergrößert sich der Spielraum der Finanzpolitik beträchtlich. Staatliche Verschuldung ist dann ohne weiteres beherrschbar.

An der aktuellen Entwicklung der öffentlichen Finanzen kann man leicht erkennen, was bisher falsch gelaufen ist. Nach Jahren des Darbens ist auf einmal der Überfluss ausgebrochen. Ging nicht noch bis vor einem Jahr jeder sich für verantwortlich haltende Politiker mit hängendem Kopf durch die Lande und verkündete dem Volk, dass zwar vieles zu tun sei, aber sich leider weit und breit kein Geld in den Kassen des Staates befände? Auch musste im Bereich der Sozialausgaben und bei der Gesundheit radikal gekürzt werden, weil man ja angeblich sonst die zukünftigen Generationen und die Leistungsträger noch stärker hätte belasten müssen. Noch dazu drohte ständig der Pranger der EWU, an den Deutschland wegen des jahrelangen Verstoßes gegen das 3-Prozent-Kriterium des Stabilitäts- und Wachstumspaktes gestellt werden sollte.

Wo sind all diese Probleme des angeblich strukturell so verkrusteten Deutschlands geblieben? Sie sind alle im Geldsegen des zwar erfreulichen, aber nach Ansicht der nur am langfristigen Wachstumspfad interessierten Wirtschaftspolitiker und ihrer Berater so nebensächlichen Konjunkturaufschwungs untergegangen. Sollte das nicht Anlass genug sein, sich mit dem Phänomen Konjunktur auch in Hinblick auf den Staatshaushalt intensiver auseinanderzusetzen und mehr über die Aufgaben der Wirtschaftspolitik bei der Konjunktursteuerung nachzudenken als ausschließlich über »strukturelle« Reformen? Was unsere Wirtschaftspolitiker schlicht nicht mehr wissen: Ein Geldsegen in den öffentlichen Kassen wie derzeit ist in einem Aufschwung völlig normal. Zunächst zeigt er nur an, dass es nicht so fundamental schlecht um die deutsche Wirtschaft bestellt sein kann, wie man uns in den letzten Jahren weismachen wollte. Das ist die erste wichtige Lehre, die den Reform-Priestern zu denken geben sollte.

Die zweite Lehre ist, dass man da, wo in den vergangenen Jahren nach der Maßgabe »es ist kein Geld da« mit Gewalt gespart wurde, jetzt wieder Geld ausgeben sollte. Das gilt in erster Linie für die öffentlichen Investitionen und die Bildung. Deutschland hat bei den öffentlichen Investitionen inzwischen den Status eines Entwicklungslandes erreicht. Das ist ein Skandal ohnegleichen und belastet in der Tat die zukünftigen Generationen in einer vollkommen ungerechtfertigten Art und Weise, weil wir ihnen, wenn es so weiter geht, einen relativ zum privaten Kapitalstock geringeren öffentlichen Kapitalstock vererben, als wir selbst bekommen haben. Man kann aber auch denen wieder mehr geben, die in den letzten zehn Jahren massive Abstriche haben hinnehmen müssen. Das gilt für Hartz IV-Empfänger genauso wie für die Entwicklungsländer, denen Deutschland schon vor über zwanzig Jahren versprochen hat, seine Entwicklungsausgaben auf mindestens 0,7 Prozent des Bruttoinlandsprodukts zu erhöhen – ein Ziel, das auch heute noch in weiter Ferne liegt. Gerade mal 0,5 Prozent hat sich die derzeitige Bundesregierung für die nächsten Jahre vorgenommen.

Auf Steuersenkungen dank sprudelnder Staatseinnahmen sind die deutschen Wirtschaftspolitiker natürlich gleich gekommen. Angesichts der vergangenen Steuersenkungen auf der einen Seite und der gerade erfolgten Erhöhung der Mehrwertsteuer auf der anderen Seite ist das aber völlig unangebrachtes Hü und Hott. Im Übrigen, auf die Idee, dass eine mehrjährige Konstanz der wirtschaftspolitischen Rahmenbedingungen – und dazu gehören die Steuer- wie die Arbeitsmarktgesetze –, egal wie ineffizient sie im Einzelnen sein mögen, ein Wert an sich sein könnte, kommt im permanenten Reformwahn offenbar kein Wirtschaftspolitiker mehr. »Alte Steuern sind gute Steuern« sagte man früher zu diesem Prinzip.

Dass Stabilität gerade für den immer wieder als spezielle Zielgruppe der Wirtschaftspolitik genannten Kleinunternehmer und Mittelständler bedeuten könnte, sich nicht alle paar Monate auf neue Steuertricks und raffinierte Beschäftigungskonstruktionen einlassen zu müssen, für deren optimale Ausnutzung große Unternehmen ganze Abteilungen von Betriebswirten und Juristen beschäftigen, liegt anscheinend außerhalb des Vorstellungsvermögens von Bürokraten und Politikern, auf jeden Fall aber außerhalb ihres Wunschkatalogs. Denn wie ließe sich Nichtstun im nächsten Wahlkampf vorteilhaft verkaufen? Wie ließe sich angesichts des technischen Fortschritts eine gleich bleibende Zahl an Verwaltungsstellen ohne dauernde Veränderungen der Verwaltungsvorschriften rechtfertigen? Für Politiker und Bürokraten ist dauernder Aktivismus in einer Demokratie vielleicht ein Lebenselixier. Für das Florieren einer Marktwirtschaft ist das nicht der Fall. Alle paar Jahre neu gegründete Arbeitskreise und Expertengremien zum Thema »Bürokratieabbau« sind dann offenbar die Paradoxiespitzen des Systems. So verbraucht das Reformkarussell viel Zeit und unternehmerische Energie, statt sie in das eigentliche unternehmerische Handeln, nämlich das wohlstandsmehrende Engagement für den technischen Fortschritt zu stecken.

Gegen die dritte Verwendungsmöglichkeit für sprudelnde Staatseinnahmen, die Neuverschuldung zu reduzieren bzw. Schuldentilgung zu betreiben, ist *nach* einer angemessenen Ausgabengestaltung zwar nichts einzuwenden. Dass aber von vielen Wirtschaftspolitikern das generelle Ende der Neuverschuldung verkündet oder gefordert wird, zeigt, wie wenig sie von konjunkturellen Zusammenhängen verstehen. Bei einer normalen konjunkturellen Entwicklung sind zeitweilige Überschüsse des Staates nichts Ungewöhnliches, daher auch keine großartige Leistung der Wirtschaftspolitik. Sie sind schlicht Nebenprodukt des der deutschen Wirtschaftspolitik in den Schoß gefallenen Aufschwungs. Legt die Finanzpolitik jetzt eine mittelfristige Zuwachsrate der öffentlichen Ausgaben fest, sagen wir vier Prozent, die sie durchhält, was immer konjunkturell in den nächsten Jahren geschieht, ist das sich ergebende Staatsdefizit kein Ziel mehr, an dem sich Finanzpolitiker abarbeiten können und messen lassen müssen.

3   Verteilungsneutrale Lohnpolitik

Die deutsche Lohnpolitik muss auf einen Pfad der Vernunft zurückkehren, der durch Zuwächse der Nominallöhne in Höhe der Summe aus gesamtwirtschaftlichem Produktivitätszuwachs und dem Inflationsziel der Europäischen Zentralbank gekennzeichnet ist. Nur dann kann es eine nachhaltige Erholung geben, die nicht früher oder später durch einen Kollaps der internationalen Märkte abrupt zu Ende geht.

Seit spätestens 2000 hat in Deutschland ein Großversuch in Sachen Lohnzurückhaltung stattgefunden, wie er in keinem anderen Land der Welt zu beobachten war. Gut die Hälfte der gesamten Produktivitätszunahme von fast 10 Prozent ist für die Beschäftigung »reserviert« worden, die Arbeitnehmer mussten sich mit einem Reallohnanstieg von unter 5 Prozent begnügen. Andere Länder haben uns vorgemacht, wie man die Arbeitnehmer zum Nutzen aller – auch der Unternehmer – sinnvoll beteiligt: In Euroland ohne Deutschland stiegen im gleichen Zeitraum die Produktivität um 4,5 Prozent und die Reallöhne um gut 3,5 Prozent. In den USA wurden die Reallöhne um gut 7,5 Prozent angehoben bei einer Produktivitätszunahme von gut 12,5 Prozent. In Großbritannien stiegen die Reallöhne mit 11 Prozent etwas schneller als die Produktivität (10 Prozent). Das Ergebnis: Alle Länder mit einem Reallohnanstieg nahe der Produktivitätslinie waren in Sachen Wachstum und Arbeitsmarkt besser als wir. Der Grund: Nicht nur der Export trug die Erholung der Konjunktur, sondern auch die inländische Nachfrage.

Was ist in Deutschland schief gelaufen? Produktivitätszuwachs heißt, dass wir die gleiche Gütermenge mit weniger Beschäftigten herstellen können. Oder aber – das ist die offensive Variante – wir können mehr Güter mit der gleichen Zahl von Arbeitnehmern produzieren. Um mehr Güter absetzen zu können, müssen die Unternehmen auf mehr Nachfrage stoßen. Wenn die Reallöhne nicht steigen und die Unternehmen trotz dieser Kostenentlastung wegen allenfalls durchschnittlicher Kapazitätsauslastung nicht sofort mehr Arbeitskräfte einstellen, was dann? Dann steigt eben die Nachfrage nicht in ausreichendem Maße, um die bei gleicher Beschäftigung mögliche größere Gütermenge abzusetzen. Dann müssen die Unternehmen Arbeitskräfte entlassen.

Das Beste, was bei steigender Produktivität also passieren kann, ist, dass die Realeinkommen aller Konsumenten genau so stark steigen wie die Produktivität. Nur wenn Arbeit im wahrsten Sinne des Wortes lohnt, ist gesichert, dass die größere Gütermenge auch abgesetzt werden kann, so dass die Zahl der Beschäftigten nicht sinkt. Ein Mehr an Beschäftigung kann man aus dem Produktivitätszuwachs, der ja nichts anderes als gesamtwirtschaftliche Rationalisierung bedeutet, nicht machen. Lohnzurückhaltung im Sinne zurückbleibender Reallöhne aber gefährdet selbst die bestehende Beschäftigung, weil die Nachfrage zu wenig steigt. Die Forderung, die Produktivität müsse für die Beschäftigung reserviert werden, klingt gut, sie hat aber weder die Logik noch die Erfahrung auf ihrer Seite.

Trotz der deflationären Lohnpolitik der vergangenen Jahre ist es seit 2006 in Deutschland zu einem Aufschwung gekommen, der auch den Arbeitsmarkt erfasst hat. Wie ist das möglich, wenn die obige Analyse stimmen soll? Der Überschuss in der deutschen Leistungsbilanz, also, grob gesagt, der Überschuss der Exporte über die Importe, wird mit schätzungsweise 200 Milliarden US-Dollar in diesem Jahr der dritthöchste in der Welt sein. Das heißt, die deutschen Unternehmen haben wesentlich mehr Güter an den Rest der Welt verkauft als der Rest der Welt an Deutschland. Das heißt auch, dass wesentlich mehr Arbeitsplätze durch den Handel mit dem Rest der Welt hierzulande geschaffen als verloren wurden. Was uns dank der Lohnpolitik an inländischer Nachfrage weg gebrochen ist, haben wir uns teilweise im Ausland geholt, und zwar mittels einer gesteigerten Wettbewerbsfähigkeit, die auf im Vergleich zu den Handelspartnern niedrigeren Lohnzuwächsen beruht.

Deutschland agiert dabei in einem Nullsummenspiel gegen den Rest der Welt und gewinnt vorübergehend. Der Leistungsbilanzsaldo der Welt ist nämlich immer genau Null. Wo es Überschüsse gibt, muss es auch Defizite geben, also Länder, die sich bei den Überschussländern genau in der Höhe des Leistungsbilanzsaldos verschulden. Man fragt sich, wo die deutschen Politiker noch hin wollen, die weiterhin Standortschwächen beklagen, die Löhne, Lohnnebenkosten oder Unternehmenssteuern senken wollen, um unser Land noch wettbewerbsfähiger zu machen. Wollen sie die Schulden des Auslandes systematisch in die Höhe treiben? Wollen sie die Handelspartner wirtschaftlich ausbluten?

Wieso malen so viele Experten in Deutschland die chinesische Gefahr an die Wand, halten es aber gleichzeitig für selbstverständlich, dass Deutschland die Welt mit seinen Waren überschwemmt, also genau das tut, was man den Chinesen vorwirft? Wieso unterschreiben unsere Politiker Memoranden, in denen China aufgefordert wird, seinen Wechselkurs aufzuwerten, wo sie doch gleichzeitig alles tun, damit Deutschland innerhalb der europäischen Währungsunion und damit gegenüber dem Rest der Welt (real) abwertet? Nur weil es in Deutschland keinen sozusagen sichtbaren Wechselkurs mehr gibt, ist der Unterbietungsmechanismus nicht verschwunden. Er lässt sich nur wesentlich eleganter verstecken, nämlich hinter dem Rücken der Europartner. Wo eine Politik des Lohndumpings sonst durch Aufwertung der Währung schnell zunichte gemacht worden wäre, schützt uns heute die Bereitschaft der anderen Euro-Teilnehmer, hohe Defizite in der eigenen Leistungsbilanz zu akzeptieren. Wie lange noch?

4 An einer globalen Finanz- und Währungsordnung arbeiten

Eine globale Finanz- und Währungsordnung muss garantieren, dass Volkswirtschaften nicht in einen Wettkampf der Nationen eintreten und jederzeit die Wettbewerbsfähigkeit einer Volkswirtschaft erhalten bleibt. Nur dann können die Unternehmen untereinander auch über Ländergrenzen hinweg in einen sinnvollen, d. h. wohlstandsmehrenden Wettbewerb treten.

Der Verlust an wirtschaftspolitischer Souveränität für Nationen oder Regionen ist im Kern Folge der Entscheidung fast aller Länder dieser Welt für offene Güter- und Kapitalmärkte. Globalisierung erlaubt keine Abschottung, weder eine monetäre noch eine realwirtschaftliche. Wirtschaftspolitisch gestaltbar ist allerdings die Art und Weise, wie Krisen von vornherein vermieden bzw. effektiv bekämpft werden. Da in den weltweiten krisenhaften Zuspitzungen der Wirtschaftslage regelmäßig Veränderungen der realen Wechselkurse nach oben und nach unten, also Veränderungen der Wettbewerbsfähigkeit ganzer Volkswirtschaften, oder dadurch induzierte unhaltbare Zinskonstellationen an den Finanzmärkten eine zentrale Rolle spielten, muss man an diesem Punkt ansetzen. Nur eine neue globale Währungsordnung kann hier Abhilfe schaffen, weil sie die Eigendynamik der internationalen Finanzmärkte zu dämpfen vermag, die sich in Krisen regelmäßig von den realwirtschaftlichen Gegebenheiten entfernt und auf diesem Wege die realwirtschaftlich ausgelösten Probleme potenziert.

Eine globale Währungsordnung kann z. B. so organisiert sein, dass, ähnlich wie in dem System von Bretton Woods, Ab- und Aufwertungs»bänder« für Wechselkurse definiert werden, die ausschließlich dem einen zentralen Ziel dienen, den realen Wechselkurs über längere Fristen in etwa konstant zu halten. Nominale Ab- und Aufwertungen, die in bestimmten Abständen diskretionär oder nach vereinbarten Regeln vorgenommen werden, müssen die jeweils aufgelaufenen Inflations-, d. h. Lohnstückkostendifferenzen zwischen den Ländern ausgleichen. Das bedeutet also gerade nicht feste Wechselkurse, sondern feste, aber anpassungsfähige Wechselkurse.

Es ist mehr als erstaunlich, dass hinsichtlich der Rückwirkungen nationaler Maßnahmen auf andere Volkswirtschaften im Bereich des internationalen Handels ein ausgeklügeltes Regelwerk mit internationaler Rechtsprechung im Rahmen der World Trade Organization (WTO) existiert, während über reale Wechselkursänderungen, die oft weit größere Auswirkungen auf Handel und Kapitalströme als reine Handelsbarrieren haben, in internationalen Verhandlungen mit Leichtigkeit hinweggegangen wird. Alle sind offenbar gefangen von der Fiktion, der Wechselkurs sei ein rein monetäres Phänomen ohne Rückwirkungen auf die realwirtschaftlichen Vorgänge und trotz offener Grenzen in der globalisierten Wirtschaft könne es so etwas wie eine wirtschaftspolitische Unabhängigkeit der Nationalstaaten geben. Beides ist nicht haltbar. Insofern muss die Agenda der Handelsverhandlungen erweitert werden um Währungsfragen bzw. eine globale Währungsordnung muss einer neuen globalen Handelsordnung vorausgehen.

Unmittelbar vor und nach dem Zweiten Weltkrieg gab es darüber keinen Zweifel. Keynes sagte im Britischen Oberhaus im Mai 1944 zu den schon laufenden Bretton-Woods-Verhandlungen: »Zuallererst gibt es einen logischen Grund, die monetären Vorschläge zuerst zu behandeln. Es ist außerordentlich schwierig, irgendwelche Vorschläge hinsichtlich der Zölle aufzustellen, wenn es den Ländern frei steht, den Wert ihrer Währung ohne Zustimmung [von außen, Ergänzung d. Verf.] kurzfristig zu ändern. Zölle und Wechselkursabwertungen sind in vielen Fällen Handlungsalternativen. Ohne Währungsvereinbarungen hat man keinen festen Boden, auf dem man Zölle diskutieren kann. Genau so haben Pläne, die Schwankungen internationaler Preise zu verringern, keinerlei interne Bedeutung für die betroffenen Länder, bevor wir nicht festen Boden für den Wert des Geldes haben. Daher kann, während die anderen Ordnungsbereiche nicht wesentliche Voraussetzung für die monetäre Ordnung sind, sehr wohl argumentiert werden, denke ich, dass die monetäre Ordnung ein festes Fundament abgibt, auf das die anderen [Ordnungbereiche, Ergänzung d.Verf.] aufgebaut werden können. Es ist sehr schwierig, irgendeine Art Ordnung in anderen Bereichen herzustellen, während monetäres Chaos herrscht.« (Keynes, 1944, S. 5, Übersetzung der Verfasser.)

5 Reformieren, aber intelligent und sozial

Nichts spricht gegen intelligentes Reformieren der gesellschaftlichen Institutionen und eine regelmäßige Überprüfung des optimalen Angebots an öffentlichen Gütern. Unter dem Begriff »Reformen« wird in Deutschland aber fast nur noch die »Reform« des Sozialstaates, also Sozialabbau verstanden. Gesundheitspolitik und Rente sind zu Paradebeispielen geworden, wie eine bestimmte Form der individuellen Zuweisung von Problemen populär gemacht werden soll, ohne dass man nachweisen kann, dass diese Individualisierung dazu beträgt, die eigentlichen Probleme – wie etwa die Alterung der Gesellschaft – zu lösen. Wir zeigen an einigen Beispielen, weshalb die umgesetzten Reformen nicht zum Ziel führen und obendrein unser größtes wirtschaftspolitisches Problem, die Massenarbeitslosigkeit, zementieren helfen.

Lohnnebenkosten sind Lohnkosten

Eines der eindrucksvollsten Beispiele für die Konfusion deutscher Wirtschaftspolitik betrifft die so genannten Lohnnebenkosten. Das ist der Teil der Arbeitskosten, der nicht direkt dem Portemonnaie des Arbeitnehmers zugute kommt, sondern von ihm selbst und von seinem Arbeitgeber für alle Arten von sozialer Absicherung gezahlt wird. Seit Jahren, eher seit Jahrzehnten sind sich alle Kritiker des deutschen Systems und alle Bundesregierungen darin einig, dass in den »ausufernden« Lohnnebenkosten einer der Hauptübeltäter für Arbeitslosigkeit und Wachstumsschwäche zu sehen ist. Selbst die Gewerkschaften haben sich dem allgemeinen Lamento über die Belastung des Faktors Arbeit durch sachfremde Leistungen angeschlossen. Auch sie beklagen, wie wenig vom Lohn dem Arbeitnehmer zur freien Verwendung zur Verfügung steht, und dass die Lohnnebenkosten einem Abbau der Arbeitslosigkeit im Wege stehen. Gleichzeitig beharren sie aber auf der paritätischen Finanzierung möglichst vieler Sozialleistungen, um auch die Arbeitgeber bei dieser scheinbar solidarischen Aufgabe angemessen in die Pflicht zu nehmen.

Das ist bemerkenswert verquere Logik auf allen Seiten. Wir haben in diesem Buch gezeigt, dass es keine theoretisch stichhaltige Begründung und keinen empirischen Beleg dafür gibt, dass die gesamten Arbeitskosten in Deutschland zu hoch sind in dem Sinne, dass sie der Grund für unsere Massenarbeitslosigkeit sein könnten. Das kann dann auch nicht für einen wie auch immer zu benennenden Teil dieser Arbeitskosten der Fall sein.

Um aber die gewaltige Konfusion bezüglich der Lohnnebenkosten zu beenden, sollte man in Deutschland dennoch ernsthaft erwägen, das System radikal zu ändern. Man sollte die paritätische Finanzierung der Sozialversicherungen total abschaffen und damit den Tatbestand der Lohnnebenkosten schlechthin. Dazu müssten die Arbeitgeber lediglich einmal ihre monatlichen Zahlungen umstellen: Statt an die Sozialversicherungseinrichtungen wird der Teil, der jetzt Lohnnebenkosten heißt, direkt an die Arbeitnehmer überwiesen. Es wäre allerdings dafür Sorge zu tragen, dass damit die Besteuerung der Arbeitnehmer nicht zunimmt, weil bisher die Arbeitgeberbeiträge nicht besteuert werden. Die Arbeitnehmer zahlen in der Folge alle ihre Beiträge selbst, die Unternehmensvertreter verschwinden aus den Verwaltungsräten der Sozialversicherungen, in denen sie noch sind, und das Problem ist ein für allemal gelöst. In Zukunft wird in den Lohnverhandlungen immer nur über *die* Löhne diskutiert; alle zusätzlichen Belastungen durch Sozialversicherungen sind zwischen dem Staat als Träger der meisten dieser Versicherungen und den Arbeitnehmern auszuhandeln. Die gesamten Kosten der Arbeit spielen dann dabei keine Rolle mehr.

Die paritätische Finanzierung der Sozialsysteme hat in der Tat eine Grenze erreicht. Aber nicht, weil dadurch Arbeit »zu teuer« würde, sondern weil die gewollte und ungewollte Konfusion in der Politik und bei den Interessenvertretern zu groß ist. Die Bundesregierung betreibt inzwischen in vielen Bereichen eine vollkommen ineffiziente und unintelligente Reformpolitik, weil jeder Reformschritt unter die Vorbedingung gestellt wird, dass die Lohnnebenkosten auf keinen Fall über 44 Prozent (Arbeitnehmer und Arbeitgeber zusammen) steigen dürfen. Die Arbeitgeber blockieren ihrerseits mit Erfolg viele wichtige Vorhaben, weil sie auf die damit verbundenen Folgen bei den Lohnnebenkosten hinweisen. Die Gewerkschaften schließlich unterstützen indirekt diese Blockadehaltung von Staat und Arbeitgebern, weil sie kompromisslos auf der paritätischen Finanzierung beharren.

Würde der gordische Knoten bei den Lohnnebenkosten mit der skizzierten einfachen Lösung durchtrennt, wäre zwar in Sachen Arbeitslosigkeit und Wachstum noch nichts verbessert, der Weg wäre aber etwas freier für eine weniger ideologisch geführte Debatte über ein besseres Gesundheitssystem, über den Generationenkonflikt bei der Rente und über die Finanzierung von Sonderlasten wie die aus der deutschen Wiedervereinigung. Viele öffentliche

Aufgaben, die heute – wegen der Schimäre der paritätischen Finanzierung – der Sozialversicherung auferlegt sind, würden zurückfallen in den allgemeinen Staatshaushalt und müssten über Steuern finanziert werden. Das hätte mehrere positive Effekte: Erstens würden auch jene gleichberechtigt zur Solidarität herangezogen, die bisher immer durch die Maschen der paritätischen Finanzierung fallen und dadurch systematisch zu wenig beitragen wie Beamte und Selbstständige. Zweitens käme der Staat bei einer solchen Konstruktion weniger in Versuchung, den Sozialversicherungen sachfremde Leistungen aufzuladen, wäre andererseits aber auch weniger in der Pflicht, etwaige Defizite der Sozialversicherungen durch direkte Zuschüsse auszugleichen. Der Verteilungskampf würde offener geführt, und der Staat müsste offensiver die von ihm für richtig gehaltene Umverteilung von Einkommen verteidigen.

Die Rente ist sicher – so sicher wie unser Kapitalstockwachstum

Die Alterung unserer Gesellschaft besteht aus zwei Komponenten: Einerseits steigt die durchschnittliche Lebenserwartung, andererseits nimmt die Zahl der jungen Menschen aufgrund niedrigerer Geburtenzahlen ab. Dieses Phänomen lässt sich hinsichtlich der Rentenfinanzierung nur dann ohne Wohlstandsverluste bewältigen, wenn es dauerhaft gelingt, die Arbeitsproduktivität mindestens so schnell wachsen zu lassen, wie die Zahl der Erwerbstätigen abnimmt. Wächst die Arbeitsproduktivität rascher, was zu erwarten ist, ist trotz Alterung sogar eine weitere Wohlstandssteigerung möglich. Voraussetzung dafür ist ein zügiges Wachstum des Kapitalstocks, weil er das Tempo der Zunahme unserer Arbeitsproduktivität bestimmt. Das Kapitalstockwachstum wird aber in einer monetären Marktwirtschaft, in der die Gewinne der Unternehmer Gradmesser des unternehmerischen Erfolgs und Kompass für ihre Investitionstätigkeit sind, durch den falschen Denkansatz »Sparen geht dem Investieren voraus« und alle seine Auswirkungen auf Reformen konterkariert.

Die simple Vorstellung, dass sich alles, was wir nicht konsumieren, automatisch in Investitionen verwandelt, übersieht, dass nicht ausgegebenes Einkommen gleich bedeutend ist mit nicht konsumierten Gütern, Gütern, die dann irgendwo auf Halde herumstehen und ihrem Produzenten signalisieren, dass er die Nachfrage zu hoch eingeschätzt hat. Das spiegelt sich für den Produzenten in sinkenden Gewinnen wider, die seine Investitionsbereitschaft dämpfen. Staatlich geförderte private Sparversuche, Staatsschuldentilgung ohne Wenn und Aber, Kürzung staatlicher Transferleistungen und Lohnzurückhaltungsstrategien verschlechtern in der Regel die Absatzsituation für Investoren, so dass sie von einem verstärkten Aufbau des Kapitalstocks abrücken. Damit kommt man aber weder der langfristigen Sicherung unserer Renten näher noch der Beseitigung der Massenarbeitslosigkeit. Im Gegenteil: Der unsinnige Lösungsansatz »Sparförderung« zur Sicherung der Renten heizt den Teufelskreis »sinkende Gewinne – sinkende Investitionen – Beschäftigungsabbau – Loch in der Rentenkasse – neue Renten-Sicherungsversuche via Sparförderung oder gar provoziertes Angstsparen« permanent an. Die Arbeitslosigkeit ist dabei ein immer neu auftretendes Nebenprodukt, das stets wieder als Nachweis dafür herhalten muss, die Lohnnebenkosten, namentlich die Rentenbeitragssätze seien eben zu hoch und deshalb müsse vom Umlageverfahren auf private Ersparnis in einem Kapitaldeckungsverfahren umgestiegen werden.

Die verheerende Logik der »Sparbremse« gilt völlig unabhängig von der Frage, wie man das Verteilungsproblem zwischen Jung und Alt in einer alternden Gesellschaft löst. Man kann den Verteilungsstreit lediglich verschärfen oder lindern, je nachdem man das Kapitalstockwachstum behindert oder fördert. Gänzlich beseitigen kann man ihn – durch welche Finanzierungsformen und -tricks auch immer – nicht, weil die Alterung ein reales Phänomen ist. Die Verschiebung der Marktkräfte durch die Alterung – weniger mit der Produktion beschäftigte Arbeitskräfte hier, mehr konsumwillige Rentner da, weniger für ihr Alter vorsorgende junge Sparer hier, mehr ihre Ersparnisse auflösende alte Vermögende da – kommt auf die eine oder andere Weise auf jeden Fall zum Tragen. Im Umlageverfahren äußert sie sich in steigenden Beitragssätzen oder sinkendem Rentenniveau oder zunehmender Lebensarbeitszeit oder einer Mischung aller drei Effekte. Im Kapitaldeckungsverfahren tritt sie im Preisverfall für Kapitalgüter, also der Entwertung bzw. dem Verfall der Renditen der Ersparnisse der dann Alten, zu Tage. Das Kapitaldeckungsverfahren ist genauso wenig demografiefest wie das Umlageverfahren – eine seit langem bekannte, wenn auch öffentlich kaum thematisierte Tatsache.

Die Debatte um die Sicherheit der Renten hat sich auf den Teilaspekt reduziert, ob steigende Beitragssätze mit derart starken Effizienzverlusten verbunden sind, dass sie die Finanzierung des Umlageverfahrens sprengen, weil alle Welt in Schwarzarbeit und Scheinselbstständigkeit flieht. Abgesehen davon, dass diese Befürchtung auf kein besonders festes empirisches Fundament verweisen kann, ist es mehr als erstaunlich, dass dieser Teilaspekt die Debatte dominiert, während die viel näherliegende Finanzierungsquelle namens Beschäftigung bzw. die gegenwärtige hauptsächliche Dürreursache in der Rentenkasse namens Arbeitslosigkeit nur am Rande auftaucht. Wie viel hunderttausend Arbeitslose mehr ein Prozentpunkt mehr bei den Lohnnebenkosten angeblich bedeutet, liest man jeden Tag in der Zeitung. Wie viele Millionen Mehreinnahmen in der Rentenkasse ein Prozentpunkt weniger Arbeitslose bedeutet, hält kaum jemand einer Berechnung für wert, weil man ohnehin annimmt, dass es dazu nicht kommt. Das zeigt ganz plastisch, wie weit sich die Wirtschaftspolitik von der Vorstellung verabschiedet hat, jemals wieder etwas Substanzielles zur Beseitigung der Massenarbeitslosigkeit beitragen zu können. Und weil dem so ist, konzentriert sie sich lieber auf von ihr scheinbar bewältigbare Probleme wie das der Rentensicherheit. Sie ist aber hier wie dort zum Scheitern verurteilt, weil sie dem falschen Denkansatz anhängt.

Will man den Verteilungskonflikt zwischen Jung und Alt entschärfen, gibt es nur die Lösung, die Zahl der für Arbeit zur Verfügung stehenden Stunden zu vergrößern. Dazu gibt es verschiedene Wege. Man kann versuchen, die Erwerbsbeteiligung der Frauen zu erhöhen, mehr Zuwanderung zuzulassen oder die Lebensarbeitszeit zu verlängern. Die Rente mit 67 könnte ein Schritt in diese Richtung sein. Damit all diese Maßnahmen aber greifen können, ist es zwingend, dass die Massenarbeitslosigkeit verschwindet. Wer also wirklich etwas tun will zur Linderung des Verteilungskonflikts, sollte an Letzterem ansetzen, anstatt unter dem Deckmantel der Verringerung des Verteilungskonflikts Maßnahmen wie die Rente mit 67 zu verkünden, die ohne einen Abbau der Massenarbeitslosigkeit einer schlichten Rentenkürzung gleichkommen, also den Verteilungskonflikt zulasten der Älteren entscheiden.

Gesundheit hat einen Preis

Eine gute Diagnose, lehrt uns die Medizin, ist der Anfang jeder guten Therapie. Erstaunlicherweise wird dieser Satz, der für jede Wissenschaft gültig ist, im Bereich der Gesundheitsökonomik nicht beherzigt. Ursache der Finanzierungsprobleme des Gesundheitssystems sei die »Kostenexplosion«, lautet die Diagnose. Was aber ist eine »Kostenexplosion«? Naheliegend wäre es, von einem solchen Phänomen zu sprechen, wenn die Ausgaben für Gesundheit dauernd stärker stiegen als die Ausgaben der Volkswirtschaft insgesamt. Nur in diesem Fall nähmen die Einkommen der Pharmaindustrie, der Ärzte und aller übrigen mit dem Gesundheitswesen beschäftigten Menschen deutlich stärker zu als die durchschnittlichen Einkommen, oder aber die Zahl der dort beschäftigten Personen erhöhte sich dauernd. Das wäre zwar nicht weiter problematisch, weil die Menschen in einer freien Wirtschaft bei steigendem Wohlstand auch die Freiheit besitzen müssen, mehr für Gesundheit auszugeben als für andere Dinge. Aber immerhin wäre der reißerische Begriff halbwegs gerechtfertigt.

Schaut man sich jedoch die Gesundheitsausgaben im Verhältnis zu den Gesamtausgaben an, stellt man fest, dass es gar keine Kostensteigerung geschweige denn eine »Explosion« gibt. Das Verhältnis der Ausgaben der gesetzlichen Krankenversicherungen für Gesundheit und Gesundheitsvorsorge (also ohne Verwaltungskosten) zum Bruttoinlandsprodukt liegt seit 1975 fast vollkommen stabil bei 6 Prozent. Auch die gesamten Gesundheitsausgaben (also mit Verwaltungskosten) sind nicht stärker gestiegen als der Durchschnitt aller Ausgaben. Selbst wenn man einräumt, dass es eine Ausweitung der Selbstbeteiligungen der Versicherten gegeben hat und die von den Versicherungen übernommenen Kosten nicht ohne massive Eingriffe des Staates stabil geblieben wären: Die Kostenexplosion als Ursache der heutigen Misere ist eine Fata Morgana.

Man fragt sich, wie eine Gesellschaft, die sich in einer so zentralen Frage eine solche Fehldiagnose leistet, irgendein Problem auf diesem Sektor glaubt lösen zu können. Was die Gesundheit teuer macht, ist nicht eine Kostenexplosion, sondern vielmehr eine Einnahmenimplosion. Weil wegen Frühverrentung, sinkender Beschäftigung und einer schrumpfenden Bemessungsgrundlage (z. B. aufgrund von Minijobs) immer weniger Beiträge zur Verfügung stehen, steigt bei relativ gleich bleibenden Kosten die Belastung der Arbeitnehmer mit Vollzeitarbeitsplätzen. Das nennt man irrtümlich Kostenexplosion und kürzt mit dieser Fehlbegründung die Leistungen der Kassen an die Patienten. Die müssen daraufhin mehr selbst bezahlen oder nehmen zulasten ihrer eigenen Gesundheit weniger Leistungen in Anspruch. Wer es sich leisten kann, schichtet seine Ausgaben um und kauft entsprechend weniger andere Güter. Daraufhin sinkt in den davon betroffenen Bereichen wiederum die Zahl der Beschäftigten, was die Einnahmen der Krankenversicherungen weiter schmälert. Dann rufen die Gesundheitspolitiker erneut die Krise aus und das Unheil beginnt von vorn. Auch hier gilt also: Eine Lösung der Finanzierungsprobleme im Gesundheitssektor ist ohne eine Lösung der Arbeitsmarktprobleme nicht zu bewerkstelligen. Die bisherigen Lösungsversuche treffen hauptsächlich die schwächsten Mitglieder der Gesellschaft, nämlich kranke Arbeitnehmer mit geringem Einkommen. Das ist weder gerecht noch langfristig zielführend.

Hartz IV und der gesellschaftliche Abstieg

Hartz IV ist zu einem Symbol geworden, obwohl im einzelnen gar nicht so leicht zu verstehen ist, warum die Aufregung um diese Reform so groß ist. Sie trifft aber offenbar einen Nerv, dessen genaue Lage und dessen überragende Bedeutung für das politische Bewusstsein der Bürger den Regierenden überhaupt nicht klar war und ist. Dieser Nerv wurzelt offenbar in der Angst, dass zum ersten Mal in der Geschichte der Bundesrepublik die soziale Absicherung vor Hunger und Kälte, die der Staat allen potenziell bietet, nicht nur für »die anderen« da ist, sondern für jeden relevant werden kann.

Sozialhilfe war in der Tat für viele Bürger etwas, das man akzeptierte und anerkannte als den Versuch des Staates in einer reichen Gesellschaft, diejenigen, die aus den unterschiedlichsten Gründen an den Rand gedrängt waren, vor dem kompletten Absturz zu bewahren. Zwar wurde seit langem beklagt, dass allzu viele das System ausnutzen und irgendwann keine Anstrengungen mehr unternehmen, in die Normalität des Bürgertums mit geregelter Arbeit und festem Wohnsitz zurückzukehren. Das einzige große Risiko des Normalbürgers aber war die unverschuldete Arbeitslosigkeit. Wenn ein mittelständischer Betrieb Pleite machte, konnte auch der Fleißigste nichts dagegen tun, dass er vorübergehend den Staat in Anspruch nehmen musste. Doch dagegen hatte er sich versichert. Er hatte zwanzig oder gar dreißig Jahre lang in die Arbeitslosenversicherung einbezahlt, also hatte er auch einen Anspruch darauf, Hilfe für die schwierige Übergangszeit zu erhalten. Die Wahrscheinlichkeit, länger als ein Jahr arbeitslos zu werden, war bis in die 1980er Jahre hinein sehr gering. Doch selbst wenn es einen getroffen hatte, war die Arbeitslosenhilfe eben noch lange keine Sozialhilfe, noch kein automatischer gesellschaftlicher Abstieg, noch nicht der Offenbarungseid gegenüber dem Staat, obwohl auch da schon Vermögensteile und andere Einkommen geprüft und auf die Sozialleistungen angerechnet wurden.

Mit dem großen Reformwerk der Sozialdemokraten fühlen sich nun ganz viele dem Risiko des gesellschaftlichen Abstiegs ausgesetzt. Auch wer dreißig Jahre in die Sozialkassen eingezahlt hat, steigt schon nach einem Jahr Arbeitslosigkeit unweigerlich ab in die unterste Einkommensklasse der Gesellschaft, erhält 345 Euro pro Monat, kann sich vielleicht noch eine Weile durch massiven Einsatz des Angesparten den Anschein der Bürgerlichkeit geben, bevor der tiefe Absturz kommt. Das ist in den Augen der Menschen zutiefst ungerecht, weil sie jahrelang in das Versicherungssystem eingezahlt haben und nichts gegen einen Abstieg, wenn er denn eintritt, tun können. Selbst die, die ihr Schicksal aktiv in die Hand nehmen, können sich nicht dagegen wehren. Nach vielen Jahren Massenarbeitslosigkeit weiß jeder, dass ein Jahr ohne Job nichts Besonderes ist und dass es jeden treffen kann.

Hartz IV war auf der Annahme aufgebaut, es gebe Jobs in Hülle und Fülle, man müsse sie nur wollen und die »Anreize« vergrößern, auch weniger gute Jobs anzunehmen. Während aber die Zahl der offenen Stellen nach Einführung der Reform zunächst sank und später nur wenig stieg, propagierte die Politik, nicht die offenen Stellen seien das Problem, sondern vor allem die mangelnde Bereitschaft der Arbeitslosen, die reichlich vorhandenen Stellen zu besetzen. Da gibt es nichts drum herum zu reden: Diese Politik war einfach falsch, weil ihr jede ökonomische Grundlage fehlte. Das spürte der Bürger und folglich fand er solche Politik ungerecht. Hier geht es nicht um die wohlfeile soziale Ungerechtigkeit, die von der Linken üblicherweise lauthals beklagt und von der Rechten als schlichter Ausdruck von Neid abgetan wird. Hier geht es um etwas viel Fundamentaleres. Hier geht es um die Frage, ob der moderne Staat seinem Bürger mit Androhung des sozialen Absturzes etwas abverlangen kann, was dieser auch beim besten Willen nicht einzubringen in der Lage ist, weil der Staat in Sachen Wirtschaftspolitik versagt.

Viele führen die USA als ein Land an, in dem der Staat genau das von seinen Bürgern verlangt. Das ist jedoch vollkommen falsch. In den USA hat der Staat, nämlich die Geldpolitik und die Finanzpolitik, ohne Wenn und Aber die Verantwortung für die Menge der Jobs übernommen, die die Volkswirtschaft braucht, um ohne ein starkes soziales Netz auskommen zu können. In Deutschland machen wir amerikanische Verhältnisse am Arbeitsmarkt, ohne amerikanische Verhältnisse in der Wirtschaftspolitik einzuführen.

Ein Mindestlohn ist unabdingbar

Warum Mindestlohn? Ein Staat, in dem ein Teil der Bevölkerung von seiner Hände Arbeit auch auf dem untersten Niveau, dem Existenzminimum, nicht mehr leben kann, verliert für diesen Teil der Bevölkerung an Legitimation – ein Prozess, der auch dem Rest der Gesellschaft nicht gleichgültig sein kann, weil er ihre Stabilität bedroht. Ein solcher Staat muss sich fragen lassen, was er entweder bei der Qualifikation dieses Teils der Bevölkerung versäumt hat oder was er gesamtwirtschaftlich falsch macht. Es liegt in der Natur des technischen Fortschritts, dass vor allem einfache Tätigkeiten wegrationalisiert werden. Das hat nichts mit der Höhe des Lohns für einfache Tätigkeiten zu tun, sondern damit, dass es rein technisch gesehen viel leichter ist, gleichförmig ablaufende Prozesse zu rationalisieren als hoch komplexe. Aus diesem Grund messen alle wirtschaftlich erfolgreichen Nationen dem Ziel einer Mindestausbildung der jeweils jungen Generation eine große Bedeutung bei. Warum sonst sollte der Staat die Eltern verpflichten, viele Jahre in die Bildung und Ausbildung ihrer Kinder zu investieren, die genauso gut für einfachste Arbeit zur Verfügung stehen könnten? Trugen dazu neben allgemeinen moralischen und sozialen Zielsetzungen nicht immer auch rein ökonomische Überlegungen bei? Produktion mit Kapital erfordert offenbar Wissen. Produktion mit mehr Kapital erfordert mehr Wissen. Tätigkeiten, die sich aufgrund des technischen Fortschritts gar nicht mehr lohnen, entfallen im Laufe der Zeit einfach – genauso wie bestimmte Produktionen und bestimmte Güter im Strukturwandel entfallen. Es ist ja gerade Kennzeichen des Strukturwandels, dass es keine Wasserträger und keine Weber mehr gibt. Folglich gibt es auch ihre Löhne nicht mehr. Eine noch so geringe Lohnhöhe für einen Wasserträger oder Weber hätte den Bau von Wasserleitungen oder mechanischen Webstühlen niemals verhindert.

Aus dieser Überlegung folgt, dass wir das Bildungsniveau auf der untersten Qualifikationsstufe anheben müssen, wenn es denn so sein sollte, dass es für die heute Geringqualifizierten langfristig, d. h. unabhängig von der konjunkturellen Entwicklung keine Arbeitsplätze mehr gibt. Mit einer Lohnsenkung schafft man jedenfalls weder Wasserleitungen ab noch hilft man den Geringqualifizierten unter den Arbeitslosen. Wenn ihre Qualifikation nicht mehr ausreicht, jemals wieder eine Erwerbstätigkeit auszuüben, die ihnen das Überleben in unserer Gesellschaft aus eigener Kraft wenigstens auf dem untersten Niveau ermöglicht, hat Arbeitsteilung für sie keinen Sinn mehr und damit auch die Unterordnung unter die in diesem Land herrschenden Regeln nicht mehr. Das Anziehen der finanziellen Daumenschrauben durch permanente Kürzungen der Sozialleistungen, um die angeblich arbeitsscheuen Gering-qualifizierten unter den Arbeitslosen zur Aufnahme von Beschäftigungen zu zwingen, mit denen sich der Lebensunterhalt nicht verdienen lässt, ist nicht nur inhuman, es zeugt vor allem von der Dummheit derjenigen, die sich von diesem Vorgehen einen dauerhaften Abbau der Arbeitslosigkeit versprechen. Was, wenn der technische Fortschritt wenige Jahre später die nächste Qua-lifikationsstufe wegrationalisiert? Soll dann auch für diesen nächsten Teil der ja dann wohl ebenfalls als arbeitsscheu einzustufenden Menschen eine Lohnergänzung gezahlt werden, die ihnen das Vegetieren auf niedrigstem Niveau ermöglicht? Das ist gesellschaftspolitisch schlicht nicht durchzuhal-ten und ökonomisch betrachtet barer Unsinn. Die Antwort auf einen Mangel an Arbeitsplätzen für Geringqualifizierte heißt nicht Lohnsenkung sondern Qualifizierung.

Aber haben wir es denn wirklich mit einem speziellen Mangel an Arbeits-plätzen für Geringqualifizierte zu tun? Aus der Tatsache, dass in einer lang anhaltenden Phase der Massenarbeitslosigkeit Geringqualifizierte überdurch-schnittlich von Arbeitslosigkeit betroffen sind, kann weder gefolgert werden, der Lohn in gerade diesem Arbeitsmarktsegment sei zu hoch, noch, dass die Qualifizierung völlig unzureichend und niemals mehr marktfähig sei. Denn selbstverständlich nimmt der Druck auf die unterste Qualifizierungsstufe bei allgemein herrschender Arbeitslosigkeit am stärksten zu: Jeder, der in sei-nem Teilarbeitsmarkt keine seiner Qualifikation angemessene Stelle findet, dehnt über kurz oder lang seine Arbeitsplatzsuche auch auf unterhalb sei-nes eigentlichen Könnens liegende Teilarbeitsmärkte aus. Dadurch nimmt das Angebot an Arbeitskräften in den niedrigeren Qualifikationsstufen stärker zu, als im Durchschnitt die Arbeitslosigkeit steigt. Das gilt umso mehr, je länger die allgemeine Arbeitslosigkeit anhält und je höher sie im Durchschnitt ist. Die Erwerbspersonen auf der untersten Qualifikationsstufe sind von diesem Angebotsdruck also automatisch am stärksten betroffen, völlig gleichgültig wie hoch ihr Lohn ist oder wie stark er als Reaktion auf die Arbeitslosigkeit fällt oder wie hoch ihre Qualifikation absolut gesehen ist. Solange sich die Arbeitsmarktlage nicht allgemein bessert, sind Geringqualifizierte immer die Leidtragenden. Gerade deshalb ist ein Mindestlohn notwendig, weil er diese Personengruppe davor schützt, sich gegenseitig in Grund und Boden zu konkurrieren. Durch Lohnsenkungsstrategien wird die auf einer allgemeinen Nachfrageschwäche beruhende Massenarbeitslosigkeit nur noch fester zementiert.

Und damit kommen wir zurück zum zweiten der oben genannten Vorwürfe an den Staat: Wenn er nicht in erster Linie bei der Mindestqualifizierung seiner Bürger versagt hat, dann offenbar bei der allgemeinen Wirtschaftspolitik. Eine lang anhaltende Wachstumsschwäche ist nämlich, wie wir theoretisch hergeleitet und empirisch belegt haben, kein zufällig entstehender und unabwendbarer Zustand einer monetären Marktwirtschaft, sondern ein klares Versagen der makroökonomischen Steuerung durch in erster Linie die Geldpolitik, in zweiter die Finanzpolitik. Die Gewerkschaften und Betriebsräte sind unter dem Druck der Arbeitsmarktsituation einerseits und der katastrophalen Beratungssituation durch die Wirtschaftswissenschaften andererseits seit vielen Jahren nicht in der Lage, das makroökonomisch Sinnvolle, die Einhaltung der lohnpolitischen Spielregel, durchzusetzen. Sie haben sich immer wieder zu der gesamtwirtschaftlich schädlichen, weil die Binnennachfrage schwächenden Lohnzurückhaltung bewegen lassen. Dass obendrein das Durchsetzen der lohnpolitischen Spielregel keine Erfolge eingebracht hätte und einbringen wird, solange die eigentlich für die Gesamtwirtschaft zuständigen Institutionen – Zentralbank und Fiskalpolitik – falsch agieren, macht die Position der Gewerkschaften noch schwieriger.

Nur gute Konjunktur schafft Wachstum und Arbeitsplätze

Politiker jeder Couleur und fast alle deutschen Ökonomen sind sich weitgehend einig: Ein Konjunkturaufschwung ist nicht die Lösung für die deutsche Arbeitsmarktmisere. Belege dafür: Fehlanzeige. Da sich aber der geballte Sachverstand so sicher ist, wollen die deutschen Politiker nicht zweifeln. Folglich versuchen sie erst gar nicht, den Konjunkturverlauf aktiv zu steuern, sondern konzentrieren sich auf den Arbeitsmarkt und »Strukturreformen«. Das soll langfristig dem Wachstum auf die Beine helfen, während kurzfristig der Aufschwung schon von allein kommen wird.

Schon die schlichte Beobachtung, dass der Aufschwung seit Anfang 2006 mit einem deutlichen Rückgang der Arbeitslosigkeit einhergeht, während in den Jahren davor mit Nullwachstum auch die Arbeitslosigkeit stieg, muss man konsequent verdrängen, wenn man in der Debatte um die Bekämpfung der Arbeitslosigkeit in Deutschland ernst genommen werden will. Die Tatsache gar, dass auch in Ländern, die nach Meinung der herrschenden Lehre einen flexiblen Arbeitsmarkt aufweisen und vergleichbare Strukturprobleme nicht kennen wie etwa die USA oder Großbritannien, der Rückgang der Arbeitslosigkeit extrem hohe Wachstumsraten über lange Zeit erfordert, stört das herrschende deutsche Weltbild zu sehr, als dass man sie zur Kenntnis nehmen möchte.

Aus dem Phänomen, dass man relativ hohe positive Wachstumsraten über viele Jahre braucht, um die in den Zeiten geringer Wachstumsraten oder gar einer Schrumpfung der Wirtschaft entstandene Arbeitslosigkeit abzubauen, schließen die Vertreter der reinen Arbeitsmarktlehre, dass es in der Wirtschaftspolitik nicht um kurzfristige Nachfrageanstöße geht, sondern um die langfristigen Determinanten des Wachstums und die richtigen Weichen für den Arbeitsmarkt.

Das ist ein erstaunliches Argument. Das ist so, als ob der Konstrukteur eines Flugzeugs sagt, er optimiere den Motor des Flugzeugs ausschließlich für den Langstreckenflug. Ob der Motor genug Schub zum Starten habe, interessiere ihn nicht. Wenn es auf 10 000 Metern Höhe flöge, werde das Flugzeug hoch effizient sein und länger fliegen als jede andere Maschine. Wie es auf diese Höhe kommt, weiß er allerdings nicht. Wenn die deutsche Wirtschaft also mal einen Aufschwung erlebt, so die Vorstellung, dann wächst sie mit Reformen viel länger und beschäftigungsintensiver als ohne. Wie die deutsche Wirtschaft jedoch einen Aufschwung zustande bringen soll, das können die Experten leider nicht sagen, denn für den Schub, der die Wirtschaft überhaupt erst auf den Wachstumspfad bringt, sind sie nicht zuständig.

Unsere Analyse hat jedoch gezeigt, dass der Wirtschaftspolitik sehr wohl die Mittel zur Verfügung stehen, Konjunkturaufschwünge zu initiieren und zu verlängern sowie Abschwünge zu dämpfen und zu verkürzen, wenn sie durch eine kluge Koordination expansiver Geldpolitik, nicht prozyklischer Finanzpolitik und regelgebundener Lohnpolitik ihrer gesamtwirtschaftlichen Verantwortung endlich wieder gerecht wird. Die jahrzehntelange Vernachlässigung dieser wichtigsten wirtschaftspolitischen Aufgabe in einer monetären Marktwirtschaft hat das Debakel unserer Massenarbeitslosigkeit ermöglicht. Die Blindheit für die konjunkturpolitische Zuständigkeit insbesondere der Zentralbank hat den Rest der Wirtschaftspolitik zu Verhaltensweisen bewegt, die zur Zementierung der Massenarbeitslosigkeit führten. Eine Kehrtwende im Verständnis makroökonomischer Zusammenhänge und eine daraus folgende aktive Konjunkturpolitik anstelle einer permanenten Reformpolitik wird das Phänomen Massenarbeitslosigkeit in absehbarer Zeit beseitigen.

Gute Zeiten für das Wachstum = schlechte Zeiten für das Klima?

An dieser Stelle stöhnen sicher selbst die laut auf, die unseren Überlegungen bisher mit Wohlwollen gefolgt sind. Ist Wirtschaftswachstum wirklich nötig, um Wohlstand zu ermöglichen? Ist der Zusammenhang zwischen Wachstum und Beschäftigung zwingend in einer Zeit, wo die Bekämpfung des Klimawandels auf der Agenda stehen muss? Gefährdet dauerhaftes Nichtwachstum tatsächlich die Stabilität der sozialen Sicherungssysteme und damit auf lange Sicht auch die Stabilität der Gesellschaft? Gibt es überhaupt ökologisch vertretbare Wege für ein Wirtschaftswachstum zur Schaffung von Arbeitsplätzen, oder bleiben ökonomisches Wachstum und ökologisches Gleichgewicht ein unlösbarer Widerspruch?

Zunächst: Alle sozialen Sicherungssysteme der Welt sind davon abhängig, dass die meisten Menschen eine ordentlich bezahlte Arbeit haben und die

Zahl der Arbeitslosen nicht dauernd steigt. Die steigt aber, wenn die Wirtschaft nicht wächst, wie man in Deutschland z. B. von 2000 bis 2005 beobachten konnte – eine Regel, die in allen anderen Ländern der Welt genau so gilt. Insofern ist die vielfach von konservativer Seite zu vernehmende Schlussfolgerung völlig richtig, dass dauerhaftes Nicht-Wachsen die Stabilität der sozialen Sicherungssysteme und damit der Gesellschaft insgesamt gefährdet. Wirtschaftswachstum ist auch die einzige Möglichkeit, die Lasten der Alterung in engen Grenzen zu halten. Wenn die Produktivität und die Realeinkommen in den nächsten 20 Jahren weiter steigen, kann man die Lasten der Alterung gut schultern, weil sie sozusagen aus einem größeren Kuchen bedient werden können. Einen größeren Kuchen wird es aber nur geben, wenn – um im Bild zu bleiben – alle verfügbaren Bäcker (also z. B. auch ältere Arbeitnehmer oder im Inland lebende Ausländer) tatsächlich mitbacken können und nicht arbeitslos außen vor bleiben, was wiederum Wachstum schon heute voraussetzt.

Daraus folgt aber keinesfalls, dass man Wachstum haben muss, das die natürlichen Ressourcen überstrapaziert. Heute leben selbst die Industrieländer, deren Produktionsstrukturen als vergleichsweise umweltverträglich und effizient gelten, in puncto Ressourcenverbrauch und Umweltbelastung weit über ihre Verhältnisse. Ihr Lebensstil ist offenbar nicht globalisierbar ohne ökologischen Kollaps. Trotzdem sind Ökologie und Ökonomie sehr wohl miteinander vereinbar. Zwar ist das marktwirtschaftliche System eindeutig auf Entwicklung (ein viel besserer Begriff als Wachstum) ausgelegt: Man kann die der Marktwirtschaft innewohnende Dynamik nicht einfach abschalten, ohne einen Kollaps der gesellschaftlichen Strukturen zu riskieren. Doch ist die ökonomische Entwicklung nicht von vornherein auf eine bestimmte Richtung festgelegt. Diese kann der Staat beeinflussen und so für eine ökonomische Expansion sorgen, die ökologisch nachhaltig ist.

Selbstverständlich sind bestimmte Arbeitsplätze von einem staatlich mitgesteuerten Strukturwandel gefährdet, wie ja auch jeder andere »ungelenkte« Strukturwandel einzelne Arbeitsplätze wegrationalisiert. Um eine breite Akzeptanz eines durch staatliche Eingriffe ökologisch orientierten Strukturwandels zu erreichen, muss die allgemein herrschende Arbeitslosigkeit möglichst gering sein. Denn dann haben Arbeitnehmer, deren Arbeitsplätze in diesem Zusammenhang verloren gehen, eine realistische Chance, einen neuen Arbeitsplatz zu finden.

Wie gewinnt man aber die Bereitschaft der Bürger, die unvermeidlichen Kosten zusätzlichen Umweltschutzes zu tragen, ob sie nun im Verzicht auf bestimmte Konsumgüter – man denke an immer schnellere, größere und schwerere Autos – bestehen oder darin, sich einem schnelleren Strukturwandel anzupassen? Man gewinnt sie nicht allein dadurch, die Folgen des »Weiter so« drastisch zu schildern, sondern vor allem dadurch, ihnen durch eine entscheidend bessere wirtschaftliche Entwicklung überhaupt die Chance zu geben, über den eigenen kurzfristigen Tellerrand zu schauen. Wer von 345 Euro monatlich existieren muss, kann sich nichts vom nachhaltig wirtschaftenden, aber eben teurer produzierenden Bauern leisten; wer einen schlecht bezahlten Job in 80 Kilometer Entfernung annehmen muss, um seine Sozialhilfeansprüche nicht zu verlieren, aber wegen der Befristung der Stelle nicht mal eben rasch umziehen kann, kann sich nicht das neueste, gasbetriebene umweltschonendere Automodell leisten. Es mag paradox klingen, aber alle Erfahrung spricht dafür: Man muss mehr Wachstum und Beschäftigung haben, um (in Relation dazu) noch mehr Umweltschutz durchsetzen zu können.

In der aktuellen Diskussion wird Arbeitnehmern und Durchschnittsbürgern von konservativer Seite inzwischen häufig eine Art Konsumverweigerung oder Konsumstreik (»Geiz ist geil«) vorgeworfen, nachdem man den Bürgern über Jahre den Einkommenszuwachs verweigert hat, mit dem sie einen Konsumzuwachs solide hätten finanzieren können, und nachdem man ihnen jahrelang gepredigt hat, sie müssten für ihr Alter privat vorsorgen mittels verstärktem Sparen. Viele Grüne stören sich am mangelnden Einkommenszuwachs und den Sparaufforderungen nicht, weil sie insgeheim glauben, Konsumverzicht sei gut für die Umwelt. Dem durchschnittlichen Arbeitnehmer aber auch von der ökologischen Seite her eine Verzichtsdebatte aufzudrängen in Zeiten massiver Wachstumsschwäche und massiver Umverteilung zugunsten derjenigen, die ohnehin schon alles haben, ist nicht nur moralisch absurd sondern auch ökonomisch falsch. Richtig wäre es, die volle Beteiligung aller Bürger am Produktivitätsfortschritt zu fordern und die aus diesem Einkommen entstehende Mehrnachfrage einer florierenden Wirtschaft zu einem erheblichen Teil in den Umweltschutz zu lenken.

Natürlich braucht man für weniger Arbeitslosigkeit mehr Nachfrage, und zwar Binnennachfrage durch Mehreinkommen. Aber für welche Zwecke das Einkommen ausgegeben wird, ist vollkommen offen und für die Bekämpfung der Arbeitslosigkeit unerheblich. In genau der gleichen Weise, wie die Unternehmen den Konsumenten dauernd neue Bedürfnisse anerziehen, kann der Staat in die Wirtschaft eingreifen und die Konsumenten und Produzenten auf vielfältige Weise dazu bewegen, Produkte nachzufragen und zu produzieren, die weniger oder überhaupt nicht umweltschädlich sind. Daraus folgt aber in der Wirtschaft insgesamt weder ein Wohlstandsverlust noch ein Arbeitsplatzverlust. Die Wirtschaft produziert einfach etwas anderes als sie sonst produziert hätte. Wir müssen weder Waffen produzieren, die unmittelbar gegen Menschen eingesetzt werden können, noch Produkte entwickeln, die mittelbar gegen die Überlebensfähigkeit der Menschheit gerichtet sind, um die Massenarbeitslosigkeit ein für alle mal zu beseitigen.

Anhang

Abb. 22

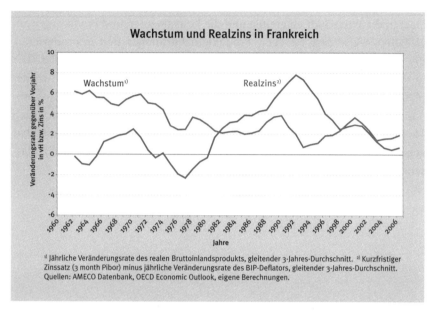

Wachstum und Realzins in Frankreich

1) Jährliche Veränderungsrate des realen Bruttoinlandsprodukts, gleitender 3-Jahres-Durchschnitt. 2) Kurzfristiger Zinssatz (3 month Pibor) minus jährliche Veränderungsrate des BIP-Deflators, gleitender 3-Jahres-Durchschnitt. Quellen: AMECO Datenbank, OECD Economic Outlook, eigene Berechnungen.

Abb. 23

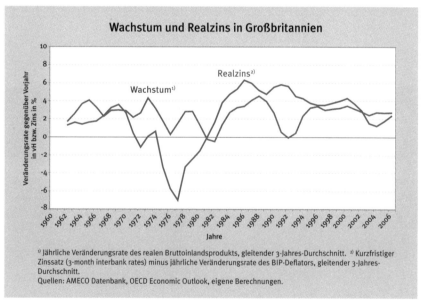

Wachstum und Realzins in Großbritannien

1) Jährliche Veränderungsrate des realen Bruttoinlandsprodukts, gleitender 3-Jahres-Durchschnitt. 2) Kurzfristiger Zinssatz (3-month interbank rates) minus jährliche Veränderungsrate des BIP-Deflators, gleitender 3-Jahres-Durchschnitt. Quellen: AMECO Datenbank, OECD Economic Outlook, eigene Berechnungen.

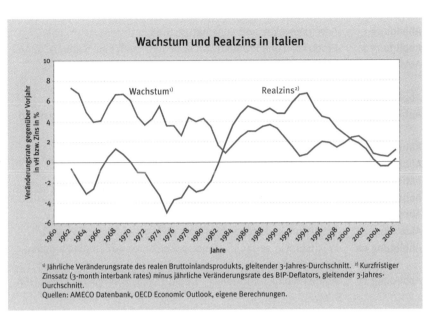

Wachstum und Realzins in Italien

Abb. 24

Wachstum[1]

Realzins[2]

Veränderungsrate gegenüber Vorjahr in vH bzw. Zins in %

Jahre

[1] Jährliche Veränderungsrate des realen Bruttoinlandsprodukts, gleitender 3-Jahres-Durchschnitt. [2] Kurzfristiger Zinssatz (3-month interbank rates) minus jährliche Veränderungsrate des BIP-Deflators, gleitender 3-Jahres-Durchschnitt.
Quellen: AMECO Datenbank, OECD Economic Outlook, eigene Berechnungen.

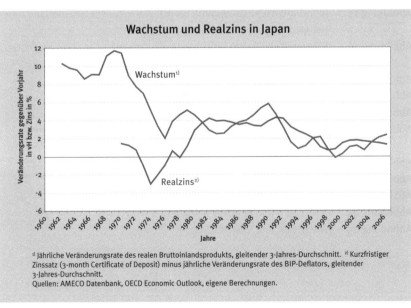

Wachstum und Realzins in Japan

Abb. 25

Wachstum[1]

Realzins[2]

Veränderungsrate gegenüber Vorjahr in vH bzw. Zins in %

Jahre

[1] Jährliche Veränderungsrate des realen Bruttoinlandsprodukts, gleitender 3-Jahres-Durchschnitt. [2] Kurzfristiger Zinssatz (3-month Certificate of Deposit) minus jährliche Veränderungsrate des BIP-Deflators, gleitender 3-Jahres-Durchschnitt.
Quellen: AMECO Datenbank, OECD Economic Outlook, eigene Berechnungen.

Verzeichnis der Abbildungen

Literaturverzeichnis

Bofinger, Peter et al. (2006): Vorrang für das reguläre Arbeitsverhältnis: Ein Konzept für Existenz sichernde Beschäftigung im Niedriglohnbereich. Gutachten für das Sächsische Ministerium für Wirtschaft und Arbeit (SWMA).

Butterwegge, Christoph (2005): Krise und Zukunft des Sozialstaates, VS Verlag für Sozialwissenschaften, Wiesbaden.

Deutsche Bundesbank (Januar 2007): Monatsbericht der Deutschen Bundesbank Januar 2007.

Deutsche Bundesbank (März 2007): Monatsbericht der Deutschen Bundesbank März 2007.

Europäische Zentralbank (Mai 2005): Monatsbericht Mai 2005.

Europäische Zentralbank (Juni 2007): Monatsbericht Juni 2007.

Flassbeck, Heiner (2001): The Exchange rate – Economic Policy Tool or Market Price, UNCTAD Discussion Papers Nr. 157.

Flassbeck, Heiner (2000): Wie reserviert man die Produktivität für die Beschäftigung? in: Gewerkschaftliche Monatshefte 6/2000.

Flassbeck, Heiner (1988): Preise, Zins und Wechselkurs – Zur Theorie der offenen Volkswirtschaft bei flexiblen Wechselkursen, Wirtschaftswissenschaftliche und wirtschaftsrechtliche Untersuchungen des Walter Eucken Instituts (23), J.C.B. Mohr (Paul Siebeck), Tübingen.

Flassbeck, Heiner (1982): Was ist Angebotspolitik?, in: Konjunkturpolitik, 28. Jg., Heft 2/3, S. 75-138.

Flassbeck, Heiner/Spiecker, Friederike (2001): Lohnstruktur und Beschäftigung. Ein Gutachten im Auftrag der Otto Brenner Stiftung. Arbeitsheft Nr. 23, Berlin, August 2001.

Friedman, Milton (1962): The Case for Flexible Exchange Rates, in: Milton Friedman: Essays in Positive Economics, American Enterprise Institute for Public Policy Research, Washington D.C.

Hayek, Friedrich August von (1937): Monetary Nationalism and International Stability, in: Reprints of Economic Classics, A.M. Kelley, New York 1971.

Horn, Gustav (2005): Sparwut und Sozialabbau. Hanser, München.

Keynes, John Maynard (1936): The General Theory of Employment, Interest, and Money. The collected writings of John Maynard Keynes, vol. VII, Mac Millan St. Martin's Press for the Royal Economic Society, 1973.

Keynes, John Maynard (1944): The collected writings of John Maynard Keynes, vol. XVI Activities 1941-1946, Mac Millan Cambridge University Press for the Royal Economic Society 1980, ed. D. Moggridge.

Lambsdorff, Otto Graf (1982): Konzept für eine Politik zur Überwindung der Wachstumsschwäche und zur Bekämpfung der Arbeitslosigkeit. Friedrich Naumann Stiftung, Archiv des Liberalismus.

Lautenbach, Wilhelm (1952): Zins/Kredit und Produktion, hrsg. von Wolfgang Stützel, J. C. B. Mohr (Paul Siebeck), Tübingen.

Nickell, Stephen/**Bell,** Brian (1995): The Collapse of Demand for the Unskilled Across the OECD, Oxford Review of Economic Policy, 11, S. 40-62.

Nurkse, Ragnar (1944): International Currency Experiences. League of Nations, Genf.

Sachverständigenrat (2007): Staatsverschuldung wirksam begrenzen, Expertise des Sachverständigenrats zur Begutachtung der gesamtwirtschaftlichen Entwicklung vom 12.3.2007.

Sachverständigenrat (2006/2007): Widerstreitende Interessen – Ungenutzte Chancen, Jahresgutachten des Sachverständigenrats zur Begutachtung der gesamtwirtschaftlichen Entwicklung 2006/2007.

Sachverständigenrat (2004/2005): Erfolge im Ausland – Herausforderungen im Inland, Jahresgutachten des Sachverständigenrats zur Begutachtung der gesamtwirtschaftlichen Entwicklung 2004/2005.

Sachverständigenrat (2003/2004): Staatsfinanzen konsolidieren – Steuersystem reformieren, Jahresgutachten des Sachverständigenrats zur Begutachtung der gesamtwirtschaftlichen Entwicklung 2003/2004.

Sachverständigenrat (1999/2000): Wirtschaftspolitik unter Reformdruck, Jahresgutachten des Sachverständigenrats zur Begutachtung der gesamtwirtschaftlichen Entwicklung 1999/2000.

Sachverständigenrat (1995/1996): Im Standortwettbewerb, Jahresgutachten des Sachverständigenrats zur Begutachtung der gesamtwirtschaftlichen Entwicklung 1999/2000.

Schettkat, Ronald (2007): Sind 3 Euro schon zu viel? Aufklärendes zu Lohnspreizung und Beschäftigung. WSI-Mitteilungen 06/2007, S. 335-341 und 348.

Schneider, Dieter (1993): Betriebswirtschaftslehre Band 1: Grundlagen. München, Wien: Oldenbourg.

Schumpeter, Joseph (1934): Theorie der wirtschaftlichen Entwicklung. Unveränderter Nachdruck, 9. Auflage, Duncker&Humblot, Berlin, 1997.

Stützel, Wolfgang (1978): Volkswirtschaftliche Saldenmechanik – Ein Beitrag zur Geldtheorie, 2. Aufl., J.C.B. Mohr (Paul Siebeck), Tübingen.

UNCTAD (2006): Trade and Developement Report.

UNCTAD (2005): Trade and Developement Report.

Weber, Axel (2005): European Financial Integration and Monetary Policy – Public lecture at the International Center for Monetary and Banking Studies, Geneva.

Wicksell, Knut (1922): Vorlesungen über Nationalökonomie, Bd. II, Geld und Kredit, Jena.

Wicksell, Knut (1958): The Riddle of Foreign Exchanges, in: Knut Wicksell: Selected Papers on Economic Theory, ed. E. Lindahl, Cambridge (Mass.), S.229-249.

Heiner Flassbeck
50 einfache Dinge, die Sie über unsere
Wirtschaft wissen sollten
Westend Verlag, 2. Auflage 2006
176 Seiten, 17,90 Euro/33,00 sFr
ISBN 3-938060-08-5

Für eine soziale Wirtschaftspolitik

Heiner Flassbeck plädiert für eine sozialere Wirtschaftspolitik in Zeiten neoliberaler Deutungshoheit. Ob Sozialabbau, Arbeitszeitverlängerung, Renten- und Gesundheitsreform – Heiner Flassbeck enttarnt die falsche Logik und benennt die verkehrten Prämissen der aktuellen wirtschaftspolitischen Debatten. Anhand 50 konkreter Beispiele zeigt er, dass es sehr wohl Alternativen und Wege abseits des Neoliberalismus gibt, um das Modell Sozialstaat wieder zum Erfolg zu führen.

»In seinem neuen Buch läuft der wortgewandte Ökonom zur Höchstform auf. Wer einer analytisch klaren und sprachlich brillanten Demütigung des ökonomischen Zeitgeistes beiwohnen möchte, der sollte Flassbecks Buch auf keinen Fall verpassen.«
Frankfurter Rundschau

www.westendverlag.de